陇上学人文存

LONGSHANG XUEREN WENCUN

陇上学人文存

白玉岱　卷

白玉岱 著　王光辉 编选

甘肃人民出版社

图书在版编目（ＣＩＰ）数据

　　陇上学人文存. 白玉岱卷 ／ 范鹏，王福生，陈富荣
总主编 ；白玉岱著 ；王光辉编选. -- 兰州 ：甘肃人民
出版社，2020. 10 (2024. 1 重印)
　　ISBN 978-7-226-05580-9

　　Ⅰ．①陇… Ⅱ．①范… ②王… ③陈… ④白… ⑤王
… Ⅲ．①社会科学－文集 Ⅳ．①C53

　　中国版本图书馆CIP数据核字(2020)第190441号

　　　　　　　责任编辑：袁　　尚
　　　　　　　封面设计：王林强

　　　　　　　　陇上学人文存·白玉岱卷
　　　　　范鹏　王福生　陈富荣　总主编
　　　　　白玉岱　著　　王光辉　编选
　　　　　甘肃人民出版社出版发行
　　　　　（730030　兰州市读者大道 568 号）
　　　　　德富泰（唐山）印务有限公司印刷
　　开本 890 毫米 × 1240 毫米　1/32　印张 13.75　插页 7　字数 346 千
　　　　　2020 年 11 月第 1 版　　2024 年 1 月第 2 次印刷
　　　　　　　　　印数：1001～3000
　　　　ISBN 978-7-226-05580-9　定价：60.00 元
　　　　　（图书若有破损、缺页可随时与印厂联系）

《陇上学人文存》 第二辑

编辑委员会

《陇上学人文存》第五辑

《陇上学人文存》第七辑

编辑委员会

总　序

陇者甘肃，历史悠久，文化醇厚。陇上学人，或生于斯长于斯的本地学者，或外来而其学术成就多产于甘肃者。学人是学术活动的主体，就《陇上学人文存》（以下简称《文存》）的选编范围而言，我们这里所说的学术主要指人文社会科学研究。《文存》精选中华人民共和国成立以来，甘肃人文社会科学领域成就卓著的专家学者的代表性著作，每人辑为一卷，或标时代之识，或为学问之精，或开风气之先，或补学科之白，均编者以为足以存当代而传后世之作。《文存》力求以此丛集荟萃的方式，全面立体地展示新中国为甘肃学术文化发展提供的良好环境和陇上学人不负新时代期望而为我国人文社会科学事业做出的新贡献，也力求呈现陇上学人所接续的先秦以来颇具地域特色的学根文脉。

陇原乃中华文明发祥地之一，人文学脉悠远隆盛，纯朴百姓崇文达理，文化氛围日渐浓厚，学术土壤积久而沃，在科学文化特别是人文学术领域的探索可远溯至伏羲时代，大地湾文化遗存、举世无双的甘肃彩陶、陇东早期周文化对农耕文明的贡献、秦先祖扫六合以统一中国，奠定了甘肃在中国文化史上始源性和奠基性的重要地位；汉唐盛世，甘肃作为中西交通的要道，内承中华主体文化熏陶，外接经中亚而来的异域文明，风云际会，相摩相荡，得天独厚而人才辈出，学术思想繁荣发达，为中华文明做出了重要贡献。

近代以来，甘肃相对于逐渐开放的东南沿海而言成为偏远之地，反而少受战乱影响，学术得以继续繁荣。抗日战争期间作为大后方，接纳了不少内地著名学府和学者，使陇上学术空前活跃。新中国成立之后，人文社会科学领域的专家学者更是为国家民族的新生而欢欣鼓舞，全力投入到祖国新的学术事业之中，取得了一大批重要的研究成果，涌现出众多知名专家，在历史、文献、文学、民族、考古、美学、宗教等领域的研究均居全国前列，影响广泛而深远。新中国成立之后，人文社会科学几次对当代学术具有重大影响的争鸣，不仅都有甘肃学者的声音，而且在美学三大学派（客观派、主观派、关系派）、史学"五朵金花"（史学在新中国成立之后重点研究的历史分期、土地制度史、农民战争史等五个方面的重点问题）等领域，陇上学人成为十分引人注目的代表性人物。改革开放以来，甘肃学者更是如鱼得水，继承并发扬了关陇学人既注重学理求索又崇尚经世致用的优良传统，形成了甘肃学者新的风范。宋代西北学者张载有言："为天地立心，为生民立命，为往圣继绝学，为万世开太平"，此乃中华学人贯通古今、一脉相承的文化使命，其本质正是发源于陇原的《易》之生生不已的刚健精神，《文存》乃此一精神在现代陇上得到了大力弘扬与传承的最佳证明。

《文存》启动于中华人民共和国成立六十周年之际，在选择入编对象时，我们首先注重了两个代表性：一是代表性的学者，二是代表性的成果，欲以此构成一部个案式的甘肃当代学术史，亦以此传先贤学术命脉，为后进立治学标杆。此议为我甘肃省社会科学院首倡，随之得到政界主要领导、学界精英与社会各界广泛认同与政府大力支持，此宏愿因此而得以付诸实施。

为保证选编的权威性，编委会专门成立了由十几位省内人文社会科学领域著名学者组成的专家指导委员会，并通过召开专题会议研讨、发放推荐表格和学术机构、个人举荐等多种方式确定入选者。为使读者对作者的学术成就、治学特色和重要贡献有比较准确和全面的了解，在出版社选配业务精良的责任编辑的同时，编委会为每一卷配备了一位学术编辑，负责选编并撰写前言。由于我院已经完成《甘肃省志·社会科学志》（古代至1990年卷，1990至

2000 年卷）的编辑出版工作，为《文存》的选编提供了坚实的基础和基本依据，加之同行专家对这一时期甘肃人文社会科学发展的研究，使《文存》能够比较充分地反映同期内甘肃人文社会科学的基本状况。

我们的愿望是坚持十年，《文存》年出十卷，到 2019 年中华人民共和国成立七十周年之际达至百卷规模。若经努力此百卷终能完整问世，则从 1949 至 2009 年六十年间陇上学人以"人一之、我十之，人十之、我百之"的甘肃精神献身学术、追求真理的轨迹和脉络或可大体清晰。如此长卷宏图实为新中国六十年间甘肃人文社会科学全部成果的一个缩影，亦为此期间甘肃人文社会科学学术业绩的一次全面检阅，堪作后辈学者学习先贤的范本，是陇上学人献给祖国母亲的一份厚礼。此一理想若能实现，百卷巨著蔚为大观，《文存》和它所承载的学术精神必可存于当代，传之后世，陇上学人和学术亦可因此而无愧于我们所处的伟大时代，并有所报于生养我们的淳厚故土。

因我们眼界和学术水平的局限，选编过程中必定会出现未曾意料的问题，我们衷心期望读者能够及时教正，以使《文存》的后续选编工作日臻完善。

是为序。

2009 年 12 月 26 日

目 录

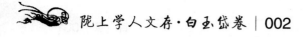

编选前言

白玉岱,1943 年生于甘肃省永登县,1968 年毕业于甘肃师范大学地理系。1971 年进入甘肃人民出版社工作,历任文教编辑室编辑、总编室副主任、甘肃教育出版社副总编辑、青年读物编辑室主任、甘肃教育出版社总编辑等职务。2004 年退休后,担任甘肃省出版工作者协会副主席。曾经荣获甘肃省新闻出版局系统优秀共产党员、省直机关优秀共产党员、甘肃省十佳优秀出版工作者、甘肃出版突出贡献奖、甘肃省优秀专家等荣誉称号。1997 年被批准为享受国务院特殊津贴专家。

一、理念先进的出版人

白玉岱先生在三十多年的出版工作生涯中,热爱图书出版事业,坚持党的出版方针政策,遵守出版纪律,善于学习,勤于思考;长期耕耘出版第一线,在实践中锻造提高自己的业务能力和学术水平,逐步形成了个人独到的编辑出版理念。他倡导专业出版、特色出版和品牌优势,提倡出版社要根据各自的专业分工,选拔符合自己专业的出版人才,培养合理的编辑队伍,提倡编辑学者化。要求编辑要具备足够的专业知识,要有科学常识和法律常识,在选题策划上要有自己独到的见识。要有高度的作品鉴赏能力。图书编辑要把选题作为工作的重点,要站在本学科的前沿阵地,高瞻远瞩,做好选题策划,选好作者,把最新的知识和优秀的文化以不同的形式和优美的文字传播给读者。出版社要以特色出版和品牌优势开创自己的出版事业并在激烈的竞争中找准自己的位置,发展自己的事业。在其思想指导下,甘肃教育出版社形成了理念先进、板块清晰、特色突出的出版风格,取得了良好的社会效益和经济效益,同时也培养了一支优秀的出版队伍。

二、专业出版的践行者

白玉岱先生曾经在甘肃人民出版社(现读者出版集团)的多个岗位任职,长年在编辑一线从事出版编辑经营工作。多岗位的历练为他积累了丰富的出版经验,形成了他独到的出版经营理念和管理思想。在他主持甘肃教育出版社工作期间确立了"立足本省、面向全国、服务教育、积累知识、传播文化、突出特色、打造品牌"的出版宗旨,体现了他对出版专业化的深入思考。这一宗旨被甘肃教育出版社沿用至今并发扬光大。

甘肃教育出版社的最初专业分工主要是出版大中小学教材、教学辅导用书和地方文化类图书。白玉岱先生主持甘肃教育出版社工作之后,在教育出版这一专业方向上深入思考,主动策划,积极经营,为本省的大中小学师生出版了一批教育理论、教材教辅、科普知识和思想品德修养方面的图书,践行了"服务教育"这一宗旨,为甘肃的教育事业做出了突出贡献,也为甘肃的出版行业引领了专业发展的方向,受到了教育界和出版界的好评。

深刻认识教育出版服务教育事业这一根本任务,密切配合省内教育行政部门的教育规划,策划地方教材和教学辅导用书。他主持出版的由甘肃省中小学教材编审室编写的地方教材《高中劳动技术》系列,教学辅导用书《中小学生同步作文》系列、《配套练习与检测》系列,甘肃省教育科学研究所编写的《甘肃省中考指导纲要》系列等图书,充分体现了他的这一出版思想。这些由省内教育科研机构编写的教材教辅图书，既很好地满足了省内教学发展的需要，也以可观的发行量为甘肃教育出版社赢得了良好的社会效益和经济效益，使得甘肃教育出版社成为甘肃教育事业发展中的自觉参与者和教育出版这一专业领域内的引领者。

恪守教育出版的专业方向，在教育理论类图书方面深耕细作。在他主持工作期间，甘肃教育出版社相继出版"教学论研究丛书"、"少数民族教育研究丛书"、《教育学原理》、《中国藏族寺院教育》、《西藏教育五十年》等高质量的教育理论图书，得到国内教育学术界良好的学术评价，为甘肃出版获得了持续而良好的社会效益。其中，胡德海先生编写的《教育学原理》一书，以作者影响广泛的高尚师德和科学严谨的学术质量，成为国内多所高校的专业课教材，并于1999年获得"国家图书奖"。由此，教育理论类图书也成为甘肃教育出版社服务教育科研、体现专业方向的一个重要板块。

满怀为中小学生出版精品图书的情怀，精心策划出版中小学生课外成长读物。他先后策划出版了"中学生修养丛书"、《历史歌》、《地理歌》、《典故选读》等一大批既有丰富的文化知识含量，又易于诵读理解，符合中小学生阅读认知特点的通俗读物。这种传承和弘扬中华优秀传统文化的自觉意识，体现了他作为一名优秀出版者的责任感和使命感。

白玉岱先生对"专业出版"这一理念的深入思考和践行，奠定了甘肃教育出版社的主要专业方向。他在精心策划选题和出版经营管理方面的身体力行，又深刻地影响到了继任者和整个出版团队。在他退休之后，经过十多年的坚持和发展，甘肃教育出版社成为读者出版集团所属的专业出版社中特色最为鲜明、发展最为良性的出版社之一，为该社在全国教育出版这一专业领域内赢得了一份自尊的存在。

三、特色出版的引领者

迄今为止，出版行业如何寻求特色化发展，避免同质化竞争一直是个业内难题。其难就难在对"特色化发展"的认知和实践上。无数生动的案例证明，行业内各个出版单位的起落兴衰，无一不是对特色出版是否有精准认知和坚持践行的结果。也有无数的实践证明，出版单位唯有走特色化发展的路子，才能在竞争激烈的出版市场中拥有独特的资源，定位精准的产品，塑造个性的形象，赢得独立的空间。白玉岱先生的特色出版理念，主要体现在敦煌学研究、地方文化和民族文化等方面。经过多年的努力，甘肃教育出版社打造了一批精品，赢得了声誉，取得了良好的社会效益和经济效益，引领了甘肃出版特色发展的方向。

2002 年，白玉岱先生主持策划的"敦煌学研究丛书"（12 册）的出版，是他"特色出版"思想的代表之作。这套书的策划始自 1998 年，是为纪念敦煌藏经洞发现 100 周年（2000 年）这一重大事件和时间节点而策划的。这一套书约请了当时敦煌学界的一批中坚学者，对敦煌藏经洞发现百年来敦煌学研究的各个领域进行了系统性的归纳总结，分别是：黄征（南京师范大学）的《敦煌语言文字学研究》，郑阿才、朱凤玉（台湾南华大学）的《敦煌蒙书研究》，荣新江（北京大学）的《敦煌学新论》，邓文宽（中国文物研究所）的《敦煌吐鲁番天文历法研究》，史苇湘（敦煌研究院）的《敦煌历史与莫高窟艺术研究》，陈国灿（武汉大学）的《敦煌学史事新证》，陆庆夫、王冀青（兰州大学）的《中外敦煌学家评传》，孙修身（敦煌研究院）的《敦煌与中西交通研究》，张鸿勋（天水师范学院）的《敦煌俗文学研究》，郑汝中（敦煌研究院）的《敦煌壁画乐舞研究》，刘进宝（浙江大学）的《敦煌学通论》，贾应逸、祁小山（新疆维吾尔自治区博物馆、新疆大学）的《印度到中国新

疆的佛教艺术》。这套书出版后受到敦煌学术界的高度肯定，获得了
"第十四届中国图书奖"。

　　"敦煌学研究丛书"是甘肃出版第一次以重大事件的时间节点而
主动策划的敦煌学术类图书。自敦煌藏经洞发现以来，经过中外敦煌
学者的不懈努力，敦煌学成为一门国际显学而受人瞩目。国外汉学家
的研究成果不断问世，而文献流散所带来的"国殇"情结，使得国内的
学者也奋起直追。敦煌学的这一显学地位，使得敦煌文化成为中国现
代学术很有代表性的一种文化符号。虽说学术研究无国界亦无省界，
但敦煌在甘肃这是无法撼动的事实，对于敦煌文化的整理、挖掘和出
版，是甘肃出版人责无旁贷的使命。但在当时，甘肃对敦煌文献的整
理出版已经落于人后。流失海外如英藏、法藏、俄藏敦煌文献的整理、
勘布和出版，大多都由外省的出版社完成。虽然这其中有诸多原因，
但任何原因都无法弥补甘肃出版的缺憾。当文献的整理出版告一段
落，学术研究成果的出版就成为敦煌学图书出版的另一热点。图书出
版如何将学术热点和重大时间节点相结合，以取得最大的效益，这无
疑最能体现一个出版工作者的能力和水平。虽然此前甘肃的出版社
也出版了许多敦煌学图书，但总体上比较零散，不成规模，在学界的
影响有限。而白玉岱先生主持出版的"敦煌学研究丛书"，是甘肃出版
界第一次以重大事件的时间节点主动策划的成套系、成规模的敦煌
学术类图书。这一套书出版后在学术界引起了极高的评价，既充分地
体现了图书出版服务于国家文化建设这一最高社会效益，又最大化
地实现了经济效益。

　　"敦煌学研究丛书"的出版，为甘肃教育出版社开拓了特色出版
的道路，不仅锻炼了一支专业学术出版的队伍，积累了出版经验，更
为重要的是，这套书还为甘肃教育出版社在敦煌学图书出版方面积
累了丰富的作者资源。在此之后，该社相继推出的"国际敦煌学"（2

册),"走近敦煌丛书"(12册),"敦煌讲座丛书"(21册),均是在这一套书的作者队伍基础上扩展而成的。这些图书使得甘肃教育出版社成为全国连续五届"中华优秀出版物奖"的获奖单位,也为该社在敦煌学术界赢得了良好的口碑。甚至可以说,读者出版集团后来在图书出版方面所形成的"敦煌特色",都与这一套书的成功有莫大的关系。

在高度重视敦煌学图书出版的同时,白玉岱先生还非常重视挖掘地方文化、中国西部文化和民族文化等方面的出版资源,并将它们作为特色出版的有机组成部分。他主持出版的以"陇文化丛书"、《居延汉简通论》、《河西开发史研究》、《甘肃的窟塔寺庙》为代表的地方文化图书和以《西藏文化发展史》、《中国藏族文化发展史》、《中国藏族寺院教育》、《西藏教育五十年》为代表的民族文化图书,特色突出,风格鲜明,彰显了甘肃出版的本土性和西部文化特征。

自1998年起,甘肃教育出版社出版的《教育学原理》《陇文化丛书》《藏族文化发展史》《三礼研究论著提要》《敦煌学研究丛书》等图书连续五年分别获得国家优秀图书三大奖。"国际敦煌学丛书"、"走近敦煌丛书"、《北魏政治史》、《甘肃石窟志》、"敦煌讲座丛书"等图书于2006年起又连续获得五届中华优秀出版物奖,使甘肃教育出版社成为甘肃省专业出版社中获得国家级奖项最多的出版社。这些优异的成果,与白玉岱先生所坚持和开创的特色出版这一思想和理念是分不开的。

四、从不脱产的编辑家

三十多年来,即使是在走上总编辑这一重要管理岗位后,白玉岱先生也仍然坚持担任图书的责任编辑,笔耕不辍,愿为他人作嫁衣裳。他风趣地把自己的总编辑职务比作工厂车间不脱产的班组长,以带领大家一起做好编辑工作为荣。他担任责编或共同责编的图书有上百种，其中不乏精品："陇文化丛书"和"敦煌学研究丛书"分别于2000年和2004年获中国图书奖;《斯坦因与日本敦煌学》2006年获首届中华优秀出版物奖,《中国的冰川》《著名中外敦煌学家评传》、《河西开发史研究》分别获全国第二、四届优秀教育图书二、三等奖;《敦煌本佛说十王经校录研究》《居延汉简通论》分别获西部九省区第一、第二届优秀教育图书奖;《农村综合教育改革研究》《敦煌莫高窟史研究》分别获北方十五省市优秀图书奖;《地质学概论》《中国的冰川》《中国的冻土》《中学生修养丛书》《居延汉简通论》《河西开发史研究》《中华文化与民族精神》《敦煌历史与莫高窟艺术研究》、《斯坦因与日本敦煌学》等分别获甘肃省第一、二、三、四、五、六、七届优秀图书一、二、三等奖。一直到他退休,他都坚持担任图书的责任编辑或者审读工作,自始至终都保持了对于出版工作的热爱。

五、编辑学者化的示范者

白玉岱先生不仅是一位优秀的出版人，而且还是一位成绩卓著的出版理论和图书出版史研究者，同时也是编辑学者化的示范者和带头人。数十年来他锲而不舍，执着于图书出版史料的收集整理,他的研究成果集中在敦煌遗书与中国中古时代的图书出版、唐代国家图书出版、书院与中国的图书出版、甘肃图书出版史等方面,提出了一系列新观点、新见解和新理论,使人耳目一新。

以敦煌遗书为主要内容而产生的敦煌学，是一门多学科的综合学问,其中包括政治、经济、语言、文字、文学、艺术、历史、地理、天文、历算、医药、卫生、宗教等。近百年来,中外敦煌学家在各自领域都进行了深入研究,成果累累。白玉岱先生从图书出版的角度,以图书史学家的眼光,把敦煌遗书作为中古时代的图书版本进行深入细致的研究。检读《新唐书》《唐六典》《唐会要》等史书的相关记载,文献典籍结合，以具体资料来印证历史记载，以小见大，把微观的考订与宏观的记载结合起来，层层综合分析，提出新观点，探求新理论。对中国中古时代，尤其是唐代图书出版史的研究取得了极为重要的成果。

通过对敦煌遗书的研究，白玉岱先生第一次提出敦煌遗书是我国中古时代的"图书版本库"的新观点，并提出"版本学"应是敦煌学的一个重要组成部分这一新观点，为敦煌学研究提出了新的研究课题，也为敦煌学增加了一个新的研究方向。在《敦煌遗书的版本价值》《敦煌遗书与我国中古时代的成书业》《敦煌遗书与蝴蝶装》《唐代国家出版事业考》中，白玉岱先生对敦煌遗书中一些典型图书的成书年代、纸张、墨色、书法、题记、行款、装帧等进行了深入细致的研究，并吸纳有关敦煌学者的研究成果，将文献资料与典籍相结合，大胆提出了以下几点个人的学术见解：

一是自汉晋以来，国家对图书生产的管理逐步完善、规范、统一。尤其到了唐代，国家对图书生产施行了统一管理、分散出书的政策。建立健全出书机构，规范出书程序，严格校审制度。唐贞观之治，奉太宗之命，由孔颖达编定用于科举取士而颁发的《五经正义》一百八十卷儒家经典标准文本和注释本的浩大图书工程，使我国的图书生产进一步规范化、程序化。由此白玉岱先生提出，自此中国图书的生产便产生了一校、二校、三校及初审、复审和决审的成书程序，并指出唐代自贞观始，国家图书由宰相尾签，就是说国家图书由宰相决审。这一观点有理有据，在中国图书出版史研究中第一次明确提出我国沿用至今的校审制度源起的具体年代，彰显中华文化的文明历史。

二是书籍制度的发展变化。唐代的书籍制度是卷轴装，插架森森，琉璃轴、紫檀轴、玛瑙轴、绿牙轴，应有尽有。敦煌遗书并非完全是唐代卷轴图书，不乏经折装和册页装图书。但白玉岱先生从杂乱的敦煌文献中发现多种册页装图书，观其装帧形式，对照典籍记载，定为蝴蝶装,并明确提出,盛行宋代的蝴蝶装在唐代已在民间使用;其装法单口向外,版心向内,与史书记载相一致。但"不只用糊粘书脊,也有用线缝成",这与史书记载"蝴蝶装者,不用线定,但以糊粘书背"的结论不完全相同。他的研究结论不仅把我国蝴蝶装起用年代提前了数百年,而且还丰富了装订方法。他的个人见解,可改变图书史观。

三是有关雕版印刷的研究。雕版印刷在图书生产中被广泛应用的时间,在出版史学界确认为宋代。而在敦煌遗书中却保存有大量的佛经、佛像古印本数十件,最早的有咸通九年(868)的《金刚般若波罗蜜经》,僖宗乾符四年(877)的《丁酉年历书》,僖宗中和二年(882)的剑南四川的《樊赏家历》和晚唐写经印像的《佛名经》。还有一些五代时的雕印佛经、佛像,如天福至开运年间(936—947)雕印的《大圣毗沙门天天王像》《观世音菩萨像》《千佛像》,还有西夏统治时期(1038—1227)雕印的《妙法莲华经·观世音菩萨普门品》等。白玉岱先生对其进行了深入细致的研究,得出了如下的结论:中国的雕版印刷至迟发明于公元7世纪末或8世纪初;雕版印刷是我国劳动人民的智慧结晶,始于民间家刻,经不断完善后才被官方采用,广泛应用于国家的图书生产;佛教是中国雕版印刷的最早使用者和推广者。雕版印刷最初是由佛教信徒雕印佛像开始,后加文字,才图文并茂的,而宋初连环式图解本标志着中国雕版印刷工艺进入了新的历史阶段;四川是我国最早使用雕版印刷的地区之一,为中国古代雕版印刷之中心。

白玉岱先生的研究成果因资料翔实、观点新颖、论理清晰而受到学界的广泛关注和重视。《敦煌遗书与蝴蝶装》1998年在国家新闻出版署主办的《中国出版》发表后,被许多图书出版史研究者引用;《敦煌遗书与我国中古时代的图书出版》一文获全国第二届出版科研优秀论文奖,并收入获奖论文集,由中国书籍出版社出版,后又收入《印刷出版史料》。

敦煌遗书为上起东晋、下至宋初的写本和古印本，多为原始的译经和早期的各类图书的原抄本、注释本，有的为隋唐国家图书的标准版本，多为绝世孤本。它避免了千余年经数代抄写、印刷等人为因素而造成的今本讹误、脱漏、增衍，具有十分珍贵的校勘价值。在《敦煌遗书的版本价值》一文中，白玉岱先生广泛采纳数十年来中外敦煌学家在各个领域的研究成果，全面系统地论述了敦煌遗书在宗教经典、儒家经典、语言文字、文学艺术、历史地理、医学等领域的校勘价值，以具体而明确的资料对照，列举了敦煌遗书纠正史籍之讹误，补其脱落，剔除增衍的事实，有些可补充历史之空白。今本与敦煌古本对照，使千余年来的研究难题迎刃而解、涣然冰释，遗书中的数句之言，可改后世之史观。

白玉岱先生的图书史研究是从甘肃图书出版史开始的，他参加了《甘肃省志新闻出版志·出版》的编写工作，继而又撰写了20余万字的专著《甘肃出版史略》。在其著作中，他将秦汉简牍、敦煌遗书纳入甘肃图书出版史研究范畴，把甘肃图书出版的历史向前推进千余年。他还花费了一年多时间，详细查阅了甘肃省图书馆和天水、张掖、武威、定西等地的图书馆所藏明清时期甘肃印刷的图书，详细记录了其作者、出版时间、开本、字数、装帧等，对一些重要图书如地方史志等，还做了简要的评介，为后来学者研究甘肃图书提供了便利条件。白玉岱先生对中华人民共和国成立后甘肃60年的图书出版做了高度概括和详细记载。他将甘肃60年的图书出版分为五个阶段，即开创阶段、波动发展阶段、畸形的"文革"阶段、高速发展阶段和转型改制阶段，并记述了每个时期的出版方针、管理模式、机构变化及出书概况，对各阶段的重点图书做了简要介绍。《甘肃出版史略》填补了甘肃图书出版研究的历史空白，利在当代，功在千秋。

《历史上甘肃藏文图书的出版与发行》为白玉岱先生的特色之作。他费尽心血,查阅汉文资料,并请懂藏文的同事、同行陪同了解甘南拉卜楞寺、禅定寺、郎木寺、阿木去乎寺、佐盖新寺和天祝天堂寺、石门寺等寺院的藏经及印经院的印经历史及现状,详细记载藏文图书的经典之作、书籍形式和装帧特点等,并将甘肃藏文图书的出版发行分为吐蕃统治时期的沙州地区、元明清时期的甘南和天祝地区分别进行论述,对各个时代不同地域寺院的主要著作和图书做了论述评介,并对重要学者和主要著作做了介绍,同时又详细记述了藏文图书的书籍形式和装帧艺术的发展变化。他还详细记述了藏族寺院印经院刻印图书的生产机构、刻印分工,以展现藏族文化的博大精深。这也是一篇有关藏族图书出版史的开先河之作。

白玉岱先生的中国图书出版史研究论著还有《唐代国家出书事业考》《书院与我国的图书出版事业》《左宗棠与西北的图书出版事业》等。《唐代国家出书事业考》对唐代国家的出书管理、出书机构设置、成书队伍的责任分工、工作程序和书籍制度做了细致探究。《书院与我国的图书出版事业》对中国历代著名书院的刻书印书详加论述,时间自唐代开始直到清代,是非常详细的出版史料。《左宗棠与西北的图书出版事业》通过对左宗棠督办西北军务期间,劝学兴教、刊印图书相关史料的整理挖掘,为西北图书出版史增添了珍贵的一笔史料,该文获得甘肃省第四届社科优秀成果奖三等奖。

六、善于带队伍的领头人

出版作为一个智力密集型行业,人才是最为核心的生产力和竞争力,是一个出版单位决定性的生产要素。有什么样的人才队伍,就有什么样的出版单位。白玉岱先生一直十分注重人才培养,坚持以人为本的管理理念,主张先做人再做书,不仅身体力行出版好书,而且以身作则，言传身教，培养了一批优秀的出版人才。在他任职期间，他针对甘肃教育出版社的专业特点，设置学科齐全的编辑岗位，配备专业对口的编辑人员，使得该社成为学科专业齐全、队伍年龄梯次合理、专业方向明确、出版特色鲜明的出版社。他带队伍的经验方法可以总结为这么几点：

一是有意识地通过出版项目来锻炼和培养队伍。这是白玉岱先生在工作期间成效最为突出的人才培养方法。优秀的出版人才不是自然生长的，即使是基础素养非常好的人，在进入这个行业的最初，也仍然需要有人来带领和培养。白玉岱先生非常重视对年轻编辑的培养，让年轻人参与各种出版项目，并予以充分的指导和协助，鼓励他们尽快成长。在参与项目的过程中，年轻人不仅学到了出版规范和知识，还从他的身上学到了出版经验和出版理念。这种润物无声的培养方式，对于年轻编辑的成长具有很好的潜移默化的作用。他所带领和培养的一批业务骨干，后来都走上了读者出版集团各个部门各个层级的重要岗位，为甘肃出版事业发挥着重要作用。

二是以高尚的情操感染人。白玉岱先生还善于以自身的品行和节操，为年轻人的成长起到了示范作用。他为人随和、待人诚恳，喜欢与年轻人交朋友。很多年轻的出版工作者就是在和他的交往中，自觉不自觉地受到他高尚的品行和情操的感染，从而形成了正确的人生观和职业观。他很少讲应该怎么做一个优秀的出版人这样的大题目，却总是以自己的身体力行，无声地把答案告诉年轻编辑。

三是从生活上关心人。对于年轻人来说，白玉岱先生是工作中的领导，也是生活中的良师益友。除了在工作上给予年轻人以无私的指导帮助之外，他还总在生活上给年轻人以照顾和关爱。许多与他一起共事过的年轻人，都曾得到过他在生活上的悉心关照。这种关心与关爱，既有上级对下级的温暖，也有同事朋友间的温润，能够使初入职场的年轻人迅速在集体中找到归属感。

我从 1995 年大学毕业进入甘肃教育出版社工作开始,跟随白玉岱先生工作六年。我本人就是在他的指导和帮助下,一步步地在编辑出版岗位上探索求知,并不断成长的。他对待年轻人,既有一位领导应有的认真负责和严格要求,也有长辈式的慈爱和关怀。

我至今还能想起他当年带领我们共同参与"陇文化丛书"编辑工作的情景。这是一套书由西北师范大学著名教授胡大浚先生主编,分十个专题介绍甘肃历史文化的大众读物。十位作者都是当时省内研究地方文化成果显著的一流学者。我本人担任了这套书其中两本的责任编辑,正是通过参与这一套书的编辑工作,我跟随白玉岱先生学习到了策划大型图书的宝贵经验,总结起来最重要的两点就是,必须要考虑学术性与普及型的结合,学术价值与出版价值的统一。在我此后的工作生涯中,参与编辑这一套书所带给我的编辑经验和出版思维,使我能够在后来主持大型丛套书出版的时候,有前例可以借鉴,能够做到有章可循和有条不紊,可谓受益无穷。这套书出版之后,获得了学界的高度评价,也取得了良好的社会反响和销售量。并获得了2000 年的"中国图书奖"。在我看来,直到今天,对甘肃历史文化总括式介绍的众多图书中,"陇文化丛书"仍然是策划力度最强、结构最合理、论述方式最统一和书名最优美的。我对白玉岱先生人才培养方式的总结,无一不是我的亲身体验。在我日后走上领导岗位之后,他对我的影响无处不在,我努力践行从他身上学习到的出版经营和管理的理念和方法,虽然也有力所不逮的时候,但也所幸没有画虎类犬。

白玉岱先生还十分热爱社会工作,积极参加各种社团工作,互通情报,交流信息,不断提高图书策划能力和学术研究水平。自 20 世纪 80 年代起,他历任中国编辑学会会员、中国地理学会出版工作委员会委员、中国出版工作者协会教育图书研究会常务理事、中国西部教育图书协会副会长。2004年退休后任甘肃出版工作者协会副主席十年，为甘肃的出版事业奉献着余年的力量。

2001年，白玉岱先生从甘肃教育出版社总编辑的岗位上退居二线。时任甘肃人民出版社总编辑的张正杰同志评价说："老白干工作，是以德服人。"出版是为后人立德树言的工作，"德"是这一工作的前提和基础。白玉岱先生正是以这样的德行，以他勤勉的工作态度，既为甘肃的出版事业奉献了最为美好的年华，也为我们这些后来者树立了学习的榜样。

王光辉

2020年9月

敦煌遗书与我国古代的成书业

1899 年打开的敦煌莫高窟第十七窟的藏书室里,藏有我国古写本和古印本遗书达五六万余卷、册。主要包括佛经、道经、儒家经典、历史、地理、医书、小说、语言文字、俗文学、域外古语言和古宗教、社会经济资料等。其中佛教经卷占 90%以上。就文字而言,有汉文、西夏文、藏文、梵文、于阗文和回鹘文;从成书方式来看,除极少数雕版印刷品外,绝大部分为写本书,而且以隋唐写经最多最优;其装帧以卷轴居多,兼有经折装、蝴蝶装等;成书时间最早为升平二年(358),最晚为西夏时期(1038—1227)。虽然这是我国当时文书的极小部分,但却为研究中国古代图书历史提供了宝贵的实物证据,不失中国古代图书版本之作用,可以其一斑而窥我国古代图书之全貌。

本文仅以遗书中的汉译经卷和写本书为史料,谈谈对我国古代图书翻译和国家标准版本抄写的一孔之见。

一

中国的图书翻译事业,是随着佛教的传入而开始的,至今已有一千八百多年的历史。东汉灵帝时代(168—189),我国就开始了译经事业。两汉三国时期,敦煌是我国最先接触佛教的地区之一。到了西晋,敦煌地区已经有了自己的译经师。太康五年(284),龟兹副使羌子侯路过敦煌时,译经师法护得到羌带来的《不退转法轮经》,译为汉文。而另一部佛经《正法华》也是法护于太康七年(286)在敦煌翻译的。由于语言文字上的差异和翻译水平的限制，在玄奘以前，我国的汉译经大都是些佛门小品，而且译经多被删节改动，译得残缺不全，时断时续，只能勉强表达大意。到了四五世纪，越来越多的域外高僧沿丝绸之路来中国传教，而且中原王朝也派大批僧人前往西域取经。随着佛教的广泛传播，儒佛也开始互相渗透，并且佛教开始进入上层社会。到了唐代，李世民为译经建"大慈恩寺"和"翻经院"后，我国的译经事业更是攀梯而登，成为盛极一时之大业。此时，上至朝廷、官府，下至寺院、学校，普遍重视佛经的翻译和抄写。长安、洛阳、太原、敦煌等地，出现了由域外高僧、本土信士和博学鸿儒组成的译经机构。他们广译众经，经、律、论三藏俱全。一些佛经由社会团体或寺院组织翻译后向社会发行，有些佛经竟由国家组织翻译并批准入国家书目后发往全国各地。

随着译经事业的不断发展，我国的图书翻译机构不断健全，翻译工作的分工也越来越明确，翻译规程也不断完善和严格。盛唐时，一部佛经需经十几道程序才译出，译经人数竟达五六十人之多。现以敦煌遗书中七世纪翻译的《佛说宝雨经卷第九》为例，以见当时我国图书翻译之概况。

该经的翻译题记中写道：

大周长寿二年（693）岁次癸巳九月丁亥朔三日己丑佛授记寺译　大白马寺大德沙门怀义监译　南印度沙门达摩流支宣译梵本　中印度王使沙门梵摩兼宣译梵本　京济法寺沙门战陀译语　佛授记寺沙门慧智证译语　佛授记寺沙门道昌证梵文　天官寺沙门达摩难陀证梵文　大周东寺都维那清原县开国公沙门处一笔授　佛授记寺沙门思玄缀文长寿寺寺主沙门智激缀文　佛授记寺都维那赞皇县开国公沙门智静证义　大周东寺都维那豫章县开国公沙门慧俨证

义　天宫寺上座沙门知道证义。

　　大周东寺上座江陵县开国公沙门法明证义　长寿寺上座沙门知机证义　大奉先寺上座当阳县开国公沙门慧棱证义　佛授记寺沙门神英证义　佛授记寺寺主渤海县开国公沙门行感证义　京西明寺沙门圆测证义　婆罗门僧般若证义　婆罗门臣李无谄译语　婆罗门臣度破具写梵本　鸿洲庆山县人臣叱干智藏写梵本　婆罗门臣迦叶乌担写梵本　婆罗门臣刹利乌台写梵本　尚方监匠臣李审恭装　专当典并写麟台楷书令史臣徐元处　专当使文林郎守左卫翊二府兵曹参军臣傅守真　敕检校翻译使司宾寺录事摄臣孙承辟。

　　证圣元年(695)岁次癸未四月戊寅朔八月乙酉知功德僧道利检校写同知僧法琳勘校。

这是一部附有梵文的汉译本佛经，翻译和成书的分工及程序有监译、宣译梵本、译语、证译语、证梵文、笔受、缀文、证义、写梵本、恭装、专当典、专当使、检校翻经、检校写、勘校等。起讫时间近两年，参加译经者有印度高僧和世代以祭祀、诵经、传教为职业，掌握教权，垄断知识的僧侣贵族——印度婆罗门臣，也有我国玄奘的弟子；有梵文大师，也有汉语高手；有书法高超的写经师，也有技高手巧的装潢手。译经分工细致，责任明确，程序规范，安排严谨。汉、梵两文前后对应，译、抄、校、装环环紧扣，每道程序层层把关。译经的语言文字之精练、准确和书写、装潢之精美就可想而知了。

　　一部经卷经十几道程序译出后，它便可吸引中国的信仰者了，或在寺院供养，或广泛传抄施舍，或由高僧临坛宣讲，或由各界信士念诵。但这种译经不能算作国家的正式译经，它还没有得到官方的正式认定。一部译经，如果再经朝廷官员的审阅详定，获官方批准，入国家图书目录，它便身价大增，以"国书"的资格走向宗教界和社会的各个阶层。以《佛说示所犯者法镜经》为例,看看一部佛经译出后,又是怎样取得朝廷的通行证的。

此经于唐景龙元年(707)岁次丙午十二月廿三日于崇福寺开卷翻译,如同前卷一样,经过各级翻译人员字斟句酌的翻译后,题记中又有如下的记述:

至景云二年(711)四月×日 正议大夫太子洗马昭文馆学士张齐贤等进 奉敕大宗大夫昭文馆学士郑喜王详定 奉敕秘书少监昭文馆学士韦利器详定 奉敕正议大夫行太府寺卿昭文馆学士沈佺期详定 奉敕银青光禄太子右谕德昭文馆学士延悦详定 奉敕银青光禄大夫黄门侍郎昭文馆学士上柱国李乂详定 奉敕工部侍郎昭文馆学士上护军卢藏用详定 奉敕左散骑常侍昭文馆学士权兼检校右羽林将军上柱国寿昌县开国伯贾膺福详定 奉敕右散骑常侍权兼检校左羽林将军上柱国高平县开国侯徐彦伯详定 奉敕银青光禄大夫行中书侍郎昭文馆学士兼太子右庶子崔湜详定 奉敕金紫光禄大夫行礼部尚书昭文馆学士上柱国晋国公薛稷详定 延和元年(712)六月二十日大兴善寺翻经沙门师利检校写 奉敕令昭文馆学士等详定入目录讫流行。

昭文馆是神龙元年(705)至开元七年(719)为避太子李弘讳而改名的原弘文馆。该馆置于门下省,聚书二十余万册,置学士,掌校国家图籍,教授生徒,并参议政事。凡入国家图书目录的经籍,必通过昭文馆的审阅批准。《佛说示所犯者法镜经》经翻译机构的精心翻译后,由正议大夫太子洗马昭文馆学士张齐贤进唐玄宗。奉皇帝之命,又经十几名昭文馆学士、四到二品朝廷官员的逐层审阅、详定,尔后再抄写、校对,并以此为原本,入国家图书目录,再抄写流行。最后详定者为当时掌握国家典章、法度、祭祀、学校、科举的礼部尚书,能书善画、通晓经学的昭文馆学士薛稷。审定时间达一年之久,就审定过程来看,这里不能没有形式主义的过场,但它充分说明,当时国家已将图书翻译列为一项重要事业这样一个事实:此时我国的图书翻译事业不仅有了整齐的翻译队伍和健全的翻译机构,而且国家对图书翻译也有了严格的审批程序和管理制度。朝廷管理佛经的翻译,一是说明佛教已进入国家的上层领域,二是说明国家已把图书翻译工作视为一项重要的文化事业。它对扩大书籍来源,完善翻译机构,严格翻译规程,发展图书翻译事业起了很好的促进作用。

二

所谓书籍,是指用文字写在或印在具有一定形态的专用材料上,借以人们阅读和传播知识的著作。我国最早的正式书籍算是简册了。春秋至西晋时期,我国的书籍主要是写在竹木简上的。而简册时期的成书程序史书很少记载。刘向整理国家图书,史书只记载了他校对书籍的方法,即"一人读书校其上下,得谬误为校。一人持书,一人读书,若怨家相对,为雠"。但并没有记载书籍的抄写和校对程序。从出土的实物来看,竹木简上只写有书籍的内容,其写书机构和写校程序也是很难看出来的。也许是由于制简费工费时,为了节约而没有留下题记罢了。但也说明,当时的成书程序还没有达到完全规范化程度。

隋唐政权的建立,结束了我国魏晋以来长期动乱的局面,经济得以恢复,生产进一步发展。特别是废除了贵族世家袭官制度而代以科举后,促进了教育,繁荣了文化。随着造纸技术的提高和书籍装帧的改进,我国的纸写书得以高速发展。抄写图书竟促使新职业的诞生,被称为经生的文人,下在城镇、学校、寺院抄写经书谋生,上在朝廷、官府供职。大批的官抄本和民抄本图书便应运而生。由于写本书本身的局限性和时代变迁的原因,我国早期和隋唐时期的写本书很少有保存到今天的。唯敦煌莫高窟给我们保存了东晋末到隋唐五代及宋初的一批手写经书，为我们研究这一时期的抄书事业提供了宝贵的实物证据。

敦煌遗书中的写本书，有民间抄本和官方抄本两种。而民间抄本则又有职业抄书和非职业抄书两种。非职业抄书多为供养经、自诵经和课本等。这些书有的来自平民百姓，有的出自豪门贵族之家，其书法和装帧均有很大的差异，这里不再详述。而民间职业抄书和官抄本则算是当时正式流行的书籍，具有时代的特征和宝贵的研究价值。

敦煌于公元 366 年建窟，遗书中最早的经书写于升平二年（358），但这一时期的写经却不太多。太安元年（455）伊吾南祠比丘中宗，用纸抄写了《佛经》一卷，并留下了"手拙人已，难得纸墨"的题记，说明此时抄写经卷，纸墨还是比较缺乏的。自北魏统一河西置敦煌镇后，在相当长的一段时间内，敦煌虽受过战争的摧残，但同其他地区相比，还是比较安定的。因而佛教得以大力弘扬，抄书事业一度有较大的发展。公元 500 年前后的写经已有了正规的题记和经生的署名。它说明这一时期的敦煌已有了职业抄书手。自永平四年（511）至延昌三年（514），抄经题记中所见的敦煌镇官经生就有 7 人之多，这是敦煌镇地方官府的抄书机构，他们抄写的经卷有永平四年（511）镇官经生曹法寿的《诚实论》第十四卷，延昌元年（512）镇官经生刘广周的《诚实论》第十四卷，延昌二年（513）镇官经生张显昌的《大楼炭经》第七卷和镇官经生马天安的《摩诘衍经》，延昌三年（514）镇官经生张阿胜的《大方等陀罗尼经》第一卷，镇官经生令狐崇哲的《诚实论》第八卷和镇官经生令狐礼太的《华严经》第十六卷等。无论从经生队伍还是从所写经卷而论，这只是当时的极小部分，敦煌当时抄经的盛况便由此可见。

敦煌写经多为卷轴，卷纸上划有黑色界栏，起首两行写经名、卷次,然后写正文。正文写完后,写有题记。题记记有经生姓名、写经的时间和地点、用纸张数、校经人姓名、典经师等。如《诚实论》第十四卷末题:"延昌元年岁次壬辰八月五日,敦煌镇官经生刘广周所写论讫成,典经师令狐哲,校经道人洪携,用纸廿八张。"这些抄经的书法有优有劣,字体也有同有异。但总的看来,以隶楷结合体为主。也许是市场竞争的原因,这类经书大都写得整齐、准确、书面整洁、装帧素雅且美观大方。它是地方官府抄写的标准版本,并且证明当时的地方官府已有了一个完善的抄书机构。写经人不仅有合法的职业身份,而且还有明确的责任分工和严格的工作程序。一部经卷的完成,抄、校和典正缺一不可。镇官经生抄写的经卷,只有通过校经人的校对和典经师的典正后,方能得到官方的允许而投入市场,同时也才能得到信仰者的信赖而被购买供养或念诵。

唐代为我国纸写书的极盛时期,无论从数量和质量来看,还是就写书队伍和写书程序而论,比唐以前都有很大发展。敦煌的地方职业抄书,增加了校对次数,题记中出现了初校经人和再校经人姓名。经书均以楷书写成,书法装帧均比前期经书精美,且错漏也少。

到了五代,雕版印刷虽已使用,但还未普及,纸写书仍为书籍的主要形式。由于佛教的空前发展,在敦煌地区又出现了民间抄书手——学仕郎。他们一面在寺院念经读书,一面抄经、写书,向社会出售以换取粮米和金钱。如《秦妇吟》后题记:"贞明五年(919)乙卯岁四月,敦煌郡金光明寺学仕郎安友盛。"接着写了一首打油诗:"今日写书了,合得五斗(升)麦,高代(贷)不可得,環(还)是自身灾。"另一佛经《禅安心义》后也题一首诗:"书写今日了,因何不送钱?谁家无赖汉,回面不相看。"《孝经》后题有:"唯天福七年(942)壬寅十二月十二日,永安寺学仕郎高清子书写。"由书末的题诗可见当时抄书者的烦恼和抄书与购书者之间的矛盾。但这一时期地方所抄书籍的质量较差,书法也欠佳,错漏较多,装帧随便。书末题记也不如抄书前期那样规范。显然,这是到了写本书的低峰期。

敦煌是这样,而其他地方也不例外。遗书中发现一部《维摩诘经讲经文》末题:"广政十年(947)八月九日,在西川静真祥院写此第廿卷文书,恰遇黑。书了,不知如何得到乡地去。"这一题记说明,就连使用雕版印刷较早的四川,当时也还有职业抄书手。而这些职业抄书手们的生活也是十分贫困的,为了挣得粮米和银钱,他们不得不外出谋生,甚至劳动得很晚,而无法回家。

地方官府和民间职业抄书如上所述。那么这一时期的朝廷抄书又是怎样呢?史书记载隋唐时期宫廷由秘书省、修文馆、弘文馆、昭文馆、集贤院、史馆等部门专门负责国家的修书。在这些修书机构中,设有修书官、修撰官、校理官、刊正官、修书学士、校书正字、楷书手、画手、装潢手等,但其详细的成书分工和成书程序史书并无记载,而敦煌遗书却为我们提供了官方抄书的丰富资料。

敦煌遗书中发现的咸亨二年(671)至仪凤二年(677)的《金刚般若波罗蜜多经》《妙法莲华经》《金光明经》等三十多部经卷,是经朝廷批准入国家书目后,由秘书省或弘文馆组织抄写后发到全国各地的部分经书。这批经书无论从书法、装帧,还是从抄书程序及责任分工方面,都有极高的研究价值。这批经书大多写在当时通用的黄麻纸上,纸的大小均为47.4厘米×26.2厘米,纸上画有黑色界栏,栏宽1.5厘米,高20.6厘米,每行17字左右,自上而下,从右到左书写。经生多为唐代大书法家虞世南的弟子,故经卷多以虞体写成。其书风既继承了前期经书的质朴,又显示了唐楷特有的娟秀,笔法圆融遒劲,外柔而内刚,方正稳健,气韵高逸,为唐代写经之上品。经书末的题记详细记载了抄书的责任分工和工作程序,它对研究这一时期的抄书业尤为珍贵。如《妙法莲华经卷六》题:

咸亨三年(672)二月廿一日经生王思谦写　用纸二十张　装潢手解善集　初校经生王恩谦　再校经行寺僧归真三校经行寺僧思道　详阅太原寺大德神符　详阅太原寺大德嘉尚　详阅太原寺主慧立　详阅太原寺上座道成　判官少府监掌冶署令向义感　使大中大夫守工部侍郎永兴县开国公虞昶监。

题记中的经生王思谦是大书法家虞世南的弟子，详阅者大德嘉尚、大德神符、寺主慧立和上座道成均为玄奘的高徒，也是玄奘于麟德元年(664)谢世后，为我国最著名的一批僧侣学者。判官多为李善德、向义感，写经使多为虞昶和阎玄道。虞昶为大书法家虞世南之子，阎玄道可能是时任尚书、著名画家阎立本之子或侄。装潢手解善集史书虽不收其生平，但从当时宫廷发至敦煌的三十多部经卷来看，装潢大都由其所为，该不出名家之列。

更能引人注意的是当时抄书的三校、四级详阅制度和书籍的题记本身。从当时来自宫廷的三十多部经卷的题记来看，成书时间虽前后相差六七年，但其题记中的责任分工几乎无一字之差，而署名顺序也无前后颠倒；成书时间、经生、用纸、装潢手、初校、再校、三校，接着是四级详阅、判官、监制。三校制沿用至今，主要是把校字之关。详阅估计就是今天的审读和通读吧！从详阅人来看，都是博学儒家经典、通晓佛经的玄奘高徒，他们不仅可把校字之关，而且还能修饰经书之意，经他们详阅的经书，不仅不失梵文原意，而且更合汉语习惯，可算是中国译经之蓝本。三级校对和四级详阅制度为我国古代图书的正确传世和域外书籍的准确翻译起了很大的作用，它对今天的图书出版事业不能说没有借鉴的必要。判官很可能是起决审作用，均由有学问的政府官员担任，由其代表政府把业务和政治关，并开放"绿灯"。据日本敦煌学家藤之晃先生所见，题记中的写经使虞昶、阎玄道和判官向义感及四级详阅者之一的署名均为当事人的亲笔手迹。

就书末题记而言,可否看作是今天图书的版权页呢? 它既有成书的时间记载,又有成书的责任分工;既有纸张用量,又有责任人的署名。书末一看,便对书籍产生信任感。当时来自宫廷的这些写经,被社会视为上品,深受寺院僧侣和社会信士的欢迎和信赖。它不仅具有一般书籍供人阅读和传播知识的作用,同时还有版本的权威,人们以此为蓝本,可传抄、供养、施舍、宣讲、念诵。书籍收藏和管理部门也可用它来校对、勘正一些民间抄经。今天也可用这些写经来校正一些传世的手抄本和印刷本经卷,并能勘正和补漏后世经书的讹误和脱落。

纵观上下五六百年的敦煌遗书,我们可否得出这样的结论和启示:

我国的图书出版事业,是华夏文明发展到一定阶段的产物,并在发展中成为中国文化的重要组成部分。这一事业在其漫长的历史中,逐步形成一支古老的成书队伍,并不断发展壮大。这支队伍不仅有其明确的职业分工,而且还形成一套严格的成书规程。国家对书籍的翻译和抄写也有了专门的管理机构和审阅制度,为促进我国图书事业的发展,保证我国古代作品的准确传世做出了积极贡献,在我国图书出版史上记下了光辉的一页。认真研究我国在漫长的图书史上形成的成书管理制度、成书队伍及其责任分工和工作程序的科学性,不断完善那些沿用至今的校勘、审定和详阅制度,对我们今天的出版事业不能说没有补益。

（1995 年获第二届全国出版科学研究优秀论文奖。收入《第二届全国出版科学研究优秀论文集》,1997 年中国书籍出版社出版。）

敦煌遗书与我国古代的书籍装帧形式

　　我国的成书材料,最多最好、历史最悠久者,首推纸张。纸的发明和广泛应用,为我国的图书生产注入了活力,它大大缩短了书籍生产的周期,同时也为读者提供了极大的方便。随着造纸工业的诞生和发展,于公元二三世纪之间,纸已跻身于书籍材料的行列,于简、帛并用。三国后纸书渐多,至晋而大盛。直到晋末(公元4世纪),权臣桓玄篡位建立桓楚后下令废简用纸, 纸才完全取代了竹木简牍而成为普遍的成书材料。

　　纸作为书籍的生产资料至今已有1800年左右的历史。虽然纸书的生产手段只有手写和印刷两种,但在这一千多年间,纸书的形式却五彩缤纷,多姿多彩,从最初的卷轴到经折装,又过渡为旋风装、蝴蝶装,进而为各种册页装形式。就书籍形式而言,由于纸张的大小、质地不一和书写装帧的不同,也是千姿百态,各具特色。

　　敦煌遗书最早写于升平二年(358),最晚为宋初写本。它与我国写本书始于东晋,盛于隋唐,终于宋初的历史基本是同步的。可以说,敦煌遗书是我国写本书的版本库。它收藏了写本书的所有书籍形式及各具特色、花样繁多的品种。虽然它不完全都是标准意义上的写本书形式,但只要深入细致地进行分析研究,不仅可对这一时期的书籍形式有一个深刻认识,而且还会对各种形式的变化和过渡、民间书籍形式和官方书籍形式的关系,以及它与中国政治、经济、文化等的联系找到明确的答案。

一、卷轴装

作为书籍制度,卷轴是专对纸写书而言的。在此之前,缣帛之书也是卷起来的。简册也是如此。可以说,纸写书的出现是中国图书事业的一大飞跃。卷轴装的出现是书籍制度的一大革命。但就卷轴的方式来看,它仍沿袭了简册和帛书"卷"的特征。

卷轴装随着写本书的诞生而问世,并随着写本书的完善而日趋标准和精美。卷轴装始于西晋,盛于隋唐,终于宋初。是我国写本书的主要形式,也是我国书籍形式中的佼佼者。由于科学技术的发展和物质文化生活水平的不断提高,隋唐时代从朝廷到民间都十分重视藏书和书籍的装帧。因此,这一时期的一些官方和私人藏书的装帧是极为豪华的。史书记载,隋炀帝嘉则殿藏书分三等,上品红琉璃轴,中品绀琉璃轴,下品漆轴。晚唐藏书家张颜远说,当时的藏书者要具备鉴识、阅玩、装褫、诠次的本领。宋周密曾在其《齐东野语》中说:"唐四库装轴之法,极其瑰致。"

《唐六典》在记集贤殿书院的藏书时写道:"四库之书,两京各二本,共二万五千九百六十一卷,皆以益州麻纸写。其经库书钿白牙轴、黄带、红牙签,史库书钿青牙轴、缥带、绿牙签,子库书彤紫檀轴、紫带、碧牙签,集库书绿牙轴、朱带、白牙签,以为分别。"张彦远在《历代名画记》中评论唐代卷轴时说:"书轴以白檀身为上,香洁去虫;小轴白玉为上,水晶为次,琥珀为下;大轴杉木漆头,轻圆最妙。""故贞观、开元中内府图书,一例用白檀首,紫罗漂织成带。"李泌是唐代最大的藏书家,所藏经、史、子、集各书,分别用红、绿、白等颜色的牙签区别。韩愈在一诗中说:"邺侯家多书,插架三万轴。——皆牙签,新若手未触。"可见邺侯藏书既多又精美。

以上只是以轴代卷,虽对轴有较详细的描述,但对卷子本身则没有更多的记载。而《初学记》在记述卷子的长短、宽窄时有"依书长短，随意截之，本无定制"的文字。另外李肇在《唐国史补》卷下写道："又宋毫问，有织或界道绢素，谓之乌丝栏、朱丝栏。"而《通雅·器用》载："乌丝，笺之画栏者也。"前者似乎是在说帛书在绢素上画有乌丝栏和朱丝栏，而后者是说纸书上的框栏、解行。

关于写书的用纸，5世纪的贾思勰在其《齐民要术》中专写"入潢"一节，详细介绍了用黄檗汁染纸的方法。用黄檗汁染过的纸颜色发黄，故称黄纸。这种方法又称为"入潢"。由于黄檗汁的化学成分可以使纸长年防蛀，我国人民很早就掌握用黄檗汁保护书籍的技术。2世纪末叶，刘熙所著的《释名》内就有"潢"是"染纸"的提法。3世纪后这种方法就已被普遍采用，西晋荀勖整理汲冢竹简后，在《穆天子传》序中提到了用黄纸抄书的事。东晋桓玄令中所说的用黄纸代替竹简，就是指的入潢纸。

据以上记载，我们对标准卷轴可做这样一个概括的描述：卷轴的形式是模仿帛书的。它将黄纸粘成长卷，用木棒作轴，大轴粘于最后一张纸上，小轴粘于卷首，大轴较小轴粗而长，两头露出卷外，以大轴为中心或卷或展。为了便于书写，每张纸上画有边栏、界行，有的画乌丝栏，有的画朱丝栏。为了耐用和美观，写书的卷子都要裱褙或装糊。卷子右端往往接上一张较坚韧而不写字的纸，或者用罗、绢、锦等，称为"褾"的丝织品。褾再系一根带子，称作"带"，用作捆缚卷子。轴头系一牙签，以其颜色作图书分类。有的则是纸签或丝签，上写书名、卷次等，以便查找。卷、轴、褾、带、签，这是卷轴装图书的主要组成部分。一部书往往是由多个卷子组成，为了不使几部书混淆，通常用布或其他材料做成袋子或篮子形式的书囊，称作"帙"，一书一帙，便于检阅存取。

帙是从简册时代就通用的装书工具，其用料有布，有锦、绢，也有以细竹为料者。

关于"轴"这里需多说两句。史书中提到大轴、小轴、琉璃轴、漆轴、绿牙轴等等。一般说来，一个卷子有两个轴，粘于书末的为大轴，粘于书首的为小轴。大轴的木棒较粗，长于卷的宽度。小轴较细，长出卷的宽度较少。卷子卷或展都以大轴为中心，卷缚后，小轴贴于大轴，以褾带缚之。无论大轴、小轴，均以木棒为料。所谓琉璃轴、绿牙轴等，均以轴头镶嵌物命名。琉璃轴是以各色琉璃镶于轴的两头；雕紫檀轴是以紫檀木为轴头，雕以花纹，嵌于轴上；钿青牙轴是以金翠、珠宝、介壳、象牙等镶嵌的轴头。一般是木轴插入轴头，轴头大于木轴。轴的镶嵌或雕刻，不仅是为了以轴区分不同类型的图书，更有装饰作用。它又是藏书者身份和地位的标志。

史书中记载的卷轴装可以说是标准的卷轴。其中主要记述的是皇家藏书，那是按当时国家明文规定的尺寸和规格，由专门的图书生产机构生产出来的精品图书。另一些是私人藏书，那是当时士子和文化人酷爱积求的家业，大部分是家庭作坊中生产的豪华品，其规格、装饰也基本符合国家的书籍制度，但轴的镶嵌却因各家的经济实力而异。

敦煌遗书中的卷子，有的来自寺院、学校、社会，有的来自朝廷和各级地方官府；有的出自平民百姓之手。它不完全是标准意义上的版本，只是几万卷很不理想的存书。持"废弃说"者甚至认为，那是一批被时代废弃的"垃圾"，出于对经文及书籍的崇尚，才被封存于石室的。但就文物价值而论，在当今它是绝无仅有的中古时代的图书实物。它为我们提供了不同阶层所制作的图书版本，为我们研究当时民间图书及官方图书的形制及其联系，提供了充分的实物证据。

所谓标准卷子就是根据当时的书籍制度，按照国家规定的书籍纸张和抄写原则而制成的卷、轴、褾、带、签俱全的卷轴装图书。

敦煌遗书中的标准卷子主要来自两个方面。一是隋唐宫廷及地方政府的写卷，二是来自各大寺院的写经。最早的朝廷写经有公元612年隋朝秘书省抄写的道经《老子变化经》(S.2295)。其题记中写道："大业八年(612)八月十四日经生王俦写 用纸四张 玄都玄坛道士复校 秘书省写。"而数量较集中者应算是唐朝宫廷于公元671—677年间抄写的30多卷《妙法莲华经》和《金刚般若波罗蜜经》等。诸卷末题记均有抄写年月日、写经人姓名和用纸张数。每卷用纸18~23张。每张纸长度按47.5厘米计算，再除去两张纸粘连部分，这些经卷的长度均在8.4~11.5米。由于这批经卷大部分被劫于国外，很难一一研究其纸张的大小及卷轴的形制，但可喜的是同类卷子在敦煌研究院及敦煌市博物馆有少量收藏，它为国内研究人员提供了极大的方便。以敦煌市博物馆藏的《妙法莲华经》卷六为例，可对这30多卷官方标准卷子做简单记述。

《妙法莲华经》卷六是咸亨三年(672)由朝廷统一制作发往地方的标准经卷，其姊妹卷二、三现藏于英国皇家图书馆。该经为一残卷，仅存7张纸，共长325厘米，每纸为47.4厘米×26.2厘米，为黄麻纸。这是唐王朝写书的标准用纸，当时法定的尺长为26厘米，一张纸长1.5尺，宽1尺。题记中记载用纸20张，除去搭界粘连部分，该卷长度应在9.5米左右。卷子天头、地脚各空出2.8厘米，供写字用的上下空间为20.6厘米，画细线乌丝栏，栏距为1.5厘米，每张纸可写30行字，每行17字。卷末写有"妙法莲华经卷六"。其题记如今日图书之版权页，记有写经年月日、用纸张数、装潢手、初校、再校、三校、详阅、判官、使监等的姓名。大轴为一般木质，直径1.2厘米左右，长27厘米，两头平齐，无华丽的镶嵌装饰，显得十分简朴素雅。敦煌标准卷子大都如此，而首张纸加以裱褙，用作书的封面。卷首装一带有丝带的小木条作小轴，小轴的长度与卷子宽度相同。

　　敦煌标准卷子的抄写格式也不完全一致。首行有的写有被称为"大题"的该经总名,第二行写抄经时间及写经人姓名,第三行才写被称为"小题"的本篇名称及卷次。但也有不写大题和抄经时间及写经人,而径直写小题,从第二行就开始写正文者。正文写完,隔一行,再写被称为"尾题"的本篇名称和卷次。此外,大约还有 20% 的标准卷子附有题记。

　　如上所述,出自隋唐朝廷的《老子变化经》和《妙法莲华经》等,均在题记中记述了写经时间,用纸张数及参加经卷制作人的姓名等。有些还写有写经的目的、发愿文以及供养人的姓名。经卷抄写粘连好后,在卷子小轴外侧再次题写"外题",其文字同小题相同。外题由写经人题写者,也有由收藏保管人题写者。小题下有的还钤以藏书印,并编写序号。如延昌元年(512)敦煌镇官经生刘广周抄写的《大方陀罗尼经》,卷纸画有黑色界栏,首起两行写经名、卷次,然后写正文。正文后写题记。题记有经生姓名、校经人、典经师、用纸张数等。卷末均盖有"敦"或"敦煌镇印"的黑色印鉴。

　　写经每 10 个卷子用丝绸或锦或彩带制成的包皮捆装,有的人称它为"帙",有的人称它为"巾"。在英国和日本还收藏了敦煌藏经洞的以细竹为经,以丝为纬织成,并用锦或布衬裱,边口加上锦的如同书包一样的帙。其尺寸为 30 厘米×50 厘米×60 厘米,右边有系带,用于捆扎袋子。每帙写经是按照官方目录《千字文》的字序号编写的。但敦煌写卷的序列与公元 730 年成书的《开元释教录》记述的略有不同。帙内各卷有的则在千字文序字下添一简单数码,以资区别,但也有不添数码的。

　　在序字及数码之下,再加上收藏寺院名称的简称,如"土"字是指净土寺,"界"字是指三界寺,"恩"字是指报恩寺,"显"字是指显德寺等。有的写经有的寺院保存一套,有的寺院保存两套。保存两套的,则在寺院简称下写上"上藏"和"下藏"。报恩寺、净土寺和三界寺把它们的藏经印钤在每个卷子的首尾上,报恩寺的印鉴为红色,其他二寺则为黑色。有些佛典上同时盖有报恩寺和三界寺的印鉴,这可能是有些卷子有新文本抄成后,从这一寺院转藏到另一座寺院。

二、经折装

卷轴是唐代通行的书籍制度。但由于文化的发展和新技术的应用,人们在长期的用书过程不断总结经验教训,取长补短,开始制作出各种装潢简补、翻阅方便、易于保存和坚固耐用的装帧形式,不仅为书籍制度的改革开辟了新路,而且也为书籍广泛制作提供了方便。从敦煌唐代遗书来看,除卷轴外,唐代已有经折装、旋风装和蝴蝶装等书籍形式在民间开始应用,并开始影响到地方的官方出书业,预示着新的书籍制度即将诞生。

经折装,是继卷轴而起的另一种装帧形式,出于卷子之变。一长卷之书,每检一事,必全展舒,甚为不便,于是有人将卷子折叠,外夹坚硬封面,呈一折书,翻阅念诵,无须全部打开,不仅方便,而且不易损伤。此乃经折装也。经折装出现不久,便成为佛教经典的专门装帧形式被广泛应用。

敦煌遗书中有一批吐蕃时期的经折装佛经,其纸张虽不算上乘,但其装潢十分别致。封面封底中夹硬纸,外裱印花绸缎,上题书名、卷次,扉页绘以佛教图案。如法国图书馆藏敦煌藏文目录 98 号,为吐蕃王朝抄写的《大般若波罗蜜多经》等七部经文,经折装,全书 81 页,宽 9.5 厘米,长 27 厘米,划黄色边准和界栏,墨笔书成,每页 5 行,以绣花绸缎裱褙,封底封面中夹硬纸,阔绰大方,挺直而标准。法藏藏文目录 45 号《文殊师利发愿经》也是吐蕃时期的写经,为经折装,全书 76 页,每页宽 7 厘米,长 16 厘米,封面封底以紫绸加厚,中夹硬纸,封面背后绘一金刚坐于莲花之上、口吐火花的图案,经书显得小巧别致,华丽俊秀。

经折装用于其他图书者并不多见,但用于佛教经典者历史悠久。直至明清时代,我国雕版印刷的佛教经书仍用此式,而且装潢更加精美。这是我国劳动人民仿印度"贝叶经",用纸张制作出来的一种佛经装帧形式。

三、旋风装

旋风装是由卷轴向册页过渡的一种装帧形式。经折装图书虽比卷轴翻阅方便,但折叠后又易断裂、散页。于是,人们又将其线订、糊粘,翻若旋风,故称旋风装。据史书记载和实物可见,旋风装形式有两种,一种是将经折装的书,用一整张纸一边把书的第一页粘起来,另一边把书的最后一页粘起来,等于是用一张整封面纸从第一页到最后一页连书背一起包裹起来。这样不仅避免折子断裂,而且又不使页子散开。这是近代图书史学者的一致观点。但我们从敦煌遗书中又见到不用糊粘,而用线订的旋风装,而且数量又较多。因此,笔者认为,旋风装是将经折装用线订或糊粘成册者。

敦煌遗书总目索引的 467 号《莲华面经》下卷是一旋风装册子,一张整纸从封面裹到封底,并用糊粘连而成。每页 6 行,每行 25~30 个字。

法国图书馆藏敦煌藏文目录 29 号,是吐蕃时期写成的《菩提心生经》,两纸粘连,折成宽 9 厘米,长 27.5 厘的页子,每页 4 行,以朱色划边准和界行,一边用水红丝绳缝起。

法国图书馆藏敦煌藏文目录 41 号,是吐蕃时期抄写的《为获得忿怒金刚身的真言》,折成宽 6.8 厘米,长 22.6 厘米的 11 个折子,每页 4 行,画黄色边准和界行,最后一页裱以绿色丝绸,以蓝丝绳缝成。

旋风装的另一种形式，是把单张书页按内容顺序逐次向后错开约一厘米，粘在同一张整纸上，然后在以卷末为轴卷成卷子。从外形看却保留着卷子形式，但实质已是册页的装订。清钱曾在涵芬楼烬余书目《墨庄漫录》中说："吴彩鸾所书《唐韵》余在泰兴季因是家见之，正作旋风叶子，其装潢皆非今人所晓。"此卷今存故宫博物院。

四、蝴蝶装

蝴蝶装，是册页装的最初形式。它的出现，意味着中国书籍册页制度的诞生。关于蝴蝶装产生的时代及装成方法，史书均有不少记载，我国近现代图书史学者对此也有论述。《明史·艺文志》云："文澜阁藏书，皆宋版所遗，无不精美，书背皆倒折，四周向外，此即蝴蝶装也。"《书林清话》云："蝴蝶装者，不用线订，但以糊粘书背，夹以护面，以版心向内，单口向外，揭之若蝴蝶翼。"根据上述记载，及所存蝴蝶装宋版图书，近现代图书史学者将蝴蝶装的时代定为宋代，定其装法为纸页对折，版心向内，单口向外，不用线订，但以糊粘书背，外夹坚硬封面。

笔者从敦煌遗书中见到一些蝴蝶装形式，其写书年代均在唐代，而装法也与上述有所不同。

20世纪50年代，甘肃省博物馆征集到一本出自敦煌石窟的册页装经文，是将8张白麻纸叠在一起，折成单口向外、折缝向内的16个单页，最外面一张纸较厚，正好为封底、封面，然后用麻纸捻成绳子，在折缝处上下各穿钉两次而成。册高14.8厘米，单页宽10.3厘米，每面6~7行，每行10~16字不等。其中《劝善经》末有"贞元十九年（803）"的题记。说明在公元800年的唐代，蝴蝶装形式已在民间流行。

今藏法国图书馆出自敦煌石窟的一书仪，写于唐中叶，抄有实用文、祈祷文、公事文等,是将数张纸叠在一起,然后对折,单口向外,折缝向内,在折缝处嵌以漆轴,如今人夹报纸一样,美观别致,坚固耐用,究其装法,仍不出蝴蝶装之列。

法国图书馆藏敦煌遗书目录44号,是抄有包括《魔刀仪轨》在内的小册子。它将7张纸叠在一起,折成单口向外,折缝向内的14个单页,再从折缝外用丝线缝成。册高10.5厘米,宽7.5厘米。这是吐蕃占领敦煌时期(781—848)的遗物。

由此可见,我国册页装的最初形式——蝴蝶装最早不是出现在宋代,而应该是唐代。其最初的装成方法主要还不是用糊粘连,而多以线、绳缝成。

从敦煌遗书可以看出,我国图书形式从卷轴向册页过渡时,用线绳缝订则是普遍采用的方法。不管旋风装还是蝴蝶装,均以线缝者居多,以糊粘者为少。也许它是最早出现的一种过渡形式,但正是这种不正规的过渡形式,才引导新制度的诞生。研究这些最早出现的非正规的图书形式,对全面了解我国书籍制度的发生和发展将是十分有益的。据史书记载和敦煌遗书的实物可见,唐代是我国书籍制度的大变革时期,不仅有形式标准,并以珠宝、玉石为轴的卷轴装,而且又有新颖别致,便于翻阅、检览、经久耐用的经折装、旋风装和蝴蝶装等。它既展示了中古时代我国图书的装帧艺术,又预示着新的书籍制度的诞生。自唐以后,我国图书便以正规的册页装来谱写自己的历史新篇章。

敦煌遗书与我国古代的雕版印刷

    公元 1899 年,敦煌莫高窟第十七窟的藏经洞被打开之后,在敦煌先后发现了我国自升平二年(358)至西夏时期(1038—1227)的各类遗书五六万卷册。它不仅向世界展现了我国古代的灿烂文化,而且也为中国图书出版史的研究提供了极为丰富的实物证据。在这些品类繁多、形式多样的古遗书中,有数十件我国早期的雕版印刷品,虽然只占遗书的极小部分,但却为研究我国雕版印刷的发明及发展提供了实物证据。

    敦煌遗书中最早的雕版印刷品,有咸通九年(868)的《金刚般若波罗蜜多经》、唐僖宗乾符四年(877)的《丁酉年历书》、僖宗中和二年(882)剑南西川的《樊赏家历》和晚唐写经印像《佛名经》。另有一部抄经《金刚般若波罗蜜多经》残卷,其末题有"天福八年(943)依西川过家真印本校写"。写经虽在五代,但"西川过家真印本"很可能是晚唐雕版印刷品。

    在这些雕版印刷品中,以咸通九年(868)雕印的《金刚般若波罗蜜多经》为最精美、最有价值。它是一幅由 7 页纸粘接,长约 6.09 米,高 0.305 米的卷子。首页为一幅题为《祇树给孤独园》的印画,画着释迦佛在祇园精舍给长老须菩提说法的图。佛坐于正中莲花座上。画后 6 页为《金刚般若波罗蜜多经》全文,下有题记:"咸通九年四月十五日王玠为二亲敬造普施。"经卷的图文均刻得刀法圆熟、浑朴凝重,线条婀娜多姿,并苍劲而有力;用墨均匀,笔画清晰而明显。它是我国到目前为止发现的最古老、最精美的一件雕版印刷品。

敦煌遗书中,还有一批五代时雕印的佛经、佛像。其中有归义军节度使曹元忠于天福、开运年间(936—947)雕印的《大圣毗沙门天王像》11 份、《观世音菩萨像》《千佛像》和《金刚般若波罗蜜多经》等,而以开运四年(947)刊行的《观世音菩萨像》最有价值。菩萨头戴莲花化佛宝冠,秀发散披两肩,颈佩项饰,手戴玉镯,披帛由双肩绕臂而下,上身袒露而下着短裙,跣足站莲花之上。脑后有圆月一轮。佛神态安详恬静,两眼正视前方,左手上置胸前做说法印,右手提净瓶下垂胯下。佛左题"大慈大悲救苦观世音菩萨",佛右题"归义军节度使检校太傅曹元忠造"。题字外加边框,字像同高满印一纸。刻印虽不算上乘,但也能看出其刀工的娴熟。《金刚般若波罗蜜多经》题记为"弟子归义军节度使特进检校太傅兼御史大夫谯郡开国侯曹元忠普施受持"。"天福十五年(950)己酉岁五月十五日记""雕版押衙雷延美"等。

1959 年,在敦煌莫高窟岩泉河东岸的一座小型塔婆中,发现了两件西夏文雕版图解本《妙法莲华经·观世音菩萨普门品》。其中一件图文并茂,首尾完好。这是西夏统治敦煌时(1038—1227)留下的雕版印刷品,是西夏人吸收高度文明的汉文化,利用两宋时期我国的雕版印刷技术,为其推广普及佛教的实物证据,也是我国古雕版图解本之珍品。

该经为木刻经折装,纸质薄细柔软,页面长 20.5 厘米、宽 9 厘米。扉页版画《水月观音图》,双面通栏,宽 15.5 厘米、长 17.5 厘米,经文图解部分为上下双栏,无界栏,天头 3 厘米,地脚 2 厘米。上栏约 4 厘米为版画,下栏约 11.3 厘米为经文。图文对照,均按由右至左的顺序排列。经文每面 5 行,每行 19 字左右。全书 51 面,共 256 行,约4860字。字体为西夏文小楷,字体大小不同,书法好坏有异。扉画充分发挥了单色(黑白)木刻以线条疏密、虚实、明暗对比见长而突出主题的传统。线条全用阳线法(即减地法)。图解版画以阳刻为主,阴线为辅,阴阳结合。尤其运用阳线刻,使形象具有轮廓肯定、明确、具体的特点。图解本绘刻均较粗糙,刀法也不那么润畅娴熟,可能为多人合作而成,但却保留了这一时期我国民间刻坊本粗放而质朴的木味刀趣。

敦煌遗书以现存实物记载了我国古代雕版印刷的悠久历史及其发展变化。纵观唐末宋初上下三百多年间的雕版印刷品,我们可否得出如下的结论:

1. 中国的雕版印刷至迟发明于 7 世纪末 8 世纪初。敦煌遗书中最早的雕版印刷品为咸通九年(868)的《金刚般若波罗蜜多经》。观其字体,大有通行于 7 世纪的虞体神味;论其刻印,图文均刻得线条劲挺,刀法圆熟,着色均匀,印刷清晰,颇富古拙之美。可见当时雕印工艺绝非初辟草莱,如果没有一二百年的发展历史,是不会达到如此水平的。所以说,把我国雕版印刷发明的时间,定在 7 世纪末 8 世纪初是比较妥当的。

2. 雕版印刷是我国劳动人民智慧的结晶。它始于民间家刻,后经较长时间的发展,才被官方采用,成为我国成书业的正式手段。僖宗中和二年(882)剑南西川成都府《樊赏家历》,则是敦煌遗书中有刻家记载的最早雕版印刷品之一。而天福八年(943)抄写的《金刚般若波罗蜜多经》后题有"依西川过家真印本校写"字样,可见四川过家刻印书籍远早于公元 943 年,可能为唐末四川家刻之一。五代时沙、瓜二州(敦煌、安西)归义军节度使曹元忠,在位 30 年,宗奉中原王朝,加强同于阗的友好往来,发展经济,崇尚佛教,采用雕版印刷技术,刊印佛经、佛像,广泛施舍供养,以报取功德,成为我国西陲有实物可见的最早雕版印刷者。而曹氏门府设雕版匠人专门刻印经像,成为我国有记载的最早的私家刻坊之一。雷延美也是最早见到的雕版匠人。

3. 佛教是中国雕版印刷的最早使用者和推广者之一。两汉时期,佛教传入中国,到隋唐时,佛教经书成为中国图书的一大组成部分,几乎同儒家经典并驾齐驱。佛教徒们大量抄写佛经,临摹佛像,施舍供养,以为功德。雕版印刷发明后,佛门弟子捷足先登,一纸上印佛千体,不仅可免摹写之劳,而且省时节用。进而在佛像下刻一段经文或发愿文,一印就是成百上千,不仅可报取功德,而且更能了却信仰者们的心愿。敦煌遗书中咸通九年(868)的《金刚般若波罗蜜多经》和五代时的《观世音菩萨像》《千佛像》《大圣毗沙门天王像》等雕版印刷品,便是这一结论的实物证据。

另据司空图写的《为东都敬爱寺讲律僧惠确化募雕刻律疏》一文提到,在此以前,寺中原有印成的佛经,在唐武宗禁佛时失散。武宗禁佛是会昌五年(845)的事。可见 9 世纪中叶以前,我国就有佛经雕印。所以说佛教是我国雕版印刷的最早使用者和推广者之一。广泛印刷佛经对我国雕版印刷的最早使用和发展起了促进作用。

4. 雕版印刷初期,其印刷品或为图像,或为文字,处于图文分离时期。后经发展,出现了图文结合的印刷品。而宋初连环式图解本的出现,标志着我国雕版工艺进入了一个新的领域。

由敦煌遗书的实物可见,唐代雕版印刷品或为佛像,或为佛经,或为阴阳历书,或为小学五纬。说明当时的雕版印刷还处于单纯的图画型和单纯的文字型。唯咸通九年的《金刚般若波罗蜜多经》,首页为《祇树给孤独园》印画,而后 6 页则为佛经全文。就一部书而言,可谓图文并茂。但它毕竟还是插页,对一个印版来说,仍为图文相离。而开运四年(947)曹元忠门府雕版匠人雷延美雕印的《观世音菩萨像》,在同一雕版的图文结合上,则比咸通九年的《金刚般若波罗蜜多经》就大大前进了一步。在整个版面中,佛像占 3/5,而左右题字近占 2/5,题字外加饰框,下刻饰座,犹如两碑立于佛左右,图像和题字的比例适当,版面布局合理,可谓图文并茂的典型。

西夏文《妙法莲华经·观世音菩萨普门品》共 50 多面,首为大幅扉画。佛经名称上端有题头图案。正文分上下两部分,上为插图,下为经文。图文所占版面为1:4,是一部以文为主,以图为辅的连环式图解本。该本刻印虽不太精美,但在图文结合及版式设计上可算一珍品。说明我国的雕版印刷至宋初不但已经成熟,而且进入了标新立异的阶段。

5. 四川是我国早期雕版印刷的中心之一。敦煌遗书举世瞩目,而敦煌遗书中的雕版印刷品更为世界所罕见。然而,就在这数十件极为珍贵的雕版印刷品中,来自四川或与四川雕版印刷有关者也有数件。唐僖宗中和二年(882)剑南西川成都府樊赏家刻印的历书,则是我国现存最早的雕版印刷品之一。而后晋出帝天福八年(943)抄写的《金刚般若波罗蜜多经》末题"依西川过家真印本校写"。说明四川过家早在公元943年以前,就印刷佛经,并广为传播。另据《旧唐书·文宗本纪》和《册府元龟》的记载得知,唐文宗太和九年(835)十二月东川节度使冯宿在其奏文中说:"剑南、西川及淮南道皆以版印历日鬻于市。每岁,司天台未奏下新历,其印历已满天下。"王谠在《唐语林》内记:"僖宗入蜀(881),太史历本不及江东,而市有印卖者,每差互朔晦。货者各争节候,因争执。"随僖宗逃往成都的柳玭,在其《家训》序中说:"中和三年(883)癸卯夏,銮舆在蜀之三年也。余为中书舍人。旬休,阅书于重城之东南。其书多阴阳、杂记、占卜、相宅、九宫、五纬之流。又有字书小学。率雕版印纸,浸染不可尽晓。"宋人朱翌在其《猗觉寮杂记》下卷中说:"雕印文字,唐以前无之。唐末益州始有墨版。"而王应麟在其《困学纪闻·经说篇》中说:"唐末益州始有墨版,多术数书、小学。"

观敦煌遗书,查史书记载,自然得出,早在唐末,四川已广泛使用雕版印刷,不仅印刷佛经、佛像和阴阳历书,而且还印刷小学字书和九宫五纬,所印之书流向全国各地,成为我国雕版印刷之中心。

(原载《甘肃出版史略》,甘肃人民出版社1995年版)

敦煌遗书的图书版本价值

敦煌遗书发现以前，人们看到的古本书最早也是 11 世纪的北宋印本，见一宋版书便如获稀世珍宝。清道光年间，曾国藩的幕僚莫友芝偶得一唐写本《说文解字》"木部"残页，莫就此写成了《唐写本说文解字木部笺异》一书，时人也视残页为惊世秘籍，并赋诗咏其事曰："插架森森多如笋，世人何曾见唐本。"充满了见唐本残页的自豪与骄傲。可敦煌莫高窟藏经洞被发现以后，人们见到的何止是唐本，她秘藏了上起东晋六朝，中含隋唐，下至宋初的五六万卷(册)写本和古印本书。其内容以佛教经典为主，还有道教经典，儒家经典，语言，文字，文学，历史学，地理学，古医书和历日等。在文字方面，则有汉文、梵文、藏文、康居文、于阗文、龟兹文、回鹘文、突厥文等。就书籍形式来看，有长约三四丈的卷子，也有经折装、蝴蝶装、梵夹装和册页装小册子，有书法精美的手写卷册，也有雕版刊印本。莫高窟藏经洞可谓我国中古时代五彩缤纷、丰富多彩的图书版本库，具有十分珍贵的版本价值。

敦煌遗书的版本价值，主要反映在两个方面。一是遗书版本的文物价值。它以丰富的实物证据，为我们提供了中古时代写本、印本书的成书年代、纸张、墨色、书法、题记、行款、装帧等，以供今人鉴别版本优劣，判断版本时代特征，总结成书规律，以见中国图书出版的悠久历史。二是图书校勘和补逸价值。由于历史的原因，古代经史之书经数千年流传，因抄写、雕印等成书手段而产生讹误、脱漏、增衍外，有的成书机构不仅疏于校勘,刻工草率,有时甚至删减篇幅,改题篇名,进而制造伪本古籍惑人求售,以致造成古籍内容的混乱。再则经历代朝政变更和无数次的兵燹战火之害,有的典籍成为绝本,不为今人所见。敦煌遗书为千余年前的手写经书,有些为隋唐政权组织翻译抄写的佛教经书,为国家标准版本;有些为雕版印刷以前的手抄经史典籍,避免了经历代多次抄写、印刷而造成的书籍讹误;有些为今世孤本,可校勘纠正史籍之讹误,补其脱落,剔去增衍,甚至补充历史的空白。可使千余年的研究难题疑如冰释,迎刃而解。有些资料虽数句之言,但可改后世之史观。可见,敦煌遗书的版本价值,已成为敦煌学的一个重要组成部分。

本文将近百年来诸多学者的研究成果归类整理,摘其主要,分敦煌遗书的版本文物价值和敦煌遗书的图书校勘补逸价值两部分简述如下。

一、敦煌遗书的版本文物价值

敦煌遗书的每一卷,每一页,每一片,都是十分珍贵的千余年前遗留下来的历史文物。它记载着当时社会方方面面的真实历史。其中北魏敦煌地方政府的写经机构抄写的佛经、隋唐朝廷组织翻译和抄写的国家标准经卷和地方民间写经及雕印经、像,则从不同的历史年代,不同的社会层面,为我们留下了珍贵的图书版本实物,直观地展现了上至北魏,中至隋唐,下至五代宋初的国家、地方政府和民间翻译、抄写、雕印图书的形式、行款、字体、纸墨、装帧,科学而准确地记载了成书的年代和翻译佛经入国家书目、抄写标准版本的责任分工及工作程序,同时也真实地记录了当时社会下层文化人——经生的社会生活状况。对中国图书出版史研究具有十分珍贵的版本价值。

敦煌遗书的佛经翻译、抄写和雕版印刷具有珍贵版本文物价值者有近百卷之多,可分为五种类型分别介绍。

(一)北魏延昌年间(512—515)敦煌地方官府缮写机构抄写的佛教经卷

它是敦煌遗书中具有图书版本文物价值历史年代最早的佛教经卷。如 S142、S1547、P2179《诚实论》卷十四和卷八,P2110、S2067、S9141、S6912《华严经》卷三十五、十六、四十九、三十和 S6727《大方等陀罗尼经》。写经均为卷轴,卷纸画有黑色界栏,首起两行写经名、卷次,然后写正文。正文后写有题记,题记有经生姓名,写经的时间、地点、用纸张数、校经人姓名、典经师等,如 S1547《诚实论》卷十四末题:

> 延昌元年(512)岁次壬辰八月五日,敦煌镇官经生刘广周所写论讫成,典经师令狐崇哲,校经道人洪携,用纸廿八张。

每卷末均盖有"敦"或"敦煌镇印"的黑色印鉴。"镇"原是北魏政府在边陲地区的六个城市设立的军政机构,它并不受"州"的管辖。到公元 524 年后撤销,升为州。可见当时敦煌镇官府承担着寺院、学校所用"一切经"的任务。上述十多部写经中,写经人有曹法寿、刘广周、令狐崇哲、张显昌、令狐礼太、张乾护、张阿胜等七八人,而令狐崇哲则为该写经机构的主持人。写经人不仅有合法的职业身份,而且还有明确的责任分工和严格的工作程序,一部经的完成,抄、校、典正缺一不可。书体为隶楷结合体,笔触很重,显然是用硬毛制成的笔书写而成。书面整洁,装帧素雅,且美观大方。

(二)隋朝宫廷抄写经卷

敦煌遗书中最早的朝廷写经,为隋文帝和隋炀帝时抄写的经卷,有 S2154《三曼陀跋多罗菩萨经及甚深大回向经》、S4020《思益经》、P2413《大楼炭经》和 S2295《老子胡化经》等。《老子胡化经》题记写

道:

> 大业八年(612)八月十四日,经生王俦写,用纸四张,玄
> 都玄檀道士复校,秘书省写。

这是一部隋炀帝时由秘书省抄写后发往地方的道教经卷,其书
体完全摆脱了隶体束缚,接近楷体,书法秀劲,大有文人之气,不仅为
一件早期图书版本珍品,也是一件优秀的书法作品。

(三)唐代朝廷组织翻译和抄写的国家标准版本的佛教经书

一为唐代译经经多道审批手续,批准入国家书目讫流行的过程;
二为入国家书目后抄写成标准版本,发往全国四百多个州府官学的
佛经抄写过程。数十卷经书翻译、审批和抄写分工明确,程序严谨、规
范,卷轴标准,书体秀美,实为后世见所未见,闻所未闻的版本珍品。

《敦煌遗书总书目索引》中最早的译经抄写有版本记载者为
P3709 的《佛地经残卷》,末题:

> 贞观二十二年(648)八月十九日直司书手臣郗玄爽写,
> 凡五千五百二十言。装潢手臣辅文开,揔持寺沙门辩机笔
> 授,蒲州普救寺沙门行友证文,玄法寺沙门玄赜证文,揔持
> 寺沙门玄应证义,弘福寺沙门灵闰证义,弘福寺沙门灵范
> 证义,弘福寺沙门惠明证义,弘福寺沙门僧胜证义,沙门玄
> 奘译,银青光禄大夫太子左庶子高阳县开国男臣许敬宗监
> 阅。

这是一部由太子左春坊组织翻译的佛教经书,是以国家正式图
书的身份下发地方的。

另外,从大周长寿二年(693)至神龙元年(705)的十多年间,唐王
朝正式主持翻译的佛经有 S2278《佛说宝雨经》第九卷、S2423《佛说
示所犯者法镜经》、S2926《佛说校量数珠功德经》等五部佛经,其版本
价值更为珍贵。上述几部译经的题记基本相同,现将《佛说校量数珠

功德经》题记摘录如下,以见唐代佛经翻译及批准入国家图书目录的程序及过程。

《文殊师利菩萨咒藏经中说校量数珠功德经》。神龙元年(705)正月廿三日北天竺国三藏(梵云阿弥真那,唐云宝思维)口宣译梵本,翻经大德僧尸利抹多证梵本义,婆罗门大首领臣李无谄译语,翻经大德大兴善寺僧尸利证文,景云二年(711)岁次辛亥三月十三日奏行。

太极元年(712)四月×日正义大夫太子洗马昭文馆学士张齐贤等进,奉敕大宗大夫昭文馆学士郑喜王详定,奉敕秘书少监昭文馆学士韦利器详定,奉敕正议大夫行太府寺卿昭文馆学士沈佺期译定,奉敕银青光禄大夫太子右谕德昭文馆学士延悦详定,奉敕银青光禄大夫黄门侍郎昭文馆学士尚柱国李乂详定,奉敕工部侍郎昭文馆学士上护军卢藏用详定,奉敕左散骑常侍昭文馆学士权兼检校右羽林将军上柱国寿昌县开国伯贾膺福详定,奉敕右散骑常侍权兼左检校羽林将军上柱国高平县开国侯徐颜伯详定,奉敕银青光禄大夫行中书侍郎昭文馆学士兼太子右庶子崔湜详定,奉敕金紫光禄大夫行礼部尚书昭文馆学士上柱国晋国公薛稷详定,延和元年(712)六月廿日大兴善寺翻经沙门师利检校写,奉敕令昭文馆学士等详定入目录讫流行。

前面列述的是敦煌遗书中佛教经书的翻译及译成后进皇帝批准,奉敕由昭文馆学士等人的详阅、审定,抄写成标准版本入国家图书目录的具体流程和翻译、审定的具体责任分工等。而入国家图书目录后抄写流行的具体版本又在另外三十多部经书中留下了珍贵的资料。S0084、S0312、S0456、S1048、S1456、S4353、P2195、P2644、P4556,全为咸亨二年(671)至上元三年(676)五六年间抄写流行的《妙法莲华经》卷一至卷十五的 20 多部写本,还有 S0036、S0513 和 P3278 分别为咸亨三年(672)、上元三年的《金刚般若蜜多经》以及抄写于上元三年的《金光明最胜王经》等。经书抄写在当时通用的蜀郡麻纸上,纸的大小均为 47.5 厘米×26.2 厘米,卷轴纸画有银灰界栏,栏宽 1.5 厘米,自右而左书写,每行 17 字左右。经生多为唐代大书法家虞世南的弟子。经卷多以虞体书成,书风既继承了前期经书的质朴,又显示了唐楷特有的娟秀,笔法圆融道劲,外柔而内刚,方正稳健,气韵高逸,卷轴素而不简,华而不奢,为唐代经书之上品,也为中国图书版本之珍品。

三十多部佛经的抄写时间跨度为前后五六年,但题记中反映的成书程序和责任分工、字体、行数、用纸、装潢及卷轴形式全如一书,毫无二致。如写于上元三年的 S1048《妙法莲华经》卷五的题记:

> 上元三年十一月五日弘文馆楷书手成公道写,用小麻纸二十一张,装潢手解善集,初校禅林寺僧慧智,再校禅林寺僧慧智,三校禅林寺僧慧智,详阅太原寺大德神符,详阅太原寺大德嘉尚,详阅太原寺主慧立,详阅太原寺上座道成,判官司农寺上林署令李善德,使朝散大夫守尚舍奉御阎玄道。

写于咸亨三年(672)的 P4556《妙法莲华经》卷五的题记:

> 咸亨三年二月廿五日经生王思谦写,用纸二十张,装潢手解善集,初校经生王思谦,再校经行寺僧仁敬,三校经行寺僧思忠,详阅太原寺大德嘉尚,详阅太原寺大德神符,详阅太原寺主慧立,详阅太原寺上座道成,判官少府监掌冶署令向义感,使大中大夫、守工部侍郎永兴县开国公虞昶监督。

从上述十几部写经的题记看出,入国家书目的佛经由秘书省、门下省、弘文馆、太子左春坊等处的经生抄写,分有关寺院寺僧三校,后集中由太原寺大德嘉尚、大德神符、寺主慧立、上座道成四级详阅,再由判官判定,并经写经使监签后流行。

题记中提到的书手姓名及职衔,是用以区别书手级别的,有些还写明书手所属机构名称,那些不写机构的抄书者,多属于缮写机构的书手。其他人员则是临时抽调或雇佣的书手。在缮写机构中有三种职名,即经生、书手和群书手。书手则是群书手的简称,而经生则是指同一抄写人抄写佛经文本时的称呼。那些来自其他机构的则称为"群书手"和"楷书","楷书"则为"楷书手"的简称。

题记中三校的一校者多为抄写佛经的"经生"、"楷书手"等,二、三校多为寺院僧人。

题中的详阅者均为太原寺的四位高僧。这四位高僧中,有的参加过玄奘翻译《大般若波罗蜜多经》的工作。有的参加了后来僧义净和日照主持的译场工作。大德嘉尚、大德神符、寺主慧立和上座道成均为玄奘高徒。也是玄奘于麟德元年(664)谢世后最著名的一批僧侣学者。

题记中各级人员排列最后者为职别最高者。"使",也就是写经使,即为写经机构的主持人。所列30多部经卷中,前半期(671—675)的写经使为虞昶,后半期(675—677)为阎玄道。虞昶是被称为"书圣"的尚书虞世南之子。其官职为工部侍郎兼掌写经。阎玄道身份不明,有人推测可能为当时尚书、著名画家阎立本之子或侄。据日本著名敦煌学家藤之晃先生对斯坦因收集品唐代朝廷写经研究发现,题记中写经使虞昶、阎玄道和判官向义感及四位详阅者之一的署名,并不为抄书者所写,而为当事人的亲笔手迹。其写经的版本价值可见一斑。

中国图书的成书程序为何时规范健全,史书无记载,而实物证据又荡然无存。很多版本学家认为,隋唐以前,国家抄写图书的"三校"、

"详阅"和"判官"、"使"等均无如唐时规范。而是唐代大兴图书工程，才使这一制度得以完善。唐代早期最大的成书工程是奉唐太宗之命，由孔颖达编定，用于科举取士而颁发的《五经正义》一百八十卷。它是由朝廷组织抄写后颁发给四百个州府官学的儒家经典的标准文本及注释书。这一大量的抄写工程，仅由秘书省的几十位抄书手无法完成，肯定要临时培养一批写经人来完成此项任务。当时的朝廷为完成工程巨大的抄书任务，规定"有性爱学书及有书性者，即入馆内(弘文馆)学书"。著名书法家欧阳询、虞世南曾教习书法。学成的缮书者，分充各馆，充当书手。这些书手为政府雇佣。朝廷组织抄写的儒家经典是发给各州府以供教习的样本，因此对抄写的要求十分严格，并逐步形成了一整套严格的制度和成书程序。《五经正义》的标准版本敦煌遗书中没有发现，今人难得一见，但二十年后朝廷大规模翻译抄写佛经的工程，却为人们留下了朝廷抄写标准版本图书的实物证据。我们可以肯定地说，唐前期组织的抄写儒家经典《五经正义》和翻译抄写佛教经书的重大工程，造就了一批图书抄写、装潢、校对、校勘、审定、监制等方面的人才，并逐步形成了一套严格规范而科学的工作程序，生产了具有历史价值的儒家经典和佛教经书，为中国的古代文明增光添辉，也为后人留下了宝贵的图书版本。

(四)民间经生抄写的佛教经卷

敦煌遗书中民间写本最早的见于S2925《佛经》一卷，题记：

> 太安元年(455)岁在庚寅正月十九日写讫，伊吾南祠比
> 丘申宗，手拙人已，难得纸墨。

可见当时抄写一份佛经也是很不容易的。再多见的民间抄写卷子为五代时所写。以学仕郎抄写者较多。P692《秦妇吟》题记：

> 贞明五年(919)乙卯岁四月，敦煌郡金光明寺学仕郎安
> 友盛。

接着写了一首打油诗:

今日写书了,合得五斗(升)麦,高代(贷)不可得,镮(还)是自身灾。

《孝经》后题:

唯天福七年(942)壬寅十二月十二日,永安寺学仕郎高清子书写。

《禅安心义》的题记中也有一首打油诗:

书写今日了,因何不送钱?谁家无赖汉,回面不相看。

北京图书馆藏敦煌位字68号,收了学仕郎抄经时的抱怨诗:

写书不饮酒,恒日笔头干,且作随意过,即与后人看,学仕郎身姓,长大要人求,堆亏急学得,成人作都头。

遗书中还发现一部《维摩诘经讲经文》末题:

广政十年(947)八月九日,在四川静真祥院写此第廿卷文书,恰遇天黑,书了,不知如何回到乡地去。

可见,就连使用雕版印刷较早的四川,当时仍有民间职业抄书手。据宋人张邦基《墨庄漫录》记载:

今蜀中导江迎祥院经藏中佛本行经六十卷,乃彩鸾所书。

而《宣和书谱》卷五记载,吴彩鸾写《唐韵》也是"为糊口计","然不出一日间,能了十数万字。"写一部《唐韵》"市五千钱",称其书法为"当于仙品中别有一种风气"。

民间写经大体有三种类型,一是学仕郎为供养人所写,要求不高,书写随便,书法欠佳,错漏较多,装帧多为纸页。二是职业抄书手,经一定训练,取得地方政府批准的写经资格证,多居家揽生意谋生,也有开店摆摊者。书法多为经生体,即官楷,虽优劣有别,但大体一致。形式统一规范。第三种如上所述被称为"女仙"的经生吴彩鸾,其书法"当于仙品中别有一种风气"。多为有权势或富贵之人抄写较有品位而规模较大的经书,可谓社会写经之上品。

(五)最早的雕版印刷版本

雕版印刷为我国古代四大发明之一,对世界文明做出了巨大贡献。因年代久远,缺乏史籍记载,又无实物证据,难以确定发明的准确年代。史学家多谓始于隋唐,兴于两宋。雕版印刷图书最早最有名者为五代数任宰相的冯道主持雕印的"五代监本九经"。宋初的几位皇帝将它赐给几所著名的书院。而今有实物可见者只有宋代雕印的图书,被当作稀世珍宝保存。

敦煌遗书为研究我国雕版印刷的原委提供了可靠的实物证据,为中国雕版印刷的研究翻开了光辉的一页。遗书中最早的印刷品有SP002 号唐咸通九年(868)的《金刚般若蜜多经》,它是一幅由 7 页纸粘接,长约 6.09 米,高 0.305 米的卷子。首页为一幅题为《祇树给孤独园》的印画,画着释迦佛在祇园精舍给长老须菩提说法的图。佛坐于莲花座上。画后 6 页为《金刚般若蜜多经》全文。下有题记:

咸通九年四月十五日王玠为二亲敬造普施。

经卷图文均刻得刀法圆熟,浑朴凝重,线条婀娜多姿,并苍劲有力;用墨均匀,笔画清晰而明显。它是我国到目前为止发现的最古老、最精美的雕版印刷品,足以证明唐咸通时,我国雕版印刷的成熟程度。

敦煌遗书中有两件木刻本历日,一件为唐僖宗乾符四年(877)翟8099 的《丁酉年历书》,上有墨笔题记:

四月廿六日都头守州学博士兼御史中丞翟为答报麴大
德永世为父子莫忘恩也。

另一件为剑南西川成都府《樊赏家历》,上题:

中和二年(882)具注历日凡三百八十四日。

此历日虽只残存 3 行，但刻印时间、地点和刻印书铺都具体、明确，具有珍贵的版本价值。

敦煌遗书中还保存有归义军节度使曹元忠于天福至开运年间（936—947）雕印的《大圣毗沙门天王像》11 份和《观世音菩萨像》《千佛像》《金刚般若波罗蜜多经》等。以开运四年（947）刊行的 P4514《观世音菩萨像》最有价值。菩萨头戴莲花化佛宝冠，秀发散披两肩，颈佩项饰，手戴玉镯，披帛由双肩绕臂而下，上身袒露而下着短裙，跣足站莲花之上，身后有圆月一轮，佛神态安详恬静，两眼正视前方，左手上置胸前做佛法印，右手提净瓶垂胯下。佛左题："大慈大悲救苦观世音菩萨"，佛右题："归义军节度使检校太傅曹元忠造"。

题字外加边框，字、像同高满印一纸，刻印虽不算上乘，但也能看出刀工的娴熟。题记为：

"弟子归义军节度瓜沙等州观察处置管内营田押蕃落等使特进检校太傅谯郡开国侯曹元忠雕此印版，奉为城皇安泰、阖郡康宁；东西之道路开通，南北之凶渠顺化；疬疾消散，刁斗藏音，随喜见闻俱沾福祐。""于是大晋开运四年丁未岁七月十五日记。""匠人雷延美"。

P4514《大圣毗沙门天王像》有 11 份，P3879 残存下半部（题记全）。像左题：

大圣毗沙门天王。

题记为：

"北方大圣毗沙门天主领天下一切杂类鬼神。若能发意求愿，悉得称心；虔敬之徒，尽获福祐。弟子归义军节度使特进检校太傅谯郡曹元忠请匠人雕此印版，唯愿国安人泰，社稷恒昌；道路和平，普天安乐。""于时大晋开运四年丁未岁七月十五日记"。

《金刚般若波罗蜜多经》为巴黎收藏的 P4514 和 P4516。题记有：

"天福十五年己酉岁五月十五日记""弟子归义军节度
使特进检校太傅兼御史大夫谯郡开国侯曹元忠普施受持"
"雕板押衙雷延美"。

曹元忠在衙府开办雕版印刷作坊，专设"雕版押衙""匠人"，雕印佛经、佛像，是有实物可见的我国第一家雕印作坊。它对研究中国的雕版印刷具有十分珍贵的版本价值。

《大随求陀罗尼》极为著名，现存两本。斯坦因有著录。巴黎藏本在《敦煌石室真迹录》中记有题记后的手记"太平兴国五年（980）六月二十五日雕毕手记"，此卷为上图下文，右上榜题"施主李知顺"，左上榜题"王文沼雕刻"。

1959 年，在敦煌莫高窟岩泉河东岸的一座小型塔婆中，发现了两件西夏文雕版图解本《妙法莲华经·观世音菩萨普门品》，其中一件图文并茂，首尾完好。该经为木刻经折装，纸质薄细柔软，页面高 20.5厘米，宽 9 厘米。扉页版画《水月观音图》，双面通栏，高 15.5 厘米，宽17.5 厘米。经文图解部分分上下双栏，无界行，天头 3 厘米，地脚 2 厘米。上栏约 4 厘米为版画，下栏约 11.3 厘米为经文。图文对照，均按由右至左的顺序排列。经文每面 5 行、每行 19 字左右，全书 51 面，共256 行，约 4860 字。字体为西夏小楷。扉页充分发挥了单色（黑白）木刻以线条疏密、虚实、明暗对比见长而突出主题的传统。线条全用阳线法。图解版画以阳刻为主，阴线为辅，阴阳结合。尤其运用阳线刻，使形象更具轮廓肯定、明确、具体的特点。图解本绘刻较粗糙，刀法也不十分流畅，可能为多人合作而成，但却保留了这一时期我国民间刻坊粗放而质朴的木味刀趣。

二、敦煌遗书的图书校勘补逸价值

敦煌遗书为上起东晋,下至宋初的写本和古印本文书,多为原始的译经和早期各类图书的原抄本和注释本, 有的为隋唐国家标准版本,避免了经千余年数代抄写、印刷等人为因素而造成的讹误、脱漏、增衍,有的为绝世孤本,因而在佛教、道教、儒家经典及地理、医学、语言文字、文学等学术领域,具有十分珍贵的校勘、补逸价值。数十年来,诸多中外学者对此做了深入细致的整理研究,将校勘、补逸成果以论文、专著等形式出版面世。本文择其各学科中一二为例,以见敦煌遗书校勘、补逸价值之一斑。

(一)佛教经典

敦煌写经始于东晋,盛于隋唐,终于宋初。最早的写于升平二年(358),最晚的写于宋初至道元年(995),前后经六七个世纪,总计四万多个卷子。在这些典籍中,有藏外古佚佛经 368 种,经、律、论三藏俱全。其中有的经典,在印度和我国早已失传。如《大乘入道次弟》《大乘四法经论广释开决记》《大乘稻芉经随听手镜记》《佛说延命经》《诸星母陀罗尼经》以及《萨婆多宗五事论》等。这批古佚佛经,是研究我国佛教史的一种特殊的文献资料。

禅宗内部在分裂为南北两宗以后, 各宗的著作在敦煌卷子中也发现不少。如北宗的创始人神秀的著作《大乘无生方便门》《大乘五方便》。南宗创始人慧能的《坛云》以及南宗的七祖神会的说法记录《菩提达摩南宗定是非论》等,都是在敦煌卷子中发现的。这对研究禅宗的发展史价值极高。

敦煌遗书中的藏外古佚经, 除辑佚佛教古佚经的补史研究价值外,在校勘学方面也具有重要的价值。我国译经,在唐玄奘以前多出自西域沙门之手,由于语言上的隔阂,有的过于意译,失去原意,有的过于直译,难以读通,有碍经文旨意的理解。即使像月支竺法护、姚秦鸠摩罗什这样的高手,亦难以避免。

敦煌遗经中,有相当数量的汉译佛经,附有梵文原经,如巴黎收藏的《大般若波罗蜜多经》《般若波罗蜜多经》《金光明最胜王经》《金光明经》《妙法莲花经》等六朝隋唐流行广泛的几部经,大部分附有梵文原经,而这些梵文本在印度早已散佚。现在可根据这些梵文原本再移译,修正古译本在译文上的缺点和不足,进一步认识这些经文的旨意。

敦煌佛经中还保存了一批同一部经卷的不同译本,即所谓的"异译本"。"异译本"为同经的校勘提供了可贵的资料,可从中校勘出更可靠的本子来。有些异译本还附有译事方面的资料。北京图书馆藏的《净名经关中释钞》,在题记中记述了该经六次翻译的情况,"第一译在东汉灵帝时,由严佛调在洛阳白马寺译";"第五译,后秦弘始八年,鸠摩罗什在长安大寺译";"第六译,贞观二十一年,玄奘在长安大慈恩寺译"。将一千八百多年以前,连续5个世纪的翻译过程,交代得清清楚楚,是以前无法知道的。

敦煌佛经中,还保存一部古佛经目录《众经别录》。这部佛经目录编著于5世纪中叶。到6世纪末年费长房已经不知道它的著者姓名,而在中唐时已不复存世,公元794年完成的《贞元新定释教目录》上,已称"今寻本未获",可敦煌却保存一残卷。这部目录是我国现存最古的佛教目录,也是仅次于《汉书·艺文志》的第二部古目录。它的著录方式,于每经之下详记译人、译时外,还极其扼要地揭示该经宗旨和本质的解题,是后来的佛经目录所没有的,它是我国目录学遗产的新发现。

(二)道教经典

敦煌遗书为晋、南北朝、隋、唐、五代及宋初前后六百多年的写本。这一时期也是我国道教兴盛期。尤其唐、宋两代崇奉老聃,因而道家典籍在敦煌遗书中也为数不少,有人统计共有70种左右。其纸质之优良、书法之工整、形式之考究,均在其他写本之上。最有价值的为老子《道德经》。另外还有《老子化胡经》及道藏未收入的经典《太上洞玄灵宝妙经》《老子说罪福大报应经卷七》《洞真三天正德经》《诸经要略抄义》等。

《道德经》为敦煌遗书中的主要道经典籍,在道教研究及中国文化史上都有重要的价值。今本《道德经》二卷,乃唐以前的定本。但在唐以前也有以《道经》为下卷,《德经》为上卷者,却不为学人所习闻。敦煌遗书中对此确有明确反映,如P2584、2420、2421,皆题曰《道经下》或《老子道经下》,P2417.2347皆题曰《老子德经上》。可见《老子》以"德""道"分上下为战国以来的旧传,敦煌写本保持了这一真实面目,而且其文字的多寡和内容的异同各卷互不相同,与今本和唐人所传《道德经幢》也不相同,它是研究《老子》的绝好材料。至于《老子》注本,如成玄英注老子《道德经义疏》为后世失传的佳本,保存了许多古人见解,具有较高的学术价值。又如P2256卷述《道教》源流,P3277卷以儒学之说解道家之言,在学术史上也很有价值。

敦煌另一主要道教典籍为《老子胡化经》。自佛教传入中国后,就与道教、儒教发生了关系,并互相批评、攻击。道家反对佛教的东西,最主要莫过于《老子化胡经》。敦煌遗书中保存有《老子化胡经》四个卷子,通过对其整理、校勘,可知大概。《老子化胡经》说,老聃曾经到西藏、印度去讲学,结果把胡人都感化了,都从了老子的道,甚至还说释迦牟尼佛是老子的弟子。另外,道家的道观里有三清殿,所谓老子一气化三清,就是中间老子,左边释迦牟尼,右边孔子。

除以上道经外,敦煌遗书中还有一些道教佚经,即《道藏》未收的经典,如《太上洞玄灵宝妙经》《老子说罪福大报应经》《洞正三天正德经》《诸经要略抄义》等,在道教研究、道经校勘和辑佚上均有极高的史料价值。

(三)儒家经典

自西汉董仲舒"罢黜百家,独尊儒术"以来,儒家经典成为学子必读之书,亦为国家取士选能的基本内容。即使佛道之徒,启蒙入学时,也一定要熟读《论语》《诗》《书》。因此,当时以佛教为中心的敦煌,也普遍传抄研读,并由莫高窟藏洞保存而流传至今。

敦煌遗书中儒家经典的总数在百卷以上。儒家所谓的"五经"中的《诗》《书》《易》《礼》《春秋》及《论语》等的古写本均有发现。其中以《古文尚书》《论语》《诗经》各系统写本最有价值。与传世今文本相校勘,可补其经文之缺失,正其经传之误差,明其释文之原貌,助其版本之品评。

《尚书》是我国古代重要文告和部分追述古代事迹著作的汇编,是研究商周奴隶社会,特别是西周奴隶社会历史的重要资料;又是我国两千多年来封建社会的政治、哲学经典,在儒家"五经"中地位最尊,影响最大。原本尚书为"隶古定"。所谓"隶古定"者,就是"以隶写籀","存古为可慕,以隶为可识"。至唐天宝三年(744),玄宗召集贤学士卫包,改隶古定《尚书》为今文,并收旧本藏入秘府,世间不复习诵,隶古定《尚书》遂亡逸不传。唐初陆德明撰《经典释文》时,尚可考见"隶古定"本之什一,而宋开宝五年(972)陈鄂校刊"释文"时,"隶古定"竟荡然无存。由于《尚书》文字艰涩,引起后人解说的分歧,产生了文字上的混乱,再加历代的不断伪造,出现了各种不同的版本,历史上古文家、今文家、理学家各以其不同的需要释说《尚书》,更给它蒙上了各色的霾雾。

敦煌本《尚书》有 20 多卷为古文《尚书》,有四五个卷子为今文《尚书》。重要的古文《尚书》有六朝写本《古文尚书篇目》《古文尚书夏书》,初唐写本《古文尚书尧典篇》《古文尚书禹贡篇》《古文尚书夏书》四篇、《古文尚书商书》七篇和《古文尚书顾命》等。敦煌本《尚书》依本子的根据而论,早于宋本千年以上,其校勘宋本的价值就高得多。宋本的误字、误句而产生的各家注疏,使清儒阎若璩、江声、孙星衍百思而不得其解。得敦煌本《尚书》,对存在的诸多问题大抵可有源可探,研究有据。

《论语》为孔丘殁后七十二弟子恐"微言一绝",而"佥陈往训,各述旧闻"而成的孔子语录。宋淳熙时,与《大学》《中庸》《孟子》合成"四书",深为宋以后的历代统治者所推崇,汉代《论语》有齐鲁二家,孔壁中发现的古文《论语》与鲁论相同,而齐论失传,各家注疏亦皆亡佚。三国时何晏搜集古代诸家注疏成《论语集解》一书,以前的诸家古注因此得以保存下来,但宋代以后又全失传。敦煌石窟却保存了《论语》古注或《集解》六七十个卷子,多系中唐写本。汉时郑玄所注,亦保留"述而"至"乡党"四篇;南宋以后失传的最古的《论语皇侃疏》也在敦煌遗书中发现;梁以前的十三家《论语疏义》也保存了下来。这千年古代注疏为世人所见,实为宝贵。

敦煌本《论语》以何晏的《论语集解》和《论语皇侃疏》为最有价值。《论语皇侃疏》是现存最古的一种《论语》疏。它总结了梁以前蔡谟、袁弘、孙绰、范宁、王岷等十三家疏义,考其所得,辨其异同,以成此书,使梁以前遗书因此得以保存。自宋初邢昺奉诏为《论语》作新疏后,《论语皇侃疏》逐渐式微,南宋以后,竟成亡逸之册。清乾隆年间余萧客辑《古今解钩沉》,据诸家解经所引,傍及史传类书,辑《论语皇侃疏》成卷,但辑本未精,粗具崖略,戴东原批评它"有钩未沉"。日本曾有《论语皇侃疏》旧本流传,为唐时流入东海者,清初复入中土,《四库全书》所收和鲍廷博《知不足斋丛书》所刻,都是根据东海旧藏。但经日人删削窜改,已非《论语皇侃疏》原帙,近人根据敦煌本校《知不足斋丛书》本,鲍刻体例瞀乱,讹字,疏文复漏舛误,多不合经学师法。

《诗经》是中国最早的诗歌总集,本只称《诗》,因儒家将其列为经典之一,故称《诗经》。编成于春秋时代,共 305 篇,分为"风""雅""颂"三大类。汉代传《诗》者有齐、鲁、韩、毛四家,前三家为今文诗,魏晋以后逐渐衰亡。《毛诗》为古文诗学,盛行于东汉以后,魏晋以后通行的《诗经》就是《毛诗》。有东汉郑玄的《毛诗古训传》、唐孔颖达的《毛诗正义》、清陈奂的《诗毛氏传疏》等。

敦煌本《诗经》,以郑玄注《毛诗古训传》和《毛诗音》为最多,巴黎、伦敦两地所藏已在 20 卷以上,均系六朝和唐写本。郑注与今本相异之处甚多,其中与经旨关系较大者实不在少数。其中一二字之差,与原意完全不同。清代许多学者,费极大气力以更定一字而不可得,但得敦煌写本,许多问题就迎刃而解。

《齐风·东方之日》,今本序作"刺衰也",使人不知所云。而敦煌本作"刺襄公也"。以襄误衰,后人又不知删去"公"字。今本《小雅鹿鸣之升·出车》"执讯获丑",笺云"执其可言向所获众",叫人难知其意。而敦煌本作"执讯,执其可言,向其所获之众",极是畅晓明朗。《大雅文王之什·棫朴》"六师及之",今本笺作"五师为军"。敦煌本作"五师为旅,五旅为军"。《小雅彤弓之什·六月》"弁服朱裳",今本笺作"朱衣裳也"。而敦煌本作"金舄,黄金为舄,朱色也"。这对有关古礼制的研究何等重要。诸如此类,触手皆是,真是字如珠玑。

(四)语言文字书

敦煌语言文字类的书,是古人在语言文字理论上的一些研究成果,大都为隋唐著作。主要有韵书、音义和字书等。

韵书为分韵编排的字典,可为韵文写作者检查押韵之用。最早的韵书有魏李登的《声类》、晋吕静的《韵集》等,但早已不传。隋陆法言的《切音》不仅是实用书,也是审音书。成书后唐宋两代都不断增补修订,到宋代彭延年等人编出《广韵》,即增广了收字的《切韵》以后,便取代了陆法言的《切韵》。《切韵》原本亦失传。

敦煌遗书中发现了不少《切韵》的写本。有些似是原《切韵》的抄本,对考定《切韵》的部目次序及韵声等,提供了丰富的资料。

音义是六朝以来注释古书字音、字义的一种著作体。如陆德明的《经典释文》、唐代玄应和尚编著的《一切经音义》等。敦煌遗书中的音义书主要有两类,一是儒家经典音义,主要有《经典释文》《毛诗音》《礼记音》《论语郑注音义》《尔雅郭注》残卷和《春秋后语释文》《庄子集音义》《楚词音》等。二是佛道经书音义,主要有《一切经音义》《新集藏经音义随函录》《妙法莲华经音义》《金光明最胜王音义》等。

《一切经音义》为唐代玄应和尚编著,原名《众经音义》,共 25 卷。敦煌本《一切经音义》有七八个卷子,都是残卷。用它校勘今刻本,常常可证今本的讹误、脱漏,因而十分珍贵。

《毛诗音》是关于《诗经》注音的著作。《隋书·经籍志》载:"梁有《毛诗音》十六卷,徐邈等撰;《毛诗音》二卷,徐邈撰。"而"两唐志",不著录。说明唐宋之际已成亡逸之册。陆德明《经典释文·毛诗音义》即以徐邈《毛诗音》为蓝本。但邈书久逸,清马国翰《玉函山房辑佚书》所辑仅 250 余事。敦煌本《毛诗音》虽非完帙,残卷仅存 98 行,但所存音义近千条。其在《诗经》研究上的价值就可想而知了。

字书是汇集汉字,解说字义或字形、字源音义的书籍。古代的字书也包括识字课本。敦煌遗书中的字书有 15 种之多,有蒙童的识字书,如《千字文》《新合六字千文》《开蒙要训》《百家姓》;有解释音义的字典书《玉篇》;有解释俗语词的俗字书,如《字宝》(又名《碎金》)《俗务要名林》;有汉胡对照的译字书,如《蕃汉对译字书》等。

《正名要录》是唐代郎知本编的一本字书。所谓"正名",就是要把被世俗搞错了的"名"重新正过来。"名"指汉字字形。郎知本是从隋代颜之推《字样》一书的基础上增补新规范字,删除废弃的异体字,把字按使用场合分成"俗(相承用)""通(通用)""正"三个等级。在此内容之前,还有一项辨别正字、俗字、讹字的部分,共分六类:"在正行者虽是正体稍惊俗,脚注随时消息用",即以上用大字列出了一些久不通用的古正字,怕人不识,每字下注一今通用字,如"北"字下注一"丘"字;"右正行者正体,脚注讹俗",即以上用小字俗体标注在大字正体下;"右正行者楷,脚注稍讹",指出某些书写不规范的现象;"右各依脚注",辨别各种容易混淆的偏旁部首;"右字形虽别,音义是同,古而典者居上,今而要者居下",辨别古今异体字;"右字音虽同,字义各别例",辨别音近易淆的字。

敦煌本《正名要录》撰于公元 636—650 年,中古时代为纠正错字起过重要作用,而今为我们判断哪些字古人认为是错字提供了依据,也为我们研究汉字史确立了坐标。其学术价值十分明显。

《俗务要名林》在《敦煌遗书总目索引》中共有 5 个卷号,其中三个被专家定为名副其实的《俗务要名林》。

《俗务要名林》是民间流行的俗字书,规模小,体例常随机应变。同一个字头注音用字各卷不完全相同, 注音方式也不同, 有的用反切,有的用直音;同一个词,释义注文也不完全相同;异体字例,同一字头采用不同的写法。该书对考察中国古代字书发展史具有重大意义, 从中可了解六朝以来此类杂字书的内容特征和编纂体例,《俗务要名林》的形式乃承古代字书《尔雅》《急就篇》一类而发展,而其内容则较《急就篇》《千字文》更为通俗,更具有地方性。在词汇分类上不但按部分类编排,而且把形容词、动词等较难以归类的词汇亦与各词相厕,分部收辑,而且收录大量俗语词。这些俗字不见于通常的字书和韵书,无疑它是唐代社会,尤其是敦煌社会生活的写真,从中可考见当时的语言和社会情况,可较全面地了解唐代的饮食生活状况。

在音韵方面,《俗务要名林》实际代表的是唐、五代的实际语音。声母注音上,轻唇音分立,呈现唇音相切的情形;全浊声母清化,体现了语音开始变化时的混乱情况。在韵母注音上东、冬相混,支、脂相混,支、之相混,三等韵和四等韵相混等。

《俗务要名林》和当今的辞书编纂工作联系起来,则此书在训诂方面的价值也是明显的。它可辨伪更正古书中的讹误。一些古书由于年代久远,承袭渐多,出现的讹误往往难以查对,《俗务要名林》的出现,无疑是查正这些古书讹误的一把利器。

(五)文学书

敦煌遗书中的文学作品,是丰富多彩的,就类型来讲,有传统文学和民间文学,即雅文学和俗文学;有乡土文学,即边疆文学和中原文学;有世俗文学即官府文学、庶民文学和寺庙文学。就其作品的年代来看,有唐五代至宋初文学,又有先唐文学等。敦煌文学作品主要有以下二十多类:表,疏,书,启,状,牒,帖,书议,契约,传记,杂记,题跋,论,说,文,录,偈,颂,赞,箴,碑,铭,祭文,赋,诗歌,邈真赞,词(曲子词),佛曲,俚曲小调,讲经文,因缘,小说,话本,诗话,词文等。就其存在形式来讲,敦煌文学以单篇作品出现者居多,以专集、选集出现者为少。其中以诗歌和词具有珍贵的版本校勘和填补历史空白的价值。

1. 诗歌:唐代为中国诗歌盛世,诗歌发展到了成熟的巅峰。清代学人精于考证、辑佚,以《全唐诗》搜罗备至,自康熙年间问世以来,仅日本学者河世宁搜集中土已逸彼尚存古籍,广为钩稽,于乾隆年间辑为《全唐诗逸》三卷后,世人莫由补逸。

敦煌遗书中的诗歌作品,有先秦西汉和魏晋南北朝时期的传世之作,如《诗经》《文选》和《玉台新咏》等;有隋唐五代时期的唐代诗人专集,如《王梵志诗集》《高适诗集》《白香山诗集》和《唐代诗文选集》

《唐人选唐诗》等抄卷。此外还有流传于敦煌地区的僧俗人士的诗歌残卷，以及一些即情应世、针砭时弊、感慨悲怀、讥刺嘲讽的敦煌民间诗歌，计三千多首。这是一批极其珍贵的文学遗产，既可补逸和校勘《全唐诗》，又可为研究唐代和敦煌文化作出宝贵的贡献。

《王梵志诗集》：王梵志为初唐时的民间诗人。他的诗歌创作涉及社会人生、道德信条、宗教信仰等方面，并十分重视诗歌的社会功用。王梵志诗在艺术上别具一格，有着和同时代诗人迥然不同的特点。他善于把通俗的语言，自由的章法引入诗歌领域，既明白如话，通俗易懂，又言近旨远，发人深省，在嬉笑怒骂声中，揭示人们灵魂深处的卑污与丑恶的东西，透过深沉的戏谑和无情的调侃，表达出诗人被压抑的痛苦情怀。宋代诗人黄庭坚曾推崇梵志诗为"翻着袜法"。

敦煌卷子中王梵志诗共 31 个写卷，300 多首。《全唐诗》均不收，长期湮没无闻。直到敦煌遗书发现以后，这被埋没一千多年的白话诗，才重新回到唐代诗坛。虽然这些诗并不一定是王梵志诗作的全部，但无疑填补了唐诗研究的一项空白。

《高适诗集》：敦煌遗书中共存 4 个抄本，近百首诗，其中《双六头赋送李参军》《遇崔二有别》《奉寄平原颜太守》《自武威赴临洮谒大夫不及因书即事寄河西陇右幕下诸公》《同李司仓早春宴睢阳东亭》等，苍劲浑厚，为高适佳作。它除可辑补今本高适诗之不足外，互见之诗亦有重要的校勘价值。

《白香山诗集》：敦煌共存两种写本。其一首为《九日寄微之》，下署"白乐天"，附元稹《和乐天韵同前》。以下存白居易"新乐府"16 首，依次为《上阳白发人》《百炼镜》《两朱阁》《华原磬》《道州民》《母别子》《草茫茫》《时世妆》《司天台》《胡旋女》《昆明春》《缭绫》《卖炭翁》《新丰折臂翁》《盐商妇》。其二存诗 3 首，即《蒲桃架诗》《夜归》《柘枝妓》，系寺僧抄写。卷末题记"乾符四年（877）二月二十日灵图寺僧某"，距白居易去世(846)仅31年,是极为难得的珍本。该诗原题"白侍郎蒲桃架诗一首",《白氏长庆集》失载。《全唐诗》卷502当作姚合《蒲桃架》诗。《唐才子传·姚合》并有"辑句"。然敦煌本都明题为"白侍郎作";此诗后接抄的两首佚题七言诗,经考亦均属白居易所作。因此推定,这三首诗皆为白居易诗。

《秦妇吟》:是晚唐诗人韦庄于唐僖宗广明二年(881)赴长安应举,适逢黄巢农民起义军入长安,乃托一秦妇之口,将所见写成一篇长达1600多字的长篇叙事诗。该诗在当时传诵一时,时人多垂《秦妇吟》幛子,号庄为《秦妇吟》秀才。后韦庄显贵,官至吏部尚书同平章事。诗内有"天街踏尽公卿骨,内库烧为锦绣灰"之句,乃讳之。未收入他弟弟韦蔼为他编的《浣花集》,《全唐诗》也不收,世无传本。

《秦妇吟》是我国诗歌史上最长的一首韵文叙事诗,历来古诗无此宏大结构,较三国时无名氏《焦仲卿妻》更宏丽开阔。它的问世既填补了《全唐诗》和《浣花集》的空白,又为研究唐末黄巢起义提供了真实形象的史料。

2. 词:词即曲子,是适应唐代文化生活的需要,结合当时在音乐和诗歌上的发展而产生的。词的出现,给本来就丰富多彩的唐代文学增添了一道清新动人的风景。敦煌词是敦煌文学的重要组成部分。它大多创作于盛唐至五代,计有160首,是目前所能见到的最早的词。词作者多为民间无名氏。从内容风格到遣词造句,均与文人之作迥异,保存了民间词朴素、直率的风格,使人从中可看出初期民间词的风貌。它是中晚唐及五代文人词发展的先导和基础。过去人们一直认为,词发源于乐府,而敦煌词问世后,才发现唐代词在乐府和宋词之间,起着承先启后的过渡作用。它从音韵声律、文学语言到艺术技巧,都给文人词提供了丰富的养料和可资借鉴的作品。敦煌词集《云谣集》的问世,不仅为繁荣我国民间文学增添了丰富的内容,而且又将我国词集出现的年代提前。过去学术界认为,《花间集》为我国最早的词集,而敦煌本问世后,考证得知《方谣集》成书早于《花间集》30多年,为我国现存最早的词集。

(六)地理文书

敦煌遗书中的地理图书及著作,应该说是极有价值的一部分。就其数量而言,有四五十卷之多。现存英国伦敦、法国巴黎和中国北京图书馆,也有少量流散社会。就其内容来分,有中国全国地域志、区域地理著作、旅行游记和人口地理等。

全国地域志的卷子有《贞元十道录》《诸道山河地名要略》《唐代地理志》《水部式》等;区域地理书以西北地理为主,如《西州图经》《寿昌县地境》《沙州地志》《沙州都督府图经》《沙州伊州地志》《敦煌水渠》《兴平县志》等;旅行游记有玄奘的《大唐西域记》和慧超的《往五天竺国行记》《西天路竟》以及《往五台山行记》《诸山圣迹志》等;人口地理的书有《氏族志》残卷、《郡望姓望》《氏族录》《姓氏书》《新集天下姓望氏族谱》等。另外还有《印度地理》。

敦煌遗书中的地理文书的校勘、补逸价值,以周丕显和郑炳林先生的研究成果显著,略述如下:

1.《沙州都督府图经》(P2005,P2695):为历代官私图书目录所不著录,也未为类书、史书及史注所征引。自藏经洞封闭近千年来,中外历代学者均不知这一重要的西陲地志著作。该图经卷首尾俱残缺,记事首起敦煌悬泉水,尾至寿昌县黑鼻山,残存16行。《图经》成书于唐开元之际,采辑地理著作《西凉异物志》《西凉录》《后凉录》等书资料颇多。该书于宋以后亡散失逸,不传于世。唐以前乙部载记如崔鸿《十六国春秋》、田融《二石记》等,均以上述著作为资料来源。崔书在宋初编《太平御览》时尚存,《崇文院总目》《直斋书录解题》《郡斋读书志》已不著录。明屠乔孙、项琳,清汤球曾根据《晋书十六国事》及类书所引该书佚文辑成是书,其散佚之文实在不少,今《沙州都督府图经》出,对屠、汤两家书在文字校勘和资料补苴方面实为不可多得。

《沙州都督府图经》保存了中古时代有关敦煌历史、地理、自然资源以及中西交通方面的史料,如水渠、泊泽、池堰、古城、驿站、学校、殿堂、祥瑞、歌谣等,有些为历代史料见所未见,闻所未闻。

就河流、水渠、池堰而言,苦水、独利河、兴湖泊、东泉泽、四十里泽、大井泽、长城堰、马圈口堰等,为任何图籍所不载;宜秋渠、孟授渠、都乡渠、阳开渠、北府渠、三丈渠、阴安渠7渠之名,除都乡渠一名见于高居海《使于阗记》外,余均不见于他书。所记东、西、北三盐池,《元和郡县志》仅记东盐池,西、北二盐池均佚。驿站19所,各驿均详记地理位置,与州、县及相邻驿站的距离。改设或增减驿站亦有详细记载。如"其头驿,在州东六十五里,西去东泉驿五十里,东去悬泉驿八十里"。"悬泉驿在州东一百四十五里,东去鱼泉驿四十里"。记载的这些驿站资料对汉唐丝路古道的研究甚为重要。

《沙州都督府图经》在汉唐古城的考证上更有重要意义。如汉效谷城遗址,《大清一统志》说在沙州之西;《西域图志》说:"今日敦煌西逾党河,旧城基址,不一而足,效谷、龙勒城廓遗址,疑于是乎在。"《沙州都督府图经》"古效谷城"条记:"在州东北三十里,是汉效谷县。本是渔泽障。桑钦说汉孝武元封六年,济南崔不意为渔泽都尉,教人力田,以勤效得立县名也。前秦苻坚建安二十一年,为酒泉人黄花所攻破,遂即废坏,今北面有遗址数十步。"将汉效谷城的定名来历、遗址、地理位置、废弃原因、年代等,叙述得有根有据,可正《大清一统志》和《西域图志》的疏误。又如汉敦煌郡治,经历两千年的变化和地理名称的更改,已纷纭莫定。清常钧《敦煌杂抄》载:"沙州之西本有故城,即汉敦煌郡治,因党水北冲,圮其东面。"《肃州志·沙州卫志》也说:"今按沙州旧城,即故敦煌郡治,今在沙州之西,墙垣基址犹存。以党水北冲,城垣东圮。"均说汉敦煌郡治因党河水北冲而圮,然未注明在河东还是在河西。而《沙州都督府图经》"故堤"条云:"一所故堤高三丈,阔三丈五尺,右州东北一百二十步。按十六国春秋……五年,蒙逊率众二万攻敦煌。……二月三面起堤,以水灌城。……左长史张承义,武威将军张弘等开门迎逊,恂自杀,其堤多毁,东面北面其址步存。"北凉沮渠蒙逊由张掖西进,三面起堤用党河水灌城,堤既在州东一百二十步,则党河水必在州城东,如城在党河东,蒙逊似难以起堤引水。又此图经"濠堑水"条:"阔四十五尺,高九尺,濠绕城四面,……至东北流出,去城七里流入大河。"大河系党河。濠堑水由城东北流入党河,则党河在敦煌郡治东,汉敦煌郡治古城在党河西无疑。

2.《西州图经》(P2009):卷首尾俱残,仅存中间 56 行,起于"道十一达",竟于"圣人塔"。记西州赤亭、新开、花谷、移摩、萨捍、突波、大海、乌骨、他地、白水涧、银山 11 条道。其中赤亭、新开二道原卷残缺。据卷载,移摩、萨捍、突波等道水草丰足,通人马车牛;花谷、他地道水草丰足,只通人马,白水涧足水草,只通车马;乌骨道水草丰足,道路崎岖峻险,只通人径而马行多损;大海道条件最差,这里常有流沙,行人在此常常迷路,没有草也没有淡水,行人要自己背水担粮。这些史料对研究西州自然地理价值极高。

《西州图经》也记述了丁谷窟寺院:

丁谷突出有寺一所,并有禅院一所。

右在柳中县界至北山二十五里丁谷中,西去州二十里。寺其依山构,揆嵲疏阶,雁塔飞空,虹梁饮汉,岩峦纷纠,丝薄阡眠,既切烟云,亦亏星月,上则危峰迢递,下轻流溜潺溪,实仙居之胜地,谅栖灵之秘城,见有名额,僧徒居焉。

这段记述颇具文学色彩,对西州自然地理研究、地理位置考察和正他史之讹误均有极高价值。

罗振玉先生《敦煌石室遗书》曰："……审其文乃西州志也。以证新、旧两《唐书·地理志》多合，惟西志均言西州领县五，为高昌、柳中、蒲昌、天山、交河；新志则有前庭无高昌，而于前庭注曰：'本高昌，宝应元年更名。'今此卷所载凡六县：曰高昌，曰前庭，曰柳中，曰蒲昌，曰天山，曰交河。交河、高昌、前庭并载。疑唐志及诸地志误也。……又案西州本高昌，贞观十四年平高昌，置西州都督府，并置县。天宝元年改交河郡，乾元元年夏为西州，至贞元六年陷于吐蕃，大中五年沙州首领张议潮逐虏守者，以十一州地图献，中有西州，后分三部：曰和州回鹘，曰阿萨兰回鹘，曰高昌。均附属于辽。此唐至五代数百年间西州之沿革也。至此志之作，窃意当在乾元以后，贞元以前。新开道下有见阻贼不通语，是作志时尚未沦于吐蕃之证。且其叙丁谷、宁戎两窟风景文字尔雅，尤非唐中叶以后所能为也；又卷中丁谷窟云：西去州二十里；圣人塔条云：在州子城外东北角；则此书之名当是西州而非交河郡志又可知矣。"由此可见《西州图经》之价值。

3.《贞元十道录》：为唐舆地学专家贾耽所撰，是记述唐贞观年间全国十道及其所管县名、土贡和县距州、州距两京道里之数，与其四鄙所抵之书，后佚。唐贞观元年（627），依山川地形分全国为关内、河南、河东、河北、山南、陇右、淮南、江南、剑南、岭南十道。曾先后设置十道存抚、巡察、按察等使，不久即皆废。记述这一短暂历史地理之作甚少，且大都佚失。后作虽有追述，但讹误及漏记者较多。

敦煌遗书《贞元十道录》（P2522）卷首尾俱残，仅存3片16行。"悉州"段至"霸州"段为1片8行，"维州"段至"冀州"段1片4行，"当、悉……等十州并废"段至"曲州"段1片4行。该卷为时人所作，虽记述不详，但全面准确，可校传世经典之不足，补其遗漏，正其讹误，是研究唐代历史、地理之瑰宝。

罗振玉在《雪堂校刊群书叙录》卷下曰："残地志十六行，存剑南道十二州：曰姚，曰协，曰曲，曰悉，曰柘，曰静，曰保，曰霸，曰维，曰真，曰恭，曰翼。每州之下，记所管县名、土贡及距两京道里，与县距州之里数。取以校《通典》《元和郡县图志》及新、旧唐书《地理志》异同至多。"罗还说："据《唐书·艺文志》，《十道录》凡四卷，其书本非详博，故乐史进《太平寰宇记》表，有编修太简之讥，此卷则又似略出之本。然贾耽为舆地学专家，此书殆与所撰《地图皇华四达记》《古今郡国县道四夷述》《九州别录》诸书，当参互考证，其所记必精确；此仅存片纸，仍当宝之如球图矣。"

4.《诸道山河地名要略》(P2511)：据《新唐书·艺文志》史部地理类载："韦澳《诸道山河地名要略》九卷，一名《处分语》，一名《新集地理书》。"是书撰于唐宣宗时。罗振玉《雪堂校刊群书叙录》卷下曰：《诸道山河地名要略》第二残卷，开首断缺，存河东道州府八：曰晋，曰太原，曰代，曰云，曰朔，曰岚，曰蔚，曰潞。其体例，前述建置沿革，次事迹，次群望地名，次水名，次山名，次物产，为后世地志体例所自昉。……今以校《元和郡县图志》，卷中所记建置沿革，皆本《图志》，其事迹，山川，风俗，物产，则有所损益。物产后或附'处分语'，然此八州府中，唯蔚州潞州有之。"

《诸道山河地名要略》第二卷首部残缺，残存205行，末题"八年七月戊辰记"，当是本卷抄写年代。其最大价值在于校勘和补逸。据有关专家校勘，可补《元和郡县图志》《隋史·地理志》《金史·地理志》《新唐书·地理志》者近百处，正误四十多处。该卷所记十数处地名、物产、山水等，为历代诸志所不载。如民俗：蔚、云、朔、岚等州风俗并同代州，是一汉戎杂处之地，"歉馑则剽劫，丰饱则柔从，乐报怨仇，……纵有编户，亦杂戎风，比于他郡，实为难理。"州郡沿革、土产等亦多出《元和郡县图志》之外，许多掌故传说，《元和郡县图志》亦不载。本残卷说到刘渊时撅儿应募造平阳城事，与《搜神记》卷十四所记相同，而

《元和郡县图志》"晋州"条不载。"太原介子推"词条所记周举革除太原腊月忌火弊俗事见《后汉书·周举传》。云州御河水《旧唐书·地理志》《新唐书·地理志》《元和郡县图志》等皆不载,而从《明史·地理志》《嘉庆重修一统志》得到证实。

5.《诸山圣迹志》(S529):是五代后唐时一僧人游历各地州郡寺院名山、圣迹的记录。属行记之类。敦煌卷子记述该僧人从五台山起,游历了太原、抱腹山、盘山、幽州、径山、定州、镇州、邢州、邺都、沧州,南渡黄河入青社,经兖、郓、汴、滑、陈、许等州至扬州管界之寿州、楚州、濠州、泗州、海州,入海至东海县,又南至扬州、庐州、冶父山、投子山、庐山、昇州、润州、杭州,又历歙、婺、常、饶、信、衢诸州至抚州,东南游福、建、漳、泉等州,又返回江西,从此南游韶州六祖塔、罗浮山至广州,又北经韶州、郴州、衡州、南岳山、潭州、澧州、朗州、荆南、襄州、武当山、邓州至洛京,又经晋、绛等州西入关内。后又记载了洞山、庐山、峨眉山、罗浮山、栢特山、终南山、中岳嵩山、西岳华山等圣迹寺院。郑炳林先生评其价值有五:

一是记载了唐五代许多州镇的城市建设规模,可补史籍记载之不足。

二是记载五代时幽、定、镇、邺、沧等市镇的统州及吴、越两国统州数,可补正《新五代史》《旧五代史》之不足。本卷载幽州管九州七十余县,定州管三州十六县,镇州管四州四十六县,邢州管三州十六县,邺都管七州五十余县,沧州管四州二十县。定、镇、邢管州与《旧唐书·地理志》《新唐书·方镇年表》同,而幽、邺、沧州则与上两书相去甚远。这说明五代时其统区有变更而史籍缺载。此卷记五代时吴统二十八州,越统十二州,可纠《新五代史·职方考》之误。

三是本卷记载了许多州镇民俗、物产等情况,也是相当珍贵的。如幽州:"俗尚员□,人多勇烈,封疆肥沃,土地平广膏腴,地产绫罗,偏梨栗。"杭州"地产金银,牛丰繁麦茶花,富特异诸方"。

四是本卷记载的许多怪僻地名,解释了历史地理上的许多疑难问题。如抱腹山、青社山、投子山等,都是史籍记载很少的生僻地名。我们可根据该卷记载顺序确定其方位。

五是本卷记载各州相距里程,可与《元和郡县图志》《元丰志》等相印证。

6.《大唐西域记》:是玄奘西行周游五天竺所亲历者一百余国,得知传闻者三十余国的地理位置、佛教古迹、有关历史传说和当时佛教的情况,以及各地山川、城邑、物产、习俗,多为《唐书》所未载。

敦煌本《大唐西域记》(S2659、S958、P3841)存卷一至卷三,约占全书的四分之一,是目前见到的最古的《西域记》本子,大约写于成书后一百年左右,即 8 世纪中叶,较北宋崇宁二年(1103)福州东禅寺本、金皇统八年(1148)赵城藏本、日本所藏醍醐寺本和山石寺本都要早。将敦煌本和诸传世本相校,敦煌本的优点很突出,已校出他本不妥之处 104 条,有些出入相当大,如卷一"迦毕试国"条,提到迦毕试国王的种族问题,传世本作"王,刹利种也",敦煌本作"王,窣利种也"。刹利即刹帝利,是印度古代四种姓之一,如为"刹利",则迦毕试国在 7 世纪时就是印度人所建的国家。而窣利则是突厥人种。据历史记载,迦毕试国当时是西突厥统治下的属国,并非印度人建立的国家。虽"刹""窣"一字之差,则搞清了中亚古史的一大问题,也解决了迦毕试国历史的民族问题。

(七)古代医学经书①

敦煌遗书中的古代医经、本草和医书有五六十卷。它是我国传统医学的瑰宝,不仅可以丰富祖国医学的内容,填补一些领域的空白,

①资料主要来源于赵健雄《敦煌医粹》,贵州人民出版社 1989 年版。

而且还可以古为今用，为现代医学发挥应有的作用。这批医书是迄今所能见到的一批早期医学史料，不少是最早的原抄本，如《素问》《灵枢经》《伤寒论·辨脉法》《新修本草》《食疗本草》等；今存的《素问》《灵枢经》《脉经》《伤寒论》《金匮玉函经》《本草经集注》《针灸甲乙经》《证类本草》等多为元、明、清刻本，而敦煌写本多为唐抄本，近古而接近原貌，它为校勘古医书提供了较为可靠的依据；敦煌遗书中保存的早已散佚的医书，如《五脏论》《玄感脉经》《新集备急灸经》《本草经集注》《新修本草》《食疗本草》等，丰富了祖国传统医学宝库。

1. 本草：敦煌古籍发现以前，唐本草已不为世人所见，更不要说六朝本草。敦煌医书中共有本草残卷五六种，重要的有 3 种，即梁陶弘景的《本草集注》，唐李勣、苏敬的《新修本草》和唐孟诜的《食疗本草》。

（1）《本草集注》：《神农本草经》是我国最早的药学专著，载药 365 种，约成书于东汉末年，梁代陶弘景复增魏晋以来用药 365 种，写成《本草集注》7 卷，载药 730 种，为梁以前本草学总集，有"本草正典"之称。直到初唐，仍然是"名医继轨，更相祖述，罕能厘正"。后唐宋间《本草集注》式微。敦煌本《本草集注》残卷前佚数行，后均完好。题记"本草集注一，序录，华阳陶隐居撰"。"开元六年九月十一日尉迟卢麟于都写本草一卷，辰时写了记"，可知其书写于开元六年(718)。前为弘景序文，述及他"祖世以来，各敦方药，不限贵贱，皆摩踵救之"。同时又记述了他医药知识的来源，"或田舍试验之法，或殊域异识之术，如藕皮散血，起自疱人；牵牛逐水，近出野老"。他批评了不辨药物真伪的恶习："众医睹不识药，惟听市人；市人又不辨究，留委来送之家。采送之家，传习造作，真伪好恶莫测。"

《本草集注》根据药物的自然属性，分为玉石、草木、虫鱼、禽兽、果菜、米食、有名无实等 7 类，对产地、采集、炮制、煎服法、真伪鉴别等,均有详细论述,如采集时间:"其根物多以二月、八月采者,……春宁宜早,秋宁宜晚,其花、实、茎、叶乃各随其成熟耳";炮制及煎服方法,凡散丸药"先切细暴燥乃捣之,有各捣者,有合捣者,……其湿润药,如天门冬、干地黄辈,留先切曝独捣令扁碎,……若逢阴雨,亦以微火温之,即燥,小停冷乃捣之"。其法至今仍在沿用。

敦煌本草还可校《证类本草》,以窥陶书原貌,并明其渊源异同。《证类本草》内容亦有删窜,与弘景原书颇多出入。其载弘景原有二,《证类本草》于序录与诸病主药之间插入他序5篇,致弘景序录颠缩不伦,倒、脱、衍、讹达360多处,使人难以卒读,宋元以来治本草者,每至于此,百思而不得其解,疑有错简。今敦煌弘景书,遂至凤疑冰释。校以诸病主药,《证类本草》共引弘景《本草注集》120余方,改动者50方以上,几近一半,其药味种数每多于敦煌本。《本草集注》病名序次排皆通顺,而《证类本草》病名次序时见错乱。敦煌本于鼻瘫下为鼻息肉,而《证类本草》于鼻瘫下先耳聋再鼻息肉。敦煌本于铁毒下为食金银,而《证类本草》于铁毒下为食诸肉马肝漏脯中毒,而食金银于此条之下。敦煌本"霍乱"只一条,其转筋、呕吐乃霍乱之病状。用主药橘皮下横有小字"呕吐",而木瓜下横有小字"转筋"。而《证类本草》析一病为三,霍乱、转筋、呕吐均以病名排列,并妄加药味,病名、症状毫无区别。

(2)《新修本草》:是唐显庆四年(659)由国家颁行的我国第一部药典,是李勣、苏敬等人在《本草集注》的基础上编写而成的,也是世界上最早的国家药典,比欧洲最早的纽伦堡药典(1542)早近900年。该书由本草、药图、图经三部分组成,图文并茂,开创了世界药学著作的先河。其本草部分在陶氏书7卷增为20卷,药物由730种增为850种,收入龙脑、安息香、茴香、诃子、阿魏、郁金、胡椒等外国输入药物。原书两唐志有著录,但中土久佚,不见原本。日本尚存传抄本卷

3—5,卷12—15,卷17—20。抄于日本天平三年(731),即颁发后70年左右传入日本。清代傅云龙曾模刻收入他的《纂喜庐丛书》中。

敦煌本《新修本草》(P3714、S4534)有3个残卷,据王重民先生考证,为卷10、卷17和卷19。其中卷10存药约30种,可补日本传本所缺。此卷朱墨杂书,背有"乾封二年"字样,说明是书写于颁行后8年,实属可贵。该残卷正文以大字朱墨杂书,朱书者为《神农本草经》原文,墨书者为陶弘景《名医别录》文。其30种药物中,赭魁、及己、侧子、由跋根四味药名墨书,为弘景所增;余均朱墨,为《神农本草经》原载。正文后墨书小字,首列七情畏恶,次为弘景注文,"谨案"二字之后为唐代新修时所增注文。此种朱墨杂书的方法,在日本传本中已不存在。

敦煌本草卷十七、十九和《纂喜庐丛书》刻本相校,可正其舛。如敦煌卷樱桃"又胡颓子",刻本"胡"误作"故";梅实"偏桔不仁,死肌"。刻本"肌"误作"肥";葫"除风邪",刻本脱"风"字,"煮为羹腥,极俊美",刻本全脱;蒜"山溪中沙虱",刻本脱"山"字等。

(3)《食疗本草》:它是我国唐代一部著名的食疗本草专著,是对唐以前食疗药物及食治验方的系统总结。原书早佚,《唐书·艺文志》录有"孟诜《食疗本草》三卷",宋《嘉祐本草》所引书传列有"《食疗本草》:唐同州刺史孟诜撰,张鼎又补其不足者八十九种,并旧为二百二十七条,凡三卷"。可知该书孟诜原著138条,张鼎增补89条,共收载食治药物227种。另据《嘉祐本草》载,孟诜任同州刺史时撰,和陈藏器开元二十七年(739)所撰的《本草拾遗》一书引"张鼎《食疗》云"等确定,《食疗本草》撰写于唐武则天朝长安年间, 增补于公元704—738年。

敦煌本《食疗本草》(S0076)前残后缺,无书题名。王国维、唐兰等与《证类本草》对校,确认为《食疗本草》残卷。该卷计137行,每行20

余字,计 2774 字。收药 26 味,朱墨分书,药名朱书于首。右下以小字注明药性(温、平、寒、冷),不注药味,下述该药的主治、功效、服食宜忌、单方、验方,部分药物还记了采集、修治、地域差别及生活用途等。各药记述中,以朱色点分隔句、段,或以朱书"又""又方"分开主药的各个验方。其中 12 味药物内容中,加入"按"或"按经"字样。原件背面记有"长兴五年(934)陈鲁俏牒",说明该卷抄写于成书后约 200 余年左右。残卷虽仅存全书的十分之一,但因它是目前所见最早的写本而十分珍贵。它较准确地反映了该书原貌。

敦煌《食疗本草》残卷对本草的贡献是很突出的。一是总结和发展了食疗药物。残卷收藏 26 种药物,出自《神农本草经》有 5 种,出自《名医别录》的有 7 种,出自《备急千金要方·食治》的有 5 种,出自《新修本草》的 2 种,发挥《神农本草经》所载药物的 4 种,发挥《名医别录》新列药物 1 种,新增药物 2 种。二是增补药物功效。如"吴茱萸"条,残卷将《神农本草经》《名医别录》等提及的功效精练为"主治心痛,下气,除咳逆,去脏中冷。能温脾气,消食",又新增内服治中风口偏不能语,奔豚气冲心及脚气冲心,食鱼胃在腹中痛等方,煎汁外洗治风寒痒痛,捣烂外涂治鱼骨刺在内中不出,内服外涂合治阴缩不怒,以及生树皮治牙痛痒等。三是对采集、修治及食疗地域性的阐发。指出采集要适时,并及时修治。如"覆盆子"条云:"五月麦田中得者良,采其子烈日中晒之,若天雨即烂,不勘收也。"并指出食疗的地域性。如杨梅,甚酸,是土地使然。北地人往南住,梅乃噉多,是"地气郁蒸,令烦愦,好食斯物也。"四是服食宜忌的发挥。指出服食时间的宜忌,如莲子生吃动气,蒸熟为上;鸡头子生食动风冷气,蒸熟甚美等。五是与《征类本草》和《本草纲目》对校,可互正纰缪凤疑冰释。

2. 医经:敦煌遗书中的医经残卷有十多种,主要有《灵枢经》《伤寒论》《五脏论》《脉经》《新集备急灸经》等。

（1）《灵枢经》：目前所能见到的《灵枢经》为明代以后的刻本。敦煌本残卷（P3481）为《灵枢经·邪气脏腑病形》，仅存一页，卷背记"大蕃部落使河西节度太原阎公"等语，实为难得的唐代抄写珍本。它既可窥见古代抄本原貌，又可与古今诸本互校。如敦煌本肺脉"微缓，为委，漏风"中的"委"通"痿"，即"痿"和"漏风"为两种病。而《脉经》卷三作"痿，偏风"。"偏风"下注"一作漏风"。肺脉之病应为"漏风"。又下文"头以下汗出不可止"，应为漏风见证。今《灵枢经》卷一、《针灸甲乙经》卷四作"痿，瘘，偏风"，"瘘"字属衍文，从下文肺脉"微濇为鼠瘘"，不当与肺脉微缓见证重复，亦可反证。综校四本，此处以敦煌写经为正。

（2）《伤寒论》：张仲景的《伤寒杂病论》自汉代问世以来，历经兵燹战火而散佚。晋王叔和曾对其进行编次整理，宋林亿等人经整理分编为《伤寒论》《金匮要略方论》《金匮玉函经》三书。金人成无己首次为《伤寒论》系统作注，成《注解伤寒论》一书。但宋本已佚，现存的只有明清刻本。而敦煌本《伤寒论》（S0202、S5614）则是宋代人编次整理的以前写本，是目前见到的最早的《伤寒论》抄本，其内容主要是通过辨脉来论述脉象、病机、治则、治禁、误治变证及预后判断等。据医学专家研究，敦煌本《伤寒论》与今传世本校勘，相异者70余处，有些内容为今本所缺，或较今本为优。如敦煌本"尿脓也"，今本《伤寒论》和《注解伤寒论》误为"屎脓"，敦煌本"紧去人安，此为欲解"，今本误为"紧去入安，此为欲解"等。

（3）《五脏论》：书名见于隋唐经籍志，但原书早佚。敦煌本《五脏论》残卷（S5614），首有书题"《五脏论》一卷，张仲景撰"。墨笔抄写，共83行1440余字。文中提及张仲景之后的医家葛洪、陶弘景、徐之才等，但未提及孙思邈和《千金方》，据此推测，残卷可能是隋或唐初托张仲景名而作。它是目前所见的最早的《五脏论》写本。其内容主要阐述天人合一，表里相应的整体观念，以"天有五星，地有五岳，运有五行，人有五脏"为中心，概述五脏与六腑、五官、五体的生理联系及病理变化；提出"四大五常，假合成身，若有不调，百病俱起"的中外医学交融理论；强调了脏腑辨证和辨证论治；重视药疗，批判服石；记载了地道、古老的中药材；论述了药物性质和炮制方法；阐发了药物功效和主治病症；发展了药物品种。它不仅是一篇较有价值的珍贵的中医药文献，而且是一种易学易读的优秀医学基础读物。

（4）《新集备急灸经》（S2675）：为残卷，计 360 字。书末题"咸通二年岁次辛巳十二月廿五日……二人写记。"咸通二年为公元 861 年。书题下有"京中李家于东市印"8 字。"东市为京城长安繁华集市之一。分析此卷根据印本抄写。它是目前所见到的最早的针灸学的抄写本。

敦煌本《新集备急灸经》正文画有人体正面明堂图的上半身，用线条标注穴名、部位、主治及灸法。尚可辨认的 10 条中有 3 条对针灸学有所贡献。如"患大风病，两眉中名光明穴，灸随年。又两脚及手心共灸一百壮"。关于治大风病（麻风病）唐代已有相当水平，但敦煌写本光明穴在两眉中，与诸家名同而实异。两眉中，后世称印堂穴，首见于《针灸大成》，主治小儿惊风。尽管穴位名称有别，但发明两眉穴位者应属《新集备急灸经》。以灸两眉中和手脚心来治大风病，实属该写本的发明。

敦煌遗书与蝴蝶装

图书装帧是书籍存在的形式。它随着成书事业的发展而不断变化，总是以别致、新颖的形式，把图书奉献给各个时代的人们。

中国图书至今已有三千多年的历史，其装帧形式因成书材料、成书方式和用书方法的不同而发生变更。书籍以竹木为质料时，其形式则为简册；以帛、纸为质料，并抄写而成时，则以卷轴为主；后有雕版印刷发明，书籍虽仍以纸为料，但其装帧形式逐渐为册页所代替。

蝴蝶装是我国图书进行册页装订的最初形式。在它以前的经折装、旋风装等，则是由卷轴向册页的过渡形式。而继蝴蝶装之后的册页装，又有包背装、线装、平装、精装等。

关于蝴蝶装的形式、装法及使用年代，宋以后的史书才有记载。《明史·艺文志》云："文澜阁藏书，皆宋所无遗，无不精美，书背皆倒折，四周外向，此即蝴蝶装也。"《书林清话》云："蝴蝶装者，不用线订，但以糊粘书背，夹以坚硬封面，以版心向内，单口向外，揭之若蝴蝶翼。"张萱在其《疑曜》中讲："今秘阁中所藏宋版诸书，皆如今制乡会进呈试录，谓之蝴蝶装，其糊经数百年不脱落。不知其糊法何似。偶阅王古心笔录，有老僧永光相逢古心，问僧，前藏经接缝如线，日久不脱何也？光云，古法用楮树汁、飞面、白芨末三物，调和如糊，以之粘纸，永不脱落，坚如胶漆，宋世装书即此法耶！"

根据史书记载，一些研究中国图书史和出版史的学者们，对蝴蝶装作出了比较一致的三点结论。其一为，宋初刊本大盛，装订随之而异,于是易卷子而为页子,故蝴蝶装产生于宋代;其二,蝴蝶装书页折叠时,将纸倒折,单口向外,版心向内,外加坚硬封面;其三是,蝴蝶装装法是以糊粘书背,而不用线装。第一点是蝴蝶装出现的年代,后两点自然是判断是否蝴蝶装的标准。

近年来,笔者在搜集我国古代图书装帧的有关资料时,见到几件出自敦煌石窟及其附近的蝴蝶装实物,把它同史书的有关记载和学者们的见解加以对照,便对蝴蝶装的有关理论产生了疑义。

20 世纪 50 年代,甘肃省博物馆征集到一本出自敦煌石窟的册页装经文,其中抄有《劝善经》《佛说地藏菩萨经》《佛说摩利支天经》《佛说延寿命经》《佛说续命经》等 7 种佛经提要。其中《劝善经》末有"贞元十九年(803)"的题记。该册是将 8 张白麻纸叠在一起,然后对折成 16 个单口向外,折缝向内的单页,最后一张麻纸较厚,正好为封底和封面。其装法是用麻纸捻成的绳子,在折缝处上下各穿订两次而成。册高 14.8 厘米,宽 10.3 厘米,两面书写,每面 6~7 行,每行 10~16 字不等。

出自敦煌石窟,后为法国伯希和所劫,今藏法国图书馆的一册《书仪》,写于唐中叶,抄有实用文、祈祷文、公事文等。它是将数张纸叠在一起,然后对折,单口向外,折缝向内,折缝处嵌以漆轴,如今人夹报纸一样,翻揭若蝴蝶翼,美观别致,坚固耐用。

法国图书馆藏的敦煌藏文遗书中,有一本包括《魔刀仪轨》在内的小册子。它是将宽 10.5 厘米、长 15 厘米的 7 张纸叠在一起,然后两宽边相对,折成高 10.5 厘米,宽 7.5 厘米的 14 个单页,再从折缝处用丝线缝订。显然,它是吐蕃占据敦煌时期(781—848)的遗物。

1972 年 1 月,在武威发掘出一本西夏文小册子,其装订方法是把 8 张纸叠在一起,先上下对折一次,分成 16 单页,然后再左右对折成 32 个单页,并以此对折线为版心,单口向外,版心向内,用细羊毛线绳穿版心装订而成。书页均用墨笔画有边框、界栏。框高9.5厘米、宽8.3厘米,每页7行,每行9~10字,抄有《妙法莲华心经》。据考,这是西夏佛教徒装订、书写的佛经小册子。

以上四种图书,论其时间,其中三本出于唐代,早于宋代蝴蝶装,一本成于西夏时期,大致和宋代蝴蝶装同期。就折叠形式来看,均是单口向外,版心向内,同史书记载的蝴蝶装折叠方法完全相同,唯有装法则同史书记载的宋代蝴蝶装相异,偏不用糊粘书背,单是用线或绳穿订而成。其中一本还是在折缝处嵌以漆轴。它们既不是由卷轴向册页的过渡形式,也不是取代蝴蝶装的包背装及其后的线装,一些文物工作者也称它们为蝴蝶装。笔者认为,确切点讲,它们应是蝴蝶装的初期形式或民间装法。

既然如此,那么如何看待这些现存实物同史书记载的宋代蝴蝶装及学者们对蝴蝶装的见解之间的矛盾呢? 笔者不避浅陋,谨谈以下看法。

《明史·艺文志》和《书林清话》等史书中有关蝴蝶装的记载,只是说明自宋代开始,我国的书籍制度改为蝴蝶装;书籍制度改变后的蝴蝶装折叠时,单口向外,版心向内;其装法是用糊粘书背,不用线订。并不说明蝴蝶装就产生于宋代,更不排斥与宋代蝴蝶装有异的其他蝴蝶装装法。因此,得出蝴蝶装产生于宋代,其装法是用糊粘书背,不用线订的结论,从时间上来看,则有一定的局限性;从装法上来看,也有一定的片面性。

上述史书记载的蝴蝶装,多是宋代官方藏书,大都来自官刻、坊刻和书院刻的名刻佳装,可谓宋代图书雕印及装帧的标准版本。宋及其以后,再没有见到与上述记载不同的其他形式,直至被包背装所代替。根据事物发展的规律分析,宋代蝴蝶装是蝴蝶装的标准形式,而不是它的民间初期阶段。因此,在宋代以前,蝴蝶装还应有一个发生和发展的过程。

唐代是我国图书文化的大繁荣时期，也是成书方式和书籍装帧的大变革时期。这一时期的书籍虽以抄写为主，并以卷轴居多，但到中唐以后，由于大批文人队伍的形成和大量著述的出现，促进了成书事业的不断发展，并使书籍装帧向着便于翻阅、便于保存的形式改变。于是，雕版印刷发明了，并在民间开始应用。在书籍的装帧形式上，随卷轴而来的则是大量的经折装和旋风装，并快速向册页过渡。这一发展、革新的形势，为蝴蝶装的出现创造了条件，也为它的不断发展和进一步完善奠定了基础。成书于唐中叶的蝴蝶装《劝善经》《书仪》《魔刀仪轨》等，便是有力的证据。它足以说明，唐代中叶，蝴蝶装不仅已在汉族地区的民间使用，而且也被吐蕃等少数民族接受。

蝴蝶装之所以被称为是册页装的最初形式，主要是指它脱离了以前书籍以轴卷舒和整张折叠的装帧形式，并第一次以单页集合体形式出现。同以前书籍相比，它不仅便于保存，查阅方便，而且易于改制。其装法较精者，经久耐用，不易脱落。因此，区分是否蝴蝶装的关键，是纸页的折叠形式，而不是书页的固定方法。凡是将纸页叠加对折，单口向外，折缝向内的单页集合体书册，就已经具备了蝴蝶装的基本条件。不管是用糊粘连书背，还是以线穿订折缝，都不失蝴蝶装之本色，只有装订质量上的差异。实物可见，我国早期的蝴蝶装往往多用线订，而不用糊粘。自然，这种装订方法多用于民间。同卷轴装、经折装和旋风装相比，其形式虽是发生了质的变化，但同后期蝴蝶装相比，又有书背不硬、容易脱落之不足。到了宋初，蝴蝶装法臻于成熟，多改线订为糊粘，粘法甚精，历久不脱落，被定为国家的书籍制度，并博得好评。所以宋代王洙在其《谈录》中说："作书册，粘叶为上，虽岁久脱落，苟不逸去，寻其次第，足可抄录，屡得逸书，以此获全。"他不仅道出了宋代蝴蝶装的优点所在，而且还认为蝴蝶装装法糊粘长于线订。说明在此以前蝴蝶装确有用线订者。可见，史书记载的宋代蝴蝶装，同现存唐代蝴蝶装实物，是同一事物在不同历史阶段的不同装订形式。只有把这两种蝴蝶装装法有机地结合起来，才会弄清蝴蝶装的完整面貌和发展变化的过程。

另据分析，蝴蝶装用线订还是用糊粘，也是因书籍薄厚和成书条件而宜的。只有几页、十几页的书，以糊粘连自然更好，但用线缝成，也是简单易行。因此，这一装法不仅用于蝴蝶装初期，就是到了中晚期，一些页数不多的书籍仍有用线穿订者。但对那些数十页、数百页的书来说，用线穿订，既不方便，又不结实。而用糊粘，不仅精制美观，而且经久耐用。所以，自宋代起，一些官刻、坊刻及书院刻印图书，都以印装质量赢得声誉或争取市场，自然装法则用糊粘。而宋以前及以后的一些下层文人，抄印书籍多是为了家藏自读，或是为了赠送同乡友好，再加成书条件的限制，他们重其书法，轻其装帧，故蝴蝶装成书，仍有用线装订者。

我国书籍装帧的历史源远流长，它不仅记载了国家书籍制度的改革过程和装帧形式的各种变化，而且也记录了我国劳动人民的智慧和贡献。实践证明，在我国图书装帧史上，书籍制度的每一次改革和装帧形式的每一个发明，首先都在民间产生。官方则是在总结民间经验的基础上加以完善后，才将其作为国家书籍制度进行推广应用的。因此，研究中国书籍装帧的历史时，不仅要了解书籍制度改革的时间和改革后装帧形式的发展变化，而且还要掌握书籍制度改革前这一装帧形式发生的年代和民间的最初形式。只有这样，才会使一种装帧形式源流贯通，避免认识上的片面性。

（原载新闻出版署主办的《出版工作》1988 年第 8 期）

唐代国家出书事业考

唐代三百年,随着政治、经济、文化的繁荣发展,其图书事业也进入鼎盛时期。经几次大的图书典籍整理工程,唐代的出书管理制度在隋制的基础上日臻完善,出书机构不断扩大,成书人员大量增加,成书分工和成书程序更加明确、细致,并不断科学化。出书数量不断增加,而质量也越来越高。由于新技术的发明和纸张的广泛应用,书籍生产方式和书籍制度也开始发生重大变化。规范而统一的卷轴装日趋完善,甚至精美、豪华。雕版印刷的发明和在民间的使用,为各类图书的大批量生产提供了条件和可能,而经折装、旋风装和蝴蝶装等书籍形式在民间的应用和传播,促使国家书籍制度开始从卷轴向册页过渡。

本书就唐代国家的出书管理和出书机构设置、成书分工及工作程序和书籍制度初探思考,并述一孔之见。

一、国家出书管理和出书机构设置

自汉代始,国家由御使中丞在殿中兰台掌秘书图籍。汉延熹二年(159)始置秘书监,掌管禁中图书秘文,至晋惠帝时,又置秘书寺,掌中外二阁图书。梁武帝改寺为省至隋末。

据隋书记载,隋及其以前,秘书省一般置监、丞各一人,郎四人,掌国之典籍图书;又领著作、太史二局。著作局有著作郎一人,佐郎八人,掌修国史,记注起居,又有撰史学士,亦知史书;太史局掌司天文历算,预造来年历书等。秘书省及二局还设有书手数十人,校书郎十多人,以及正字、掌固等。可见隋及其以前,国家各类图书典籍的管理、撰写、校正、刊辑、制作和发送等,均集中在秘书省内进行。

隋代37年,国家图书事业在中国图书出版史上立下了第一个丰碑。到了唐代,图书出版事业又上了新的台阶。首先是图书管理及出书机构发生了重大变革,史馆、弘文馆、集贤殿书院相继成立,分属门下、中书省,按照专业分工,独立详正经籍,校理艺文,撰写史志,抄写御书,并掌管各自的四库图书。有时还奉皇帝之命,联合详正经籍,生产各类图书,打破了以前由秘书省独家掌管国家图书、艺文的传统局面,初步形成一个纵向多渠道,横向大联合,集中管理,分工出书的国家出书新格局。为更多更好的图书问世创造了条件。

自武德(618)始,唐袭隋制,置秘书省。龙朔(661)改为兰台,光宅(684)改为麟台,神龙(705)复为秘书省。先后由兰台史、麟台监、秘书监,掌邦国经籍图书,并置秘书郎四人,从六品上,掌甲乙丙丁四部之图籍;校书郎八人,正九品上;正字四人,正九品下;还有书令史九人,典书八人,楷书手八十人等。

秘书省又领著作局和司天台。著作局于武德置,龙朔改为司文局,咸亨(670)复。设著作郎二人,从五品上,佐郎四人,从六品上,校书郎二人,正九品上,正字二人,正九品下,楷书手五人,掌固四人等。唐以前著作郎、佐郎掌修国史。而武德后,其职为修撰碑志、祝文、祭文等,基本上不再直接出书。司天台原为太史局,龙朔二年(662)改为秘阁局,久视元年(700)改为浑仪监。景云元年(710)改为太史监,乾元元年(758)三月十九日改为司天台。置监一人,少监二人。据《旧唐书》记载,司天台"凡玄象器物、天文图书,苟非任也,不得预焉。每季录所灾祥,送门下中书省,入起居注。岁终总录,封送史馆。每年预造来年历,颁于天下。"自武德以来,艺文图籍、国史、御书虽仍由秘书省的秘书监掌校,但那只是起宏观管理和国家图书集中登记的作用,具体工作便由弘文馆、史馆和集贤殿书院完成。司天台每年预造出的来年历书和整理的气象资料,不直送秘书省,而送史馆撰写国史。图书征集和校勘也分别由弘文馆和集贤殿书院担任。

史馆:贞观三年(629)闰十二月置。由宰相监修国史,自此修国史之职始从秘书省著作局分出。最初史馆置门下省之北,后大明宫成,"置史馆于门下省之南。开元二十五年(737)右相李林甫以中书地切枢密,记事者官宜附近,史官尹愔奏移史馆中书省北,以旧尚药院充馆也。"史馆史官无常员,如有撰修大事,则由他官兼之,事毕即停。平时只设监修国史,多以宰相兼任。元和六年(811)宰相裴垍奏:"登朝官领史馆职者并为撰修,未登朝官入馆者,并为直馆,撰修中一人官高者判馆事。"馆中设楷书手二十五人,典书四人,亭长一人,掌固一人,装潢直一人,熟纸直六人。"史馆掌修国史,不虚美,不隐恶,直书其事。凡天下日月之祥,山川封域之分,昭穆继代之序,礼乐师旅之事,诛赏废兴之政,皆本于起居注、时政记,以为实录,然后立编年之体,为褒贬焉。既终藏之于府。"

弘文馆:唐武德元年(618)初置修文馆,后改为弘文馆,神龙元年(705)为避太子李弘名而改为昭文馆,开元七年(719)复为弘文馆,隶门下省。门下省五品以上正官给事中,对"弘文馆图书之缮写、雠校,亦深而察之"。

弘文馆皆以宰相兼领馆主,并领一员门下省给事中常判馆事。自武德以来,皆妙荐贤良五品以下者称学士,六品以下者称直学士,无常员。学士、直学士掌详正图籍,教授生徒。凡新旧艺文图籍、翻译经书,只要入国家图书目录,必先送弘文馆,经弘文馆学士的多次逐层审阅、详正后,方可注册登记,入国家书目。弘文馆是国家最高出书机构。在弘文馆注册入目的各类图书,便身价大增,可以国书资格步入宫廷,或走向社会。弘文馆注册的图书目录,也为后世各代书目学家提供了极为丰富的资料。

弘文馆还设校书郎二人,从九品上,掌校理典籍,勘正错谬。置书令史二人,楷书手三十人,典书手二人,拓书手三人,笔匠三人,熟纸装潢匠九人,亭长二人,掌固四人,分别担任图书的抄写、校对、典正、装潢、入目、管理、发行和做图书生产的辅助工作。

集贤殿书院:唐开元十三年(725)置,其职为抄写御书和奉旨整理国家经籍。玄宗继位,大校群书,开元五年(717)于乾元殿东廊下写四部书,以充内库,名曰乾元院,置乾元院使。另设校定官四人。七年,改为丽正修书院,置修书使。十三年,驾在东都,与中书令张说等宴于集贤殿,因改名集贤,改修书使为集贤学士。

集贤殿书院建立初,以五品以上官为学士,六品以下官为直学士。每宰相为学士者,为知院事,常侍一人,为副知院事。开元初(713)褚无量、马怀善、元行中在乾元、丽正殿写书时,为知书使。后改集贤殿书院,以宰相、中书令张说为大学士,知院事,以左常侍徐坚为副知院事。开元五年置修撰官、校理官、留院官、检讨官等,皆以学士别敕留之。还有孔目官一人,专知御书典四人,掌典校图书。而知书官八人,则分掌四库书。开元六年(718),置写御书一百人,拓书手六人,书直八人,装潢直十四人,造笔直六人等。据《旧唐书》载:"集贤学士之职,掌刊辑古今之经籍,以辨明邦国之大典,而备顾问应对,凡天下图书之遗逸,贤才之隐滞,则承旨而求焉。"集贤殿书院是唐代出书实力最雄厚的机构。它打着皇帝的招牌,在全国网罗人才,征集图书,"刊校古今之经籍",尤其是在一些大型的图书整理中,做出了巨大贡献。

太子左春坊:太子左春坊为东宫官属,其下有崇文馆和司经局,为太子学馆和太子经坊。因崇文馆学士和司经局太子洗马多为弘文馆学士兼任,故太子左春坊和弘文馆的经籍详正和出书是紧紧连在一起的。在出书方面,太子左春坊实际成了弘文馆的一个分馆,只要在太子左春坊典校、刊辑、缮写的经籍图书,极易批准入国家图书目录。再加太子左春坊的实际地位,可吸引大批名家里手,为其撰写、详正、翻译和生产各类图书。因此,太子左春坊所出之书,常多以国书发往全国各地。太子左春坊下属的崇文馆和司经局,实际也起着国家出书机构的作用。

崇文馆:太子左春坊馆属之一。为太子学馆。始建于贞观年间(637 年左右)。置学士、直学士,多为弘文馆学士、直学士兼任。主要之职为掌东宫经籍图书,以教诸生。另有校书二人,从九品以下,书令史二人,典书手二人,拓书手二人,楷书手十八人,熟纸匠三人,装潢手五人,笔匠三人。

司经局:为太子左春坊馆属之一。置太子洗马二人,从五品以下,多为弘文馆学士兼任,掌东宫四库图籍之缮写、刊辑之事。另设校书四人,正九品,正字二人,从九品,书令史二人,楷书手二十五人,典书手四人,掌抄写、典校四库图书。

史馆、弘文馆、集贤殿书院和太子左春坊等国家出书机构,平时按照各自的专业分工开展工作,但有时也互相协作和联合行动,如参加国家大规模的图书整理,或奉皇帝旨谕,为全国各地寺院、学校抄写国家图书经籍等。咸亨二年(671)至仪凤二年(677)间,高宗李治下旨,将《金刚经》《妙法莲华经》《金光明经》等佛教经书抄写成卷,发往全国四百多个州府官学和寺院。为完成这一任务,各出书机构联合行动,从门下省、秘书省、弘文馆、史馆、太子左春坊等处抽调有名的经生和书手,从有关寺院抽调僧侣担任校对,由解善集任装潢手,由玄奘的四个弟子——太原寺大德神符、大德嘉尚、寺主慧立和上座道成分别担任四级详阅,由唐代大书法家虞世南之子、大中大夫、守工部侍郎、永兴县开国公虞昶和朝散大夫阎玄道分别担任监制,开展了一次大规模的佛经翻译和抄写活动,生产了一批翻译准确、书法娟秀、装帧精致的汉文佛教经书。这些经书在敦煌遗书中存有三十多部,不仅展示了当时国家出书事业的水平,而且也为研究唐代国家出书机构之间的互相协作提供了实物证据。

据统计,唐代国家出书机构设置的专门官职有院使、检校官、修书官、直学士、学士、文学直、修撰官、校理官、刊正官、校勘官、修书学士、知院事、副直院事、判官、押院中使、侍读学士、待判官、留院官、知检讨官、书直、画直、写御书手、拓书手、楷书手、编录官、校书、正字、装潢手、造笔直等。成书机构寓作者、编辑、写书、装潢于一体,完成如今作者著述、出版社编辑加工、印刷厂印制装订的一整套出书程序,整体规划设计,分工负责,环环相接。

唐代弘文馆、昭文馆、史馆和集贤殿书院,既是国家和朝廷的出书机构,又是藏书机关。据史书记载,"时集贤院四库书,总八万一千九百九十卷。经库一万三千七百五十三卷,史库两万六千八百二十卷,子库二万一千五百四十八卷,集库一万九千八百六十九卷。"而集贤殿书院编撰、校勘、抄写的新书每年也有不少问世。史书记载,"从天宝三载至十四载(744—755),库续写又一万六千八百四十三卷。"集贤殿书院每年写书多少,没有见到具体记载,但《新唐书·艺文志》记载,书院因修书所需,朝廷每月拨给"蜀郡麻纸五千番",每季拨给"上谷墨三百六十丸",每年拨给"河间、景城、清河、博平四郡兔千五百皮为笔材"。可见集贤殿书院修书数量之多,规模之大。

二、成书的责任分工和工作程序

至盛唐时,国家出书机构不断扩大,成书人员大量增加,而且国家对出书的管理工作也更加严格,图书生产的责任分工和工作程序也逐步完善,并日臻科学化。因此,唐代中国图书以其丰富的品种、精准的编译、精美的装帧在中国和世界图书出版史上留下了光辉的一页。

关于唐代的国家出书制度和成书的责任分工及工作程序，史书并无记载，唯敦煌唐代遗书为我们留下了非常宝贵的资料。敦煌本《佛说示所犯者法镜经》卷末题记，详细记载了该经于景龙元年（707）岁次丙午十二月廿三日，在崇福寺开卷翻译，经有关人员的翻译后，至景云二年（711）四月抄写成汉文卷送昭文馆审查、详定，并批准入国家图书目录的全部过程，成为当时国家出书管理和审批制度的真实记录。

题记：

至景云二年四月x日，正议大夫太子洗马昭文馆学士张齐贤等进，奉敕大宗大夫昭文馆学士郑喜王详定，奉敕秘书少监昭文馆学士韦利器详定，奉敕正议大夫行太府寺卿昭文馆学士沈佺期详定，奉敕银青光禄太子右谕德昭文馆学士延悦详定。奉敕银青光禄大夫黄门侍郎昭文馆学士上柱国李乂详定，奉敕工部侍郎昭文馆学士上护军卢藏用详定，奉敕左散骑常侍昭文馆学士权兼检校右羽林将军上柱国寿昌县开国伯贾膺福详定，奉敕右散骑常侍权兼检校左羽林将军上柱国高平县开国侯徐彦伯详定，奉敕银青光禄大夫行中书侍郎昭文馆学士兼太子右庶子崔湜详定，奉敕金紫光禄大夫行礼部尚书昭文馆学士上柱国晋国公薛稷详定，延和元年（712）六月廿日大兴善寺翻经沙门师利检校写，奉敕令昭文馆学士等详定入目录讫流行。

题记中的昭文馆就是神龙元年（705）至开元七年（719）为避太子李弘讳而改名的原弘文馆。详定者有文官也有武官，有朝官也有宫官，但他们都是有真才实学的昭文馆学士，而且都是以昭文馆学士的身份来审查和详定译经的。最后详定者为当时掌管国家曲章、法度、祭祀、学校和科举的礼部尚书，能书善画、通晓经学的昭文馆学士薛稷。审定时间长达一年之久，题记本身就是当时的成书制度之一，如今图书之版权页，反映整本书的成书过程。从这一题记不难看出，当时国家对出书的管理已经有了一套严格的管理制度和完整的审批程序。凡社会团体和国家非出书单位翻译、撰写和刊辑整理的图书，必先报送弘文馆（昭文馆），经十几名学士的逐级审定详阅，再抄成卷，并反复校对后，方可入国家图书目录，并以此为蓝本，抄写流通。

据《新唐书·褚无量传》载："内府旧书，自高宗时藏宫中，甲乙丛倒，无量建请缮录补第，以广秘籍。天子诏于东都乾元殿东厢部汇整比，无量为之使。因表闻喜尉卢僎、江阳尉陆去泰、左监门率府胄曹参军王择丛、步陟尉徐楚璧分部雠定。卫尉设次，光禄给食。又诏秘书省，司经局，昭文、崇文二馆更相检雠，宋天下遗书以益阙交，不数年，四库完治。"书成后，当玄宗命其署尾，即决审签发时，无量又言："贞观御书皆宰相署尾，臣位卑不足以辱，请与宰相联名跋尾。"记载说明，唐代应诏整理国家典籍，必先由专业所长的学者分别整理校勘，再交秘书省、司经局、昭文馆和崇文馆更相校雠，并由宰相决审跋尾签发，方可入国家图书目录讫流行；时为国子博士、国子司业兼侍读的修文馆学士褚无量，虽应诏任修书监使，但在书成决审署尾时，也要拉宰相一同签名。可见，唐时御书由宰相决审签发自贞观以来已是一种定制。

敦煌遗书不仅为我们提供了唐代国家图书管理和审批出书的宝贵资料，而且也提供了出书机构内部的责任分工和工作程序。敦煌遗书中由朝廷发往地方的三十多部经卷，就是咸亨二年（671）至仪凤二年（677）国家出书机构联合抄写的已入国家图书目录的佛教经书。这批经书抄写在当时抄书通用的黄麻纸上，纸的大小均为 47.4 厘米×

26.2 厘米,纸上画有银灰界栏,栏宽 1.5 厘米,高 20.6 厘米,每行 17 字左右,自上而下,从右到左抄写。经生多为唐代大书法家虞世南的弟子,故经卷基本都以虞体书成,其书风既继承了前期经书的质朴,又显示了唐楷特有的娟秀,笔法圆润遒劲,外柔而内刚,方正稳健,气韵高逸,为唐代经书之上品。书末的题记,详细记载了成书的责任分工和工作程序,它对研究这一时期的国家出书业尤为珍贵。如《妙法莲华经》第四题记:

> 咸亨三年(672)八月廿九日,门下省群书手刘大慈写,用纸二十八张,装潢手解善集,初校书手刘大慈,再校胜光寺僧行礼,三校胜光寺僧惠冲,详阅太原寺大德神符,详阅太原寺大德嘉尚,详阅太原寺主慧立,详阅太原寺上座道成,判官少府监掌治署令向义感,使大中大夫守工部侍郎永兴县开国公虞昶监。

如同今天书籍的版权页一样,敦煌遗书中当时出自宫廷的三十多部经卷,成书时间虽前后相差六七年,但其题记中的责任分工和工作程序几乎无一字之差,而署名顺序也无前后颠倒,即抄写时间,经生或书手姓名,用纸张数,装潢手姓名,初校、再校、三校人姓名后,接着是四级详阅、判官和监制人姓名等。它既有成书的时间记载,又有成书的责任分工,既有纸张的用量,又有各成书人员的署名。只要一看题记,便使人对书籍产生信任感。据日本敦煌学家藤枝晃先生亲自观察,此类经卷题记中的写经使虞昶、阎玄道和判官向义感及四级详阅者之一的署名,均为当事人的亲笔手迹。此类图书不仅具有一般书籍供人阅读和传播知识的作用,同时还具有版本的权威。这些来自唐代朝廷的写经,被历代社会视为上品,很受寺院僧侣和社会信士及学校教学者的欢迎和信赖,他们以此为蓝本传抄迎取,或施舍供养,或宣讲念诵。书籍收藏部门,也用它来勘订和校正一些民间抄经。就是在今天，仍可用这些写经来勘正一些传世的手抄本和印刷经卷，并勘正和补漏那些讹误和脱落的字句。

上述佛经是奉高宗皇帝之命而抄写的，所以由大书法虞世南之子、大中大夫守工部侍郎、永兴县开国公虞昶担任监制，由少府监掌冶署令向义感任判官，四级详阅均由太原寺玄奘的四个弟子担任，书手从门下省、秘书省、弘文馆、太子左春坊等处抽调，多为虞世南的弟子，如唐代著名书法家、经生王思谦等。校对人员多由寺院僧侣担任。前后六七年所写三十多部经卷，其装潢手均为解善集，史书虽不记其生平，但由其装潢的精致经卷可知，该不出当时装潢界的名家里手。

我国沿用至今的图书三校制度何时形成，笔者无从查考，史书也无记载。敦煌遗书中最早由国家出书机构抄写的图书只有咸亨二年（671）至仪凤二年（677）的三十多部经卷。再早的地方抄书，有北魏永平四年（511）的敦煌写经，其题记中已有校经人的署名。据笔者所见，我国图书的校对制度在隋唐之前早已形成，可以肯定，是隋唐时代国家出书事业的高度发展，促使了图书校对制度的进一步完善。

四级详阅在今天的图书编辑出版中已不再见，但从敦煌遗书中来自唐代朝廷的三十多部经卷的题记来看，详阅者全为太原寺博学儒家经典，通晓佛教经书的玄奘高徒大德嘉尚、大德神符、上座道成和寺主慧立，很可能是起今天责任编辑、通读、复审、决审的作用。他们不仅把校对之关，而且还要典正经意，经他们详阅的经书，不仅不失梵文原意，而且更合汉语习惯。

我国的成书事业随着古老的文化而诞生，并在其漫长历史中逐步建立了具有历史特点的管理和出书机构及一支古老的成书队伍。在长期的出书事业中，这支队伍不仅形成明确的责任分工，而且还建立健全了一套严格的成书规程，为促进我国图书事业的发展和保证古代中外作品的正确传世做出了积极的贡献。

三、规范的书籍装帧制度

东晋末叶(4 世纪),桓玄下令废简用纸,自此纸张取代了简牍而成为普遍的书籍材料。纸写书一开始,模仿简册,以卷轴形式出现,并不断完善,日趋精美。到了隋代,宫内所藏之书,已是十分讲究、华丽。隋书经籍志载:"炀帝即位,秘阁之书,……分为三品,上品红琉璃轴,中品绀琉璃轴,下品漆轴。"可见当时的国家藏书机构十分重视图书装帧,而书籍制作中,其装饰工艺也已经非常精细。

到了唐代,国家图书事业更加兴旺,书籍装潢就更加考究。各成书机构,均将装潢作为一项重要工序,并设专人担任此项工作。《旧唐书》记载,秘书省就有装潢匠十人,弘文馆有熟纸匠和装潢匠九人,史馆有装潢直一人,崇文馆有装潢匠五人,集贤殿书院有装潢直十四人等。可见,当时的书籍装帧已形成一支职业的队伍。另外,敦煌遗书也为我们提供了实物证据,唐咸亨二年(671)至仪凤二年(677)奉皇帝旨谕,国家各成书机构联合抄写了一批佛教经书。这批经书在敦煌遗书中就有三十多部,其题记中均有装潢手的署名。而且在前后六七年的成书中,装潢手一直为解善集担任。充分说明,书籍装潢在当时的书籍制作中已是一道不可忽视的工序,而装潢队伍中已不乏行家里手。

我国最早的书籍是简册,其加工制作称之为制简、杀青和编连。后有纸张生产,书籍以纸为料,其制作谓之装潢。其意为装成、入潢。装成则是制成不同的书籍形式,如卷轴装、经折装、旋风装、蝴蝶装等,都要先做装饰和抄写的前期工作,如裱褙、装轴、粘连褾带、画边准界行等。入潢则是用黄蘗汁染潢以防虫蛀。卷轴制度始于晋,成于隋,而兴于唐。装潢一字则见于唐,说明唐代书籍制度的成熟和完善。

唐代图书用纸多由四川、安徽、江浙专门生产供给,据《新唐书》

和《通典》记载，唐代的常州、杭州、越州、婺州、衢州、宣州、歙州、江州、池州、信州、衡州、益州、韶州、蒲州、巨鹿等地，是贡纸和其他用纸的主要产地。又据《新唐书·艺文志》记载："集贤院由太府月给蜀郡麻纸五千番。"敦煌遗书中的朝廷写书也是采用黄麻纸，可见，当时写书用纸以黄麻纸为上。其质柔软，有韧性，经久耐用，不易撕裂。从敦煌遗书来看，当时的社会用纸以白色居多，其质厚硬并发脆，还有一种白纸带有影格，更加厚硬。

唐代国家图书仍以卷轴为制度，并使卷轴发展到更高的程度。卷轴一般由卷、轴、襟、带四部分组成。唐代卷子纸大于以前历代用纸，一般长 40~50 厘米，宽 25~27 厘米。卷子长短因书籍内容而定，短则一米或不及一米，长则十米有余，为十几至几十幅纸粘连而成。卷子画有"边准、界行"，即上下边栏和中间界行。边栏上有较宽天头，下留地脚，界行因字大小而宽窄不一。史书记载，唐代"边准"有"乌丝栏"或"朱丝栏"。敦煌遗书中，当时由朝廷抄写的经书全为"乌丝栏"，即以铅划线，边准呈银灰色或灰色。其他汉语经书也不见"朱丝栏"。唯当时吐蕃时期的蕃文遗书，其"边准"多为彩色栏，其中有朱、蓝、黄等色，有的蓝栏朱书，有的朱栏墨书，也有黄栏墨书者，但以朱栏、墨书者最多最佳。

一个卷子有两个轴，粘于书末的为大轴，粘于书首的为小轴，大轴的木棒较粗，并长于卷的宽度，小轴较细，于卷子宽度同长或稍长。卷子以大轴为中心，卷缚后小轴贴于大轴，以襟带裹缚。

隋唐帝王极为重视卷轴的装饰，《隋书·经籍志》云："炀帝继位，秘阁之书，限写五十副本。分为三品，上品红琉璃轴；中品绀琉璃轴；下品漆轴。"到了唐代，国家出书机构，尤其是对宫中藏书的卷轴装潢更加精益求精，四部之书，均饰异色之轴，《唐六典》记载，集贤殿书院四库书："其经库书细白牙轴，带黄，红牙签；史库书细青牙轴，襟带，绿牙签;子库书雕紫檀轴,紫带,碧牙签;集库书绿牙轴,朱带,白牙签。"唐武平一的《徐氏法书记》曰:"先后(则天)国法书数轴,将榻以赐藩邸,时见宫人出六十余函于亿岁殿曝之,多装以镂牙轴,紫罗褾,云是太宗时所装。其中有青绫褾,玳瑁轴者,云是梁朝旧迹。"唐张怀瓘的《二王等书录》记,唐太宗所装者凡一百二十八卷,并金镂杂宝装轴。敦煌遗书中豪华之轴并不多见,唯有吐蕃时期的《法印经》,卷宽27.5厘米,长4米有余,檀木轴,两端嵌以红色玛瑙,华丽而典雅,可能是唐代豪华卷轴的唯一幸存者。遗憾的是该卷现藏于法国图书馆。

关于轴的装法,由于可见实物不多,看法不尽相同。有人认为,凡史书记载何料装轴,轴身全为该料制成;也有人认为何料装轴只是以该料嵌以轴首,而轴身则为木质;还有人认为二者都可有之。笔者认为,豪华卷轴以第二种装饰的可能性较大。其理由是唐张彦远的《右军书记》中云:"褚河南监装之卷,率多紫檀轴首,白檀身,……"可见当时的轴首和轴身是分开的。而敦煌遗书中《法印经》被称为玛瑙轴,但也是以木料为轴身,只是两端嵌以玛瑙罢了。再则,玛瑙、金镂杂宝、玳瑁、珊瑚等,虽皇宫得之较易,但要加工成一二尺长的轴实在难行,而制成轴首则极为方便。

卷轴之右端,又以其他质料粘连于外,时人谓之"褾"。褾端又系以丝织带,用做捆缚卷子,叫作"带"。褾、带之颜色不一,所用质料亦异,有紫罗褾,有锦褾,也有纸褾。武平一《记安乐公主取二王书》:"去牙轴紫褾,易以漆轴黄麻纸褾。"张怀瓘《二王等书录》论张艺、张昶书用"旃檀轴锦褾是也"。

卷轴装潢豪华者,多为王宫内外藏书,而国家一般藏书虽是卷、轴、褾、带齐全,但装潢简朴素雅,如敦煌遗书中,咸亨二年(671)至仪凤二年(677)由朝廷制作发往各地的佛教经卷,是以黄麻纸抄写,画有乌丝栏,栏宽 1.5 厘米,高 20.6 厘米,以素色木棒为轴,无褾,以纸绳为带捆缚经卷,另外有不少经卷多以木竹为轴,以线绳为带。这是唐代卷轴中标准而又最简者。

卷轴是唐代通行的国家标准的书籍制度,但由于文化的发展和阅读方式的改变,人们在长期的用书过程中不断总结经验,顺势而变,不断总结出翻阅方便、易于保存和坚固耐用的书籍形式。一张长卷,每检一事必全展开,甚为不便,于是有人将长卷折叠,外加封面,便出现了书籍的另一种形式——经折装。经折装折缝易撕裂散页,人们又将散页糊粘或线订,于是又出现了旋风装。继而又出现了册页装的最初形式——蝴蝶装。唐代是中国文化的大繁荣时期,也是书籍形式的大变革时期,期间卷轴制度不断完善,日趋精美,而民间图书也十分活跃,各种形式的图书相继问世,从内容到形式,有闻所未闻,见所未见者。民间书籍形式成为国家书籍制度变化的先导,孕育唐代国家图书向册页过渡。

书院与我国的图书出版事业

　　书院一词始于唐代。据史书记载,唐开元五年(717),于乾元殿东廊下设乾元院,置乾元院使,写四部全书,以充内库。七年(719)改乾元院为丽正书院,置修书使。十三年(725),驾在东部,与中书令张说宴于集贤殿,改丽正书院为集贤殿书院。集贤学士之职"掌刊辑古今之经籍"。唐代书院是为皇帝修藏"御书"之所。其功能如汉之东观、兰台和清代文渊阁。民间书院始于中晚唐,宪宗元和年间(806—820),衡山士人李宽构屋于石鼓山巅,读书其中。宋太宗至道年间(995—997),郡人李士真就遗址重建,景祐年间(1034—1037),赐额石鼓书院。唐李渤与兄隐居读书于庐山白鹿洞。南唐升元四年(940),因洞建学馆,置田以给诸生,以李善道为洞主,掌教授时称"白鹿洞国庠",是为讲学授徒、培育人才的书院之始。唐代民间书院见于《全唐诗》题记者有 11 所,见于地方志者有 17 所。有唐国子祭酒幸南容创建的江西桂岩书院,有唐尚书熊秘创建的福建鳌峰书院,有唐开元中书令张说在河北抱阳山创建的藏修之所张说书院,有唐刺史齐映于湖南衡阳石鼓山创建的石鼓书院等。

　　唐末五代,中国社会进入战乱,书院在极其困难的条件下承担起保存和收藏典籍的事业,并成为战乱时的贫寒之士得以安身立命、传承文化之地。南唐胡仲尧创建的江西华林书院"筑室百区,广纳英豪,藏书万卷",冠五代书院之首。到了宋代,便有了闻名海内的四大书院——白鹿洞、岳麓、嵩阳、睢阳,再加石鼓、茅山,均受皇帝赐额、赐田、赐书,并多受官方资助和社会捐赠。

唐以前,民间书院为士子藏书、读书之所,附以修书。唐宋以降,书院读书功能扩大,士子及其子弟、庶人进书院读书,士子及其学人开始讲书、教书。书院以学者、名人任山长、主持,讲学其中,亦为课士之地,逐步成为中国古代的一种教育机构。读书,教书,开展学术研究,培养人才,传播文化,积累知识,促使古代教育空前发展。经千余年的沧桑之变,书院在系统地综合和改造传统的官学和私学的基础上,构建了一种不是官学,但有官学成分,不是私学,但又吸收了私学教学形式灵活和读书专业化的一种新的教育制度。成为官学和私学相互融合的教育形式。自书院加入教育行列后,中国古代教育发生了巨大变化,出现了官学、私学和书院平行发展的局面,三足鼎立于教育界,虽有排斥,但更多的是互相渗透与融合,为我国的教育事业做出了巨大贡献。

书院始于藏书,无论何种书院,藏书是其主体事业。皇帝赐书,社会捐书,士子修书,书院刻书、印书,致使书院藏书数千卷、数万卷,形成包括图书征集、编目、借阅的一整套制度。书院专设藏书楼,面向社会,以官府藏、私人藏、寺观藏和书院藏并称为中国古代藏书事业的四大支柱。

书院始于修书,进而校勘、抄写、校对、雕印各类图书。元代以后,一些著名书院开设书局,面向社会,专门雕印图书,规模巨大,成为地方雕印图书的主要力量。从版本学来讲,无论数量还是质量,均为社会图书之佳品,无论宋版还是元明清版,书院本图书被后世学者与监本、坊本并称为中国古代三大版本。

本文不论书院教育,只就书院的刻书、印书加以简述,以见千年书院在中国图书出版史上的光辉一页。

（一）

　　唐丽正书院、集贤殿书院开我国书院出书之先河。时值写本书的鼎盛时期，虽民间已有雕版印刷，但官方仍用传统的手写卷轴书。而丽正、集贤殿书院主要生产"御书"，自然全为标准的卷轴之书。其图书生产称作"修书"。故丽正、集贤殿书院被称作"修书之地"。据《新唐书·百官志》记载："开元五年（717）于乾元殿东廊下设乾元院，置乾元院使，写四部全书，以充内库。开元六年（718），乾元院更号丽正修书院，置使及检校官，改修书官为丽正殿直学士。八年（710）加文学直，又加修撰、校理、刊正、校勘官。"《唐六典》载："开元十三年（725），改集贤修书院为集贤殿书院。有学士、直学士、侍讲学士、修撰官、校理官、知书官等。集贤学士，掌刊辑古今之经籍，以辨明邦国之大典，而备顾问应对，凡天下图书之遗逸，贤才之隐滞，则承旨而征求焉，其有筹策之可施于时，著述之可行于代者，较其才艺，考其学术而申表之。凡承旨而撰集文章，校理经籍，月终则进课于内，岁终则考最于外。"这是唐代书院修书的记载。

　　唐丽正、集贤殿书院主要为皇帝修"御书"，兼修"国书"，即将国家标准版本卷轴形式的国家图书发往地方，由地方机构抄写通行或供士人读诵。书院修书多以传统的经史子集，兼有佛经译书。关于集贤殿书院当年修书、藏书的规模，《唐六典》有较具体的记载："集贤所修皆御本也，书有四部，一曰甲为经，二曰乙为史，三曰丙为子，四曰丁为集，故分为四库。""四库之书，两京各二本，共二万五千九百六十一卷，皆以益州麻纸写。其经库书钿白牙轴、黄带、红牙签，史库书钿青牙轴、缥带、绿牙签，子库书彤紫檀轴、紫带、碧牙签，集库书绿牙轴、朱带、白牙签，以为分别。"唐开元年间（713—741）国家收集图书计有三千零六十部，五万一千八百五十二卷，此外还有佛经、道经两千五百余部,九千五百余卷。仅天宝年间(742—755),集贤殿书院就续写一万六千八百四十三卷。"时集贤书库,总八万一千九百九十卷,经库一万三千七百五十三卷,史库二万六千八百二十卷,子库二万一千五百四十八卷,集库一万九千八百六十九卷。"

集贤殿书院每年修书多少,史书无确切记载,但《新唐书·艺文志》记载,书院因修书所需,朝廷每月拨给"蜀郡麻纸五千番",每季拨给"上谷墨三百六十丸",每年拨给"河间、景城、清河、博平四郡兔千五百皮为笔材"。可见当时集贤书院修书数量之多,规模之大。

唐写本图书因历史久远,不为后人所见,1889年敦煌藏经洞启开后,五六万卷的唐写本遗书让今人大饱眼福。它可谓唐代图书的版本库,从内容到形式,应有尽有。其中三十多部出自朝廷的"国书"——佛教译经,是由昭文馆学士等数十人组成的成书队伍翻译抄写的佛教经卷,其卷轴华而不奢,素而不简。经卷全为素木轴,黄麻纸。纸质柔软,虽经千余年沧桑,但卷舒自如。当时朝廷用纸多以黄麻纸为主,其质柔软,有韧性,经久耐用,不易断裂,而且着色均匀,吃墨入深。一卷之书长则十米有余,短则一米或不及一米。卷子画有"边准""界栏","边准"多为银灰色或灰色,"界栏"多为乌丝栏。栏宽1.5厘米,高20.6厘米,每行17字。经生多为唐代大书法家虞世南弟子,经卷多以虞体字写成,书风既继承前期经书的质朴,又显唐楷特有的娟秀,笔法圆融遒劲,外柔而内刚,且方正稳健,气韵高逸,为唐代写本之上品。

(二)

宋朝统一中国后,经济得以恢复,文化得以发展,著作增多,图书出版范围不断扩大。北宋初年,政府编纂了《太平御览》《册府元龟》《文苑英华》三部一千卷的大型参考书,又编纂了五百卷的《太平广集》,经学方面,注重义理,发展理学。北宋的程颐、程颢,南宋的朱熹,成为影响很大的理学家。还有与他们主张不同的王安石、陆九渊等。史学方面有著名的编年史即司马光的《资治通鉴》,还有郑樵的纪传体《通志》。这个时期也开始了金石学(考古学)研究,也有了目录学等。宋代文化政策比较宽松,学术活动相当活跃。在南宋,无论是前朝学者,还是后朝学者,都以书院为基地,研究学术,传播思想,培养人才,奠定学派,使书院与学术之间形成一种互为表里、互为倚仗、荣辱与共、融为一体的特殊关系。无论是强调"问道学"的程朱学派、湖湘学派、浙学派的书院,还是不主张读书的陆学派,都十分重视图书的收藏和出版。

自宋代始,书院的功能发生了重大变化,书院以藏书、读书逐步转化为以藏书、教书为主的教育机构,名人学者讲学其中,采取集中讲解,个人钻研,互相问答的方式,研读儒家经籍,发展理学思想,积累知识,传播文化,培养人才。据统计,宋代共有书院 400 多所,其中南宋就占 80%。南宋书院的社会地位很高,影响很大,大有超过官学之势。宋代书院藏书极受朝廷重视,不断将国子监刊印的九经等书相继赐予。使书院藏书和刻书资源不断扩大充实。宋初天下四大书院的白鹿洞、嵩阳、岳麓书院就得到过皇帝赐书。太平兴国二年(977),应江州知州周述之请,宋太宗赵光义将国子监刊印《诗》《书》《易》《礼记》《仪礼》《周礼》《左传》《公羊传》《谷梁传》等儒家九经赐予白鹿洞书院。至道三年(997)嵩阳书院得宋太宗赐印九经,大中祥符二年(1009),宋真宗赵恒亦赐九经。岳麓书院也两次得皇帝赐书。咸平四年(1001),宋真宗赐国子监诸经释义、义疏及《史记》《玉篇》《唐韵》等书。大中祥符八年(1015),山长周式以"学行兼善"受真宗召见,被任命为国子监主簿,乃赐给内府中秘书、马鞍,并御书"岳麓书院"匾额。

得朝廷赐书及地方官府重视和士人学子的支持,又印刷技术的推广,宋代书院藏书规模不断扩大。宋初天下四大书院的应天书院,据《玉海》《文献通考》记载,"聚书一千五百余卷"。而至南宋时,藏书万卷的书院也有不少。南宋初蒋友松创建的南园书院"聚书三万卷,宾硕儒以教其族党子弟"。鹤山书院藏书由魏家故有藏书和了翁传录、访录构成,总数十万卷以上,总数超过国家三府秘籍之数,其规模居宋代各书院之首。藏书上万卷的书院还有福建漳浦的梁山书堂、江西贵溪的石林书院、四川邛崃的鹤山书院。据康熙《漳浦县志》记,梁山书堂,宋人吴与创建,藏书二万卷。

宋代书院藏书数量巨大,而品种多样。既有手抄本,又有大量流通的雕印本和活字印本。朱熹《跋白鹿洞所藏汉书》称:"熹既为刘子和作传,其子仁季致书,以其先人所藏《汉》四十四通为谢。时白鹿书院新成,因送使藏,以备学者看读。子和五世祖磨勘府君式,南唐时读书此洞,后仕本朝有名,太祖时,其孙敞、敫皆为名人。今子和弟子征之家,尚藏其手录孟子、管子书,云是洞中日课也。"邛崃鹤山书院所藏"传录"秘书副本,也为手抄本。手抄本为前代旧物,或为手抄秘籍,价值甚高,是书院藏书的精品,刻书的固本。

宋代书院刻书的范围比较广,以传统的经史经典为主,以当代程朱理学为多,兼有医学书籍等。但因年代久远,留下具体记载者不多。朱熹在武夷精舍时,对刊刻书籍就十分热衷,刊刻了《小学》一书,封面作"武夷精舍小学之书"。南宋理宗嘉熙三年(1239),王野于建安书院刊刻了《朱熹文集》一百卷。有学者认为,这是迄今见于宋人著录最早的百卷本《朱熹文集》。

经学方面:有福建建安书院刊印的《周易玩词》十六卷;龙山书院刊刻晋杜预注、唐陆德明释文《纂图互注春秋经传集解》三十卷和《春秋名号归一图》二卷;泳泽书院淳祐六年(1246)刊印宋朱熹撰《四书集注》大字本十九卷;建安书院咸淳元年(1265)刊印宋朱熹撰《晦庵先生朱文公文集》一百卷,目录二卷,《续集》十一卷,《别集》十卷;石鼓书院淳祐十年(1250)刊印《尚书全解》《石鼓论语问答》三卷;竹溪书院宝祐五年(1257),刊行宋方岳撰《秋崖先生小稿》八十三卷;梅隐书院嘉定年间(1208—1224)刊行的宋蔡沈撰《书集传》六卷;紫阳书院于淳祐十二年(1252)刊印的《周易集义》六十四卷,《周易要义》十卷;象山书院绍定四年(1231)刊印的宋袁燮撰《絜斋家塾书抄》十二卷;丽泽书院绍定三年(1230)刊印宋司马光撰《切韵指掌图》二卷,荣陵东山书院刻印的《文选补遗》。史学方面的书籍有:鹄山书院刊印的宋司马光撰《资治通鉴》二百九十四卷,白鹭洲书院嘉定十七年(1224)刊行的汉班固撰,唐颜师古注《汉书集注》一百卷,刘宋范晔撰、唐李贤注《后汉书注》九十卷,晋司马彪撰、梁刘昭注《志注补》三十卷;医学书籍:环溪书院景定五年(1264)刊印的宋杨士瀛撰《仁斋直指方论》二十六卷,《小儿方论》五卷,《医脉真经》一卷,《伤寒类书活人总括》七卷。

宋代书院刻印图书多以先儒大师的学术巨著和本院山长等人名作为主,且以程朱理学为优,多为后世所关注。如石鼓书院刊刻山长戴溪的《石鼓论语问答》三卷,收入清《四库全书》,其提示称:"是书卷首有宝庆元年许复道序,称淳熙丙午、丁未间,溪领石鼓书院山长,与湘中诸生集所闻而为此书。朱子尝一见之,以为近道。陈振孙《书录解题》所载与序相符。其书诠释义理,特论醇正,而考据间有疏舛⋯⋯然训诂、义理、说经者向别两家,各有所长,未可偏废。溪能研究经意,阐发微言,与学者不为无补,正不必以名物典故相绳矣。"这本书能同时得到宋代理学大师朱熹和轻理而重考据的清代《四库全书》馆馆臣们的赞扬,可见石鼓书院学术水平之一斑。

又如泳泽书院淳祐六年(1246)刊行的宋朱熹撰《四书集注》大字本十九卷,无论从其学术还是版本学的角度,都不失珍本本色,为宋

"书院本"之典范。另有建安书院刻有《朱文公文集》《续集》,龙溪书院刻有陈淳的《陈北溪集》,竹溪书院刻有《秋崖先生小稿》,豫章书院刻有《豫章罗先生文集》,屏山书院刻有《止斋先生文集》,龙川书院刻有《陈龙川先生集》等,便是最有力的佐证。

宋书院刻书就其数量而言,并不很多,但"书院本"能与"监本""坊本"并列于世,却在于她的"精"与"秀"。精于内容校勘,秀于书卷装帧。正如宋人江少虞所记:"其书多校雠精当,编帙俱全,与诸国书不类。"清代学者顾炎武在《日知录》中称:"闻之宋元刻书皆在书院,山长主之,通儒订之,学者则互相易而传布之。故书院之刻有三善焉:山长无事而勤于校雠,一也;不惜费而工精,二也;板不贮于官而易行,三也。"以号称天下四大书院之一的衡州石鼓书院刊刻的《尚书全解》为例,可见"山长主之,通儒订之,学者则互相易而传布之"的事实。是书于淳祐十年(1250)刻印。经山长林耕乃父两代人的搜访,费时二十余年,得《六经疏义》《说书拾遗》和建安《尚书全书》三种不同版本,又同其子林骏柏善本基于"子孙之责"和对学术的忠贞,"稽念新故""参合旧闻""订正真赝"。麻沙书坊本之不为全本和以讹传讹,石鼓书院本之为全帙和订正七千余字,版本善劣晓然可见。

宋本之秀为后世称道。清人叶德辉在其《书林清话》中说:"宋版书自来为人珍贵者,一两汉书、一《文选》、一杜诗。均为元赵文敏松雪斋故物,两汉书牒文前叶有文敏小像,明时归王弇州世贞,跋称班、范二汉书,桑皮纸白洁如玉,四傍宽广、字大者如钱,绝有欧、柳笔法,细书丝发肤致。墨色精纯,奚潘流沈。盖自真宗朝刻之秘阁。雕镌纸墨,并极精妙,实为宋本之冠。"又《文选》,"此本缮刻极精,纸用澄心堂,墨用奚氏。""此本纸墨锓摹,并出良工之手。"有董其昌题:"颜真卿《书送刘太冲序》后,有宋四家书派皆宗鲁公之语。则知北宋人学书,竟习颜体,故摹刻者以此相尚。其镌手于整齐之中寓流动之致,洵能不负佳书。至于纸质如玉，墨光如漆，无不各臻其妙。在北宋刊印中亦为上品。"乾隆御题云："此书董其昌所称与《汉书》、杜诗鼎足海内者也。纸润如玉，南唐澄心堂法也，字迹精妙，北宋人笔意。"

明高濂《燕闲清赏》笺论藏书云："藏书以宋刻为善。宋人之书，纸坚刻软，字画如写。格用单边，间多讳字。用墨稀薄，虽著水湿燥无湮迹。开卷一种书香，自生异味。"孙从添《藏书纪要》云："若果南北宋刻本，纸质罗纹不同。字画刻手古劲而雅。墨气香浅。纸色苍润。展卷便有惊人之处。所谓墨香纸润，秀雅古劲，宋刻之妙尽之矣。"宋版司马光《资治通鉴考异》三十卷，宋元祐椠本，乾隆甲子御题云："是书字体浑穆，具颜、柳笔意。纸质薄如蝉翼，而纹理坚致，为宋代所制无疑。"又宋版《南华夏经》十卷，此书版高不及半尺，而字画倍加纤朗。纸质墨光亦极莹致。乾隆题云："蝇头细书，纸香墨古，诚宝迹也。"又宋版《唐文粹》一百卷，乾隆御题云："字画工楷，墨色如漆，观此知有宋一代文化之盛。"

宋版书，行少者每半页四行，行八字，如宝祐《干禄字书》。行多者每半页二十行，行二十七八字不等，如南宋《九经白文》。宋版《仪礼注》，每页二十八行，行二十四字，宋刻《汉书》每页二十八行，行二十四字。先文庄公《水东日记》十四云："宋时所刻书，其匡廓折行中，上下不留黑牌。首则刻工私记本版字数。次书名，次卷第数目。其末则刻工姓名及字总教。"宋版书多用白口，以"蝴蝶装"订为主。宋代著名藏书家与文献学家叶梦得在评价当时各地刻书时说："天下印书，以杭州为上，蜀本次之，福建为下。"

（三）

元代的图书出版事业沿宋势继续发展，呈现繁荣景象。虽统治阶级对文化事业不太重视，但一批有志之士，保持固有的文化追求，不懈努力,取得了卓越成就。从中央到地方,一批批规模宏大、校勘精准的经史图书相继问世,在中国图书出版史上留下了光辉的一页,如最早刊行的《胡三省注资治通鉴》,以九路分刻的九史——《汉书》《后汉书》《三国志》《隋书》《唐书》《北史》《宋史》《辽史》《金史》等,元曲也是这一时期文学史上的杰出成就。

据清代学者叶德辉考证,元代刻书管理严格,必经各路行政报批,并下达有关行省指定刻书机构刊行。如至元三年(1337)庆元路之刻《玉海》二百卷时,其由国子监呈本监牒呈中书省行浙东道宣慰使司都元帅府分派本路儒学招工开雕。又如至正二年(1342),杭州路之刻苏天爵《国朝文类》七卷,是由翰林国史院待制应奉编修各官呈本院祥准呈中书省札付礼部议准,仍由中书省行浙江等处行中书省杭州路西湖书院开雕者。可见,元时官刻图书,多由中书省行浙江等路有钱粮学校赡学田款内开支。

元代地方刻书,以书院本更有影响,书院有大量的学田收入可作刻书资本,而主持书院的山长,大都是有学问的学者,他们亲自参加校勘、校对,所刻图书精准而少讹谬。据有关资料显示,元代两百多书院中,有刻书记载的书院有三十多所。王重民先生撰《中国善本书目提要》列有元泰定丙寅(1326)卢陵武溪书院新刊本《新编古今事文类聚》前集六十卷,后集五十卷,续集二十八卷,别集三十二卷,新集三十六卷,外集十五卷。书院刊本中著名者还有元大德中抚州路临安书院刊行的唐杜祐撰《通典》二百卷;元至正八年(1348)潘屏山圭山书院刊行的唐杜甫撰《集千家注分类杜工部诗》二十五卷,年谱一卷。傅增湘先生曾称此书为"刻工精湛,印本也至佳"。元大德三年(1299),铅山广信书院刊行辛弃疾《稼轩长短句》;许昌冯梦周颍昌书院刊行的《中庸》《大学》《论语》《孟子》;宋文书院刊行欧阳修撰《五代史记》七十五卷;大德六年(1302)刻唐慎微撰《经史证类大观本草》三十一卷;唐寇宗奭撰《本草衍义》二十卷;苍山书院泰定元年(1324)刻魏王肃注、元王广谋句解《标题句解孔子家语》三卷;郑玉师山书院刊刻郑氏自著《春秋经传阙疑》四十卷;建康明道书院大德年间(1297—1307)刻行的《释音》二十五卷;建宁建安书院至正九年(1349)刻印的元赵居信撰《蜀汉本末》三卷;崇安南山书院至正二十六年(1366)刻印宋陈彭年撰《广韵》五卷,梁顾野王撰、宋陈彭年等重修《大广益会玉篇》三十卷;徽州紫阳书院至元二十五年(1288),山长吴梦炎补刊院中刻本《周易集义》六十四卷,重刻宋已毁版《周义要义》一卷。

元代书院刻书最多最优者为西湖书院和园沙书院。杭州西湖书院,至元三十一年(1294)由浙江行省长官徐琰谋在宋肃政廉访司治所改建。时南宋国子监所刻"经史子集二十余万,由于鼎新栋宇,工役勿遽,书版散失,甚者置诸雨淋日炙中,骎骎漫灭"。于是宪府幕僚长张昕等人将二十余万书版移至西湖书院尊经阁,由山长黄裳、教导胡适安、司书王通督等,修补整理,以书目编类,刊印出版。在得国子监二十余万书版的基础上,西湖书院再刻印经史子集一百二十多种。又蒙中央和地方政府的支持,刻印新书,出版了许多当时的著作,其中最著名者为马端临的《文献通考》和苏天爵的《国朝文类》。《国朝文类》成书于至元二年(1336),以歌、诗、赋、颂、铭、赞、序、记、奏、议、杂著、书、说、议、论、铭、志、碑、传为类,搜集元初以来的文章计七十卷。是年十二月,翰林国史院待制谢端、修撰王文煜、应奉黄清老等上书,建议中书省刊印全国。中书省札咨礼部,认为此书"不唯黻黻太平有裨于昭代,抑亦铅椠相续可望于后人",遂议准刊印,下令浙江行省。浙江行省决定由西湖书院承印,并派等处儒学提举司副提举陈登仕监督刊雕。一年雕版完毕。后太常礼议院提出修版意见,下令修补,于至正二年(1342)二月正式批量印刷。

西湖书院两次刻印马端临《文献通考》,为中国图书出版史所铭记。《文献通考》为宋末元初著名史学家马端临名作。是继唐杜佑《通典》后的又一部专述典章制度的巨著，全书三百四十八卷，卷帙鸿大，西湖书院于泰定元年（1324）和至元元年（1335）前后两次刊印。

西湖书院刊印《国朝文类》和《文献通考》，都是在二书成书不久进行的。这不仅使这两部重要文献得以迅速时流传，而且也为后世留下了两本不可多得的珍本、善本，在我国书院刻书史乃至中国古代出版史上都占有重要地位。

西湖书院实际上已成为元代国家的一个重要图书出版机构。刻书已成为书院的主要职责。书院山长也以"对读校正""比对校勘""编类"书版书目为常务。作为学生的斋长也加入校勘行列，院中还专设"书手刊工"。浙江等处儒学提举司副提举陈登仕、余姚州判官于文桂等，可以本职提调或兼理其事，其他学官也可以到书院任职。足以证明，西湖书院在元代已是一所社会公认的刻书书院。

园沙书院以刻类书《山堂考索》而为当时社会所关注。是书为南宋章如愚辑，宋刻本十集一百卷。园沙书院增补刻印，编为前集六十卷，后集六十五卷，别集二十五卷，四集共分四十六门。所征引经史百家之书，都附有辑书人断语，别名《群书考索》，为历代学人所重视。园沙书院还刻印了很多经训、理学、音韵之作。

延祐二年（1315）刻宋董楷撰《周易程朱先生传附录》二十卷，宋程颐撰《程子上下篇义》一卷，宋朱熹撰、董楷辑《朱子易图说》一卷，《周易五赞》一卷，《筮易》一卷，《大广益会玉篇》三十卷，附《玉篇广韵指南》一卷。延祐四年（1317）刊宋林駉、黄履翁撰《新笺决科古今源流至论前集》十卷，《后集》十卷，《续集》十卷，《别集》十卷，《皇鉴笺要》十卷。延祐七年（1320）刻宋章如愚撰《山堂先生群书考索前集》六十六卷，《后集》六十五卷，《续集》五十六卷，《别集》二十五卷。泰定二年（1325）刻宋陈彭年等撰《广韵》五卷，宋潘自牧《纂记渊海》一百九十五卷。

元代书院刻书以经史为重，以杭州西湖书院为例，所刻一百二十二种书目中，经部就占五十一种，史部占三十六种。元代书院所刻类书也很有名，如西湖书院的《文献通考》，园沙书院的《山堂考索》，武溪书院的《事文类聚》等，都是被后人称善的名刻。

"元本源于宋本，宋刻善本已亡，元本犹存，而元本胜于宋本。"这是清代学者叶德辉的看法。刻书字体，横轻直重者，谓之为宋字。一种楷书圆美者，谓之为元字。元一代官私刻书皆尚赵松雪字，字画圆活，字体秀劲，刻手精整，如《茅山志》《袖珍方》皆狭行细字，宛然元刻。字形仍作赵体。《文献通考》细字本，远胜元人旧刻，大字巨册，仅壮观耳。《稼轩长短句》十二卷，是书旧刻，纯乎元人松雪翁书，大德刊本，大字行书，流丽娟秀。《天禄琳琅》五元板史部，《山海经》十八卷云："字行欧体，用笔整严，在元刻中洵为善术。"乾隆御题云："是本笔法，刻画清峭，当为元版之佳作者。"又《后编》十一，元版集，曾巩《元丰类稿》五十卷云："书法桀手，俱极古雅，麻纸浓墨，摹印精工，为元刻上乘。"又《欧阳文忠公集》一百五十三卷，桀法精朗，纸墨俱佳，元版中甲观。

元初刻书版式接近宋本，如元胡一桂撰《周易本义启蒙翼传》，字体版式规仿宋桀，亦元刻之佳者。元版书中期以后左右双边渐趋四周双边，目录和文内篇名常刻有鱼尾，版心多作黑口，以"包背装"订，如至正初元刊本《辽史》一百一十六卷，黑口，左右双边，双鱼尾。版心下有刻工姓名。再如元至正五年（1345）元刊本《金史》即黑口，四周双边，版心上记"本记"或"传"一二字不等，上鱼尾下题《金史》第几卷，下鱼尾上记页数。宋版多用白口，"蝴蝶装"订，明版书又弃元仿宋，改黑口为白口。由此，元版书显示出她独立的时代风格。元大德九年（1305）茶陵陈仁子东山书院刻《古迁陈氏家藏梦溪笔谈》，"开本极大,天头地脚极宽,白口,蝴蝶装;不仅文字上有许多胜于通行本之处,就其开本之铺陈,装帧之讲究,刻版之精湛,风格之独特,都是罕见的,确实是元代书院本之代表作。"

(四)

明代前期,明太祖大兴文字狱,对知识分子极力威胁,人们的思想只能在程朱理学的范围内兜圈子。明成祖时代,统治地位巩固,开始在文化方面装点面子,图书事业有所起色。国家编纂了著名的《永乐大典》,建立文渊阁藏书。明代国子监在南京,把南宋和元代国子监的书版集中起来,修补印行。其中《十七史》最为有名,史称"三朝本"。明洪武年间颁行钦定《四书大全》《五经大全》等。明代图书出版事业较前代更为普及,出书内容涉及多样。

明代沿元代书院之势,也新立书院,但科举考试规定非学校出身不能参加,逐名追利者去书院而集学校,书院被冷落一百多年。至嘉靖年间,经王守仁、湛若水极力提倡,兴办书院,讲学之风复盛。据统计,明代共有书院1239所。但书院多而藏书少,会讲多而读书少。书院重会讲而轻读书,致使明中叶以来,以不读书为时尚,书院藏书滑入低谷。晚明之时,东林书院想再振起,提倡读书经史,但因卷入政治斗争,书院又遭禁毁。皇皇数十万卷的书院藏书之盛势不复存在。据有关书院藏书目录显示,时白鹿洞书院藏书八十三部,虞山书院藏书二百六十五部,紫阳书院藏书数千卷,鳌峰书院藏书数万卷等,这与宋鹤山书院藏书十万卷和元草堂书院藏书二十七万卷相比,相差甚远。

明代中期,官私刻书,因涉利而杂乱,谬误不断,继而政府开始严管,刊书甚慎。世传闽中刻《五经》《四书》首有提刑安察司牒建宁府云:

> 福建等处提刑按察司为书籍事,照得《五经》《四书》,士

子弟一切要之书。旧刻颇称善本。近时书坊射利，改刻袖珍等版，款制褊狭，字多差讹，如"巽与"讹作"巽语"，"由古"讹作"犹古"之类。岂但有误初学，虽士子在场屋，亦讹写被黜，其为误亦已甚矣。该本司看得书传海内，板在闽中，若不精校另刊，以正书坊之谬，恐致益误后学。议呈巡按察院详允会督学道选委明经师生，将各书一遵钦颁官本，重复校雠，字画句读音释，俱颇明的。《书》《诗》《礼记》《四书传说》款识如旧，《易经》加刻《程传》，恐只穷本义，涉偏废也。《春秋》以《胡传》为主，而左、公、榖三传附焉，资参考也。刻成合发刊布，为此牒仰本府着落当该官吏。即将发出各书，转发建阳县。拘各刻书匠户到官，每给一部，严督务要照式翻印。县仍选委师生对同，方许刷卖。书尾就刻匠户姓名查考，再不许故违官式，另自改刊。如有违谬，拿问重罪，追版划毁，决不轻贷，仍取匠户不致违谬结状同依准缴来。嘉靖拾壹年拾贰月□□日，故牒建宁府。"

此牒载所刻《春秋》四传，又载《礼记集说》。足见明时刻书法制之严，刻书之慎。清学人叶德辉称："明时官刻书，只准翻刻，不准另刻。"

明代书院刻书又难称其盛。活跃于书院的主流派学者王守仁、湛若水，以发挥心学为己任，钟情于联讲、会讲，以传播其主张，强调悟性而不重"道问学"式的功夫，甚而挟"六经皆注我心"之豪，而有束书于高阁之势，对书院刻书则更冷漠，因此，终明一代，书院刻书未能与书院同步火爆。

据有关资料显示，明代刻书书院有四十多所。分布地区从江南向北方的河南、山西、陕西等地发展。又有王府书院作为新生力量加入刻书队伍。其一，无论官私书院，还是王府书院，均轻经史图书，所刻者不是子学之书，即是集部著作。其二，钟情纯文学著作，如《文选》

《唐文粹》《宋文鉴》《元文类》等，明万历以后，以戏曲、小说、小品文成为书院刻书的特色。其三，迫于政治压力而移情神似梦幻的《抱朴子》《金丹大成集》《养生大要》等方面的书。其四，书院开始大量刊刻反映书院自身发展或其教学、会讲的历史文献。因有山长和讲学者门人的精心校刊，其质量仍属上乘。据统计，明代书院类图书有六十多种，兹以天下四大书院的三书院为例，录其志书目录：

石鼓书院：《石鼓书院志》四卷，明周诏主修，汪玩辑，嘉靖十二年（1533）刊行。分地理、室宇、人物、辞翰四目，附以当年有关兴复文移；《石鼓书院志》二卷，明黄希宪主修，王大韶辑，万历七年（1579）刊印；《石鼓书院志》二卷，明李安仁重修，王大韶重校，万历十七年（1589）刊印。

岳麓书院：《岳麓书院志》十卷，明陈凤梧主修，陈论撰，正德九年（1514）刊印；《岳麓书院志》一卷，明知府孙存撰，嘉靖七年（1528）刊印；《重修岳麓书院志》十卷，明陈论撰，知府吴道行续补，万历二十年（1592）刊印；《岳麓书院志》十卷，明山长吴道行撰，崇祯六年（1633）刊印。

白鹿洞书院：《白鹿洞书院志》明鲁铎编，袁端校正，弘治七年（1494）知府郭璘刻印；《白鹿洞书院志》八卷，明李东阳撰，正德六年（1511）刊印，八年（1513）增入田租，分沿革、形胜、建造、石劂、山、田、地塘、姓氏、文、书籍等，始名《白鹿洞书院新志》八卷；《白鹿洞书院志》十九卷，明郑廷鹄撰，嘉靖三十三年（1554）刊印；《白鹿洞书院志》（亦名《新修白鹿洞志》）二十卷，明山长周伟主编，知府田馆万历二十年（1592）刊印；《白鹿洞书院志》十七卷，明李应升撰，天启年间（1621—1627）刊印。

明代刻本，嘉靖前后各不相同。嘉靖前沿袭元代刊书之风，以包背形式装订，版式多为大黑口，字多软体，精美程度不亚于元刊本。嘉靖后,刊风改变,刊印书籍以宋本为范。白口盛行,版心上方多刻有字数,下方有刻工姓名,有时还有写样人姓名,字体又转向欧、颜一派,整齐严谨。装订由包背改为线装。纸张初期多用黄纸。嘉靖时多用白纸,后又多用黄纸。徐康《前尘梦影录》云:"余在玉峰,得《鸿庆居士大全集》,计十帙。每本面叶有祁氏藏书铭,棉料纸蓝格,五色线订,刀口不齐。据湖州书友云:明代人装订书籍,不解用大刀,逐本装订。吾藏明邱浚《大学衍义补》,为成化初刻小字本,书用蓝襟纸面,内用纸捻订之,书之长短宽窄,微有出入,可悟其非一刀直截。"

(五)

清代,其文化政策与明代基本相同。对文化人施以强暴的高压政策,同时又以八股文和科举考试笼络和限制知识分子。一批有气节的知识分子不愿受清廷笼络,但又没有力量反抗。读书人害怕因作诗、发议论而招来祸害,于是就钻到故书堆里研究古人著作,了解古人语言,把清初兴起的训诂学、音韵学大大推进,扩大到校勘学和考据学,进而形成当时所谓的"汉学"。当时校勘学家的口号是恢复古书的本来面貌。乾嘉时代是清朝汉学发展的鼎盛时期,同时也出现了很多校勘学家,如戴震、段玉裁、卢文弨、顾广圻、孙星衍、阮元等,多以书院为依托,整理古书,校勘经籍,发展学术,刊印图书,为清一代书院刻书做出了巨大贡献。

清代书院集讲学、藏书、印书和祭祀于一体,号称书院三大事业。各地书院均创建名目繁多的藏书之所,诸如书库、书楼、御书阁、御书楼、尊经阁、万卷楼、云章阁、稽古阁、博文馆、书廨等,藏经史子集百家全书,供师生研习、讲读之用。很多书院藏书楼已向社会公开借阅,如今之大学图书馆。

清代书院倡导发展学术。清末书院归返程朱理学,要求有更多的藏书以供师生研习。乾嘉以后转为汉学,讲学之风逐渐消失,专以习贴适应科考为事。无论考据还是章词,对知识的要求都很高,因而藏书更受重视,藏书刻书与学术互补,互相促进,造就清代学术与藏书刻书的巅峰之势。具体而言,清代书院藏书刻书之盛势,首先得以清政府的大力支持。康熙、乾隆二帝极为重视书院藏书刻书,曾给白鹿洞书院、岳麓书院、钟山书院、紫阳书院赐武英殿刊刻的十三经、二十一史等经史之书。同时中央政府也鼓励提倡,并三令五申推荐书目。乾隆元年(1736)三月十日礼部复准"各省会城设有书院,亦一省人才聚集之地,宜多贮书籍,于造就之道有裨。令各省督抚动用公存银两,购买十三经、二十一史,发教官接管收贮,令士子熟读讲贯"。在中央政府的带动下,地方大吏或在书院主持刊印经书,或以地方官办书局刊印经史之书赠予书院,推动了书院师生及社会人士的捐赠行动。再则,书院出版功能的提高和强化,为书院的藏书提供了丰富的书源。正谊堂、广雅书局、桂垣书局、尊经书局、南菁书局等,都是当时闻名全国的书院专设的出版机构,所印图书不仅供本书院收藏,而且为其他书院及社会各界提供高质量的图书。

1. 书院出版功能不断强化,设专门书局承担国家和地方的图书出书任务。

至清代,一个正规的书院刻印图书已不是新鲜事,而很多书院的刻书势力远远超出了地方政府的刻书势力。地方书局又多借助书院的图书资源、学术力量和校勘、校对人才等诸多优势,使其成为专门书局,寓著作、编辑、雕印为一体,为书院和地方刻印图书,成为地方的主要出版力量。如浙江书局创办时,即规定以省城杭州紫阳书院和崇文书院院长兼书局总办主持其事。总校、分校之职也聘请书院师生担任,其办公之所也设在紫阳书院。四川成都书局创办时,由总督丁宝桢聘省城尊经书院山长王闿运兼掌。后尊经书院和存古书院的刊书局则取代了成都书局，成为四川最有影响的出版机构。当时的社会舆论普遍认为，以书院师儒主持书局，比领于官吏的书局更有出版优势。从而全国上下，一些有名的书院书局，承担起地方图书出版事业的重任。现将一些地方书院书局的情况介绍如下：

文澜阁—启秀山房：在广州学海堂。道光四年（1824）两广总督阮元创建学海堂，用举、贡、生、监课试经解诗赋。又设书局刊印《皇清经解》等书，藏书版于文澜阁。同治以降，书版多藏于启秀山房，故学海堂后期所刊图书，又称"启秀山房刊本"。前后合计，学海堂刊书有名可辑者为三十六种，一千二百五十四册，凡三千三百三十四卷。除《皇清经解》外，著名的还有阮元的《揅经室集》《学海堂集》《学海堂丛刻》和乾隆敕编的《续通典》《皇朝通典》等。

正谊书局：在福州。同治五年（1866），闽浙总督左宗棠从太平天国手中收复福州，首访康熙年间鳌峰书院刊刻的《正谊堂全书》四十四种。旧藏书版则蠹蚀无遗，逐设正谊书局厘定增补，再刊《正谊堂全书》六十八种五百二十五卷。七年（1868）刻《福建通志》二百七十八卷、图一卷、首六卷、附一卷，九年（1869），改书局为书院，专课全省举人、贡生。

尊经阁：成都尊经书院。光绪元年（1875）四川学政张之洞创建尊经书院，设书局刊印经史著作、学生课卷等一百余种，书版数万片。又刊行清王闿运《古文尚书》《尔雅注疏》，清王代丰《春秋列表》，清张澍《蜀典》十二卷，清刘岳云《测园海镜通释》四卷等。

南菁书院书局：在江阴。光绪八年（1882）江苏学政黄体芳倡建书院，专以训诂之学课士。十一年（1885）学政王先谦奏设书局，仿阮元汇刻经解之书，刊印《皇清经解续编》一千四百三十卷，一万七千三百六十二版，收书二百零九种；又刊《南菁书院丛书》八集，一百四十四卷，《南菁札记》二十一卷，《南菁讲舍集》六卷等。

广雅书局：在广州。光绪十三年（1887）两广总督张之洞倡建广雅书院。山长之下设经学、史学、理学、文学四分院教学。又设广雅书局，刊印经史典籍和学术研究著作，至光绪末年，共出版图书一百七十八种，二千零九十六册，八千一百五十七卷。如《周易解故》《易释》《易纬略议》《毛诗传笺通释》《毛诗后笺》《礼书纲目》《大戴礼记》《公羊注疏质疑》《孟子赵注补正》《史记索隐》等。

菊坡精舍刊书局：在广州。同治六年（1867）广东巡抚蒋益澧创建经舍。陈澧、廖廷相等主持，设书局刊印清初第一部大书《通志堂经解》一千八百六十卷，《古经解汇函》一百二十六卷，《小学解汇函》一百三十六卷，《十三经注疏》三百四十八卷；宋陈旸《礼书》一百五十卷，《乐书》二百卷；凌曙注《春秋繁露》十七卷，《孙武司马兵书》八卷；陈澧《东塾集》附《申范》七卷；陈澧、廖廷相《菊坡精舍集》二十卷；宋姜夔《白石道人四种》二千八百六十四卷。

味经书院刊书处：全称陕甘味经书院刊书处，在泾阳县。同治末年创建，刊书以十三经、二十四史为主，旁及《资治通鉴》《通典》《通志》《通考》及一切子集掌故之书。光绪十七年（1891）刊印《五代史校勘札记》七十四卷，二十三年（1897）刊《前汉书校勘札记》一百卷。

2. 有清一代，以书院为学术中心，以山长为学术传人，以师生为校勘、校对人才，开展学术研究，广开书源，著书立说，著、编、印一体，所出图书专业性强，集约化程度高，规模宏大，为历代书院出书所不及。

清道光年（1821—1850）间，欧阳厚均任岳麓书院山长时，主持刻印《岳麓诗文钞》。欧阳厚均任主编和总编辑，将唐宋元明清五代五百八十名作者的一千零九十首（篇）诗、词、赋、文初辑成五十七卷本，再由肄业诸生分卷校勘，既作编纂者的校勘之工，又行出版者的编辑加工之事。然后由诸生分别进行三校后付梓。是书史料充实，刻印精善，校勘无误，乃至成为后世研究岳麓文化渊源的珍贵资料。

康熙年间（1662—1722），长沙府郡丞赵宁在岳麓书院重修《岳麓书院志》,赵宁任主修,下设司辑,收集资料,由六十三县知县担任;设参订,审订收集来的资料,由长沙府教授、训导及所属州县学正、教谕、训导二十六人担任;设考订,厘正参订交来的材料,并取舍、校正文字,由知识渊博的陶之典和陶之采二人担任;设参考,协助考订工作,由岳麓书院的生徒在长沙府各县及福建、浙江、山东和江南等地的举人、廪生、监生、贡生、拔贡等三十人担任;再设同纂二十多人,帮主修编纂全志。康熙二十六年(1687)志书始成,刊行问世。是书类目得当,体例完善,得到时人好评。湖广总督徐国相称"其亦可上佐兰台石室之藏,下补舆图传记之缺,厥功茂矣"。岳麓书院还于同治年间(1862—1874)汇刻二百二十三篇诸生课文,曰《岳麓书院课艺》,因编著严谨且学问深远,并刊印精善,故"衰而梓之者,贾林已得收高值矣。由是,远方学者闻风向往,虽远如江南、闽浙,亦不惮重茧而至,其鼓箧操觚,极一时人文之盛"。可见,岳麓书院刊书,不仅发展了教育,繁荣了学术,而且还促进书院的人文之盛。

经学家阮元重经训诂,提倡朴学,在杭州创立的诂经精舍和在广州创立的学海堂,都是在学术活动的基础上编纂、撰写和刊印图书的。在诂经精舍,他与孙星衍、王昶等轮流担任主讲,边撰写学术研究成果,边讲学,其大部分学术著作都刊印成书,并在讲学中得到修改、补充和提高。他主编的《经籍纂诂》,校勘的《十三经注疏校勘记》,汇刻的《皇清经解》及撰写的《畴人传》《积古斋钟鼎彝器款识》和《揅经室集》蜚声全国,并流传后世。诂经精舍和学海堂也因此成为我国历史上最有影响的学术、教学和出版机构。

清代考据学派代表人物钱大昕,"博极群书,不专治一经,而无经不通;不专攻一艺,而无艺不精。"他在钟山书院主讲四年,以研究经史为先,撰写了著名的《二十二史考异》。段王裁主讲山西寿阳书院,平生讲求古义,对小学研究甚精,所著《说文解字》脍炙人口。

汉学家卢文弨,历主江浙各书院,终身从事校勘工作,在钟山书院时,刊刻其著作或校勘之作《声音发源图解》《续汉书律历志补注》《逸周书》《荀子》《群书拾补》《西京杂论》《钟山札记》。在龙城书院则刊行《龙城札记》等。将校勘、注释的经史诸书刊为《抱经堂丛书》。

刘熙载主讲上海龙门书院十四年,上自六经、子史、天文、算法、字学,下至词曲、仙释家言,靡不通晓,尤以躬行为重,晚年在书院校勘行世的著作有《四音定切》四卷、《说文双声》二卷、《说文选韵》二卷、《持志塾言》二卷、《艺概》六卷、《昨非集》四卷。

清代著名经学家王先谦,曾主讲南菁、岳麓等书院,从事学术研究、著述和讲学四十二年,他的学术"循乾隆遗轨,趋重考证"。在治经方面,继阮元的《皇清经解》,编写汇刻了具有重要学术价值的《续皇清经解》,并著有《尚书孔传参正》《诗三家义集疏》;在小学方面,撰写了《释名疏正补》;在史学方面,写下了注释旧史的名著《汉书补注》《后汉书集解》《鲜虞中山国事表疆域图说》,还校注了《合校水经注》,校勘了《盐铁论》《天禄琳琅书目前后编》《群斋读书志》;在诸子方面,著有《荀子集解》《庄子集解》和《管子集解》;在文学方面,著有《虚受堂文集》《虚受堂诗集》和《虚受堂书札》,还编写了《续古文辞类纂》《骈文类纂》《律赋类纂》等。

上述学者的精心研究不仅发展了学术,促进了教学,而且他们的撰著也为书院的出书提供了丰富的稿源,从而使大批具有很高学术价值的大型丛书相继从书院问世。

3. 清代书院出书主要为宋明理学、训诂音韵、校勘考据。同时重视刊行生徒课艺、书院文献和地方史志。无论何种图书,都因书院的地位、成就和山长的学术水平而呈现差异。但都代表着各个书院学术研究和学子的应试水平。每推一书,都以专业性强、集约化程度高、总结一代学术成就而名震当代,流芳后世。

　　清代最早的理学文库为福建鳌峰书院刊行的《正谊堂全书》。康熙四十六年(1707)，宋学大师张伯行笃信宋明理学，抚闽创建鳌峰书院，集诸生讲学其中，专讲理学，集本人及书院学者读书心得和解经文述说，又搜集先儒遗著，分立德、立功、立言、气节、名儒粹语、名儒文集六个部分，精心校勘，得书五十五种，名《正谊堂全书》刊行。后左宗棠任闽浙总督时，于同治四年(1865)以福州文昌宫为址，开设正谊书局，首访是书得四十四种，经访寻收集，精心校勘，编排续刻，历时一年半，《正谊堂全书》六十八种，五百一十九卷及卷首二卷，于同治五年底(1866)刻成印行。此书为清代理学的总结。

　　阮元是清代著名的学者，重经训诂，雅好图书，先后在广州和杭州创建诂经精舍和学海堂，刊行解经训诂之作，闻名全国。道光六年(1826)，阮元以两广总督的身份，在广州创建学海堂，选八位学者任学长，和他一起或解经，或训诂，专事撰著，并组织学长、诸生收集清代著名经学之作，抄录、注释、校译，共得经学著作七十四家，一百八十三种，由学海堂印行，分成三百六十四册，计一千四百一十二卷。名曰《皇清经解》。在杭州，阮元先后同王昶、孙星衍主讲诂经精舍命题课业，问以经史疑义，并将解疑书条整理加工，辑其精者名曰《诂经精舍文集》刊行。

　　王先谦，曾任国子监祭酒、江苏学政、湖南岳麓书院和南菁书院院长，从事古籍和历史文献的编校和刊印工作。在南菁书院讲学时，于光绪十一年(1885)，仿阮元《皇清经解》体例，收集其遗漏及乾嘉以后经学著作，得一百十一家，凡二百零九种，计一千四百三十卷，至光绪十四年(1888)刊行，名《皇清经解续编》，与阮元《皇清经解》合称《皇清经解正续编》，成为清代经学考据之作集大成者。在南菁书院主讲时，王先谦、廖荃孙专收有清一代考订之作，并收院中高才生著作，共八集一百四十卷，曰《南菁丛书》，于光绪十四年刊行。

阮元的学生钱仪吉重经训诂,在河南大梁书院主讲时,大加搜集解经训诂之作,择优汇刻成解经之作《书苑》和训诂之作《十一经音训》《经苑》,所列书目四十一种,实刻二十五种。所辑各书,除唐陆淳《春秋集传纂例》《春秋微旨》外,其余均为宋、元、明学者训解经典之书,可补《通志堂经解》不足。

清代学者钟谦均在任两广盐运使时,于同治十二年(1873),搜集唐代以前训释儒家经典,如经清代学者校勘的南朝梁皇侃《论语义疏》、唐李鼎祚《周易集解》等,共二十三种,一百二十六卷,在广州菊坡精舍刻印。是书是研究唐以前儒家经说的参考书。钟谦均又收汉魏、六朝、唐宋诸家小学之书刊印,凡十四种,其中训诂四种,字书八种,韵书一种,计一百三十六卷,尽皆"言小学者必读之书",名曰《小学汇函》。

乾隆三十八年(1773),诏令儒臣汇辑《永乐大典》中罕见之书,凡一百三十八种,计二千四百一十一卷。其中经部书三十二种,史部书二十九种,子部书三十四种,集部书四十三种。先以木版刻印四种,后以木活字排印一百三十四种。其后江苏、江西、浙江等省翻刻。而福建刻印时增为一百四十八种。光绪年间(1875—1908),广州广雅书院的广雅书局重刻,仍为一百四十八种,分订成八百册。此为乾隆敕书,使四部秘籍得以传世。

光绪十三年(1887),两广总督张之洞在广州创建广雅书院,又附设广雅书局,令陶福祥任总校(1887—1896),在院长梁鼎芬、朱一新、邓蓉镜指导下,前后刊书一百七十八种,五千七百四十六卷,二千零九十六册。光绪末年书局停办,书版散乱。民国时,徐绍棨清理版本,择其一律者一百五十五种,汇为《广雅丛书》,分订成五百六十二册。其中属于史部书者九十三种,一千七百七十一卷,别为《史学丛书》。人称"治史学者,诚不可不读也"。

以上为集成汉魏至清代千余年的经史著作集大成的代表之作，可见清代书院汉学图书出版之一斑。

清代书院还大量出版书院课业之类的出版物，如今日之大学学报。从类型分，有课业、课艺、试牍、课集、授经日记、文集等，多为学生习作，也有教师范文和研究成果。从学术内容来看，有准备科举考试的制义、试贴，有考证经史的文章，有研究理学的心得，也有师生诗赋等等。其水平因书院和山长水平的不同各显差异，但皆代表书院的学术研究和教学应试的水平，体现了书院的社会地位。

清代书院刻印如今日"学报"一类的图书有近百种。最早者为康熙十年（1671）安徽怀宁的《培原书院会艺》。最有影响者为号称四大书院之首的湖南岳麓书院的《岳麓试牍》。康熙二十三年（1684），丁思孔任湖南巡抚，重视书院教育，岳麓考生成绩优异，于康熙二十五年（1686）整理考生课卷，名《岳麓试牍》出版，名震江南，"凡先后所试文，哀而梓之者，贾林已得收高值矣。由是，远方学者闻风向往，虽远如江南、闽浙，亦不惮重茧而至，其鼓箧操觚，极一时之文人盛"。而规模宏大，学术深远，种类齐全集大成者，为杭州诂经精舍出版的《诂经精舍文集》，《初集》八卷，嘉庆七年（1802）刊；《二集》二卷，道光二十二年（1842）刊；《三集》六卷，同治刊本；《四集》十六卷，光绪五年（1879）刊；《五集》八卷，光绪九年（1883）刊；《六集》十二卷，光绪十一年（1885）刊；《七集》十二卷，光绪二十一年（1895）刊；《八集》十二卷，光绪二十三年（1897）刊。合计共发表经史论文及辞赋二千余篇。

兰山书院于清雍正十三年（1735）创建，乾隆三至六年（1738—1741）首印《皋兰课业十三经》，乾隆五十五年（1790）前后在山长吴镇主持下，刻印了吴镇自己的著作《兰山课业松崖诗录》《兰山课业风骚补编》(唐诗、楚辞、古诗)、《兰山课业风骚补编》(经训、诗赋)等，在中国书院刻书史上也是较早刻印课业的书院。

　　清代书院重视自身建设的另一种表现，就是十分重视书院的文献整理。包括书院志、学规、讲义、藏书目录等。据浙江教育出版社出版的《中国书院制度研究》一书统计，计有一百九十多种，其实远远不止这些。可以说，有清一代三百年，没有书院无文献。书院文献数倍于书院数才是清代书院文献的真实情况。下面就以湖南岳麓书院和江西白鹿洞书院为例，以见书院文献的规模。

　　白鹿洞书院：康熙十二年（1673）刊《白鹿书院志》十六卷，续志一卷；康照五十八年（1719）刊《白鹿书院志》十九卷，后于乾隆十年（1745）、道光十八年（1838）、同治九年（1870）、光绪九年（1883）、宣统二年（1910）五次增补刊印；康熙四十三年（1704）刊《白鹿洞规条目》二十卷；乾隆五年（1740）首刊《朱子白鹿洞讲学录》六卷，卷首一卷，同治四年（1865）重刊。另外，还刊有《鹿洞续言》《鹿洞汇录》十一卷和《鹿洞学余录》《读白鹿洞规大义》五卷等。

　　岳麓书院：康熙二十六年（1687）刊行《新修长沙府岳麓书院志》八卷，卷首一卷，咸丰十一年（1861）重刊；同治六年（1867）刊行《续修岳麓书院志》四卷，卷首一卷，卷尾一卷；同治十二年（1873）刊行《岳麓续志补编》；乾隆四十八年（1783）刊行《岳麓书院癸卯同门齿录》；乾隆五十四年（1789）刊行《岳麓书院己酉同门齿谱》；康熙刊本《岳麓书院同窗年谱》；道光五年（1825）刊行《岳麓书院同门谱》；道光刊本《岳麓书院山长传》四卷。

　　清代前期，因尊重古刻本而发展出一种所谓影刻宋本的风气。就是模仿宋刻原版式样，上版雕印的。到乾嘉时期更为精湛，刻印古书，可以与宋本丝毫不差。前期刻书多用被称为软体的楷书写刻，纸张多用洁白坚韧的上等开化纸。套印书籍在清初也很时尚。康熙年间内府本五色套印《全唐诗》《历代诗余》《渊鉴内函》《佩文韵府》等，书院刻书也有套色者。

左宗棠与西北的图书出版事业

左宗棠,公元1812年出生于封建地主家庭。从小课读塾馆之中,5岁诵读儒家经典《论语》《孟子》,兼读朱熹的《四书章句集注》。19岁"授以汉、宋先儒之书"。后致力于程朱理学之研究。20岁捐以监生。步入仕途后,他致力于经世致用之学,每治理一地,除用军外,极力兴办图书出版事业,坚持以书教人,以礼治心,教稼劝农,整饬吏治,为恢复和发展我国(尤其是西北)的图书出版事业起了积极的作用,在中国近代图书出版史上留下值得回顾的一页。

一、以礼治心,广刻儒家经典

左宗棠自幼受儒家思想的熏陶,一直奉行以礼治心之理论,坚持"经正民兴"之原则,极力强调"穷经致用",一再告诫问学之士"惟《四书》《五经》及传注,昼夕潜心咀嚼,使一生受用不尽"。每到一地,他广刻儒家经典,以书教人,以"儒术策治安"。

同治三年(1864),左宗棠任浙江巡抚时,见歙鲍氏所刻《六经》文精辞当,又少讹误,遂从宁波招来手民,在杭州雇用校工而刊刻之,一年刻印就绪,发放省内书院,以教院生、士子。

后任闽浙总督,他在福州又进行了大规模的经典刊印。同治四年(1865),他择福州文昌宫为址,开设正谊书局,挽救快要损佚的张清恪先生汇刻的先儒遗书55种。为四处寻访散佚之本,以补全书,并招有志问学之士,入局任校雠之役,他还亲笔拟写了《创正谊堂书局告示》:"为晓谕事。照得:敬教劝学卫国,于以中兴,察考举廉,汉治所以近古。曩者仪封张清恪公孝先生之抚闽也,与漳浦蔡文勤公闻之先生讲明正学,闽学大兴。清恪汇刻儒之遗书五十五种,扫异学之氛雾,入宋儒之堂奥。……兹来清恪旧址,亟询是书,仅存四十四种,而鳌峰书院所藏版片则蠹蚀无存矣。爰择省会文昌宫设正谊堂书局,饬司道筹款,就所存本先付手民开雕,余俟访寻。续刻书成,散之各府县书院,俾吾闽人士得以日对儒先,商量旧学,以求清恪、文勤遗绪。"在左宗棠的亲自筹措下,是书 55 种,519 卷及卷首 2 卷,历时一年半刻成,于同治五年(1866)底开始印行,散发府县各书院。此书"较原刻整齐可爱"。后左宗棠督西北时,随营运来一部。它不仅在福建图书出版史上留下了有益的一页,而且使西北问学之士也大开眼界。

同治五年(1866)九月,左宗棠奉调陕甘总督,后奉命以钦差大臣的身份,督办西北军务,于光绪六年(1880)十二月离开兰州入京,历时 12 年 8 个月。期间正值关陇连年兵燹,民不聊生,书院停办,蒙童废读,书商停止贩书,地方所存典籍毁坏殆尽。左宗棠决心劝学兴教:"先以义礼正其心,继以经济廓其志。"治军余暇,新立和恢复书院 30 多所,兴办义学 300 多所,并大力刊印和购买儒家经典及教学图书,分发府厅州县和书院义塾,以济兵火造成的书荒。他给清政府的《奏请分闱增额疏》中称:"臣自征西以来,目睹民俗凌夷,民间伦纪不明,礼教久罢","不得已设局鄂省,刊印四书、五经、小学善本,分布府厅州县,师行所致,饬设立汉、回义塾,分别训课。冀耳濡目染,渐移陋习,仍复华风。迩来汉民敦崇儒术,讲习六经,回民亦颇知向慕,争请设立义塾,延师课读书前学臣许振祎次第,按临多方激励回生得附学籍,贡成均者所在,不乏益然,以得附宫墙为意外荣幸,食桑葚而怀好音,斯其时乎若荷。"可见,左宗棠刊行经典,劝学兴教,其目的是为了"平天下之争",但对恢复和发展西北的图书事业及教育文化事业,却具有重要的历史作用。

为恢复和发展西北的图书出版事业,以达到经正民兴之目的,左宗棠于同治八年(1869)在汉口首设崇文书局,收复新疆后,又在迪化(今乌鲁木齐)开设书局,专门刊印大中型经典及教化用书,并补充西宁尊经书局的力量,刊印教学用书。他还在行营设一刻书机构,从湖北等地招募刻工,雇用校役,分别在甘肃的平凉、安定、甘州及新疆的迪化等地扎营刊印中小型教学用书和实用之书,以教西北蒙童、士子,解缺书燃眉之急。

同治十年(1871),为供西北各书院及府厅州县所用经典之急需,左宗棠首次为西北筹印《六经》。他写信给陕鄂后路粮台:"照得陕、甘以来,古籍销亡,诵习久废。《五经》《四书》坊间素无善本,近并坊本亦觅维艰。屡据汉、回士民禀求颁发书籍。虽经随时由西安购取散给,既数不多,且坊本讹舛相因,无从校正。因念本爵大臣同治三年(1864)刊定浙江时,曾捐廉觅匠影印鲍氏《六经》,最为精好,亟应翻刻。引本散布各府厅州县书院乡塾,俾边隅士之于古籍消亡之后,复得善本,以资诵习,庶经正民兴,异时有望也。"信中他还对刻印《六经》做了具体安排:"除一面饬驻陕军需局沈守,迅速采办枣梨各木板,一面雇募刻手外,应饬驻鄂陕后路粮台王道(加敏)于湖北招致刻手三四十名,送陕西省城关中书院,交山长太常寺少卿王督饬开雕。"后因关中书院印旧版《六经》,左宗棠将《六经》移交武汉崇文书局雕印。并写信给驻武汉的陕鄂后路粮台道王加敏,要他以鲍氏本刻印,免受讹舛,刻成后"先印千本,庶资分布"。

此次刻印,除《六经》外,还有《四书》,是书版宽 20 厘米、高 28 厘米,版心宽 10 厘米、高 15 厘米,注文占正文之一半。书末刊有"同治十年夏日重雕"字样。两书印后,雕版由鄂局移交甘肃布政司收藏。鄂版《六经》《四书》刊行后,自同治十一年(1872)初至光绪五年

(1879)，由左宗棠部堂连同《小学》《千字文》等书，分批发送西北各省的有关府厅州县及书院数千套。左宗棠在给岷州牧吕恕禀请颁发书籍折的回札中称："此次影刊鲍氏《六经》善本，即前在浙所刊旧式而又重加复校者也。当为海内孤本。但愿边方髦俊熟读深思，庶延关学一线，老夫亦不枉此一行。"左氏所刻《六经》《四书》，数十年内为西北学童、士子必读之书，影响颇为深远。而《四书》刻版，至今仍被甘肃省图书馆视为善本保存。

左宗棠不仅组织发动本部力量，在各专设书局刻印图书，而且鼓励陕甘两省布政司和书院也刊印《六经》或《七经》及其他教学用书，以供本地教学之需。同治十年(1871)初，左宗棠得知陕西关中书院有《七经》旧版时，便写信令请陕西布政司翁藩司重新印制，散发本省各书院，并为甘肃送上部分。同治十年夏，陕西《七经》印毕，并送上部分请左宗棠发送平凉府学。左宗棠收到翁藩司的书及禀折后即回札："所寄《六经》已发平凉府学。""经正民兴，一定之理。关陇兵燹之余，人不悦学，不及时兴教劝学，祸患何可胜言！贤方伯检关中书院《七经》旧版，重新印发各府厅州县并书院，以惠诸生，可谓能见其大。此等举动，怎见为迂，稍久觉著效甚捷。"

在西北期间，左宗棠除刊印《六经》《七经》《四书》等儒家经典外，还动员各种力量刊印了《孝经》《三字经》《百家姓》《千字文》《小学》《弟子职》《幼仪》等教学和教化用书。为发展西北的图书出版事业，繁荣西北的教育和文化起了积极作用。

二、重实用之学，刊印劝农、教民、治吏之书

左宗棠注重经世致用，更重视实用之学。他自号"湘上农人"，主张"国以农为本，民以食为先。是故王道之始，必致力于农田；而岁功之成，尤资夫水利。"他特别强调临民之牧令必须采取有效措施以重

农、劝农。他把农书当作劝稼兴农的重要工具,教给农民具体的生产技术。他曾遍读历代讲农学的书籍,将所获资料分类纂辑,编写了一部《朴学农图书》。中国农业有两古法,叫"区田""代田"。左宗棠早年对此二法就有研究,并写有《广区田制图说序》。陕西北山平定,他招难民垦田,教给他们种区田和代田的方法。为了以书教稼劝农,教化百姓,左宗棠还从湖北等地招募刻工,随行营刻印图书,每见实用农业用书,便即刻设法刊印散发。

同治十年(1871),凤翔府守峰峻到任后向他禀报,他即想起该守曾试种区田有效,便写信叫他写试种区田书:"曾阅豫中刻《区田编》,加注中言,该守兄弟于咸丰八年(1858)在东乡平皋试种区田有效,足见留心本计,一行作吏凤翔,何异于温县之平皋乎;近因罂粟为害最烈,思得民种棉艺百谷,芟除恶卉,易以本富。该守试详举区种各法示我,俾广为刊布,幸甚!"当峰峻将《区田图》呈上后,左宗棠便进行详细研究,认为这是对古法的改革,而且还提出了继续改进的方法。他虽认为区田法在西北无多大推广价值,但对种棉还很有益。光绪三年(1877),他托陕西巡抚谭钟麟刊行此书,广为散布,劝民效法。

当时西北各地,罂粟为害。左宗棠一面禁罂粟,一面鼓励民间种植棉花。这样,不仅可以以棉代罂粟,而且还可以提供衣物原料。为了教农种棉,他组织人力并亲自参加编写了《棉书》和《种棉十要》两书,其内容包括选种、播种、分苗、灌耘、采实、拣晒、收籽、轧核、弹花、擦花、纺线、挽经、布浆、上机、打油等。并将此书交陕西、甘肃两布政司刊印,发给有条件种棉的各府州县,励民教民种棉。同治十二年(1873),当左宗棠赴肃州(今甘肃酒泉),路经武威、山丹、东乐、张掖等地,见田间已有白花累累的棉花成熟时,便十分高兴。光绪四年(1878),他还在皋兰县学署设立纺织局,以此书为教材,给民间妇女传习织布。

为了维护清王朝的统治，左宗棠在西北还刊发了律令和教化用书。《圣谕广训》是清圣祖颁布的教谕人民的十六条要点，如同标语口号。同治九至十三年（1870—1874），左宗棠在陕西及甘肃的安定、甘州等地行营，大量刊行是书，同时雕印《易律解》附其后，发往西北各地，并要求各级官吏组织讲生，向百姓讲解。

　　"读法以外，学礼宜急。"左宗棠除刊印法律之书以外，还刊印教化百姓、恢复华风的《吾学录》和《训俗遗规》。《吾学录》是吴荣光在湖南巡抚任内所编印，左宗棠亲睹成书。到西北后，他"爰检《吾学录》所订婚礼、祭礼、丧礼，列为上下卷"，分别于同治十二年（1873）、光绪六年（1880）在其行营重新刊印"颁行各塾，俾为新民，共沾圣泽。自此异域，渐染华风。意者化民成俗，古治之效不难复见也。"

　　左宗棠一向重视吏治。他认为"以勤吏者平天下之争，而讼可渐息；以检察者省天下之事，而困可渐苏，循良所以登一代之书也。吏治清而民风厚，有不于此得之哉？"他整饬吏治主要是为了清王朝的长治久安。但在当时民生凋敝、外侮日急的历史条件下，也具有明显的爱国主义精神。同治九年，他托陕西布政司翁藩司刊印汪辉祖的《佐治药言》和陈宏谋的《在官法戒录》，备发各级在职官吏，以清吏治。同治十年（1871），他到平凉后书已印出，并分发陕西官吏。翁藩司禀报左宗棠，并将部分书送往平凉，信中赞赏了左宗棠大胆整饬吏治的做法。左宗棠收到书后即回札："来牍许之过高，非所克录，一日在位，亦不敢不勉，《佐治药言》《在官法戒录》已分给官吏，俾其知所儆畏。昔人云：'一时教人以口，百世教人以书。'有怀匡济者必取诸此。"

　　左宗棠采陈宏谋的施政文书、汪辉祖的《学治臆说》和于成龙等人的论治文章，编成《学治要言》一书，于同治十一年（1872）在甘肃安定行营刊行，令甘肃藩司发给地方官吏。札藩司发《学治要言》中说："治军余暇，蒐前人书论有关吏事者都为一编，题曰《学治要言》，付手民锓诸木,颁诸寅僚。自惭德薄能鲜,于诸老先生无能为役,冀同志诸君子玩索是编而有得焉。发为经猷,见诸事业,岂为关陇子遗实爱厥赐?善气所召,休详应之,造福于民者,己必与焉,即不佞亦可借寡愆尤矣。因公接晤时,当即是编相与考订往复,以求一是,幸勿泛常视之。合行札发。为此,札仰该司知照,照单录札移送各道,通饬各守牧丞倅,令佐一体收阅具报。"光绪六年(1880)三月,又在肃州行营重印此书,发给甘肃和新疆部分官吏。

三、详慎校勘,重视发行,以达经正民兴之目的

左宗棠一向倡导"经正民兴"。为达到"经正"之目的,他重视图书的校勘,使刊印图书准确无误;为实现"民兴"之愿望,他广泛发行图书,以书教人。每刻印一书,他必认真选择,以上好善本为蓝本,并亲自安排校勘,叮嘱校勘必须十分详慎,以免承学士子受其讹误。早在同治三年(1864),他戡定浙江、影刊《六经》时,亲自选鲍氏刻本为底本,并亲自重加复校,命工精心刻印,使其以准确的文字、精美的刻印大震闽人,后又在西北发挥母本作用,多次刊行。

同治四年(1865),左宗棠在福州开正谊堂书局,雕刊张清恪的《正谊堂全书》时,亲笔示榜招募举人任分校之役。告示称:"近年科举频开,得举者多,谅不乏有志问学之士。其愿入局任分校之役者各赴署报名……本爵部堂判事之暇亦将来局与同志之士共相讨论……"刻印期间,他月来书局一次,叮其刻工、嘱其校役,务必精细详慎,免除讹误。是书虽为翻刻补印,但剔原本之讹误,补原书之遗漏自在数千处,使其以新貌在闽问世,后又为西北士子所受益。

左宗棠治理西北十二年之久,几乎每年都要向地方购发图书。当他发现所购坊间俗本讹漏较多时,便深感自疚。当他决定为西北刊行图书时,倍加重视蓝本的选定和校误补漏。

同治十年（1871），他决定在武汉崇文书局刊印《六经》和《四书》时，便写信给陕鄂后路粮台道王加敏，一再叮嘱："《六经》鲍氏本最佳，影刻较易，惟校雠工夫最宜详慎，非独居经不可裹，并令承学士子免受讹之误。"今闽存西北左氏所刊刻图书，大都文从句顺，查其书末题记或版心夹刻，抄、校、刻、印、装，分工具体明确。三校程序尤为严谨，很少发现讹漏。左氏在崇文书局所刻《六经》及《四书》等，以其详慎的校正和精细的刻印，成为西北之善本，数十年内为西北考试命题和阅卷之标准。

　　为了以书教人，广泛兴民，左宗棠来西北后，不仅认真校勘，精心雕印各类急需之书，而且大量发行；并从湖北、四川、陕西等地购坊间俗本，以济受兵燹造成的书荒；同时他还倡导捐书活动，带头向兰山书院等捐赠儒家经典和各类图书千余册；奏准朝廷给西北颁发图书。

　　左宗棠在西北除刊行《六经》《四书》外，还刊行了《诗经》《孝经》《小学》《三字经》《百家姓》《千字文》，并购发《十三经》等。所发图书的精确数目无从考起，但大致括算，每种都有数千册之多。就甘肃一省，光绪元年（1875）给各县发送一次，仅安定一县就发《六经》18部。《诗经》《四书》《孝经》《小学》各 26 部。全省 60 多个县，每种最少也在千套以上。后边又加发一次，每种又上千套。再加上发给陕西、青海、新疆、宁夏等省的，总数自在数千套。

　　左宗棠对发行图书也十分认真，每发一书，都记录在案，并亲笔札属收书州牧县令，务必精心保管，令蒙童士子认真诵读。光绪元年，他在给安定提督刘端冕请发书籍的回札中称："据禀请发《五经》《四书》六十部。查本年本爵大臣阁部堂酌发通省各州县书籍，安定县发《六经》十八部，《诗经》《四书》《孝经》《小学》各二十六部，由府转给在案。兹准加发《四书》《诗经》各二十六部，《六经》八部，《孝经》《小学》各三十部，交该提督具领，转发各生诵习。仍行安定县移学备案，以免日久散佚。"

左宗棠初来西北时,因十多年的兵燹之害,西北各府州县学官书大都散佚。不但仕子无书诵习,就是地方官吏考订典礼,请求吏事,也茫然无从。光绪四年(1878),左宗棠开明书单,奏准清政府令礼部,将本朝典章制度,如《会典》《通考》和钦定载籍,如各种经史、方略和工具书,清代各帝的谕旨和诗文集等,每种印刷42部,分发西北失守过和新成立的42个府厅州县。使其官学从此得以恢复,并开始贮藏官书。同时,他还将下发文件和往来文书汇集编排,刻印下发,要求奉行官吏,弄清原委、理由、办法,以免常因对上下文书随意删除及错别字而引起的误会。

最后值得提及的一点是,左宗棠在西北兴办图书出版事业,从不给地方和人民增加负担,也不向国家伸手。所用款项都在他的廉俸中拨付。所印发、购发图书,也不向地方和人民收款,全部免费发送。同治十年(1871)刊印《六经》时,他札陕鄂后路粮台:"其刻匠卒工饭食,由该道酌定。凡刻印经费,均由陕西藩司于本爵大臣督部堂养廉项下随时拨交驻陕军需局支付。"当粮台道王加敏禀用杭连纸印刷时,他又札示:"纸用杭连未免太费,可择其价廉而坚韧者,色稍暗淡亦不妨耳。"当给一些交通不便的边远地区发书时,为方便下僚,减少开支,他从不要求专程领取,而是"候饷局乘解饷便差搭解"。

(原载《甘肃出版史略》,甘肃人民出版社1995年版)

甘肃历代的著作和图书

　　图书是人类社会物质文化生活发展到一定阶段的产物。也是人类社会物质文化生活借以不断进步的重要工具和手段。一般来说,有了文字,就有了传播知识的媒介。人们用它来记录生产和生活中的思想、行动、经验和教训等,于是就给别人和后世留下了"档案"。当人们开始自觉地使用文字来陈述自己的实践,阐明自己的思想,并且把它写在一定形式的材料上,以便传向远方,流传后世,用作传播知识和启迪别人时,便产生了著作和图书。

　　著作和图书的概念及区别,在当今来说是显而易见的。图书是经正式出版的著作,而著作不一定就是图书。但越向古代,著作和图书的概念就越趋一致,其区别越来越小。如写在简册上的文字,如果只供作者自己保存,则可识为著作;如果由官方批准,或由学校、社会团体传抄,用于教学或在社会流传,供别人阅读,则可识为是图书。写本书时期,著作和图书的概念及区别也是如此。但自雕版印刷被广泛应用以后,著作同图书的概念、区别及其之间的联系就十分清楚了。

　　文字—档案资料—著作—图书,这是一条历史文化的长河。

一、先秦时期有关著作的传说和记载

　　甘肃是中华民族文化的发祥地之一, 也是中华民族最早使用文字、生产著作和图书的地区之一。世传,早在伏羲时期,甘肃就有了文字的最初形式和著作。

伏羲，古成纪（今天水一带）人，是古代神话中的人类始祖。他经常留意观察、分析研究各种自然现象，以"—"代表阳，以"- -"代表阴，并且用三个阴阳符号组成一组，象征某种自然现象，共组成八组，分别象征天、雷、泽、火、风、水、山、地八种自然现象，即所谓的八卦。伏羲创造了八卦后，一边教民众画读认识，一边讲述这八种自然现象的性质及它们之间的联系，帮助人们了解自然灾害发生的原因和避开自然灾害的办法。所以西汉孔安国在《尚书序》中说："古者伏羲氏之王天下也，始画八卦，造书契，以代结绳之政，由始文籍生焉。"就是说，是伏羲创造了文字，他的八卦就是最初的文字和著作，甚至可认为是书籍的雏形。

民间传说，伏羲当时创造八卦、演绎卦意的具体地点，就在今天水城北三阳川附近濒临渭河的一座山上。后人称其为"卦台山"，是古秦州八景之一。很早以前，卦台山有一座很大的伏羲庙，庙内有伏羲塑像，还挂有一个圆盘，盘上刻着八卦。据说这是当年伏羲赠给大禹的玉质八卦圆盘。而今庙已拆毁，玉卦也无有踪影。但五百多年前存放在卦台山伏羲庙中的明代木制八卦盘，于 20 世纪 70 年代幸从一农民家中找回。卦盘直径三尺，厚三寸，紫红色，上面除刻有八卦外，还刻有日、月、星、辰天体图，二十八星宿图，二十四节气和六十四卦方位等，造型美观，雕刻精细，虽已断裂为两半，亦总算是一盘幸存的古老八卦，也算是复制的伏羲古书。

另据记载，伏羲还有三部著作流传后世，即《周易》《连山易》和《乾坤凿度》2 卷。《史记》称《易》为伏羲所作，经文王、周公、孔子之传而大备，其书家弦户诵。《连山易》因连山卦以纯艮开始，艮象征山，故名。宋朱元昇曰："连山作于伏羲用于夏。"《乾坤凿度》2 卷，宋郑樵《通志》载："是书为伏羲文，黄帝演，仓颉修注。"

甘肃传说中的著作者还有岐伯等人。岐伯,北地(今宁县)人。传说中的古代医学家,是黄帝的近臣和医生。其名见于《内经》。岐伯的主要著作有《黄帝内经》《黄帝岐伯针论》2卷、《黄帝岐伯论针灸》2卷、《灸经》《岐伯针灸要诀》《岐伯经》10卷、《岐伯按摩》10卷等。

据考古发现,远在5000年前左右,生活在甘肃东部泾河、渭河、西汉水流域和中部黄河、大夏河、庄浪河与青海东部湟水、大通河流域及河西走廊地区的人们,创造了举世闻名的甘肃"仰韶文化"、齐家文化、火烧沟类型文化、辛甸文化、寺洼文化、沙井文化等。居住在甘肃部分地区的人们,使用石器、陶器、铜器,制造铲、刀、镰、壶、瓮、罐、瓶、钵,发展农业,谋求生活,同中原人民共同缔造和发展了中华民族悠久、灿烂的原始文化。出土的这一时期的彩陶,呈现出不同的艺术风格,堪称甘肃彩陶艺术的瑰宝。1967年在灵台县白草坡西周墓中发掘了数十件青铜器,从其铭刻中也可见当时甘肃文字之一斑。在出土的34件酒食器中,有铭文的铜器24件,合计铭文14种,如"夕作尊""勾"、"子夌作母辛尊卅彝子𡕥"、"潶伯作宝尊彝"、"𢀟伯作宝尊"、"伯作彝"、"龟父丁"、"羍父辛"等。其意有王名、臣名、地名等。

二、两汉时期的著作和图书

两汉时期,国家统一,社会安定,经济发展。汉武帝设置河西四郡,开辟横贯甘肃的中西交往通道——"丝绸之路"之后,加强了对甘肃的开发和甘肃同祖国各地的联系。于是,甘肃的图书事业也呈现繁荣景象。一些有名的哲学家、文学家、思想家和诗人,教授生徒,著书立说。一批儒家经典、个人文集,以及文学、科技、文化、政治、经济、军事等方面的图书相继问世,有些图书在当时就居社会重要地位,至今仍具有珍贵的史料价值。

（一）儒家经典

汉武帝推行"独尊儒术"的政策后,甘肃各地设置学官,一些儒雅之士收集整理了大批的《诗》《书》《礼》《论语》《春秋》等儒家经典作为教本,以供生徒习诵。武威等地出土的汉简中,《仪礼》《论语》《晏子春秋》《公孙龙子》,大都是当时学官的教本,而《急就篇》《仓颉篇》则是当时小学生的识字用书。

《仪礼》于 1959 年在武威汉墓中被发现, 共 9 篇 469 简 27332字,分甲、乙、丙三本。甲包括《士相见之礼》《服传》《特牲》《少牢》《有司》《燕礼》《泰射》,乙本有《服传》,丙本有《丧服》。这是我国现存的唯一的一部简册形式的儒家经典,原本为已经失传的庆氏(庆普)本,成书于西汉晚期。

（二）文学

西汉陇西李陵首开甘肃将军谈诗之先河, 著《李少卿诗文集》2卷。到了东汉,甘肃的诗、赋、颂已有相当水平。陇西秦嘉、徐淑的《夫妻赠答诗》,写得婉转流畅,自然和谐,受到历代诗论家和诗选家的称赞。唐人欧阳询等编纂的类书《艺文类聚》,将它作为《闺情》书信的典范加以收录;梁代钟嵘在他的《诗品》中说:"夫妻事既可伤,又亦凄怨。"并将他俩的诗列入中品;明代胡应麟在《诗薮》中说:"秦嘉夫妇往还曲折,具载诗中。真事真情千秋如在,非他托兴可以比肩。"清人沈德潜在《古诗源》中也曾评论秦嘉赠徐淑的诗是"词气和易,感人自深"。

另外, 还有安定乌氏(今泾川县东)梁竦的《悼骚赋》,下辨(今成县西)仇靖的《西峡道颂》和敦煌广至盖勋的《琴诗》等,当时在全国都有一定的影响。

（三）个人文集

甘肃的个人文集产生于东汉。安定临泾(今镇原县)王符,终身不仕,隐居著述,写下《潜夫论》10 卷。该书讥评时政得失,揭露豪强地主的贪婪和残暴,指出农、桑为"富国之本",肯定"气"是世界万物的本源。他还以肥沃土地"费耕不获",千里之马"费策不致"为例,强调人为的重要,反对圣人"生知"说。《四库全书总目提要》称:"符书洞悉政体似《昌言》,而明切过之;辨别是非似《论衡》,而醇正过之。"该书是今人研究东汉社会的重要著作。

赵壹(今天水人),是我国文学史上著名的愤世嫉俗的辞赋家,著有《穷鸟赋》《刺世疾邪赋》《迅风赋》《解摈赋》《报皇甫规书》《报羊陟书》《非草书》等赋、箴、诗、书、论及杂文16篇,总为《赵壹集》2卷。其代表作《穷鸟赋》和《刺世疾邪赋》,在后晋刘昫等撰写的《旧唐书·经籍志》和北宋欧阳修、宋祁等撰写的《新唐书·艺文志》中都有记载。

另外,安定朝那(今灵台)皇甫规,托疾免归,著书立说,写下了《司农卿集》5卷;敦煌渊泉张奂,少游三辅,跟太尉朱宠学《欧阳尚书》,后罢官归里,写下了《太常集》2卷;被称为"草圣"的东汉书法家、敦煌人张芝,记其书法,写其心得,集成《张芝文集》;还有武威姑臧段颎的《太尉集》,敦煌侯瑾的《侯瑾文集》等,也都是当时较为有名的文集。

(四)科技文化

西汉后期,甘肃的科学技术和文化事业有了较大的发展,一些文化人重视对应用科学的研究和总结,注意科技、文化用书的编写和传抄,一批农书、医书、历书、术数书等开始在民间使用。敦煌隐士氾胜,因天下兵乱去官还家,著书立说,写下了《农书》18篇,成为甘肃较早的一本农书,《汉书·艺文志》有著录,《太平御览》中有辑录本。

武威出土的《武威汉代医简》,是我国现存的一部最古老、最完整的医学典籍,共92简。内容包括临床施治、针灸学、药物学等,记载各种方剂30多个,药物100多种,其中植物药63种、动物药12种、矿物药16种、其他药9种,并记述了各种药物的炮制、剂型、使用方法等。其中有 20 多种药为《神农本草》中所不见。它对校订《黄帝内经》《神农本草》《难经》等古代医药文献,具有珍贵的参考价值。

历算在汉代有很大发展。当时,甘肃也有历算家参加国家的制历工作。各种历书、日书在甘肃普遍使用。据《汉书》载,元封七年(前104),武帝"以造汉太初历,选治历邓平及长乐司马可、酒泉侯宜君、侍郎尊及与民间治历者,凡二十余人"。酒泉侯宜君,就是当时甘肃的一位历算家。甘肃出土汉简中,有一批历书、日书和记载天文星象的书。居延汉简中有一记日食的残简,载"狗食日……戊申";有一记星位禁忌的简,载"大时小时并在东方北方西方东方南方"等。在地理方面,有长安至河西驿置里程简,横排四行,列京兆、右扶风、北地、安定、武威、张掖郡等二十个地名和里程,是一份关于西北地理、交通的重要资料。

居延汉简中,还有《算术书》和《九九术》等。出土的九九表,从一一如一,到九九八十一,共45句。

(五)政治经济和法律

甘肃出土的秦汉简牍有律令、养老制度、抚恤制度、西汉刺史治所、冬狱、西汉秩奉等。《王杖诏令》,是关于年高授王杖的诏令。该书当时在甘肃社会传抄,用于识字和普及法律知识。内容主要包括尊敬长老、抚恤鳏寡诏令,抚恤孤独、废疾诏令,年高赐王杖诏令,处决乡吏殴辱王杖主的诏书,年七十杖王杖诏令等。

居延出土的《甘露二年丞相御史律令》,是西汉宣帝时追查武帝之子广陵王刘胥集团阴谋篡权活动的御史书;《建武三年居延都尉吏奉册》是大将军府颁发的官吏俸禄例文书。另外,还有禁止砍伐树木的诏令;有朝廷关于购赏匈奴、反羌,来增爵除罪的诏令;有关于禁止斗殴、伤人和盗贼逃亡的司法文书;有关于职官婚嫁丧葬时衣着服饰应合礼制的汉律条例;还有《永始三年诏书》等。

1971年出土的甘谷汉简中，有东汉桓帝延熹年间（158—167），宗正府卿刘柜为宗室之事所上皇帝的奏书，并以"宣令天下齐同其制"的诏书律令颁行社会。

居延汉简《侯粟君所责寇恩事》，是一部完整的民事诉讼案例。记述了客民寇恩因甲渠侯粟君无理扣压了他的车器，企图赖掉他为粟君买米、买肉所花钱款而告发了粟君。粟君致书居延县庭，反诬寇恩卖掉借给他的牛而欠他钱。县庭将粟君的劾书转寇恩所在乡，专管诉讼的乡啬夫验治寇恩，写下口供，认定寇恩无罪。粟君不服，又上书居延都尉府。府令县重新验问寇恩。乡啬夫根据寇恩的申诉，认定寇恩不欠粟君的债，并将意见上报县庭，县庭将乡啬夫的报告及寇恩的第二次申诉，一并批转甲渠侯官，议决粟君为政不直。

另外还有农垦、屯田、农具、水利、耕耘、收藏、内销、外运、粮价、农作物、大小石换算等方面的书，还有记述汉代重要经济制度的"赀算"和记述各级官署资产年报制度的"上计"等。

（六）军事

有烽燧守望、战斗防御、武器制造、射法等方面的书。陇西"飞将军"李广的《李广射评要录》《李广射法三篇》和郁郅（今庆城县）王围的《强弩将军王围射法》5卷，算是甘肃最早的军事著作。

居延出土的汉简中，《烽上品约》是居延都尉辖下的甲渠、三十井、殄北三塞临敌报警，燔举烽火，进守呼应的联防条例；《侯吏广德坐罪不循行部檄》是对戍吏广德玩忽职守，管理部燧不善，丧失防御能力的通报。还有军功爵律简等。

河西出土的汉简《相剑刀》，是王莽末年到东汉光武帝初，甲渠侯官长吏习读的一部书籍摘抄。这是当时的一册武器用书。书中列述了剑、刀及其花纹的优劣标准共18条之多，涉及剑和刀的形状、大小尺寸、装饰、成分、制作演变及发展等问题。虽字数不多，但对研究我国古代兵器、冶炼技术以及整理古代军事学有极高的价值。

三、魏晋南北朝时期的著作和图书

魏以后，尤其是十六国时期，匈奴、鲜卑、羌、羯、氐轮番入据中原称王，中原地区政权迭变，生产和文化惨遭破坏。当时，河西虽受战争恐怖，但相比之下，还比较安定。先后建立于河西地区的五凉政权，治国理民，注意发展文化事业，使河西一隅的图书事业呈现兴旺景象。北凉政权任"博通经传、时人谓之宿读"的敦煌阚骃为秘书考课郎中，并组织三十多人"典校经籍，刊定诸子三千余卷"，使北凉的著作和图书有了较大规模的发展。五凉政权优礼士人，吸引了"中原章句之儒业"，如"善虫篆，训诂"、任晋冯诩太守的陈留济阳人江琼等，也弃官西投凉州，并子孙世居凉土，著书立说，对发展河西的图书事业起了极大的促进作用。

魏晋南北朝时期，甘肃有记载的著述者 90 多人，著作达 270 多部。其中个人文集 52 部，史志传记 49 部，科技著作 42 部，译经和宗教图书 39 部，儒家经典及其注疏 30 部，政书 13 部，诸子 7 部，另外还有一批兵书和杂书。最有特色者为魏晋时期的科技著作、五凉的儒家经典及其注疏、南北朝的佛经翻译等。

(一)科技文化用书

魏晋时期，甘肃著作及图书的种类和数量较以前都有所增加，除个人文集急剧增加外，科技文化方面又有大批新作问世，天文、历算和地学类著作至今有记载者就有 30 多部。安定朝那(今灵台)皇甫谧著有《年历》6 卷、《朔方长历》2 卷、《地书》《月令七十二候》《三五历说》；敦煌索袭著有《天文地理》十余篇；北地泥阳(今宁县)傅畅著有《晋历》2 卷；天水姜岌著有《三纪甲子元历》《三纪历》《浑天论》《浑天论答难》《论频月合朔法》5 卷、《杂历》7 卷、《历法集》10 卷、《历术》10

卷、《京氏要集历术》4卷、《乾度正历》4卷、《历序》等；敦煌赵歟著有《元始历》《河西甲寅元历》《甲寅元历序》《河西壬元历》《皇帝王历三合纪》《七曜历数算经》《周髀》《算经》《阴阳历术》和《乾度历》；敦煌索靖著有《五行三统正验论》；安定乌氏（今平凉北）张骏著有《山海经图赞》和《山海经飞鱼赞》；金城释宝志著有《十二辰歌》等。

《甲寅元历》又称《玄始历》，由善天文历算的北凉太史赵歟于沮渠蒙逊玄始三年（414）所造。该历推算精确，在我国历史上最早提出改革闰法。北凉使臣南下时，以《甲寅元历》奉赠南朝。它不仅对南朝祖冲之编制《大明历》很有帮助，而且被北魏文成帝于兴安元年（452）所采用，取代了沿用已久的《景初历》。

这一时期的医学著作主要有皇甫谧的《针灸甲乙经》10卷、《皇帝三部针经》13卷、《依诸方》《论寒食散方》《集内经仓公论》等；陇西封衡著有《容成养气术》12卷和《灵宝卫生经》；敦煌张湛著有《养生要集》10卷、《养性传》2卷等。

皇甫谧是魏晋时期一位博学多才的医学家、文学家和历史学家。他中年身患"风痹症"，精心从事医学研究，总结古代针灸疗法的经验，纂辑古代医书中的重要资料，并增加新内容，于公元256年写出了我国第一部针灸学专著——《针灸甲乙经》，叙述了古代生理、病理、诊断、治疗及预防等方面的知识，阐述了经络理论，明确了穴位的名称和位置，提出了针灸取穴的原则和方法，是我国医学史上继中医经典《内经》之后对针灸医学的又一次总结。它开创了中国针灸临床医学的先河，并为针灸学专科化奠定了基础。《针灸甲乙经》问世后，即成为针灸学和医疗实践的指南，被历代医学家奉为经典。在其后的南北朝和隋唐时代，《针灸甲乙经》就传到日本、朝鲜，被视为瑰宝。清代存轩刊本《针灸甲乙经》被"中国通史展览馆"列为我国古代医学的重大成果展出，直到目前仍受到我国中医学界及发达资本主义国家医学界的重视和研究。

（二）儒学著作

魏晋南北朝时期，由于甘肃地区的相对安定和地方政权对图书文化事业的重视，大有儒学西移之势。不少学者西行河西等地著书立说，教书育人。当地也有一代学者崭露头角。魏初徵士敦煌周生烈注经传，颇传于世，其著作《春秋左氏传注》《要论》《论语义例》《论语注》《周生子》和《周生烈子》等，当时被列为教材广泛使用，扬名当代，流芳后世。

五凉分割河西后，不论是汉族政权的前凉和西凉，还是少数民族政权的后凉、南凉和北凉，都提倡儒术，兴办官学，发展教育，从而促进了儒学著作的迅速发展。安定乌氏（今平凉北）张轨，出身经学世家，本人又以儒学显达。晋惠帝永宁元年（301）出任凉州刺史后，大力提倡儒学，振兴教育，征九郡胄子九百人入学，并设地位仅次于刺史的学官"崇文祭酒"掌管文教。他本人也写下了《易义》10卷和《周易张氏义》等著作。张轨死后，子孙继位者仍奉此不逾，前凉境内，崇文尚儒蔚然成风。前凉主张骏命右长史任领处国子祭酒；张重华征祁嘉为儒林祭酒，在朝卿士、郡县守令前往受业者2000余人；西凉开国君主李暠是一个"通涉经史""雅好文典"的儒生。他在西凉立泮官，不遗余力地提倡儒学，征学者刘昞为儒林祭酒，掌管教育事务。北凉主沮渠蒙逊尊刘昞为国师，命其下皆北面受业。刘昞是当时的儒学名家，他在酒泉讲学时，养徒数百，一面讲学，一面著述，收集整理了大批儒家经典，撰写了一批史志传记。《周易注》为其儒学代表之作。

由于五凉政权崇儒重教和优礼士人，甘肃地区在五凉及其以后，出现了宋纤、郭荷、郭瑀、祁嘉、索袭、郭麐、索敞、宋由、张湛、宗钦、段永根、赵柔、程骏、常爽等一批有名的儒林著述人。其著作惠及当时，影响后世，在甘肃的图书文化史上留下了光辉的一页。他们注释和整理的儒家经典及儒学著述至今有记载的有敦煌宋纤的《论语注》,天水尹毅的《论语注》《礼记音》,天水杨泓的《孝经注》,天水梁觊的《论语注》10卷,敦煌郭瑀的《春秋墨说》和《孝经错纬》,安定朝那(今灵台)皇甫谧的《周易解》《礼乐圣真论》,北地泥阳傅玄的《五礼仪》,安定乌氏(今平凉北)张轨的《易义》10卷和《周易张氏义》,凉州常爽的《六经略注》,敦煌张通的《五经异同评》,敦煌刘昞的《周易注》,凉州常景的《儒林》,狄道(今临洮)辛子馥的《三传经说异同比较》,敦煌阚骃的《王郎易传注》,武威阴宏道的《周易新传疏》10卷等。

(三)史志传记

魏晋南北朝时的一批儒林著述人,博通经史,不仅编注和整理了一大批儒家经典,而且还撰写了大量的史志传记,今有记载者共27部之多。其中有敦煌索绥的《梁国春秋》50卷和《符命传》,敦煌阴澹的《魏纪》20卷,段龟龙的《凉书》10卷,刘庆的《凉记》20卷,敦煌索晖的《凉书》,敦煌张谘的《凉州记》12卷,敦煌索纬的《陇西人物志》,武威阴宏道的《春秋左氏传序》,金城(今兰州)宗钦的《北凉沮渠蒙逊记》10卷,天水赵逸的《夏国史》,敦煌阚骃的《十三州志》14卷,安定邓渊的《图记》10卷,敦煌张湛的《列子注》5卷,武威段承根的《国史》,武威阴仲达的《国史》,北地泥阳(今宁县)梁祚的《国纪》20卷和《魏统书》30卷,敦煌刘昞的《三史略记》84卷、《凉书》10卷、《敦煌实录》20卷、《人物志注》3卷、《黄石公三略注》,狄道(今临洮)李琰之的《国史》,狄道李仲尚的《前汉功臣序赞》,敦煌宋绘的《晋中兴书注》《中朝多士传》10卷、《姓系谱录》50篇、《年谱录》《晋书注》,南安(今陇西)姚和都的《后秦记》等。其中以《十三州志》为最有史料价值。而索纬的《陇西人物志》和刘昞的《人物志注》都是甘肃较早的人物专志,同以前单篇的个人传记相比,从质和量上都有了较大的发展。

《十三州志》是敦煌人阚骃于公元300年到350年间写成的一部

描述性的全国地理总志。记述了秦汉统一全国后各州郡县的区划变迁、山川、水道、江陵的地理位置及其地貌特征,也记述了各地的风土人情、特产、建筑等人文和经济概况。是甘肃的第一部大型的地理著作,在当时全国地理经典著作中也处领先地位。北魏地理学家郦道元在著《水经注》时,曾引述过《十三州志》的许多资料,英国科学史学家李约瑟博士称它是中国最早的地理总志。

(四)佛教经书

我国的图书翻译事业,是随着佛教的传入开始的,至今已有1800多年的历史。两汉三国时期,敦煌是我国最先接触佛教的地区之一。西晋初,敦煌地区就已经有了自己的译经师。竺法护(231—308)其先月支人,世居敦煌。他8岁出家,博览六经,后随师游历西域诸国,精通异邦语言。西晋初,他由西域返回,携带大量佛教经籍,自敦煌至长安,沿路传译。他在河西主要有两次较大规模的译经活动。一次是西晋太康五年(284)在敦煌翻译了从罽宾携带来的《修行道德经》和由龟兹副使羌子侯带回的《不转退法轮经》,太康七年(286)在敦煌翻译了《正法华》;另一次是西晋元康四年(294)在酒泉翻译了《圣法印经》,参加译事的有30多人。据梁僧佑《出三藏记集》载,他翻译的佛经有159部之多,其中有般若经类,有华严经类,有涅槃、华法经类,也有大乘经集类、大乘律类和生本经类等。《法华经》《维摩经》《首楞严三昧》《光赞经》《惭备一切智德经》等,都是由法护校改、增译或重译的。

晋咸安三年(373),姑臧(今武威)由官方主持译经。据《开元释教录》记载,这次译经有外国一位优婆塞参加,"译经四部,六卷,见存一部。亡三部。优婆塞支施仑,月支人,博纵众经,来游凉土,张公(张天锡)见而重之,请令翻译。从咸安三年癸酉,于凉州内正厅堂后湛露轩下,出《须赖经》等四部,龟兹王世子帛延传语,常寺西海赵潇、会水令马亦、内侍来恭政三人笔受,沙门释慧常、释进行同在会证。"这次翻译的佛经有《首楞严》《须赖》《金光首》和《如幻三昧经》四部。《首楞严》后记中提到,"凉州自属辞、辞旨如本,不加文饰"。说明张天锡不仅热心译事,而且颇具佛学修养。

到了北凉,沮渠蒙逊大力提倡佛教,先后在姑臧、敦煌、张掖等地开辟国立译场,翻译大量佛经。据《出三藏记集》第三卷《毗婆沙经序》记载,凉州沙门道泰西游得梵本《毗婆沙经》,携归北凉,沮渠牧犍请西域沙门浮陀跋摩在姑臧城苑闲豫宫主持翻译。"沙门慧崇、道朗等三百余人,考文详义,务存本旨,除烦就实,质而不野。王亲屡回御驾,问其幽趣,使文当理诣,方言有寄。"从乙丑岁(425)到己卯(439)年,经 15 个春秋的努力,译出了长达 100 卷的《毗婆沙经》。第二年,沮渠兴国又组织翻译了《优婆塞戒经》。其题记曰:"太岁在丙寅夏四月二十三日,河西王世子、抚军将军、录尚书事大沮渠兴国与诸优婆塞等五百余人,共于都城之内,请天竺法师昙摩谶译此在家菩萨戒,至秋七月二十三日都讫。泰沙门道养笔受。"

据《开元释教录》记载,早在北凉建都张掖时,就有沙门道龚、法众和僧伽陀从事佛经翻译。后来北凉统一河西后,姑臧内苑闲豫宫被辟为专门译场,昙无谶、沮渠京声、浮陀跋摩、智猛、道泰、法盛等都是著名的译经人。他们共同翻译佛经 82 部 311 卷。其中昙无谶译经 11 部 112 卷,为北凉译经之巨子。他译的佛经主要有《大般涅槃经》十余部、《菩萨戒经》《大集》《大云》《悲华》《地持》《优婆塞戒》《金光明》《海龙王》等。

五凉时期,河西僧人译经者还有许多,凉州释宝云、释智严也以译经著名,共同译有《普耀》《广博严净》《四天王》等,释宝云还单独译了《新无量寿》《佛本行赞》等。沮渠京声译有《观世音弥勒二观》《佛泥洹》等。敦煌释智慧还译有《大乘义章》《地持疏》5 卷、《十地疏》5 卷、

《华严疏》7卷、《涅槃疏》10卷、《维摩胜鬘寿观温室疏》等。敦煌释法颖译有《十诵戒本》和《羯摩》。释慧崇译有《大般若涅槃经》4卷。

据记载,魏晋南北朝时期,甘肃其他地方也有不少译经人和译经活动。其中陇西的释僧镜译有《法华维摩泥洹义疏》和《毗昙玄论》,释法瑗译有《胜鬘注》和《微密经注》;金城的释玄畅译有《刊正念佛三昧经》,赵柔译有《祇园精舍图偈注》等。

（五）小说

魏晋南北朝时期,甘肃已有了小说类的文学作品,最早的小说要算魏晋时皇甫谧的《列女传》和《高士传》等。接着就是东晋陇西安阳(今秦安县)王嘉的志怪小说。《晋书·王嘉传》中说:"……其所造《牵三歌谶》,事过皆验,累世犹传之。又著《拾遗录》十卷,其记事多诡怪,今行于世。"另外据记载,王嘉还著有《王子年歌》等。

《牵三歌谶》有人作《三章歌谶》,今已不存。是记载一些如王嘉对苻坚所说的"椎芒作篷籓,不成文章;今天大雨,不得杀羊"之类的有韵的谶语汇集。《拾遗录》前九卷所记,系远自传说中的伏羲,近至王嘉当时的各种神奇之语、怪异之说;末卷所记,则为关于昆仑、方丈等仙山灵境的神话传说。十卷之外,还有零星轶文可以钩稽,其内容亦属怪奇之言。虽然宣扬了宗教迷信思想,但其精华在于暴露黑暗社会,鞭笞统治阶级,表现了人民群众的思想感情。作品初具短篇小说的规模,成为我国小说在隋唐正式出现之前的最高发展形态。

四、隋唐时期的著作和图书

隋唐政权的建立,结束了魏晋以来我国长期动乱的局面,经济得以恢复,文化有了很大发展。特别是废除了贵族世家袭官制度而代以科举后,读书和通过考试选拔人才成了人们步入仕途的主要途径。甘肃地处中西交通之要冲,并接近中原王朝,学习和教育之风盛行,图书事业也得到迅速发展。一方面,原有图书和著作大量传抄流行,以供社会之需要;另一方面,又有大批新作不断问世。由于国家长时期的统一稳定,书籍的流传突破了以前割据封闭的局限性。甘肃图书同全国图书的交流量大大增加,经过优胜劣汰的选择,图书质量也有明显提高。另外,随着造纸技术的普及、提高和抄书队伍的壮大,以及书籍制度的改革,为书籍的大量生产和优秀著作的广泛传播提供了有利的条件。因此,至唐代中叶,甘肃的写本书发展到最高峰,书籍的数量和质量也达到了前所未有的水平,而装帧形式也发生了重大的变化,在甘肃图书史上留下了光辉的一页。

根据史书记载和留存的实物来看,隋唐五代时期,甘肃有著书者100余人,共有图书和著作300余部。以儒家经典、文学、史志、佛教经典和科技文化用书发展较快,且质量也高,至今仍有极高的价值。

(一)儒家经典

隋唐时期,甘肃教育发展,儒学兴旺。特别是唐代,实行以儒学为主的教育政策,官学、私学、蒙学等,都把儒家经典作为讲授的基本教材,即使是佛道之徒,入学启蒙,也要熟读《诗》《书》《礼》《易》《春秋》《论语》等。因此,促进了儒家经典在甘肃的传抄和流通。敦煌石窟中保存的《古尚书》《论语》《诗经》《孝经》等,大都是隋唐时期甘肃地区用于教学的儒家经典,有些为今世罕见的珍品,不仅可填补缺漏,校勘典籍,而且为研究当时甘肃图书事业的发展提供了丰富的资料。

《尚书》是我国古代重要文告和部分追述古代事迹著作的汇编。敦煌遗书未发现以前,宋版《尚书》被视为瑰宝。敦煌本《尚书》为唐初写本,它对宋本的误字、误句及由此而产生的各家注疏等,有源可探。

敦煌遗书中共有60多卷《论语》写本,其中以何晏《论语集解》和《论语皇侃疏》最有价值。汉以后,《论语》诸家注,如孔安国、马融、郑玄、陈郡、周生烈等注先后亡佚。三国时，何晏旁收博辑《论语》古注而为《集解》，因此晋以前诸家注，遂赖何氏《集解》而传，可宋以后《集解》又佚。而今有幸又在敦煌遗书中发现，其价值显而易见。

敦煌遗书中的《论语皇侃疏》是现存最古的一种《论语》疏。它总结了梁以前蔡谟、袁弘、孙绰、范宁、王岷等十三家疏义，考其得失，辨其异同，而成此书。梁以前遗书，因此得以保存。自宋初邢昺奉诏为《论语》作疏后，《论语皇侃疏》逐渐式微，南宋以后，竟成亡佚之册。清乾隆年间余萧客辑《古今解钩沉》，据诸家解经所引，旁及史传类书，辑成《论语皇侃疏》，只是粗具崖略。日本曾有《论语皇侃疏》旧本流传，为唐时流入东海者，清初复入中土，因经日人删削窜改，亦非《论语皇侃疏》原帙。唯敦煌写本《论语皇侃疏》颇合经学师法。

敦煌遗书中各种《诗经》注本，以西汉郑玄《毛诗古训传》和徐邈《毛诗音》最为珍贵。现在传世的这两本书经历代注释删抄，讹者甚多，漏者不少，多处读之不顺，解之不通，其中与经旨关系较大者亦不在少。拿遗书郑注本对照之后，则疑如冰融，千百年错误迎刃而解。

敦煌本《毛诗音》，是关于《诗经》音读的著作。《隋书·经籍志》载："梁有《毛诗音》十六卷，徐邈等撰。"而"两唐志"不著录，盖唐宋之际，已成亡佚之书。唐陆德明《经典释文·毛诗音义》，即以徐邈《毛诗音》为蓝本。因邈书久佚，清马国翰曾致力重辑，惜所得仅 250 余条。敦煌本《毛诗音》虽非完帙，但所存音义几近千条，数量颇大，其于《诗经》之价值，则不难推知。

除此，敦煌发现的儒家经典注疏本，还有《周易经典释文》《礼记音》《丧服仪》《春秋经传集解》《御注书经疏》《尔雅注》等。

儒家教育的发展，为甘肃培养了一批博通经史、能书善文的儒林著述人。他们广收群书，整理和注释了大量的儒家经典，撰写了大批的儒学著作。如辛德源的《春秋三传》，李翱的《易铨》《论语笔解》，李隆基的《周易大衍论》3卷和《孝经》,辛彦之的《五经异义》《坟典》《周祝文》《六官》《礼要》《祀典》《五礼》《隋新礼》等,当时大都在甘肃抄写成册,并广为流行。

(二)文学书

唐代是甘肃文学作品大繁荣的时期。当时在诗歌、散文、小说等方面,人才辈出,并产生了许多优秀作品。在诗歌方面,首推姑臧(武威)李益。他度过十年戎马生活,对边塞情景和征戍士卒的心理具有深刻的体验和理解,再结合自己壮志未酬、慷慨不平的心情,写出的边塞诗歌,成为唐代诗坛上的一朵奇葩,著有《李尚书诗集》。唐末五代时,陇西牛峤以词著名,收入其《花间集》词31首。秦州上邽(今天水)的王仁裕也是一位多产诗人,有诗万余首,勒成百卷。其诗作当时也驰名全国。

在散文方面,安定(今泾川)的梁肃是韩柳古文运动的先驱者之一。其散文叙事、状物兼具,议论抒情并融,语平意深,质朴自然,读起来明白畅达,亲切有味,著有《梁肃集》30卷。李翱是唐代文坛上与韩愈齐名的散文家。他的文章各体兼长,无论说理、叙事、言情,都写得生动流畅,平易严密,条理畅达,语言精练,风格独具,富有逻辑性和规范性。著有《李文公集》18卷。

唐代,甘肃的传奇小说在全国较为著名,也一直为后人所重视。陇西三李,即李朝威、李公佐、李复言和安定(今泾川)皇甫枚的传奇小说,在唐及其以后影响很深。《柳毅传》和《柳参军传》是李朝威仅存的两篇传奇作品。《柳毅传》构思奇特,布局宏伟,情节曲折,笔调优美,富于浪漫主义色彩,是唐代传奇代表作之一。唐人陈翰将其收入传奇选集《异闻录》,北宋李昉将其收入《太平广记》。李复言的《续玄怪录》也被《新唐书·艺文志》著录并收入《太平广记》。李公佐的《南柯太守传》《谢小娥传》《庐江冯媪传》《古岳渎经》等,是至今尚存的传奇作品,均被收录在《太平广记》中。"南柯一梦"也成为常用的典故,后世不少白话小说也引用这一典故。正如鲁迅所说:"李公佐所作小说……其影响于后来者甚巨。"《三水小牍》是皇甫枚旅居汾晋(今山西),"追纪咸通时事"写成的传奇小说集,在唐代传奇中占有重要地位。《太平广记》《直斋书录解题·小说类》《文献通考·经籍考》《宋史·艺文志》都将部分内容收入其中。

此外,敦煌遗书中保存的一大批诗歌、曲子词、变文和俗曲抄本,也可反映隋唐时期甘肃文学书籍的发展概貌。

敦煌诗十之八九为《全唐诗集》所收录,还有近两百首为《全唐诗集》所佚。佚诗内有唐代著名诗人王勃、宋之问、刘希夷、刘知几、王昌龄、孟浩然、高适、韦庄等人的名篇佳作。如高适的《奉赠平原颜太守》《自武威赴临洮谒大夫不及因书即字寄河西陇西幕下诸公》《同李司仓早春宴睢阳东亭》等,韦庄的《秦妇吟》,还有唐诗《白香山诗》《卖炭翁》《折臂翁》和隋释道骞的《楚辞音》等。

敦煌的曲子词有《菩萨蛮》《拾麦穗》《剉碓子》《渔歌子》《渔父引》《破阵子》《怨黄沙》《怨胡天》《柳青娘》《长相思》《风归云》等。

敦煌遗书中的变文和俗讲有 300 多个写本,主要有《太子成道变》《目莲变》《妙法莲华经讲文》《伍子胥变文》《李陵变文》《王昭君变文》《秋胡变文》《捉季布变文》《韩擒虎话本》《张议潮变文》《张淮深变文》《茶酒论》等。

敦煌遗书中还有一批曲调小唱,如《太子五更转》《南宗定邪正五更转》《太子入山修道赞》《叹五更》《禅门十二辰》《太子十二辰》《天下传教十二辰》《说十二月》等,都能反映当时甘肃文学作品及写本书的一个侧面。

(三)史志书籍

隋唐时代,甘肃有大批人才出现,有的在当地著书立说,教授生徒,有的经科举考试步入仕途,其中掌管国家及地方典籍和教育者不乏其人。他们或修国史、方志,或整理典籍,或撰写传记等,对我国图书事业的发展起了很大的促进作用,也为当时甘肃的图书增加了新的品种。狄道(今临洮)辛德源,博览群书,仕齐累官中书舍人,入周为宣纳上士。隋时同秘书监牛弘同修《隋国史》。狄道李大师,多识前世之事,常以宋齐梁陈周隋天下参融,多修国史。其子李延寿是唐贞观中官御史台主簿、直国史,为追述父志,作《南史》18 卷、《北史》100卷。后迁符玺郎,又撰《五代史志》等。狄道李泰,封魏王,善属文,于府置文学馆,征引学士,撰《括地志序略》5 卷,《括地志》550 卷。张掖赵武孟,博览经史,官自长安丞累迁至台御史,撰《河西人物志》。敦煌张太素撰《北齐书》20 卷、《隋书》32 卷、《隋书略》10 卷。敦煌令狐垣撰《齐史》10 卷、《梁史》10 卷、《陈史》5 卷、《周史》10 卷、《隋史》20 卷、《唐史》230 卷、《唐玄宗实录》100 卷、《唐代宗实录》40 卷。狄道李贤撰《后汉书注》。安定乌氏(今平凉北)梁肃撰《删定止观》6 卷。陇西李揆撰《国史》等。安定(今泾川)牛弘,好学博闻,不仅撰写了大量史书、律令,而且倡导和主持了大规模的国家图书整理,成为甘肃整理国家典籍的编纂家和书目学家。他修五礼,立明堂,撰《五礼》120 卷、《隋新礼》《明堂仪》《文帝皇后丧事仪注》《周史》等。他向隋文帝请开献书之路,亲自参加国家图书整理工作,编《开皇四年四部目录》和《开皇八年四部目录》。

敦煌遗书中的史志书籍,也可反映隋唐时甘肃图书的一个侧面。邓灿的《晋纪》史料极精,可补《晋书》失记和校订讹误。敦煌遗书中有关中古时代的地志图书就有十多种,如《贞元十道录》《诸道山河地名要略》《唐代地理志》《水部式》等,还有有关西北边陲的地理著作,如《西州图经》《寿昌县地境》《沙州地志》《敦煌实录》《沙州都督府图经》等。还有玄奘的《大唐西域记》和慧超的《五天竺国行记》。以上图书当时均在甘肃抄写流行。

《沙州都督府图经》成书于唐开元（713—741）年间，采辑地方著作《西凉异物志》《西凉录》《后凉录》等书的资料颇多。记述了中古时代我国敦煌的历史、地理、自然资源以及中西交通方面的史料，如河流、水渠、湖泊、沼泽、堰堤、盐池、古城、驿站、学校、殿堂、神坛、庙宇、祥瑞、歌谣等，资料极为丰富。有许多资料历来见所未见，闻所未闻，对汉唐时期丝绸之路的研究和古城的考证甚为宝贵，对唐以前一些史书的校勘和资料补缺实为不可多得。

当时在甘肃地区流行的还有玄奘的《大唐西域记》和慧超的《五天竺国行记》两部古代旅行家游记。

敦煌本《大唐西域记》，是目前见到的最古的《西域记》本子。大约抄于成书后一百年左右，即8世纪中叶。较北宋徽宗崇宁二年（1103）福州东禅寺本、金熙宗皇统八年（1148）赵城藏本和日本所藏醍醐书院本、山石寺本都要早。同诸传世本相比，敦煌本的优点很突出，已校出传世本不妥之处一百余条。

《五天竺国行记》乃高丽僧慧超所作，成书晚于《大唐西域记》。所记中亚古国国土、宗教、物产、民风诸事，虽不及《大唐西域记》之详丰，但可资采摭者尚不在少。唐时异国纪行之书有关地志者，唯《大唐西域记》与此书为最。

（四）佛教经书

唐代尊崇儒学亦提倡佛教，也曾把佛学纳入学校教育。朝廷经常翻译、抄写标准佛教经卷发至各地，由地方政权或寺院、学校抄写流传，以供佛事活动或教学所用。安史之乱后，吐蕃尽陷陇右、河西之地，他们在这里大兴寺院，一些地方进而把学校置于寺院之下，于是僧侣便成了知识的传播者，寺院、学校也成了抄写佛教经籍的主要场所。因此，大批汉蕃佛教三藏便在甘肃抄写流行。敦煌石窟所存的五六万卷册写本书中，佛教经卷竟为 90%以上，其中 80%抄于隋唐五代，以隋唐写本最为精美。就内容来看，经、律、论三藏俱全。

敦煌佛经的最大价值在大藏经外古佚佛经的发现和经典的校勘方面。在敦煌佛经中，有三百多种藏外古佚经为历来所罕见，如玄奘弟子窥基撰的《法华经玄赞》、法相宗秘要之典《稻芊经随手听经记》、小乘典籍《天请问经疏》和《佛说阿难律经》《佛说祝毒经》《佛说大药善巧方便经》等，都为藏外古佚佛经，而《菩萨达摩南宗定是非论》《南阳和上顿教解脱禅门真了性坛语》《南宗顿教最上大乘坛经》亦为大藏久佚之书。

敦煌佛经中，还有一部古佛经目录《众经别录》，编著于 5 世纪中叶到,6 世纪末，是仅次于《汉书·艺文志》的第二部古书目，也是我国现存最古老的佛经目录。

（五）科技文化图书

至隋唐五代时，我国医学的辨证论治、临床内科、外科、手术、针灸以及脉学、病理学、药学等，已奠定了坚实的基础。唐开元二十七年（739）"复置医学生，掌州境巡疗"，并要求地方医务部门的医生，在自己所管区域内巡回医疗。当时甘肃境内的学校，不仅教授儒家经典、佛学、玄学等，而且还教授医学。民间和官方医书多在社会流行。敦煌遗书中保存的《本草集注》《新修本草》《脉经》《内经》《伤寒论》《五脏论》《新集备急灸经》《食疗本草》等，则是当时的医学写本教材和医疗用书。

敦煌遗书中有古本草残卷五六种，研究价值极高者三种，即梁陶弘景的《本草集注》、唐李勣、苏敬的《新修本草》和唐孟诜的《食疗本草》。

《本草集注》为梁以前本草之总集，医家奉为圭臬，有"本草正典"之称。直到唐初仍然是"名医继轨，更相祖述，罕能厘正"。敦煌本《本草集注》前为弘景序文,后为诸病主药,可校勘《证类本草》序录、倒、脱、衍、讹 360 多处。比较科学地将《神农本草》所收的 365 种和弘景增补的 365 种,共 730 种药物分为七类,并根据药物性能,提出因人因病、按气候水土异同对症下药的理论和炮制、服用方法。

《新修本草》是李勣、苏敬等人在《神农本草经集注》的基础上编写而成的,是唐高宗显庆四年(659)由国家颁行的我国第一部药典,也是世界上最早的国家药典。其内容由本草、药图、图经三部分组成。这种图文对照的写法,开创了世界药学著作的先例。此书两唐志有著录,宋时亡佚。清傅方龙曾模刻收入他的"纂喜庐丛书"。幸于敦煌遗书中见到写本,才得以传世。1987 年中国通史展览馆将敦煌本《新修本草》列为中国古代医学的重大成就在北京展出。

《食疗本草》为武周时同州刺史孟诜撰,新旧《唐书》均有著录,大约宋室南迁后散佚不存。敦煌本《食疗本草》残卷,得药 26 味,药名朱书于首,药性以"寒、冷、温、平"等小字注于右下,每药载以主治配方、服法,末附食忌、采集时月、炮制方法等。该书为历代食品疗法著作中的珍品,后世多引其精。李时珍撰《本草纲目》时,亦采集《食疗本草》17 种。此残卷和《证类本草》及《本草纲目》对校,可互正纰缪。

自东汉以来,甘肃河西就有编写历书的传统,尤其是陇右陷于吐蕃后,河西一带普遍采用当地历书。敦煌遗书中存有二十多种历书。其中后唐庄宗同光四年(926)至后周太祖显德六年(959),沙、瓜二州一带所行之历,多为五代归义军节度使属吏翟奉达编制,如《大唐同光四年具注历》《天成三年具注历日》《显德三年丙辰岁具注历日并序》《显德六年己未岁具注历日并序》等后均题"随军参谋翟奉达撰"或"朝议郎检校尚书工部员外行沙州经学博士兼殿中御赐绯鱼袋翟奉达撰"。后又有奉达后人翟文进制历多种,如《太平兴国七年壬午岁具注历日并序》等。

另外,当时在敦煌抄写传播的历书还有《丁酉年(937)历书》、四川成都府《樊赏家历》《天福九年(944)具注历日》《天福十年(945)具注历》《甲寅年(954)历日》《戊寅年(918)历日》等。

五、宋元时期的著作和图书

两宋(960—1279)是我国雕版印刷的黄金时代。这一时期不仅雕版印刷更加精美,而且还发明了活字印刷,纸墨等印刷材料也得到长足的进步。印刷技术的发展和改进有力地促进了图书品种的增加,便利了著作的出版,因而也促进了著述事业的发展。不仅当代人的著作多有付诸印刷,就是前代人的著作也陆续开雕。三部各一千卷的大型参考书《太平御览》《册府元龟》和《文苑英华》及五百卷的《太平广记》以及最著名的编年史《资治通鉴》等都是在这个时期编写和雕印的。四川、杭州、汴京(开封)、福建等地,当时已成为全国雕版印刷的中心。

自宋代始,我国政治、经济、文化中心由黄河流域移向江南。随着海上交通的发展,昔日的中西交通要道"丝绸之路"已失繁华景象,再加两宋国力日渐衰弱,难以顾及西北边陲,三百年间甘肃境地为宋、夏、金分据,长期的战乱使这里的经济萧条,文化衰落,图书出版事业发展缓慢。

甘肃本为我国雕版印刷应用最早的地区之一,但此时却停滞不前。唯西夏统治的一百多年间(1038—1227),所属兰州以西地区,由于西夏君主重视教育,发展文化,推崇佛教,用西夏文字翻译汉、藏、梵文图书,并运用两宋时期的雕版印刷技术,大力发展西夏图书事业,使河西一隅的西夏文化和图书事业相对呈现兴旺景象。

元代统治者轻视汉族文化,但是人民,特别是汉族人民,在文化事业方面仍作出了卓越的贡献。元曲就是这一时期文学的杰出成就,小说在当时也有了相当的发展。图书出版方面,沿袭南宋之风,大批官刻、坊刻和书院刻书相继问世。如兴文署刻的《胡三省注资治通鉴》,以九路分刻的九史——《汉书》《后汉书》《三国志》《隋书》《唐书》《北史》《辽史》《宋史》《金史》,都是当时中央机关和地方官刻的有较大影响的图书。但在元代,甘肃境地多受战乱之苦,经济文化停滞不前,图书出版事业遭受损失,许多历代存书焚之于战火之中,而新作又较少问世。

据文献记载和出土实物可见,宋元两代,甘肃的图书主要有儒家经典、教材、志书、佛教经书和科技文化用书等。

(一)儒家经典和教学用书

宋代统治者重视教育,在政治、经济上虽难顾及甘肃,但官学教育仍在甘肃东南部正常进行。国子监有时也将儒家经典和程朱理学著作雕印成册,发送或出售给民族聚居地所置的"藩学",并将一些史书、医书和科技书作为教学参考书加以推广应用。当时,教学用书是唯一能到甘肃东南境地的官书。另外,地方政权、郡学、县学和私家文人也有刻印图书并用于教学者。

公元 1036 年,西夏先后占领兰州以西的大部分地区。西夏政权发展经济,繁荣文化,重视教育。他们仿唐宋科举授官制,在其占领的甘肃境地设州、县"藩学",选拔党项人和汉族官僚子弟入学,并把《诗经》《论语》《孟子》《孝经》《尔雅》《四言杂字》等儒家经典和启蒙读物译为西夏文,作为教材使用。据莫斯科版《西夏语文学》载,20 世纪初科兹洛夫和斯坦因在黑水遗址盗掘的西夏文献中,西夏时期翻译的汉文儒家经典有《论语》《孟子》《孝经》《尔雅》等。1972 年在武威下西沟岘还发掘了西夏文刊印的《四言杂字》。

元代,在甘肃行中书省的治所甘州(今张掖市)置甘肃儒学提举司,提举司把钦定"四书"作为科举必考书,将样本发放到各路、府、州、县,各地根据实际,或抄或印,以供学校教学使用。武威世家余阙,留意经术,"五经"皆有传注,其著作《五经传注》《易说》50卷等在家乡也作为教材或教学参考书使用。

(二)志书

志书的出现,象征着一个地区文化的发展及人才的产生。自汉晋以来,甘肃的史志书籍日臻完善,到两宋间,同全国一样,也已基本成型,其内容、体例、写作方式等,都有了约定的要求。尤其是在甘肃东南地区,已有一批成型的地方志产生。据《宋史·艺文志》记载,今文县章颖著有《文州古今记》12卷,杜孝严著有《文州续记》4卷,今成县李修己著有《同谷志》17卷,李琦著有《续同谷志》10卷。另据《乾隆通志》记载,宋代,今庆阳有《庆州记》,天水郭仲产著有《秦州记》等,惜均已散佚。

元代,今文县修有《文州志》,酒泉修有《肃州志》,静宁修有《德顺州志》,山丹修有《山丹志》等。上述志书有的传抄流行,有的则已刊印,但后来均佚,今已无书可考。

(三)佛教经书

西夏统治者党项人原是崇拜"天"的民族,后在同汉文化的交流中,接受并崇拜佛教。西夏政权建立后,历代帝王多次向宋王朝求取佛经,兴建佛寺佛塔,大做佛事活动。当时,译自汉文、藏文和梵文的西夏文佛经,在夏、元两代被广泛传抄或印刷。如《观弥勒菩萨上升兜率天经》,印数达10万多册,发行范围之广,沿用时间之长在历代也是罕见的。另外,《普贤行愿品》和《观世音普门品》等也都印行5万册左右,分发给各地佛教徒念诵。可以说,当时在西夏占领区,西夏文佛经大有处处抄印、人人争诵之势。甘肃的西夏统治区域自然毫不例外。

敦煌遗书中,存有西夏文《妙法莲华经》《金刚经》《妙法莲华经·观世音菩萨普门品》等。其中《妙法莲华经·观世音菩萨普门品》一书图文并茂,估计是学生的课外读物或通俗的佛教读本。在武威天梯山石窟,存有西夏文《佛母大孔雀明王经》《圣德惠到彼岸赞颂功德宝集》《三胜之缘五》等佛经,它是西夏仁宗大庆初年(1140—1142)由西夏显秘法师、功德司副、天梯山石窟住持周惠海为报答佛的灵应而主持刊刻。该书大量传播于寺院内外,深受僧俗的欢迎。在武威,还出土了一些西夏文的佛经、佛画,其中有《观弥勒菩萨上升兜率天经》《文殊师利行愿经》《妙法莲华经》等,说明当时西夏文佛经在甘肃流传之广。

元代,甘肃境内战乱频繁,人民深受其苦。为了寄托社会安定,来年幸福的希望,人们刻印和求请佛经、佛像,或供养寺塔,或念诵家中,以求神灵保佑。此类经卷在甘谷等地已有出土者。

(四)科技文化用书

两宋时,我国的科学技术已有很大发展,农业、医学有了新的突破。由于海上交通的发展,工业、天文历算和地理知识也不断增加新的内容,人们越来越多地倾向于科学,统治阶级也开始重视科学,因而科技书籍也越来越多地受到人民群众的欢迎,从中央到地方,科技图书的雕印或传抄也更加广泛。西夏党项人原是一个比较落后的民族,但因他们善于接受汉族科技文化,因而在较短时间内医学、历算、农业科技都有较快的发展,有关这些知识的图书也相继刊行,广为流传。迄今为止,在甘肃发现的西夏医书和医方有《治疗恶疮要论》《本草》《千金方》等。武威下西沟岘出土的西夏医方,符合祖国医学传统,同时又保存有党项人较为原始的巫医色彩。它是我国各族人民在医学上进行广泛交流的例证,也是西夏占领时期甘肃医学书籍发展的标志。

党项人原来没有历法,只是"候草木以记岁时"。建立西夏政权后,经常向宋王朝索取历书,经认真翻译后,或传抄,或印刷,并在民间广泛使用。西夏历书有两种,一为世俗日历,一为佛教历。武威发现的墨书汉文日历,是南宋高宗时所赐的绍兴十五年(1145)日历,其二十四节气的配置,与我国通行的阴历二十四节气的时间完全相同。还有一些西夏日历,多用汉文和西夏文对照写成,只是其节气的译名和汉历不同,排列格式也同汉历有异,并紧密联系农业生产和自然现象的实际,非常实用。每月该做什么,自然界中发生什么现象等,日历中都写得清清楚楚。如八月桃子、野蔷薇果、洋槐果、葡萄成熟;十二月豹子、老虎交配,来年七月生子等。

党项人惯用占卜,事事先卜吉凶。后来又从汉族地区传入占卜法,用西夏文翻译《周易卜筮断》等书,使占卜更为多样化。武威出土了两张西夏文卜辞,全用我国传统的干支纪日法推算,毫无党项人占卜法的特点,显然它是以汉文卜辞为蓝本写成的。

六、明清时期的著作和图书

明清两代,甘肃的经济开始恢复,教育得到发展,图书的著作和雕版印刷亦逐渐兴起。特别是明代前后七子的复古运动和清代乾、嘉的古籍校勘和整理,促进了甘肃人才的培养和图书事业的发展。这个时期,甘肃出现了许多学者和作家,一批优秀作品相继问世。同时官刻、坊刻、家刻、书院刻之风开始形成,使大批著作和国内优秀图书在甘肃各地刊行。

明清两代,甘肃有记载的著述者有 550 人之多,其中明代 140人,清代 410 人。著作达 1500 多部,其中明代 300 多部,清代 1200 多部。著作中明以万历、嘉靖,清以康熙、乾隆、嘉庆时期的作品居多。刊行的图书多为志书、诗歌、教学用书和医书,兼有政治、经济、法律、游记、谱录等。

（一）史志

甘肃的"史志体"方志与全国同步发展,孕育于汉晋,成型于两宋,发展于元明,隆盛于清。明清两代,甘肃先后纂写省、府、州、县志201部,其中明代26部,嘉靖、万历时期最多;清代175部,康熙、乾隆最盛。尤其是清康熙、乾隆时期,朝廷罗致大批知识分子,大规模地搜集、编纂古代典籍,同时下令直省各修其志,省又令其府、州、县纂修方志,自下而上逐层取材以成志书。乾隆时甘肃纂修方志达42部之多。

清康熙六年(1667)陕甘分治以前,甘肃原无省志。甘肃史乘皆总载于《陕西通志》。陕西省志因以陕为主,对甘肃庆阳、平凉、巩昌、临洮诸府和所辖州、县及河州、河西各卫所记述甚为简略,漏列亦不在少。

雍正六年(1728),国家计划修一统志,向各省取材。此时,甘肃巡抚许容奉旨创修甘肃通志。他延揽史地、文学、方志各界专家、学者,从详查证资料,广采博集,然后择其可据者,分门别类将甘肃之文化、教育、科学、技术、矿产资源、工农业生产、水利建设、政治军事、贸易、贡赋、蠲恤等,载入史册,写成了甘肃第一部通志。全书共36目凡50卷,约88万字。以目述事,次第为:图考、星野、建置、疆域(附形胜)、山川、城池、公署、学校、关梁、祠祀、贡赋、兵防、水利、驿递、蠲恤、盐法、茶马、物产、风俗、古迹、祥异、陵墓、封爵、职官、名宦、选举、人物、忠节、孝义、隐逸、流寓、仙释、方技、烈女、艺文、杂记等。乾隆元年(1736)九月六日,川陕总督兼甘肃巡抚刘于义刊行此书,署名《敕修甘肃通志》,并共俱"进呈表"奏闻清廷,随呈钦阅。后被收入《四库全书》。

甘肃的第二部全省通志为宣统《甘肃新通志》。光绪三十四年(1908)由陕甘总督长庚监修,安维峻等纂,于宣统元年(1909)成书,历时二年。全书共100卷81册,约300万字。除卷首的《纶音天章》

外，共编 8 志，外加《志余》一编。"志"及"志余"分目叙事：

舆地志：图说表、图考、沿革表、疆域、山川、形胜、关梁、水利、风俗、物产、古迹。

建置志：城池、官府、贡赋、仓储、驿递、盐法、钱法、茶法、厘税、实业、历代封爵。

祠祀志：坛庙、祭器、乐舞图、祠宇、寺观。

学校志：学额、学田、贡院、试院、书院、义学、社学、学堂、选举表。

兵防志：兵制、塞防、巡警、交涉、戎事。

职官志：历代官制、历代职官表、明文职官表、明武职官表、国朝旧制文职官表、国朝文职官表、国朝旧制武职官表、国朝武职官表、大吏传、名宦、循吏、将才。

人物志：圣贤、分贤、群才、忠节、孝义、隐逸、烈女、流寓。

艺文志：诏、敕、令、檄、奏、疏、议、论、书、传、序、说、箴、铭、赞、颂、题跋、碑记、金石、文、赋、诗、词、著书目录。

志余：僭窃、割据、轶事、仙释、方伎、考异。

如此庞大浩繁之写作工程，仅费时两年而成，实属不易。不过，正是因为时间过于仓促，所以史料缺乏去伪存真之工，也欠分析考证。

明清两代，甘肃纂修的州府志共 35 部，其中明代 19 部，清代 16 部。刊行者 21 部，其中：明代 5 部，即嘉靖二十五年（1546）秦安胡缵宗纂修的《巩郡记》、嘉靖三十六年（1557）傅学礼、王福纂修的《庆阳府志》、嘉靖三十九年（1560）平凉赵时春纂修的《平凉府志》、万历三十二年（1604）唐懋德纂修的《临洮府志》和万历四十四年（1616）兵备副使李应魁纂修的《肃镇志》；清代 16 部，即顺治十四年（1657）分巡道杨春茂纂修的《甘镇志》和苏铣纂修的《凉镇志》、顺治十七年（1660）杨藻凤纂修的《庆阳府志》和顺治年间宋琬纂修的《秦州志》、康熙二十六年（1687）知府高锡爵纂修的《临洮府志》、康熙二十七年

（1688）知府纪元纂修的《巩昌府志》、乾隆元年（1736）知州葛士政纂修的《直隶阶州志》、乾隆二年（1737）分巡道黄文炜纂修的《肃州新志》、乾隆十四年（1749）知府赵本植纂修的《庆阳府志》、乾隆三十九年（1774）知州费廷珍纂修的《直隶秦州新志》、乾隆四十四年（1779）知府钟起赓纂修的《甘州府志》、嘉庆十三年（1808）吴鹏翱纂修的《武阶备志》、道光十三年（1833）涂鸿义纂修的《兰州府志》、光绪十三年（1887）吕震南纂修的《阶州直隶州续志》、光绪十五年（1889）王权、任其昌纂修的《秦州直隶州新志》等。

以上诸志中，明代以《平凉府志》为优，清代以《武阶备志》较佳。

《平凉府志》，明嘉靖三十九年（1560）为丙戌进士、山西右副都御史巡抚赵时春所修。全书共13卷，每卷17门。卷一、二、三为府志，卷四为平凉县，卷五为泾州，卷六为灵台县，卷七为静宁州，卷八为庄浪县，卷九为固原州，卷十为镇原县，卷十一为华亭县，卷十二为崇信县，卷十三为隆德县。府、州、县均分建革、山川、户口、田赋、物产、坛祠、藩封、官师、兵制、学校、人物、孝节、风俗、河渠、寇戎、寺观、祥异等。该志考证有据，记述准确，敢言民生疾苦，在明代关中诸志中最为有名。后被《四库全书总目提要》著录。

《武阶备志》22卷，为州人吴鹏翱所修，清嘉庆十三年（1808）成书，计有：山水、建置、郡县治、城邑考、统属分合表、形势、隘塞、物产、户口、风俗、学校、兵防、记事、官职表上下、封赠表、名宦传上下、符秦表、人物传上下、列女传、杨氏传、祠祀、寺观、古迹、碑碣、杂志、番夷、历代疆域图、杂录等卷目。同治十二年（1873）分10册刊行。该志考据翔实，辩论禹贡水道精细，记述本郡沿革分合之迹无不洞悉端绪，绘图列说，俾汉、沔、桓水源流一目了然，而符秦表、杨氏传综赅史实，自成一家之言。

明清两代，甘肃共修县志167部，其中明代57部，清代110部。

明代方志大都遗失,县志刻印现存者唯有3部;清代县志有12部失散无考,存者98部,刻印者有57部。其中有些是甘肃省名志,为历代学者所重视。

《狄道州志》16卷,乾隆二十八年(1763)州人吴镇纂修,共8册。分星野、建置沿革、形胜疆域、乡里山川、城堡、关隘公署、仓厫站所、职官封爵、贡赋、学校、选举、祠祀、寺观、茶马、屯饷、驿递、水利、津梁、名宦、人物、烈女、祥异、风俗、物产、古迹、冢墓、艺文、纪事、拾遗等。该志有五大特点,即依类为图,极便检证;删证旧志,必作按语,以申明其意;引旧书文必缀书名;官制、赋税详载旧规,以州人著述编为经籍一目,得各史艺文志遗意等。

《重修皋兰县志》30卷,光绪十八年(1892)兰山书院山长、皋兰县人张国常纂修,共12册。分图、沿革表、职官表、选举表、封爵表、舆地志、经政志、灾异志、学校志、祀典志、武备志、古迹志、艺文志、宦绩传、人物传、烈女传、杂传、流寓传、订讹、杂录等。图、表、杂、传四纲依类相从,严格按志书体编排,校正旧志讹误,又新增方言、金石两目,资料充实,叙述准确,义例谨严,文辞典雅,为我省诸县志中之佼佼者。

此外,明嘉靖十四年(1535)胡缵宗纂修的《秦安县志》,清康熙五十四年(1715)县人张述辕纂修的《镇原县志》,乾隆十八年(1753)知州张延福纂修的《泾州志》,乾隆二十九年(1764)知县折遇兰纂修的《正宁县志》等,亦各有所长,各具特色。

另有《崆峒山志》3卷,为甘肃最早刊行的一山之志。该志为明万历年间平凉人李应奇纂修。分分野、建革、疆域、形胜、田赋、仙迹、题咏等7门。是书资料丰富,考证准确,被明万历《内阁书目》和清《四库全书总目提要》著录。

(二)文化教育用书

明清两代,甘肃境内逐步建立健全府、州、县儒学和书院制度。县以下立社学、义学、里塾。特别是清末废科举兴学堂后,教育事业不断发展,作为主要教材的儒家经典和其他教学用书的需求数量不断增加。在这种形势下,虽然许多书籍还都是由商贾从成都、武汉等地贩运而来,但也促进了甘肃图书刻印业的较快发展。

这个时期甘肃刻印的主要图书有:

明嘉靖三十三年(1554),秦安胡缵宗刻印其著作《愿学编》,作为教材使用。清乾隆三至五年(1738—1740),兰山书院刊刻了钦定"四书"、《皋兰课业十三经》。乾隆十五年(1750)武威府学刊刻了《西华集天山学道》《西华集天山述古》《西华集天山文教》《西华集天山讲义》等,以后各书院和一些刻坊又刻印了《孝经分传》《既见文》《闺范图史》《官方宝鉴》《四礼典要》《皋兰课业诗赋编》《兰山课业松崖诗录》《四书课童诗》《兰山课业风骚补编》(经训、诗赋)《兰山课业风骚补编》(唐诗、楚辞、古诗)《松崖文稿》。嘉庆时期刻印了《周易阐真》《钦定四言韵文》《御制原教》。咸丰时期刻印了《钦定四言韵文》《三字经注解》等。后因战乱,部分刻版毁于战火,不少图书佚失。

同治、光绪年间,陕甘总督左宗棠兴办贡院、书院、儒学、义学等,为西北刊刻了"四书"、"五经"、《治学要言》《吾学录》《小学》《孝经》《三字经》《四言韵文》《百家姓》《千字文》《日用杂字》等,连同《圣谕广训》颁发各州县,以救战乱造成的书荒之急。

光绪元年(1875),左宗棠奏准陕甘分闱,兰州始建贡院,开始在兰州印刷《甘肃乡试闱墨》《甘肃乡试朱卷》《乡试题名录》等,以供士子、考生参考。以后甘肃高等学堂先后刊行了刘尔炘的《嗳经日记》(春秋、尚书、周易)3册和《春秋大旨提纲表》、刘光蕡的《学记臆解》、孙诒让的《周礼政要》、易抱一的《甘肃师范学堂舆地课艺》和侯垣等著的《甘肃师范生舆地课艺》、丁福保的《卫生学问答》等。甘肃官书局还铅印《世界地理学》《希腊春秋》作教材使用。

另外，兰州、临洮等地还刊刻了王弘的《周易图说述》、朱熹的《周易本义》、安维峻的《四书讲义》、汪辉祖的《学治臆说》、阎赞绪的《四书注解》、马步青的《蛱蝶集》、张之洞的《劝学编》等，作为各类学校的教本或教学参考书。

清朝各代注重社会教化，不少文人编写诸子家训、格言等刊行社会。甘肃刊行的有《牛氏家言》《慎思录》《闻善录》《思源录》《公余节约录》《敏求录》《杨椒山公家训》《佐治药言续言附》《教民歌》等。

（三）文学书

明清时期，甘肃在文学，特别是在诗歌方面取得了一定的成就，产生了很多有名的学者和作家，他们在甘肃刊行的诗集，有考者 70 多部。名家作品当时作为教材使用，有的被收入《四库全书总目提要》。一般作品刻印后，多送同里、好友欣赏，或供弟子习诗练文。

甘肃庆阳人李梦阳（1472—1529），提倡文体改革，反对风靡一时的"台阁体"萎弱文风，形成以他和何景明为首的"前七子"复古流派。他主张"文必秦汉，诗必盛唐"，他的骚体赋学习屈原、贾谊，文章模仿《左传》、司马迁，诗歌创作效法李、杜，一生写诗 2100 多首，辑为《空同集》66 卷，刊行后流传全国。

明代秦安诗人胡缵宗（1480—1560），文学见解与李梦阳同，亦是主张"文必秦汉，诗必盛唐"。著作辑入《鸟鼠山人集》。他的诗比较广泛地反映了社会现实，有的讽刺和揭露了封建统治者的丑恶面目，同情劳动人民的疾苦；有的慨叹仕途的艰苦，同情被迫害的正直封建文人的遭遇；有的歌颂祖国的锦绣河山。其诗作在甘肃刊行后，深受社会欢迎。

平凉诗人赵时春（1509—? ），是歌咏陇东山河的著名诗人，也是明代文学史上革新派的主要代表。他的诗文诚挚、豪放、爽朗，感情饱满高昂，诗意优美沉着。唐顺之誉其为"宋有欧、苏，明有赵、王"。他的诗多以描写陇东独特山川风物和平凉一带多彩的地域特色为题材。诗篇数以千计,整理成集的有《赵浚谷集》17 卷,流行甘肃内外。

陇西金銮,是明代甘肃著名的散曲家。长于嘲讽,风格清丽,灵活运用民间语言。他的散曲集《萧爽斋乐府》中有大小令 134 首,共 24 套,或讽刺世风,或记男女恋情,或写山水景物,或写自然灾害,为布衣文人所喜爱。

临洮张晋(1624—1655)的诗,反映了农民的苦难生活,描写了临洮地方的风土人物,赞美了祖国壮丽的山川和名胜古迹。诗风豪迈俊逸,兼具幽婉,艳丽奇特。著有《黍谷吟》《秋舫》《一啸》《劳劳草》《石芝山房草》《雍草》《税云草》等,辑成《张康侯诗草》11 卷。清代刊行于临洮、兰州等地。纪昀在《四库全书总目提要》中评论说:"其诗颇学李白,兼及李贺之体。"清代诗人杨芳灿也称赞说:"康先生,天才横溢,不可一世,忽仙忽鬼,殆古所云诗豪者耶!"其弟张谦诗风沉郁悲凉,著有《得树斋诗集》,受到当时名流的赞赏,并为家乡后世刊刻印行。

甘谷巩建丰,曾为康熙帝身边的文学顾问,作过雍正帝的老师。后辞官不就,安居渭滨,以灌园吟诗为乐,著有《朱圉山人诗文集》10 卷。不少诗以犀利的笔锋,写出了甘肃民不聊生的凄惨情景,无情地鞭挞现实,为时人所称赞,并将其诗刻印传世。

秦安胡钶诗境清腴,语言自然流转,有《静庵诗文集》刊行。

临洮吴镇,是甘肃可数的多产诗人。他吸收历代作家的长处,自成一家,写诗数千首,保存至今者仍一千有余。主要著作有《松花庵诗草》《松花庵游草》《松花庵逸草》《四书六韵诗》《兰山诗草》《声调谱》等。他的《我忆临洮好》10 首,是一组绝妙的家乡赞歌。其诗当时就在家乡临洮松花庵和兰山书院印行,广泛流传,有些作书院教材,为人推崇备至。清代文学家袁枚说,吴镇"享文章之盛名,百余年来无及者"。

晚清时,兰州、靖远、榆中等地,还刊行过皇甫枚的《三水小牍》、炼情子撰的《补天石传奇》和刘一明的《西游原旨》等。

（四）医书

明代刻印医书无考。清代,随着科学的发展,越来越多的人开始相信医学,医书向着普及的方向发展。地方绅士、社会团体、各界名人以刊行医书为功德,各地医家也以刻印医书为己任。因而甘肃的医学书籍有了较大发展,并在整个图书出版中占有重要地位。清代刊印的医书至今有考者共30多部,其中有内科、外科、儿科、妇科、眼科、医药、卫生等。

榆中兴隆山道人刘一明精研道学,尤精于医。不仅编写刊印了多部道书和经籍供弟子念诵,而且广采诸医书精华,编写并刊印了《眼科启蒙》《经验杂方》《杂医症治》《痘麻放心篇》《痧胀全书》《眼科治验》等书,流行甘肃、陕西等地,为广大医家所欢迎。

另外,一些医家、社团、政界人士等,也捐资刻印医书,以期广传,救济众生。其中有《竹林寺女科秘传》《大生要旨》《逐生福幼编》《医学问答》《千金至宝》《儿科辑要》《按摩要术》《神农本草经百种录》《鬻婴提要说》《达生篇》《图形枕藏外科》《白喉治法忌表扶微》《医方捷径指南全书》《伤寒论翼》《伤寒论类方》《瘟疫条辨摘要》《痧喉正义》《时医白喉捷要》《笔花医镜》《引痘略》《瘟疫论三卷》《券心春气合编》《晰微补化沙胀全书》等。

（五）其他

以金石学、姓氏学、历代史研究书籍尤为见长,另外还有地方史和谱录。

金石学方面,阶州（今甘肃武都）邢澍著名全国。其作《寰宇访碑录》12卷,于嘉庆七年（1802）刻印成书,被列入《清史稿·艺文志》史部金石类,又被收入"平津馆丛书";《金石文字辨异》12卷完稿后,也

刊印成书,被列入《清史稿·艺文志》经部小学类字书之属,又被收入
"聚学轩丛书"。

平凉、兰州等地,还分别于明崇祯十一年(1638)、清嘉庆十七年
(1812)、清宣统二年(1910)刻印了《淳化阁帖释文》等。

姓氏学研究上,最有成就者为武威张澍。他博览群书,考查各个
姓氏的起源和演变,按照韵目,把每个姓氏编排罗列出来,改正历代
姓氏书的错误,写成了"姓氏五书",即《姓韵》《辽元金三史姓氏录》
(附《西夏姓氏录》)《姓氏录源》《姓氏辨误》《古今姓氏书目考证》,共
300余卷,其中《姓氏寻源》和《姓氏辨误》两种当时刊行。这是我国姓
氏学方面的巨著,被清代学者称为"绝学"。

甘肃刊行的姓氏学著作还有汪辉祖的《史姓韵编》和王化兴的
《辑姓录》等。

历代史研究方面,武威李铭汉最有成就。他写下了纪事本末体的
宋、辽、金、元史《续通鉴纪事本末》。全书将宋太祖代周到明玉珍据蜀
这四百年之间的史事,概括为110件大事,每卷写一件大事,有的卷
下又附有若干小事。其辑录原文,剪裁精密,取舍得宜,对于探求一事
的起讫经过,十分方便。这部书刊行问世后,引起史学界的重视。

另外刊行的史著还有《官方宝鉴》《闺范图史》和杨于果的《史汉
笺论》、王鸿绪的《明史稿》、胡文炳的《读史碎金详注》等。

明清时期,甘肃各地文人开始重视地方史的资料整理。有的编写
地方史书,有的为名人、恩师立传,有的为同里家族写谱。刊行的地方
史有彭英甲编写的《陇右记实录》、程履丰编写的《陇上鸿泥》、阿桂等
编写的《钦定兰州纪略》《卓尼记》等;甘肃人物传记有皋兰张国常编
写的《甘肃忠义录》和彭泽编写的《段容思先生年谱纪略》、胡文炳编
写的《忠孝节义录》和胡秉虔编写的《甘州明季成仁录》以及《甘肃同
官录》《陇西同官录》《武威耆旧传》《武威韩氏忠节录》《岳钟琪行略》

等。大族家谱有《金城陈氏族谱》《皋兰颜氏家谱》《金城鲁氏家谱》等。

七、中华民国时期的刊物和图书

民国前后共 38 年，祖国仍处外患内乱之中，甘肃地处西北边陲，政治、经济、文化仍处于十分落后的状况。图书出版并无明显变化，唯受辛亥革命之影响，又受五四运动之引导，再加抗日战争和解放战争，一代甘肃热血青年积极投身革命，相继在省内外、国内外创办杂志，以笔作刀枪，同反动势力展开英勇的斗争，并积极倡导革命，力图振兴关陇。革命刊物的相继产生和不断增加，可算民国时期甘肃出版业的一大新生事物，也是以前历代所没有的。

这一时期的图书出版无明显特色，相比之下，研究甘肃地方史地的作品较为集中，大批史志著作相继产生，并有不少佳作问世；教学课本虽不能自力更生，但一批批课外读物、教学辅助读物、通俗读物和教育类著作逐步得以刊行，有的还具地方特色；受西方文化及中国新文化、新思想的影响，不少学者撰著或出版了一批科技类和政治经济类的著作和图书。并涌现出了张维、慕寿祺、冯国瑞、聂守仁、周希武等一批有名的甘肃地方学者和著述者。他们有关甘肃史地的作品为今人所重视，并在甘肃图书出版史上留下了深远的影响。

（一）刊物

刊物是近代产生的出版物，是介于书籍与报纸间的文字传播工具。甘肃的刊物是辛亥革命前后才出现的，一开始就成为进步与落后，革命与反动乃至无产阶级同地主阶级、资产阶级斗争的武器。

1894 的甲午战争给中国人民以莫大的刺激。从此以后，推翻帝国主义在中国的统治及政治改革的要求更加迫切，主张维新变法的思想开始转向带有群众性的政治运动，而资产阶级的民主革命运动也开始形成。各个政治党派，为了宣传人民，争取群众，在组织学会和出版刊物方面,出现了空前活跃的态势。辛亥革命前,甘肃在日本的留学生阎士璘、范振绪、杨思、万宝成、田树浸木、包述佚等,曾于光绪三十三年(1907)创办了《秦陇》《关陇》《夏声》等刊物,满腔热情地倡言革命,揭露帝国主义瓜分中国的阴谋,揭露沙俄对甘肃西部侵略造成的严重危机及清政府"败坏我河山"的罪行。倡导以"振奋关陇之心",使之"关陇振兴"。这是甘肃历史上最早的刊物,也是第一个进步的刊物。这一时期的官方刊物有《甘肃公报》(16开)和《甘肃政报》;教育方面的刊物有《甘肃教育官报》和《甘肃省立师范学校校友杂志》。

1919年5月4日在北京爆发的五四运动,是中国历史上的一个重大转折。它把中国的旧民主主义革命转变为新民主主义革命,并将中国的文化史推向一个新的时代。在五四运动的推动下,受李大钊等革命先烈创办的《新青年》等革命刊物的影响,1919年12月13日,在京求学的甘肃籍学生邓春芩、邓春兰、邓春膏、邓春霖四姐弟在北京三眼井14号成立了"春晓学社",并创办了《春晓学社季报》,成为甘肃最早的青年刊物。《春晓学社季报》第一期刊登了邓春膏的论文《文化之循环状态》、杂文《监狱》和他翻译的莫泊桑的小说《一根皮条》,刊登了邓春兰的日记《晋京旅行记》和杂文《北方学界的风潮》,刊登了邓春芩的《记西宁女校现时之状况及应行改正之意见》和童话《母女遇妖》,还刊登了邓春霖的论文《我的自然主义观》和他们几个人的旧体诗。文章抨击了封建迷信和北洋军阀卖国求荣的罪行,探讨了甘肃落后的原因及改革方案,提出了一些颇有见识的主张。

1920年(民国九年)在北京大学学习的甘肃学生张明道等,倡议创办《新陇》杂志,得到甘肃学生的热烈响应。当年春天《新陇》杂志在北京大学诞生,当时有会员53人,职员26人,由王自治任编辑部主任,张明道任经理部主任,由炯锦、邓春膏等任编辑兼校对,邓春芩为募捐员,邓春兰、邓春霖等为主要撰稿者。《新陇》在兰州、平凉、武威、天水、陇西、临洮、酒泉、西宁、银川等地及省内十所师范学校设有代办处。并聘皋兰陈泽世和临洮张璞为特约记者。杂志创刊号于 5 月 20 日在京问世,热情地宣传了五四运动的伟大意义,指出"去年'五四'运动,实吾国国民觉悟之表征,自觉之发轫也",并旗帜鲜明地阐述了自己的宗旨:"输入适用之知识及学理,俾国人知其卑污而投之以剂也,然后可望陇人之觉悟奋发,及污浊社会之改良也。"《新陇》曾转载陈独秀的《新文化运动是什么》和蔡元培的《洪水与猛兽》等文章。初刊为月刊,规定五期为一卷,16 开本,每期 40 页,民国十年(1921)三月停刊,后又复办至民国十九年(1930)8 月,共出版 2 卷 5 期。它在扩大五四运动的影响,推动甘肃历史的进步,传播新文化,反帝反军阀方面都起了积极的作用。

民国十五年(1926),在中共特别支部和青年社负责人钱清泉、宣侠父的领导下,在兰州邸家庄创办了甘肃最早的专门宣传妇女解放的刊物——《妇女之声》,当时在国民党甘肃省党部妇女部工作的共产党员陈宗陶、冯玉德等参加了该刊的具体领导和编辑工作。我国第一个主张解除女禁的先驱者邓春兰积极为该刊撰写文章,并参加编辑工作。刊物所载的主要是反帝反封建、提倡男女平等、主张妇女参加政治活动的文章。1927 年(民国十六年)"四一二"反革命政变后,《妇女之声》仅出 3 期后被迫停刊。在此期间,先后出版的还有《民锋》《民星》等进步刊物。

从五四运动到第一次国内革命战争期间,在甘肃也有一批宣传军阀政府和国民党统治思想的刊物,如《党锋》月刊和《党星》三日刊等。

第二次国内革命战争时期,国共两党合作失败,革命处于低潮,不少革命刊物和进步刊物被迫停刊,而宣传国民党"一党专政"和维护国民党统治的刊物暂处统治地位。如"五四"后创办的《党锋》和《党星》在第二次国内革命战争时期极力宣扬国民党的一党专政及排斥共产党的观点。以后创办的《民垒》在宣传这一思想上也极为卖力。

1937年抗日战争开始，国民党虽仍然限制共产党及进步社会团体的活动，但在这民族存亡的关键时刻，在中国共产党抗日民族统一战线的影响下，中国人的抗日情绪不断高涨，抗日救亡团体不断出现，宣传抗日，提倡进步，主张革命的刊物如雨后春笋。甘肃先进青年和进步人士先后成立了"甘肃青年抗战团""甘肃妇女慰劳会""中华民族解放先锋队""读书会""伊斯兰学会""回民教育促进会""平凉学生联合救国会""小学教师抗战慰问团"等。他们采用多种形式，宣传共产党的抗日统一战线，宣传抗日，如《西北青年》《妇女旬刊》《抗敌旬刊》《甘院学生》《现代评坛》《回声》《合作生活》《中苏文化》《苦干》《战号》《党的生活》《回民青年》《老百姓》《热血》《兰州妇女》《平凉青年》等。

《西北青年》于1937年(民国二十六年)创办，16开旬刊，为中共甘肃工委机关刊物，由刘日修、罗扬实、樊大畏等同志先后任主编。主要撰稿者为甘肃工委的负责人罗云鹏、刘日修、罗扬实、樊大畏、蔺克义等。共办7期，于1938年因国民党查禁而被迫停刊。它为推进抗日救亡运动，揭露国民党积极反共、消极抗日的真面目发挥了重大的作用。办刊期间，谢觉哉、彭加伦、伍修权等同志为该刊撰稿。谢觉哉同志以"涛""徒"等笔名先后发表了《苟安即是自杀》《一九三八年——中华民族复兴年》《争取继续抗战胜利》《三民主义与救国》《统治的释义》等文章，集中宣传和阐述了党的民族统一战线，揭露了国民党消极抗日、积极反共，以及压制民主，阻挠和破坏青年参加抗日救亡运动的罪行。他警告国民党右翼分子："收起你们破坏救亡运动的企图吧，如果再执迷不悟，告诉你们，广大抗日的民众是会给你们严厉的惩罚的！"并号召广大抗日民众"一致行动起来，纠正一切不正确的倾向,坚定胜利信念,努力做好抗日救亡工作,坚持抗战到底,争取抗日最后胜利。"因此,《西北青年》当时在青年知识分子中影响较大。

在这一时期,国民党党政军机关在省内的刊物近30种,极力宣扬和维护国民党的统治,诬蔑共产党和八路军,歪曲和攻击马克思列宁主义,传播消极抗日和积极反共的思想。其中以《西北干部》《政论》《现代西北》《党言》《甘肃青年》《工商青年》等最为突出。

解放战争时期,国民党对进步刊物严格查禁,不少革命和进步刊物被迫停刊。为了迎接全国解放的大好形势,中共兰州秘密党组织于1948年(民国三十七年)创办了一批内部刊物,如兰大附中的《春雷》,兰州一中的《朔风》,公路局的《青苗》等。它为宣传和动员人民迎接西北及兰州的解放,做出了积极的贡献。

这一时期,国民党的一些机构又继续创办了《文化青年》《西北文艺》《新甘肃》《新光》等十几种刊物,极力宣扬国民党的"戡乱建国",造谣、诬蔑共产党和中国人民解放军,妄图阻止人民解放军解放大西北。

(二)图书

1. 志书:自古以来,中国知识分子总有修志留传之传统。志书以清代为盛。辛亥革命后,仍继前代传统,官方及地方知识界仁人矢志于甘肃地方文史,注重地方志的续修、重修和创修。1929年甘肃省政府决定编修甘肃省通志,并成立省通志局,1932年根据中央政府内政部颁布的《修志事概要》的规定,改省通志局为甘肃通志馆。从一些县的县志题记来看,民国十年(1921)前后,甘肃大部分县都成立了县志局和县志编纂委员会。民国年间,甘肃共修省通志1部,州府志4部,县志36部,另有省乡土志1部,专业志4部。

《甘肃新通志稿》是继乾隆《甘肃通志》和宣统《甘肃全省新通志》之后的甘肃第三部通志。由省主席刘郁芬监修,杨思、张维、慕寿祺等纂修。自民国十八年(1929)修起,至二十五年(1936)成书。全书450

万字,120 卷,共分 17 纲 93 目。其中舆地志 15 卷,分别有总分图、沿革图表、晷度、疆域、山脉、水道、地质、气候、物产、古迹(含陵墓);建置志 5 卷,包括县市、廨署、庙宇、关梁;民族志 10 卷,分别记载族姓、迁徙、户口、宗教、学艺、实业、风俗、方言;民政志 5 卷,包括自治、警政、水利、蠲赈;财赋志 7 卷,分别记载贡赋、税捐、仓储、市籴、公债、官产、着徭、会计、货币;教育志 6 卷,包括学制、书院、学校、学田、留学和社会教育;军政志 9 卷,包括兵制、塞防、屯田、马政、互市、边事;交通志 4 卷,包括道路、驿传、河运、邮电;外交志 1 卷,包括交涉、通商、教会;职官志 14 卷,包括官制、职官表、宦绩、封爵、土司;选举志 6 卷,包括选举制度、征辟制科表、科举表、武科表、议员表、学校毕业表;人物志 28 卷,包括上古至清末之烈女、愚贤、释道;金石志 3 卷,包括石器、陶器、金器、石刻、造像、摩崖、瓦砖、壁画、古木竹简;艺文志 2 卷,记载经、史、子、集、方言、译经等;纪事志 1 卷,记载上古至民国期间之大事;变异志 1 卷,记载变异、天变、地震、人异、物异;杂记 4 卷,包括轶闻、考证、拾遗、前志等。

该志上起远古,下止民国十七年(1928),结构严谨,资料翔实,文字简练,与乾隆《甘肃通志》和宣统《甘肃全省新通志》相比,明显见长。

州府志有杨景修纂的《庆阳府志续稿》14 卷,姚展、任永允修纂的《秦州直隶州新志续编》8 卷,李镜清纂的《狄道州志》12 卷。郭仲产撰、冯国瑞辑的《秦州记》9 卷。专业志有张维主编的《甘肃人物志》、聂守仁的《边防志稿》等。

《甘肃人物志》上起远古,下至清末,有帝纪 2 卷,列传 16 卷,载记 2 卷,表 3 卷,序录 1 卷,凡 24 卷,19 万字,共收甘肃人物 432 人。其中有精通军事、战功赫赫的一代名将;有在学术上造诣很深,成就很大,闻名全国的学者。是书取材广泛,搜罗齐全,内容翔实,是研究、评述甘肃历史人物,了解甘肃古代政治、文化的宝贵资料。成稿后于民国十五年(1926)由陇右乐善书局刊行成线装本 8 册闻世,至今颇受读者欢迎。1988 年西北师范大学古籍整理研究所纳入《陇右文献丛书》并印刷。

在 36 部县志中,当时刊行问世者只有 18 部,其余 18 部为抄本,个别在新中国成立后有油印本流传。刊行问世的县志有刘可宗纂修,民国四年(1915)石印的(续修)《靖远县志》;县人王裕基纂,民国七年(1918)铅印的(续修)《永昌县志》;民国八年(1919)县知事周树清修,卢殿元纂,民国九年(1920)石印的《镇番县志》12 卷;民国十一年(1922)县知事徐家瑞修并铅印的《高台县志》8 卷;民国十二年(1923)县人张著常纂并铅印的《东乐县志》4 卷;民国十二年县人赵钟灵纂,民国十三年(1924)石印的《徽县新志》4 卷;民国十五年(1926)县知事陈鸿宝修并石印的《渭源县志》10 卷;张鹗、石作柱修,杨国桢等纂,民国十七年(1928)石印的《漳县志》8 卷;张次房修,幸邦隆纂,民国二十二年(1933)石印的《华亭县志》4 卷;张东野修,王朝俊等纂,民国二十四年(1935)由南京京华印书馆铅印的《灵台县志》4 卷;民国二十二年修并铅印的《礼县新志》4 卷;在张鹗、石作柱原本上由县人韩世英增缉,民国二十三年(1934)铅印的《漳县志》8 卷;钱史彤、邹介民修,焦国理、慕寿祺纂,民国二十四年由兰州俊华印书馆铅印的(重修)《镇原县志》19 卷;民国二十八年(1939)姚展修,罗缵绪纂并铅印的《天水县志》15 卷;章金龙修,高增贵纂,民国三十一年(1942)兰州俊华印书馆铅印的(创修)《临泽县志》14 卷;刘兴沛修,郑潘、朱离明纂,民国三十三年(1944)陇东日报社铅印的《平凉县志》3 卷;刘福祥、王风翼、王耿光纂,民国三十七年(1948)石印的《清水县志》12 卷。

2. 史地:辛亥革命及五四运动以后,甘肃一代青年知识分子中涌现出一批重视甘肃乃至西北历史、地理的学者,并撰集文章,著书立说,相继产生了一批名篇佳作,这也是以前各代所没有的。临洮张维,治学主张明事理、重实用,读古今图书逾 7 万卷,尤专心于典章制度及文物研究,并苦心著述,是民国时期甘肃著名的学者和编纂家。民国十九年(1930)后专职甘肃通志大事,致力著述,7 年中率诸同事成书 120 卷,增旧志 16 卷,删订 12 卷,其他著述多为研究甘肃文史的精益之作,并私资助楮墨,得以问世,其中铅印、石印者有《甘肃人物志》《陇右方志录》《陇右金石录》《陇右文艺录》《三陇河渠集》《兰州古今注》《三秦国志》《五凉国志》《仇池国志》等;未刊印的有关甘肃及西北史事辑录、文稿 46 种 587 卷。

天水冯国瑞,肄业于南京东南大学,毕业于清华国学研究院,其学博大精深,长于文史,重视甘肃文史研究,尤其在麦积山石窟艺术研究上筚路蓝缕,为之先河。一生著述颇多,有关甘肃及西北文史,并刊行者有《张介侯先生年谱》《麦积山石窟志》《炳灵寺石窟勘察记》《秦州记》《天水出土秦器汇考》;未刊行者有《兰州读书记》《武威汉简集零》《论简书翰拾零》《汉晋甘肃竹木简杂记》《汉简仪礼异文通假校记》《麦积山馆丛稿》。1939 年,冯国瑞先生回到天水,担任县志局总纂,组织编写了《天水县志》,并筹备成立了"陇南丛书编印社"。在甘肃历史上除兰州外,它是州府县成立的第一个图书出版机构。并将《麦积山石窟志》《秦州记》《天水出土秦器汇考》等列入"陇南丛书编印社"丛书出版。

天水周希武是清末民国初甘肃的一位青年知识分子,嗜奇好博,涉览群书,常漫游关陇,无论在武威任教,还是在青海供职,锲而不舍地研究西北及甘肃的历史、地理。民国三年(1914),英帝国主义勾结西藏地方卖国势力,私行订立非法的《西姆拉条约》,公然叫嚷西藏"独立",竟把青海也全部划在独立区境内。周希武满怀爱国爱乡热情,愤然而起,同甘肃勘界专使周务学前去探索青海海南奥秘,将真相公之于世,唤起国人重新认识青海海南,保卫海南。一年后他的《玉树调查记》10卷完稿,以后便刊行问世。《玉树调查记》虽不是皇皇巨著,但在当时的历史条件下不失为拓荒者的创新之作,为西北少数民族留下了一份可贵的文化遗产。

在此后的十几年内,周希武有关西北及甘肃史地的著作还有《海宁记行》1卷、《甘肃民族史》《甘肃水道图说》《边事纡筹》《湟中随笔》等。

研究和记述西北及甘肃历史、地理的著作,还有镇原慕寿祺的《甘宁青史略》42卷铅印本、《西北道路记》《西北史地》《北游鸿爪》和《筹边管见》;民勤聂守仁的《甘肃近三十年事略》4卷,《西北壮游记》2卷;甘谷吴隶芬的《西疆交涉志要》6卷;临夏马福祥的《蒙藏状况》和《蒙疆纪要》;陇西李寅的《陇右杂记》8卷等。

另外还有一批方志副产品,即修志人或修志单位,将县志以外的资料加以整理,写成采访录、调查录、要览等。如文廷美纂、高光寿编的《渭源县风土调查录》,孙继舜著的《康县要览》,临洮县政府编的《临洮要览》,临泽县志局编的《临泽县采访录》,金塔县政府编的《金塔县采访录》,杨巨川编的《青城记》,张振江纂的《泾州采访录》,曹馥纂的《安西县采访录》,李秉璋修、韩建笃纂的《文县要览》,文县政府编的《文县乡土调查录》,蒙藏委员会调查室编的《马鬃山调查报告》,张存恭和张存俭编的《两当乡土讲义》等。

3. 教育类:辛亥革命后,甘肃中小学校采用国民党教育部规定的课本。主要由上海商务印书馆、中华书局、中正书局提供。甘肃本省出版的教育和教学辅助读物有《小儿语》《劝民歌》《劝学尔言》《劝学文》《小学弦歌》等。各级各类学堂及大学,也采用并刊印学校教员及省内外学者编写的讲义,如《论道德讲义》《教育心理学》《政治学概论》《国际公法讲义》《心理学讲义》《法学注释》《律例讲义》《伦理学讲义》《中外政治论衡》《春秋解》《史学概要》《教育计划书》《述忍堂家训》。

4. 经济类：民国三十年（1941）至民国三十四年（1945）甘肃省银行经济研究室编辑出版了一套"甘肃经济丛书"，包括《甘肃之特产》《甘肃之工业》《甘肃之水利建设》《甘肃之气候》《甘肃农业概况估计》《甘肃各县经济概况》和《甘肃农村经济之研究》等。这也是甘肃历史上的一部配套丛书。分别对甘肃的特产品种分布及产销，农业生产状况，水力资源、灌溉及河流分布，气候特点、年变化及与农业生产的关系，工业的状况及发展变化，工商及金融的历史及现状等进行论述，为甘肃的经济发展提供了大量的宝贵资料。另外，民国三十五年（1946）至三十七年（1948）甘肃省政府还编辑出版了《甘肃统计年鉴》《甘肃经济概况》《甘肃省银行概况》等。出版的经济类图书还有《兰州水烟业》《兰州工商与金融》等。

5. 科技类：主要为医学著作。出版的有《白喉之病理及治疗》《猩红热之病理及治疗》。未出版的有《医方百科录》《痘疹经济良方》《中医先后阴阳精经集》《朱师医案》等。

其他著作出版的有《甘肃蝶类初步报告》《兰州五年来之气象》《绵羊人工授精之技术及实际应用》。未出版的有《金工讲义》《中国地震考》等。

6. 文学作品：民国时期，甘肃的文学作品并不多。诗文集、辞赋集、杂文和日记类共有 90 部，其中刊行问世的 20 多部，主要有秦望澜的《退想斋词》，皋兰王树中的《细阳小草》和《梦梅轩诗草》，静宁柳逢原的《留芬集》，酒泉闫毓善的《龙沙鳞爪》，礼县梁士选的《守拙堂遗稿》，皋兰郑元瀞的《东游日记》，甘谷宋兴周的《知足斋诗钞初集》8 卷、《知足斋诗钞续集》4 卷、《知足斋诗钞》8 卷，临夏邓隆的《壶庐诗集》4 卷、《恭敬桑梓录》2 卷、《鹿鸣私宴集》，陇西王海飒的《踏踏草》2 卷，天水周希武的《榆枋游草》等。

（原载《甘肃省志新闻出版志·出版》，甘肃人民出版社 1990 年版）

明清时期甘肃印刷图书目录

　　1986年,因编写《甘肃省志新闻出版志·出版》的需要,笔者用半年时间,翻阅了甘肃省图书馆馆藏近万册甘肃图书,重点收集了明清时期甘肃印刷的图书,并逐一做卡片登记。对其印刷、装帧质量做简单记录,一些重点图书粗略阅读,并做简单评介。在以后的几年里,又先后走访了北京大学图书馆、甘肃省档案馆和天水、平凉、庆阳、武威、张掖、酒泉、敦煌、兰州、永登、临洮等市地县图书馆或文化馆,收集了同一时期甘肃印刷的图书,辑成《明清时期甘肃印刷图书目录》计500种之多。虽有挂一漏万之嫌,但她毕竟是在甘肃历史上第一次集中整理收集的这一时期现存图书的实物证据,对了解和研究甘肃图书出版史弥足珍贵。谨录如下。

　　(一)经类

　　《易象图说》十卷　通渭李南晖著,清刻本。

　　《杂卦传》　通渭李南晖著,清刻本。

　　《周易阐真》八册　刘一明著,清嘉庆四年(1799)榆中栖云山刊本。

　　《易理阐真》　刘一明著,清嘉庆榆中栖云山刊本。

　　《易注略》二十五卷　刘一明著,清嘉庆榆中栖云山刊本,

　　《大易贯解》　秦州(天水)王尚概著,清嘉庆刊本。

　　《易爻近征》二卷　武威宋柏著,清同治刊本。

　　《周易一本义》二册　朱熹著,清光绪十六年(1890),兰州刊本。

《周易图说述》 王弘撰著,清光绪三十三年(1907)兰州敬义堂刊本。

《易翼贯解》七卷 皋兰余德楷著,清光绪皋兰刊本。

《周易四卦解》一卷 清光绪戊子举人平番周应沣著,印本。

《读十三经管见》 秦州(天水)王尚概著,清同治刻本

《诗经》 清同治甲戌(1874)兰州府署刻印。

《诗经集锦》四卷 陇西张卫楷著,清光绪刊本。

《钦定四书》 清乾隆三至六年(1738—1741)甘肃巡抚元展成主持刻印。

《四书课童诗》 临洮吴镇著,清乾隆五十六年(1791)兰山书院刊本。

《四书六韵》 临洮吴镇著,清乾隆刊本。

《四书讲义》四卷 秦安安维峻著,清宣统三年(1911)陇右乐善书局刊本。

《四书注解》 清光绪临洮刊本。

《新定古本大学》 静宁孙积善著,清光绪铅印本。

《四礼典要》 清乾隆三十六年至三十九年(1771—1774)甘肃布政使尹嘉铨主持刻印。

《周礼政要》二册 孙诒让著,清光绪乙巳(1905)秋甘肃高等学堂刊本。

《孝经分传》 清乾隆三十六年至三十九年(1771—1774)甘肃布政使尹嘉铨主持刻印。

《春秋林鉴》八卷 临夏何永达著,明河州(临夏)刻本。

《春秋贯解》 秦州(天水)王尚概著,清同治刊本。

《春秋大旨提纲表》二册 刘尔炘编,清光绪三十四年(1908)甘肃高等学堂刊本。

《字学正宗》 镇原张先觉著,清乾隆刊本。

《便蒙字书》 宁远(武山)陈献文著,清刻本。

《钦定四言韵文》 清嘉庆十九年(1814)甘肃藩司刻印。

《御制原教》 清嘉庆十九年(1814)甘肃藩司刻印。

《(批点)三字经注解》 王言论批注,清咸丰元年(1851),兰州同仁堂朱墨套印。

《钦定四言韵文》 清咸丰三年(1853)甘肃藩司刻印。

《增广字学举隅》四册 铁珊著,清同治十三年(1874)兰州郡署刻本。

《韵字同异辨》 肃州(酒泉)胡文炳著,清同治刊本。

《入声韵语》 靖远王家督著,清同治刊本。

《小学弦歌节抄》 秦州刘永亨著,清光绪乙巳(1905)文德斋刊本。

《文钥》一册 邹福保辑,清宣统三年(1911)甘肃存古学堂刊本。

(二)史政类

《淳化阁帖释文》 明崇祯十一年(1638)华亭张肯堂刊本;清嘉庆十七年(1812)兰州道升巷寿古堂西安访古阁刘法帖铺刻,徐朝弼撰序,皋兰李映西书;清宣统二年(1910)孟冬刘尔炘主持其事并书文,于积中刻。

《官方宝鉴》 清乾隆三十六年至三十九年(1771—1774)甘肃布政使尹嘉铨主持刻印。

《闺范图史》 清乾隆三十六年至三十九年(1771—1774)甘肃布政使尹嘉铨主持刻印。

《通鉴论》十六卷 武威潘挹奎著,清嘉庆刊本。

《史汉笺论》四卷 秦安杨于果著,清道光秦安非能园刊本。

《史学贯珠》四卷 肃州(酒泉)胡文炳著,清同治刊本。

《读史碎金详注》八十卷　肃州（酒泉）胡文炳著，清光绪元年（1875）兰石斋刊本。

《明史稿》　王鸿绪著，清光绪刊本。

《续通纪事本末》一百一十卷　武威李铭汉著，清光绪三十二年（1906）刻本。

《希腊春秋》二册　王树枏著，清光绪三十二年（1906）兰州官报书局铅印。

《姓氏辨误》　武威张澍著，清嘉庆刻本。

《辑姓录》　清咸丰元年（1851）伏羌刻本。

《史姓韵编》十六册　汪辉祖辑，清光绪甲申（1884）兰州耕馀堂刊本。

《历代边事汇抄》十二卷　皋兰朱克敬著，清同治刻本。

《历代帝王总记》一卷　皋兰王鑑潭辑，清光绪铅印本。

《佐郡实录》二本　安定（定西）刘跃龙著，明刻本。

《林泉偶录》二卷　临夏何永达著，明河州（临夏）刻本。

《甘肃观风录》　清乾隆三十六年至三十九年（1771—1774）甘肃布政使尹嘉铨主持刻印。

《钦定兰州纪略》　清乾隆四十六年（1781）阿桂著，刻本。

《岳钟琪行略》　清嘉庆十七年（1812）岳炯刻。

《皋兰颜氏家谱》六册　皋兰颜秉惰撰，清嘉庆十七年（1812）皋兰刊本。

《武威耆旧传》四卷　武威潘挹奎著，清嘉庆刻本。

《鲁氏世谱》二卷　平番鲁纪勋著，清道光刊本。

《段容思年谱》　兰州彭泽著，道光四年（1824）佩兰堂刊本。

《甘州明季成仁录》四卷　胡秉虔辑，清道光四年（1824）胡氏授经堂刊本。

《李槐堂传》 清道光庚寅（1830）刻本，临洮李兆阳刊，吴镇撰序。

《松石斋印谱》 皋兰唐琏著，清道光刻本。

《武威韩氏忠节录》 武威韩奉先著，清道光武威刊本。

《卓尼记》 清道光丙申（1836）孟阳养和堂刊本。

《崆峒纪游集》 陈芝眉、林桂山先生撰订，清道光丁未（1847）平凉府衙门刊本。

《皋兰金氏家谱》 皋兰金玉音著，清同治刊本。

《舆地辨同录》二十卷 伏羌（甘谷）王权著，清同治刊本。

《忠孝节义录》四卷 肃州（酒泉）胡文炳著，清同治刊本。

《北行纪略》一册 文县何宗韩著，清刻本。

《陇上鸿泥》 程履丰著，清光绪五年（1879）刊本。

《金城陈氏家谱》八册 清光绪十二年（1886）兰州庆馀堂刊本。

《甘肃忠义录》三十册 皋兰张国常著，清光绪十六年（1890）皋兰刻本。

《重修皋兰颜氏家谱》十二册 皋兰颜豫春修，清光绪刊本。

《陇事纡筹》 天水张世英著，清光绪铅印本。

《劳薪录》二册 易抱一编，清光绪癸卯（1903）兰州官印书局铅印。

《明夷待访录》 清光绪甲辰（1904）甘肃高等学堂刊本。

《陇西同官录》 清光绪兰州刊本。

《吕子节录》四册 吕叔简著，清宣统己酉（1909）甘肃藩署刊本。

《陇右劫余录》一册 皋兰刘尔炘著，清宣统元年（1909）陇右乐善书局刊本。

《陇右记实录》六册 彭英甲编，清宣统三年（1911）甘肃官报书局铅印。

《劾严世蕃父子疏》 兰州邹应龙撰,明兰州刊本。

《上谕瑞谷图注解》 清雍正八年(1730)甘肃刊本。

《钦定吏部则例书》二十四本 清乾隆十六年(1751)甘肃藩司刷送。

《钦定物料价值则例》八册 清乾隆三十三年(1768)十二月甘肃刊本。

《钦定工部则例》十四本 清嘉庆四年(1799)甘肃藩司刊本。

《御制慎刑论慎刑绪论息讼安民论》 清嘉庆六年(1801)甘肃藩司刷送。

《钦定军器则例书》十二本 清嘉庆十三年(1808)甘肃藩司刷送。

《捐办土房议叙条例书》 清嘉庆十三年(1808)甘肃刊本。

《御制义刑辨》 清嘉庆十四年(1809)甘肃藩司刷送。

《御制仰报天恩肃吏治修武备》 清嘉庆十九年(1814)甘肃藩司刷送。

《御制尽心竭力仰报天恩论》 清嘉庆十九年(1814)甘肃藩司刷送。

《甘肃赋役全书》 清咸丰三年(1853)省府刊本。

《平番奏议》四册 那彦成著,清咸丰三年(1853)兰州阿公祠刊本。

《救荒六十策》 寄湘渔父编撰,清光绪五年(1879)皋兰县署刊本。

《江楚会奏变法》 清光绪二十七年(1901)甘肃藩署重刻。

《江楚会奏揭方稿书》 清光绪二十八年(1902)甘肃藩司刷送。

《诰授光禄大夫赐侯尚书崧制军〔蕃〕德政序》 张国常著,清光绪年间兰州官书局铅印。

《刑案新编》 赵次山编,清光绪二十八年(1902)兰州官书局铅印。

《甘肃大布统捐章程》 潘龄皋拟订,清光绪年间甘肃政报局铅印。

《甘肃统捐章程—蒙盐》 甘肃全省税厘总局编,清光绪三十二年(1906)兰州刊本。

《甘肃试办木料统捐章程》 甘肃全省税厘总局编,清光绪三十三年(1907)甘肃官报书局刻印。

《圣谕广训》 清雍正三年(1725)甘肃藩司刷送。

《圣谕广训》附《律易解》 清同治九年(1870)左宗棠行营刊印。

《上谕广训》 清乾隆四十一年(1776)兰州刊印。

(三)志书类

《甘肃通志》五十卷三十六册 清雍正六年(1728)巡抚许容监修,李迪等纂,乾隆元年(1736)成书。

《甘肃新通志》一百卷八十一册 清光绪三十四年(1908)总督长庚监修,安维峻等纂,宣统元年(1909)成书。

《巩郡记》三十卷 明嘉靖二十五年(1546)秦安胡缵宗著。

《庆阳府志》二十卷 明嘉靖三十六年(1557)傅学礼修,王福纂。

《平凉府志》十三卷十册 明嘉靖三十九年(1560)平凉赵时春修。

《临洮府志》二十六卷 明万历三十二年(1604)唐懋德修。

《肃镇志》四卷四册 明万历四十四年(1616)兵部副使李应魁修。

《甘镇志》六卷四册 清顺治十四年(1657)分巡道昌平杨春茂修。

《凉镇志》四册 清顺治十四年(1657)西宁道交河苏铣修。

《庆阳府志》十四卷　清顺治十七年(1660)杨藻凤纂修。

《秦州志》　清顺治年间宋琬纂修。

《临洮府志》二十卷八册　清康熙二十六年(1687)知府奉天高锡爵修。

《巩昌府志》二十八卷十二册　清康熙二十七年(1688)知府文安纪元修。

《直隶阶州志》二卷二册　清乾隆元年(1736)知州葛时政修。

《肃州新志》三十卷十二册　清乾隆二年(1737)分巡道歙县黄文炜修。

《五凉考治六德集全志》五卷五册　清乾隆十四年(1749)武威张玿美修。

《庆阳府志》四十二卷八册　清乾隆二十六年(1761)知府武林赵本植修。

《直隶秦州新志》十四卷　清乾隆二十九年(1764)知州吴江费廷珍修,胡釴纂。

《甘州府志》十六卷十册　清乾隆四十四年(1779)知府长兴钟赓起修。

《武阶备志》十二卷十册　清嘉庆十三年(1808)州人吴鹏翱修。

《兰州府志》十二卷六册　清道光十三年(1833)新城涂鸿义纂,陈士祯修。

《阶州直隶州续志》三十三卷　清光绪十二年(1886)州人吕震南修。

《秦州直隶州新志》二十四卷十册　清光绪十五年(1889)伏羌(甘谷)王权、州人任其昌修。

《兰州志》二册四卷　清康熙二十五年(1686)州人陈如稷修。

《皋兰县志》二十卷　清乾隆四十三年(1778)县人黄建中修。

《皋兰县续志》四册十二卷　清道光年间秦维岳纂,陆芝田续纂,清道光二十七年(1847)刻印。

《重修皋兰县志》十二册三十卷　清光绪十八年(1892)张国常修。

《狄道县志》二册八卷　清康熙二十七年(1688)知县棠邑李观我修。

《狄道州志》八册十六卷　清乾隆二十八年(1763)吴镇修。

《狄道州续志》八册十二卷　清宣统元年(1909)李镜清纂,联瑛修。

《河州志》五册六卷　清康熙四十六年(1707)知州钟祥王全臣修。

《靖远志》六册六卷　清康熙四十六年(1707)教授陈仓李一鹏修。

《续增靖远县志》　清乾隆四十年(1775)县人潘绍尧修。

《靖远县志》八册八卷　清道光十三年(1833)知县上元陈之骥修。

《金县志》二卷　清康熙二十六年(1687)知县山东耿喻修。

《金县志》二册十三卷　清道光二十二年(1842)知县满洲恩福修。

《金县续新志》　清光绪三十四年(1908)窦秉璋纂修。

《渭源县志》　清康熙二十七年(1688)知县吴县张弘斌修。

《安定县志》七卷　明万历二十五年(1597)恽应翼修,张嘉孚纂。

《安定县志》八卷　清康熙十九年(1680)知县张尔介修。

《陇西县志》六册十二卷　清乾隆元年(1736)知县鲁廷琰修,杨国瓒刊。

《洮州卫志》　清康熙二十六年(1687)卫守备靖远吴垚修。

《洮州厅志》十八卷　清光绪三十三年（1907）抚番同知张彦笃、州人包永昌纂修。

《岷州志》六册二十卷　清康熙四十一年（1702）汪元綑修，田而�纂。

《会宁县志》四册十二卷　清道光十一年（1831）知县湖南毕光尧修。

《会宁县志》（续修）二卷　清道光二十年（1840）徐敬修，周西范纂。

《秦安县志》二册九卷　明嘉靖十四年（1535）县人胡缵宗修。

《秦安县志》四册十四卷　清道光十八年（1838年）长宁刘德熙修。

《清水县志》二册十二卷　清康熙二十六年（1687）知县临汾刘俊声修。

《清水县志》四册十六卷　清乾隆六十年（1795）知县阳羡朱超修。

《徽郡志》八卷　明嘉靖四十二年（1563）孟鹏年、郭从道纂修。

《徽县志》不分卷　清乾隆四十六年（1781）知县赵同翮纂修。

《徽县志》四册八卷　清嘉庆十四年（1809）张伯魁修。

《徽县略志》四卷　清光绪三十三年（1907）阆风楼纂修。

《两当县志》　清乾隆三十二年（1767）知县曲沃秦武域修。

《两当县新志》十二卷　清道光十八年（1838）知县蒙古德俊修。

《礼县志》二册二十卷　清乾隆十七年（1752）知县普宁方嘉发修。

《礼县志》四册　清光绪十六年（1890）知县绵竹雷文渊修。

《通渭县志》　明万历四十四年（1616）刘世纶修，白我心纂。

《通渭县新志》十二卷　清光绪十九年（1893）知县湘阴高蔚霞修。

《宁远县志》五卷　明万历十五年(1587)邹造修。

《宁远县志》二册六卷　清康熙四十九年(1710)知县慈溪冯同宪修。

《宁远县志续略》八卷　清乾隆二十七年(1762)县人于缵周修。

《宁远县志续刊》　清道光十五年(1835)苏得坡纂。

《伏羌县志》四册十二卷　清乾隆十四年(1749)县人巩建丰修。

《伏羌县志》四册十四卷　清乾隆三十五年(1770)知县涪州周铣修。

《续伏羌县志》六卷　清同治十一年(1872)知县遗州侯新严修。

《西和县志》四册四卷　清乾隆三十六年(1771)知县盱江邱大英修。

《文县志》四册八卷　清康熙四十一年(1702)知县宛平江景瑞修。

《文县续志》　清乾隆二十七年(1762)知县汝阳孙岜修。

《文县志》六册八卷　清光绪二年(1876)知县满洲长赟修。

《成县新志》四册四卷　清乾隆六年(1741)知县黄泳修。

《华亭县志》　清嘉庆元年(1796)教谕正宁赵先甲续修。

《静宁州志》十四卷　清康熙五十五年(1716)吴之珽纂。

《静宁州志》四册八卷　清乾隆十一年(1746)知州钱塘王炬修。

《庄浪汇记》八册　明万历四十四年(1616)三边总督李之采修。

《庄浪县志略》二十卷　清乾隆三十六年(1771)邰陆纂。

《庄浪志略》四册二十卷　清乾隆五十五年(1790)庄浪县丞丹徒耿文光修。

《宁州志》三册五卷　清康熙二十六年(1687)知州辽东晋显卿修。

《正宁县志》十八卷　清乾隆二十九年(1764)知县阳曲折遇兰修。

《合水县志》二册二卷　清乾隆二十六年（1761）知县宁乡陶奕曾修。

《环县志》四册十卷　清乾隆十七年（1752）知县仁和高观鲤修。

《泾州志》二册二卷　明万历知州田一井修。

《泾州志》二册二卷　清乾隆十八年（1753）知州项城张延福修。

《崇信县志》二卷　清顺治十七年（1660）知县东阿于元煜修。

《镇原县志》二册二卷　清康熙五十四年（1715）县人张述辕修。

《镇原县志》十卷　清嘉庆八年（1803）陈珙繁修，刘化鹏纂。

《镇原县志》十二册二十二卷　清道光二十七年（1847）知县南城李从图修。

《灵台志》二册四卷　清顺治十五年（1658）知县黄居中修。

《镇番县志》五册十卷　清道光五年（1825）县人谢集成修。

《永昌县志》十卷　清乾隆五十年（1785）李登瀛修，南济汉纂。

《永昌县志》八卷　清嘉庆二十一年（1816）南济汉纂。

《阶州志》二卷　明万历四十四年（1616）余新民修，蹇逢泰纂。

《庄浪汇集》八册八卷　明万历四十四年（1616）修。

《山丹县志》四册十卷　清道光十一年（1831）知县平定黄璟修。

《敦煌县志》四册七卷　清道光十年（1830）武威曾诚修。

《襄武人物志》　清陇西吴之琠修。

《崆峒山志》二册三卷　明李应奇修。

《崆峒山志》二册二卷　清平凉知府海盐张伯魁修。

《改正世界地理学》二册　（日）矢津永昌原著，清光绪二十八年（1902）甘肃官书局铅印。

（四）医书类

《图形枕藏外科》　胡璟著，清乾隆四十七年（1782）夏河刊本。

《痘麻放心篇》　刘一明著，清嘉庆十年（1805）榆中栖云山刻本。

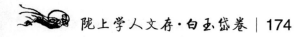

《晰微补化瘀胀全书》 王凯著,清嘉庆十九年(1814)榆中栖云山刊本。

《眼科启蒙》四卷 刘一明著,清嘉庆二十二年(1817)榆中栖云山刊本。

《经验杂方》二册 刘一明辑,清嘉庆二十二年(1817)榆中栖云山刊本。

《杂疫症治》二册 刘一明辑,清嘉庆二十五年(1820)榆中栖云山刊本。

《痘疹管见》 皋兰张振濯著,清道光刻本。

《遂生福幼编》 清道光丙午年(1846)兰省隍庙巷耕馀堂刊本。

《大生要旨》 清道光己丑(1829)兰州如林堂刊本。

《券心春气合编》 原浃辑,清咸丰六年(1856)首阳旧县刊本。

《竹林寺女科秘传》 清同治甲子年(1864)兰州陕甘督院文巡捕公所刊本。

《千金至宝》 庄一夔著,清同治四年(1865)兰省山陕会馆刊本。

《时疫白喉捷要》 张绍修著,清光绪六年(1880)兰州刊(袖珍本)。

《引痘略》 邱熺等著,清光绪六年(1880)甘凉道署刊本。

《白喉治法忌表抉微》 耐修子录,清光绪十七年(1891)武威同善公所刻本,光绪二十三年(1897)甘肃东茶务众商集资刊本。

《笔花医镜》 江函敦著,清光绪十九年(1893)兰州侯府宅万穗堂刊本。

《痧喉正义》 张振鋆纂辑,清光绪二十年(1894)兰州臬署刊本。

《鬻婴提要说》 张振鋆纂著,清光绪二十年(1894)兰州臬署刊本。

《按摩要术》四册 张振鋆纂辑,清光绪二十年(1894)兰州臬署刊本。

《医学问答》 梁玉瑜著,清光绪二十三年(1897)兰州固本堂书局刊本。

《外感辨证录》二卷 皋兰秦霖熙著,清光绪刊本。

《惊风治验》 皋兰秦霖熙著,清光绪刊本。

《伤寒论翼》四册 柯琴著,清光绪年间兰州宏道堂刊本。

《医方捷径指南全书》 王宗显著,清兰州宏道堂刊本。

《达生编》 函斋居士撰,清兰州臬署刊本。

《卫生学问答》 丁福保撰,清光绪三十年(1904)甘肃高等学堂刻本。

《神农本草经百种录》 徐大椿著,清光绪三十三年(1907)陇右乐善书局刊本。

《伤寒论类方》 徐大椿著,清宣统二年(1910)陇右乐善书局刊本。

《瘟疫条辨摘要》 杨璿、陈良佑著,清宣统三年(1911)严裕庄金城刊本。

(五)农书类

《棉书》 左宗棠组织编写,清同治十三年(1874)正月甘肃布政司刊印。

《种棉十要》 左宗棠组织编写,清同治十三年(1874)正月甘肃布政司刊印。

(六)释道

《金丹口诀》四卷 刘一明著,清嘉庆年间榆中栖云山刊本。

《指南三书》 刘一明著,清嘉庆年间榆中栖云山刊本。

《悟真直指》 刘一明著,清嘉庆年间榆中栖云山刊本。

《道德会要》七卷 刘一明著,清嘉庆年间榆中栖云山刊本。

《指南针》八卷　刘一明著,清嘉庆年间榆中栖云山刊本。

《参同直指》　刘一明著,清嘉庆年间榆中栖云山刊本。

《修真前辩》　刘一明著,清嘉庆三年(1798)栖云山刊本。

《修身正印》　碧云孙真人著,清嘉庆癸亥(1803)金天观刊本。

《证道论》　皋兰唐琎著,清道光刻本。

《焰口观想偈句》　皋兰释通灵著,清刻本。

《五灯纂要》　皋兰释通灵著,清刻本。

《惠泉笔录》二卷　皋兰释通灵著,清刻本。

《三藏总目并千文字号要略》　皋兰释通灵著,清刻本。

《禅堂同参录》　皋兰释通灵著,清刻本。

《同戒录》　皋兰释同灵著,清刻本。

《瑜伽焰口运同运集》　皋兰释通灵著,清刻本。

《星评指南》四卷　皋兰释通灵著,清刻本。

《法颠语录》四卷　皋兰释归愿著,清同治刻本。

《金刚般若波罗蜜经了解》　平番(永登)周应沣著,清光绪铅印本。

《心经了解》　平番(永登)周应沣著,清光绪铅印本。

《金刚经了解》　平番(永登)周应沣著,清光绪铅印本。

《周易四卦解》　平番(永登)周应沣著,清光绪铅印本。

(七)诗文集

《空同集》六十六卷十二册　庆阳李梦阳著,明嘉靖刻本。

《唐雅》　秦安胡缵宗编,明嘉靖鸟鼠山房刊本。

《鸟鼠山人小集》七册　秦安胡缵宗著,明嘉靖鸟鼠山房刊本,清顺治丙申(1656)秦安文人奉金购梨重刻。

《雍音》　秦安胡缵宗编,明嘉靖鸟鼠山房刊本。

《赵浚谷诗集》六册　平凉赵时春著,明嘉靖癸未、甲申(1523、

1524)平凉刊本。

《休庵集》 河州王竑著,明河州(临夏)刊本。

《欲焚草》四卷 秦州胡忻著,明秦州(天水)刊本。

《温玉亭诗文集》 临洮杨行恕著,明狄道(临洮)刊本。

《柏轩先生遗稿》 兰州段坚著,明兰州刊本。

《宛平遗集》 秦安李元芳著,明秦安刊本。

《超然山人集》 临洮张万纪著,明临洮刊本。

《介园集》 临洮潘光祖著,明刻本。

《杨忠愍全集》四册 临洮杨忠愍著,清康熙癸丑(1673)临洮杨忠愍五世孙聪福刻,清光绪癸未(1883)甘肃藩署重刻。

《琵琶十八变》 临洮张晋著,清乾隆临洮刊本。

《朱圉山人集》 甘谷巩建丰著,李南晖编次,清乾隆十九年(1754)巩建丰子敬绪刊本。

《既见诗》 清乾隆三十六年至三十九年(1771—1774)甘肃布政使尹嘉铨主持刊行。

《胡静庵诗抄》 秦安胡钺著,清乾隆五十四年(1789)秦安胡氏家塾刊本,光绪十六年(1890)秦安巨国柱于甘州司训官署重刻。

《戒庵诗草》六卷二册 临洮张晋著,乾隆五十五年(1790)狄道刊本,清宣统二年(1910)临洮重刻。

《岁寒诗集》 临洮张晋著,清乾隆临洮刊本。

《秋舫一啸》 临洮张晋著,清乾隆临洮刊本。

《劳劳草》 临洮张晋著,清乾隆临洮刊本。

《雍草》 临洮张晋著,清乾隆临洮刊本。

《律陶》 临洮张晋著,清乾隆临洮刊本。

《集杜》 临洮张晋著,清乾隆临洮刊本。

《得树斋诗集》 临洮张谦著,清乾隆五十五年(1790)临洮刊本。

《霞露斋诗集》 临洮张谦著,清乾隆临洮刊本。

《铁堂诗草》 许珌撰,吴镇编,清乾隆五十五年(1790)兰山书院刊本。

《松花庵全集》十二册 临洮吴镇著,清乾隆五十四年(1789)兰山书院刊本,宣统二年(1910)临洮文社重刻。

《松崖文稿》 临洮吴镇著,清乾隆五十五年(1790)兰山书院刊本。

《松花庵游草》 临洮吴镇著,清乾隆壬子(1972)松花庵刊本。

《松花庵诗草》 临洮吴镇著,清乾隆壬子(1792)松花庵刊本。

《皋兰课业松崖诗录》 临洮吴镇著,清乾隆壬子(1792)兰山书院刊本。

《芙蓉山馆诗文抄》四册 临洮吴镇著,清乾隆五十八年至嘉庆三年(1793—1798)松花庵刊本。

《燕游近草》 兰州谢天锦著,清乾隆兰州刊本。

《攀骊集》 伏羌(甘谷)张辅辰著,清乾隆刊本。

《蛮吟集》 兰州岳钟琪著,清乾隆刊本。

《薑园集》 兰州岳钟琪著,清刊本。

《复荣集》 兰州岳钟琪著,清刊本。

《会心内集》二册 素朴山人(刘一明)著,清嘉庆六年(1801)榆中栖云山刊本。

《会心集》 素朴山人(刘一明)著,清嘉庆六年(1801)榆中栖云山刊本。

《静庵诗集》 秦安胡钋著,杨芳灿撰,清嘉庆七年(1802)临洮松花庵刊本。

《偷闲吟》 临洮马绍融著,清嘉庆甲戌(1814)松花庵刊本。

《栖云笔记》四册 榆中栖云山道人刘一明著,清嘉庆二十年

（1815）马阳健刊本。

《养素堂文集》二十六卷　武威张澍著,清嘉庆刻本。

《扣舷吟草》　武威张澍著,清嘉庆刻本。

《清真诗略》　张五常著,清道光四年（1824）兰山仰西堂刻本。

《胡静庵先生文集》　秦安胡钺著,清道光六年（1826）刻本。

《补天石传奇》　炼情子撰,清道光庚寅（1830）靖远草堂刊本。

《松石斋集》　皋兰唐琏著,清道光壬辰（1832）松石斋刻本。

《梦雪草堂诗集》　武威郭楷著,清道光刻本。

《西山堂藏稿》　秦州（天水）张烈著,清道光刻本。

《泾川丛书》二十四册　清道光十二年（1832）刊本。

《梨花吟馆诗文草》　狄道（临洮）陆芝田著,清道光刊本。

《研六室文抄》四册　胡培翚著,清道光十七年（1837）泾川书院刊本。

《审严全集》十册　杨于果著,清道光二十五年（1845）秦安非能园刊本。

《山丹王丕美善行征诗集》　秦大中编,清道光仙提书院刊本。

《秋岳小西园诗草》　王镒堂著,清道光二十八年（1848）王禹堂刊本。

《南墅闲吟》二卷　金县（榆中）黄国珍著,清道光刻本。

《峒鹤山房诗草》　朱灏杰编次,清道光庚戌（1850）平凉重光楼刊本。

《介石文集》　秦安杨涛著,清道光秦州天宝斋刻本。

《介石文集补遗》　秦安杨涛著,清道光秦州天宝斋刻本。

《介石诗集》　秦安杨涛著,清道光秦州天宝斋刻本。

《韩氏忠节诗文录》　武威韩奉先辑,清道光武威刊本。

《日损益斋诗文集》八卷　安定（定西）马疏著,清咸丰七年（1857）

安定马氏家塾刻本。

《花萼唱和集》 安定(定西)马疏著,清咸丰安定刊本。

《王朗清方伯八政诗》 槐阴山房辑,清同治甲戌(1874)临洮刊本。

《集唐诗》 陇西陈世夏著,清同治刊本。

《思源斋诗草》 陇西汪蕃著,清同治刻本。

《松冈诗草》二卷 陇西范钟著,清同治刻本。

《挹秀山房丛书》 皋兰朱克敬著,清同治刻本。

《漫游诗草》 靖远王家督著,清同治刻本。

《省斋全集》十二卷 通渭牛树梅著,清同治刻本。

《湄叶文存》 通渭牛树梅著,清同治刻本。

《连园诗草》 陇西陈世夏著,清同治刻本。

《挹兰山房文集》 皋兰金玉音著,清同治刻本。

《携雪堂文集》 皋兰吴可读著,清同治刻本,光绪年间可读之子之桓重刻。

《砚华斋文集》 安定(定西)杨异著,清同治刊本。

《笠雪山房古文集》 伏羌(甘谷)王权著,清同治刊本。

《笠雪山房诗集》 伏羌(甘谷)王权著,清同治刊本。

《笠云槐里遗文》 伏羌(甘谷)王权著,清同治刊本。

《雪鸿集》 河州(临夏)张和著,清同治刊本。

《雪鸿续集》 河州(临夏)张和著,清同治刻本。

《绍香堂诗抄》 河州(临夏)张和著,清同治刊本。

《河州乡贤遗诗》 河州(临夏)张和辑,清同治刊本。

《杨忠愍公全集》二册 杨忠愍著,清同治丙寅(1866)临洮刊本。

《晚翠轩诗稿》 皋兰王光晟著,清刊本。

《国朝画后续集》 皋兰王光晟著,清刊本。

《醉雪庵遗草》 武威李蕴芳著,清刊本。

《东里诗草》 安定(定西)张效栻著,清刊本。

《鹤皋诗抄》 杨于棠著,清刊本。

《石斋诗草》 会宁吴中相著,清刻本。

《让溪诗草》 狄道(临洮)马士骏,清刻本。

《世德堂诗草》二卷 皋兰陈增著,清刻本。

《莲溪诗集》 秦州(天水)张丽著,清光绪刻本。

《课孙诗草》 狄道(临洮)张建祕著,清刊本。

《秦州焚余草》六册 董平章著,清光绪年间兰州官报书局刊本。

《吴山遗稿》 静宁赵贡玉著,清光绪刊本。

《知止堂文集》三卷 伏羌(甘谷)魏观象著,清刻本。

《知止堂诗集》二卷 伏羌(甘谷)魏观象著,清刻本。

《守拙轩文集》四卷 秦安巨潭著,清刻本。

《六戊诗草》 静宁王源瀚著,清光绪铅印本。

《敦素堂文集》 秦州(天水)任其昌著,清光绪刊本。

《敦素堂诗集》 秦州(天水)任其昌著,清光绪铅印本。

《湟中兰山枝阳洮阳杂吟》 狄道(临洮)魏椿著,清光绪刻本。

《述怀堂试帖诗》 狄道(临洮)魏椿著,清光绪刊本。

《对联巨观》 狄道(临洮)魏椿著,清光绪刊本。

《杜门草诗集》 陇西赵琴鹤著,清光绪铅印本。

《拙庵诗草》 皋兰王炳麟著,清光绪刊本。

《云水前集》 皋兰刘元机著,清光绪刊本。

《云水后集》 皋兰刘元机著,清光绪刻本。

《谏垣存稿》八卷 秦安安维峻著,清光绪刊本。

《秋香阁诗草》 陇西张如镛著,清光绪刊本。

《宜园诗文集》四册 秦安丁锡奎著,清光绪铅印本。

《棣园文集》 平番(永登)周应沣著,清光绪铅印本。

《棣园诗集》 平番(永登)周应沣著,清光绪铅印本。

《梅仙诗遗》 河州(临夏)祁魁元辑,清光绪刻本。

《王燕芝堂余草》 平番(永登)张松龄著,清光绪铅印本。

《蛱蝶集》 兰州马步青著,清光绪十二年(1886)兰州万穗堂刻字铺(古楼东侯府宅)刻本。

《慕陶山房诗文集》十余卷 安定(定西)王作枢著,清光绪十六年(1890)安定(定西)王黼堂刻本。

《慕陶山房遗稿》四册 安定(定西)王作枢著,清光绪十六年(1890)安定王黼堂刻本。

《安定县本地风光文集》 安定(定西)王作枢著,清光绪十六年(1890)安定王黼堂刊本。

《三水小牍》 皇甫枚著,清光绪十七年(1891)云自社刊刻。

《砥斋集》 王弘著,清光绪二十年(1894)敬义堂刊本,王凌霄主持刻印。

《劫余诗存》四卷 秦安巨国柱著,清光绪二十三(1897)天水刊本。

《陶元晖中丞遗集》 清光绪二十四年(1898)兰州书局刊本。

《勉勉钮室类稿》二册 清光绪三十一年(1905)陇西刊本。

《午阴清舍诗草》十六卷 何方堃著,清光绪三十一(1905)兰州官书局刊本。

《细阳小草》 皋兰王树中著,清光绪三十二(1906)皋兰刊本。

《疑庵诗乙集》 许承克著,清光绪兰州政报局铅印本。

《雍焞文集》 雍焞著,清宣统二年(1910)临洮刊本。

《愿学编》 秦安胡缵宗著,明嘉靖甲寅(1554)秦安鸟鼠山房刻本。

《八图解说》 河州(临夏)何永达著,明刻本。

《西华集天山文教》 武威张之浚著,乾隆十五年(1750)武威府学刊本。

《西华集天山学道》 武威张之浚著,乾隆十五年(1750)武威府学刊本。

《西华集天山古述》 武威张之浚著,乾隆十五年(1750)武威府学刊本。

《既见文》 清乾隆三十六年至三十九年(1771—1774)甘肃布政使尹嘉铨主持刻印。

《钦定中枢正考书》三十四册 清嘉庆十一年(1806)甘肃藩司刷送。

《御赐致变之源说》 清嘉庆十九年(1814)甘肃藩司刷送。

《御制因循疲玩论》 清嘉庆二十二年(1817)甘肃藩司刷送。

《三十二书品》 皋兰唐琏著,清道光丁亥年(1827)皋兰刊本。

《信手拈来》 皋兰唐琏著,清道光丁亥年(1827)皋兰刊本。

《松石斋书画琐言》 皋兰唐琏著,清道光丁亥年(1827)皋兰刊本。

《翰墨厄言》 元鲁氏著,清道光甲辰年(1844)秦安非能园刻本。

《学庸便童录》 伏羌(甘谷)王化兴著,清咸丰元年(1851)伏羌刊本。

《杨椒山公家训》 杨椒山著,清咸丰二年(1852)孟夏月兰省大城内府门街道升楼日新堂刊本。

《蠹书》三卷 吴之珽著,清咸丰六年(1856)首阳(陇西)旧县同人堂刊本。

《学治要言》 左宗棠组织编著,清同治十一年(1872)正月安定(定西)左宗棠行营刻本。

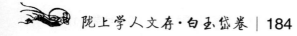

《闻善录》 通渭牛树梅著,清同治甲戌(1873)刻本。

《牛氏家言》 通渭牛作麟著,清同治刊本。

《思源录》 通渭牛树桃著,清同治刻本。

《典防》 伏羌(甘谷)王权著,清同治刊本。

《防心集》五卷 皋兰陈育仁著,清同治刊本。

《幼模》 宁远(武山)陈献文著,清刻本。

《潜灵琐言》 宁远(武山)陈献文著,清刻本。

《吾学录》 左宗棠组织编著,清光绪六年(1880)肃州左宗棠行营刻本。

《慎思录》 李南晖著,清光绪七年(1881)兰州节署澄思堂刊本。

《淡尘子养元记》 安定(定西)张鉴三著,清光绪刊本。

《教民歌》 周轶真著,清光绪十年(1884)甘肃秦州府刊本。

《佐治药言续言附》 汪辉祖著,清光绪二十二年(1896)甘肃藩署重刻。

《学治臆说》 汪辉祖著,清光绪二十二(1896)甘肃藩署重刻。

《劝学编》 两湖总督张之洞著,清光绪二十四年(1898)六月甘肃藩署重刻。

《敏求录》 王三祝著,清光绪年间大雅堂刊本。

《果斋一隙记》二册 皋兰刘尔炘著,清宣统元年(1909)陇右乐善书局铅印。

《学记臆解》 刘光蕡著,清光绪甘肃高等学堂刻本

《公馀节约录》二册 傅秉鉴著,清宣统元年(1909)甘肃官报书局刊本。

《静规》 陇西杨庆著,清刻本。

(八)教育类

《皋兰课业十三经》 清乾隆三至六年(1738—1741)甘肃巡抚元

展成主持刊印。

《皋兰课业风骚补编》（经训诗赋） 临洮吴镇著，清乾隆壬子（1792）兰山书院刊本。

《皋兰课业风骚补编》（唐诗、楚辞、古诗） 临洮吴镇著，清乾隆壬子（1792）初夏兰山书院刊本。

《皋兰课业风骚补编》四册 周樟辑，清乾隆兰山书院刊本。

《皋兰课业诗赋编》 盛元珍辑，清乾隆皋兰书院刊本。

《授经日记——春秋》一册 刘尔炘著，清光绪三十四年（1908）甘肃高等学堂刊本。

《经学日记摘抄——尚书》一册 刘尔炘著，清光绪三十年（1904）兰州学堂书局铅印。

《授经日记——周易》一册 刘尔炘著，清光绪三十年（1904）甘肃高等学堂铅印，光绪三十三年（1907）甘肃敬义堂刊本。

《甘肃乡试题名录》 程械林等编撰，清光绪十年（1884）兰州刊本，光绪十五年（1889）增订刻印。

《甘肃乡试同官录》 清光绪五年（1879）兰州刊本。

《甘肃师范学堂舆地课艺》 易抱一编，清光绪三十年（1904）甘肃高等学堂印。

《甘肃师范舆地课艺》 侯垣等著，清光绪三十年（1904）甘肃高等学堂印。

《甘肃闱墨》 清光绪己卯（1879）兰州衡鉴堂刊本。

《甘肃分试闱墨》 清光绪辛卯（1891）兰州衡鉴堂刊本。

《甘肃分试朱卷》 清光绪五年（1879）、八年（1882）、十一年（1885）、十七年（1891）、二十年（1894）、二十三年（1897）、二十九年（1903）兰州刊本。

《甘肃书院义学章程》 清光绪二年（1876）甘州书院刊本。

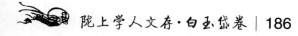

《甘肃速成师范学堂简明章程》 清光绪三十二年（1906）甘肃官报书局木活字排印。

《皋兰兴文社公立两等小学堂章程》 清光绪年间兰州官报书局印。

《甘肃拔贡卷》 清同治十二年（1873）兰州刊本。

（原载《甘肃省志新闻出版志·出版》，甘肃人民出版社1990年版）

甘肃 60 年(1950—2010)图书出版总述

一、甘肃 60 年图书出版概况

1949 年 8 月，西北新华书店兰州分店成立,1950 年改名为新华书店甘肃总分店。负责甘肃图书的出版、印刷和发行工作。1951 年 3 月,甘肃人民出版社在新华书店甘肃总分店出版科的基础上成立,至今已走过了 60 多年的历程。其间又相继成立了甘肃人民出版社的 6 家专业出版社,即甘肃民族出版社、敦煌文艺出版社、甘肃教育出版社、甘肃少年儿童出版社、甘肃科技出版社、甘肃人民美术出版社和兰州大学出版社及甘肃文化出版社。甘肃的出书队伍不断扩大,出书品种不断增加。60 多年来,甘肃共出版图书近 5 万种,1950—1990 年的 40 年中, 甘肃的图书出版单位先后正式出版图书近 15000 种,其中新版书 8500 种、重印书 2500 种、租型书 4065 种。在出版的 8000 多种新书中,政治理论和社会科学类图书 1500 种,文学艺术和美术类图书 2500 种, 教育类图书 1600 种, 科技、医药及工农业类图书 1700 种,文史类图书 246 种,其他图书 465 种。

由 1950—1990 年甘肃人民出版社出书统计表看出,40 年间,无论出书总数,还是新书总数和总印数,年际之间虽有上下波动,但从总体来看,都在逐年上升,而且总印数、出书总数和新版图书总数大幅度增加。1988 年的 11172.5 万册总印数为 40 年中的最高总印数,同 1950 年的 112.6 万册相比,增加了近百倍;出书总数由 1950 年的

45 种增加到 1990 年的 1160 种,增加了 24.8 倍,新版书由 1950 年的 45 种增加到 1990 年的 581 种,增加了近 12 倍。

自 1990 年始,甘肃人民出版社及其所属 6 家专业出版社分别独立出书,再加 1985 年成立的兰州大学出版社和 1993 年成立的甘肃文化出版社,出书力量发生了很大变化,出书品种和数量也不断增加,至上世纪末,年出书量在 1300~1600 种,1991—2010 年间,甘肃共出版图书近 3 万种,重印率保持在 20%上下。

60 多年来,甘肃的图书出版事业走过的路程大致可分为五个阶段,即开创阶段、波动发展阶段、畸形的"文革"阶段、高速发展阶段和改革开放转型改制阶段。

（一）开创阶段

1949—1950 年为甘肃出版事业的开创阶段。1949 年 9 月通过的《中国人民政治协商会议共同纲领》中指出:"发展人民的出版事业。并注重出版有益于人民的通俗书报。"中华人民共和国成立第三天,在北京召开了全国新华书店出版工作会议,毛泽东接见了与会代表,并写了"认真作好出版工作"的题词。会议提出了"出版工作必须为生产事业服务,这是今天出版事业第一位的任务"的要求。1950 年 10 月,中央人民政府政务院出版总署,召开了第一届全国出版工作会议,确定了人民出版事业的基本方针是"为人民大众的利益服务",并强调"地方出版工作应特别照顾到农民、工人、县以下的工作干部及少数民族的需要"。1949—1955 年,根据《中国人民政治协商会议共同纲领》和中央的指示,明确了地方出版社的出版方针是担任党的宣传任务,紧密结合每个政治运动和中心工作出书,为生产服务,面向农村,面向工农群众和基层干部,出版通俗读物。

1949 年 8 月西北新华书店随军进驻兰州,成立了兰州分店,1950 年改名为新华书店甘肃省总分店,下设出版科,并立即开始图

书的出版和发行工作。到 1950 年底,共出版各类图书 45 种。1951 年
3 月,甘肃人民出版社成立,编辑出版人员不断增加,出版工作出现
了前所未有的好势头,图书品种和印数大幅度上升。1951 年出书 65
种,总印数比 1950 年翻一番。1952 年出书 93 种,总印数又比 1951
年翻番。出版的图书有社科、政经、农业、畜牧业、医药、卫生、文化、教
育、文学、艺术等。门类繁多,品种齐全。尤其是农业、畜牧业、医药、卫
生等方面的图书,都是首次编辑出版,深受社会欢迎。

1953—1955 年的 3 年同前两年相比,出版工作又出现相对回落
趋势。其主要原因是甘肃文化比较落后,文盲多,想看书者多,但能看
书者少;交通不发达,发行工作有一定的难度;前两年出书的步子过
大,造成图书积压。1953—1955 年 3 年共出新版书 63 种,比 1952 年
的 68 种减少 5 种;三年的累积印数为 4293000 册, 比 1952 年的
4313000 册减少 20000 多册。出版的主要图书为文艺和社科类,而有
关农业、畜牧业、医药、卫生等方面的图书基本中断。

(二)波动发展阶段

1956—1965 年为甘肃图书出版业的波动发展阶段。按理说,这
10 年应该是甘肃图书出版事业的黄金时代。但由于受 1957 年"反
右"斗争的干扰和 1958 年"大跃进"及其后 3 年自然灾害的影响,图
书出版也是很不理想。

1956 年 4 月,文化部召开全国地方出版工作会议,提出了地方
出版社的出版方针和任务是:"根据党的各项方针政策,结合地方实
际情况,团结组织和培养当地写作力量,出版以工农群众及区乡干部
为主要读者对象的通俗读物,宣传马克思列宁主义,普及文化科学知
识,为国家社会主义建设和社会主义改造,特别是为农业合作化运动
和农业生产服务,同时适当照顾工人、一般知识分子及少年儿童等,
供给他们各种优良的通俗读物。"1956 年甘肃人民出版社共出版各

类图书 155 种,新版书 141 种,其中社科类图书 31 种,文艺类图书 52 种,科技类图书 46 种,教育类图书 3 种,总印数为 6680000 册。同 1955 年相比,总出书量增加了 5 倍,总印数增加了 3 倍。除教育类图书增加幅度较小外,其他各类图书无论数量还是质量,都比较理想,基本反映了一个地方综合出版社成熟后的出书概貌。尤其是这一年出版的有关扫盲、识字、农业和畜牧业方面的图书,品种齐全,而且通俗、适用,显示了甘肃人民出版社在这方面的出书优势。

1957 年开展"反右斗争",不少作者和编辑人员的感情受到伤害,精神受到压抑,编辑出版工作受到影响。这一年共出书 116 种,新版书 97 种。其中政治、社科类图书 36 种,文艺、美术类图书 43 种,科技类图书 22 种,教育类图书 6 种,总印数为 4024000 册。同出书较好的 1956 年相比,出书总数、新版书和总印数均减少了 30% 左右。

1958—1960 年,是甘肃图书出版事业较大幅度发展的 3 年。1958 年,全国掀起"大跃进"浪潮,各条战线都制订了自己的"跃进"计划。国家新闻出版总署规定了"三服务"和"三化"的出版方针,即总方针是"为无产阶级政治服务,为生产服务,为工农兵服务"。要求地方出版社要贯彻执行"通俗化、地方化、群众化"的方针。甘肃人民出版社制订了《五年工作跃进规划》。因此这 3 年的出书总数和总印数都达历史最高水平。1958 年出书总数为 256 种,总印数达 10738 千册,1959 年出书总数为 282 种,总印数达 22963 千册;1960 年出书总数为 295 种,总印数达 24302 千册。出书品种齐全,种类繁多,其中以宣传工农业生产"大跃进"和有关农业生产的书最多。但在当时脱离实际的"洋冒进"思想指导下,很多出版物缺乏实事求是和科学性,没有多大生命力。但这 3 年中编辑出版的初、高中《升学复习题解》12 种,在 50 年代末到 60 年代初深受初、高中师生的欢迎。同时还出版了省编的十年制课本、乡土教材、职工教材和一批扫盲读物,到 1960

年时,甘肃的教育类图书达到历史最高水平。

1961 年,中央开始纠正"左"的错误。文化部提出出版工作要坚持"政治第一,质量第一,宁缺毋滥"的原则。再加三年自然灾害,国民经济和人民生活都遇到极大的困难,出版社也开始精简机构,下放人员。编辑出版工作开始审慎,讲求实际和科学性。因此图书出版总数和总印数都大幅度下降。

1961 年共出书 99 种, 总印数 19616000 册;1962 年共出书 116 种,总印数 9595000 册;1963 年共出书 64 种, 总印数 10233000 册。这一时期出版的图书,以农牧业和医药卫生类较好;初、高中《升学复习题解》继续修订重印,受到读者欢迎。据 1960—1963 年 4 年统计,初中一套累计印数为 96 万册,高中一套累计印数为 138 万。

1964 到 1965 两年,国民经济开始恢复,人民生活也开始好转,图书出版又出现了稳步发展的好势头。1964 年共出书 116 种,总印数为 18346000 册;1965 年共出书 108 种,总印数为 22290000 册。以农业和医药卫生类图书较为突出,初、高中《升学复习题解》停止重印,具有较好势头的教育类图书再次中断。

(三)"文化大革命"阶段

1966 年开始了被称为"十年浩劫"的"文化大革命",图书出版事业在这十年中惨遭破坏,同时又为这场"革命"所利用,出现了甘肃图书出版史上前所未有的畸形发展。"文革"一开始,出版就被列入"革命"重点对象的"五界"之一。甘肃人民出版社的牌子时存时亡。在这场"革命"的前 5 年,原出版社的编辑出版人员,绝大多数被派去参加"斗批改""毛泽东思想学习班"和"五七"干校等。有的还被停职审查,或下放基层。综合的出版工作被中断,正常的出版秩序被打乱。

所谓畸形发展,是指在这十年中,为这场"革命"服务的出版并没有停止,并不断"发展"。其主要表现是大量印制毛泽东选集、毛主席著作选读本和单行本、毛主席语录本、毛泽东同志的标准像和生活照、"革命"样板戏剧照、有关"文化大革命"的社论、报刊文章汇编及学习材料等。其总印数和用纸量都达到了甘肃人民出版社有史以来的最高纪录。1966年除印刷1965年发排的部分图书外,全力印刷中央文件、中央报刊社论、报刊文章汇编和有关学习材料。总印数达5807万册;1967—1970年的4年中,几乎没有出版与毛泽东著作和"文革"无关的图书。共印制毛泽东的各种著作及照片140多种,印制报刊社论及有关学习材料150多种;从1971年开始,毛主席著作基本不再印制,但取而代之的又是样板戏剧照和革命歌曲选。另外,各类学习材料更是有增无减。1975年和1976两年,配合当时的形势,大量印制马、恩、列选集和单行本及有关学习辅导资料。

1971年"9·13"事件后,国内各项工作出现了转机,出版工作也开始"松绑"。10月,中央召开了全国出版工作会议,转发了《中发〔1971〕43号文件》。会议指出:"出版社要坚持走政治建社的道路。出版部门应当健全各级三结合的领导班子,创造条件实行'三三制'(三分之一人员坚持工作,三分之一人员深入基层调查研究和组稿,三分之一人员下放劳动锻炼),坚定不移地走与工农兵相结合的道路。"从1971年开始,甘肃人民出版社(当时为甘肃省革委会出版发行处)补充了一批编辑人员,也陆续出版了一批具有较高实用价值和学术水平的图书,尤其是医药卫生、农业和畜牧业方面的图书受到读者的欢迎。如《新编中医入门》《甘肃中草药手册》《兽医手册》《马骡结症和胃扩张的防治》《眼科手术图解》《中国沙漠地区药用植物》《肿瘤组织学鉴别诊断》《甘肃野生油料植物》《苹果栽培》《怎样养鸡》和《会计手册》等书,都是一批优秀图书,受到社会的好评。

1976年10月粉碎"四人帮",从1977年开始拨乱反正,直至1978年12月党的十一届三中全会,重新确立了马克思列宁主义的思想路线、政治路线和组织路线,开始了新中国成立以来我党历史上具有深远意义的伟大转折。从 1976 年 10 月粉碎"四人帮"到 1978 年的十一届三中全会以前,以揭批"四人帮"、学习《毛泽东选集》(第五卷)、回忆和怀念周恩来、朱德同志的文章汇编为最多。其他各类图书处于酝酿阶段,而教育图书从 1978 年起,就已经有了突破性发展。为了满足粉碎"四人帮"后全省人民急剧高涨的求知欲望,甘肃人民出版社于 1978 年租型印制了《数理化自学丛书》16 种和《初等几何习题解答》《初等代数习题解答》《三角函数习题解答》《解析几何习题解答》等 25 种自学教材,同时编辑出版了辛安亭的《论语文教学及其他》,祝敏彻的《古汉语基础知识》,刘永旺、马国璞的《中学物理十八讲》等书,有的图书印数达十几万甚至几十万册。为十年"文革"枯竭了的图书市场增加了新品种,受到广大青少年的热烈欢迎。

在文学方面,出版了长篇小说《大路向阳》,重印了长篇小说《云岭之战》和《草原歼匪》,租型印制了《鲁滨孙漂流记》和《吕梁英雄传》等,创甘肃人民出版社历年出版长篇小说的最高纪录。

另外,农业、医药、卫生等方面的图书,也开始增加新的品种,如《席梁丞治验录》《针灸集锦》《窦伯清医案》皆为甘肃名医经验之总结。

(四)高速发展阶段

1979 年甘肃的图书出版事业逐步进入高速发展阶段。1980 年,国家出版局先后在长沙、北京召开了出版工作座谈会,提出以党的"为人民服务""为社会主义服务"的文学艺术总方针为出版工作的总方针,即"二为方针"。

1983 年 6 月 6 日,中共中央和国务院发出了《关于加强出版工作的决定》(以下简称《决定》)。《决定》指出:"我国的出版事业,与资本主义国家的出版事业根本不同,是党领导的社会主义事业的一个组成部分,必须坚持为人民服务、为社会主义服务的根本方针,宣传马克思列宁主义、毛泽东思想，传播一切有益于经济和社会发展的科学技术和文化知识，丰富人民的精神文化生活。"《决定》指出："地方出版社立足本地，面向全国，要把出版具有本地特点的图书，满足本地读者特别是农村读者需要，作为经常性的任务。"

1988年4月，根据党的十三大精神，中共中央宣传部和国家新闻出版署提出了《关于当前出版社改革的若干意见》，提出出版社改革的指导思想是："改革的根本目的是建立和发展充满活力的社会主义出版体制，更好地坚持为人民服务，为社会主义服务的方针，提高图书质量，出版更多的好书，为物质文明和精神文明建设做出贡献。""出版社既要重视社会效益，又要重视经济效益，必须把社会效益放在首位。"提出"多出好书是衡量出版社改革成败的根本标志。"

甘肃人民出版社认真贯彻落实《出版社暂行工作条例》及《决定》等，坚持"百花齐放，百家争鸣""洋为中用、古为今用"的方针，逐步解决了解放思想与坚持四项基本原则的关系，图书质量、品种和数量的关系，普及与提高的关系，社会效益和经济效益的关系等，很快进入了稳步高速发展的新阶段。十多年中，甘肃的图书出版出现以下六个特点：

1. 求发展，出版物数量大增：进入20世纪80年代，教育、科技、文化、卫生、新闻和出版等部门，都出现了空前的繁荣景象。知识分子政策的全面落实，为知识分子在各自工作岗位上大显身手创造了有利的条件和可能性。各条战线的知识分子努力学习国内外的先进科学技术，并认真总结自己的实践经验，著书立说，总有名篇佳作不断产生；另一方面，有碍于社会主义出版事业的禁锢被取消，出版战线的职工为祖国"四化"建设多出书，快出书，出好书。因此，自1979—1990年间，出版图书的种数、字数和印数都不断提高，逐年增加，创造了新中国成立以来的最高纪录。1979年的出书总数为255种，1983

年就增加到 576 种,1990 年增加到 1160 种,12 年翻了两番; 年出新书量由 1979 年的 130 种增加到 1990 年的 581 种;总印数由 1979 年的 4136.3 万册增加到 1988 年的 11172.5 万册,增加了 2.7 倍。

2. 品种逐步齐全,读者覆盖面越来越大:进入 80 年代后,图书出版全面贯彻为人民服务和为社会主义服务的方针,不断增加图书品种,扩大读者覆盖面,虽说对有些专业和有些读者群的图书仍不够丰富,但从整体来说,基本满足了各行各业和各个层次的读者需求。20 世纪 80 年代后期,甘肃出版的图书,横成体系,纵有层次,基本形成了图书品种的合理网络。

就横向来说,按知识门类分,马列主义和毛泽东思想、哲学、政治、经济、军事、法律、文化教育、艺术、语言文字、文学、历史、地理、自然科学、医药卫生、工业、农业和综合类,样样俱全。随着专业分工的进一步完善,各有关专业出版社和编辑室,在自己的分工范围内按专业设定编辑人员,并尽量兼顾相关专业,加大覆盖面,以满足各行各业读者的需求,同时又兼顾一些边缘科学,出版了一批类似管理学、人口学、环境学、消费学、公共关系学、生活方式学之类的图书。

就纵向来看,每一学科都有不同层次的图书出版。每一学科不仅出版有高级读物,即学术专著,而且也有本学科的中级读物和普及读物;不仅有每一学科的基础理论读物,而且还有本学科的基本技能和基础训练方面的读物。思想上、政治上具有中国社会主义的特点,学术理论上赶超国内外先进水平,具有明显的时代特点。

3. 丛书、套书增加,系列化程度不断提高:进入 80 年代后,国家的政治稳定,经济发展,甘肃的编辑出版队伍进一步成熟、壮大,并有条件去执行长远的出版规划。各编辑部门和每个编辑,都按各自的专业分工计划出书。因此,出书的主动性明显提高,出版的图书逐步形成系列,每一系列又有丛书、套书,并且兼顾各个层次。政治理论和经济方面形成党员干部教育系列、马克思主义哲学系列、中国逻辑史系列、心理学系列、管理学系列、经济学系列和青少年读物系列;教育方面形成中小学课堂练习系列、寒暑假作业系列、工具书系列、课外读物系列和乡土教材,还有大学教材、成人教材和教育行政管理的系列用书;科技方面,形成工业技术、农业科技和畜牧业系列,农村脱贫致富系列,常见病中医治疗系列和保健系列,其中常见病中医治疗系列的不少书在国内外产生较大影响;文学方面,挖掘和整理地方文学作品,形成敦煌文学系列、甘肃历代文人著作系列和妙语录及儿童文学系列。其中《世界文豪妙语录丛书》和儿童文学《孙敬修演讲故事大全》影响较大;文史方面,充分发挥地方优势,形成敦煌学、丝绸之路、西北史、秦汉简牍等图书系列,受到国内外读者的重视和好评;同时还出版了少数民族地县概况和甘肃风味特产等系列书。

4. 地方特色明显:进入 80 年代后,甘肃的图书出版注重发挥地方优势,有计划地出版了一批具有甘肃地方特色的图书。如敦煌学方面,出版了有关敦煌历史、地理、文学、艺术及遗书方面的各级各类图书上百种;丝绸之路方面,出版了《丝路诗丛》《丝路文丛》《丝路史话》《丝路访古》《丝路传说》《丝绸路上的外国魔鬼》等丝路丛书;秦汉简牍整理与研究方面,出版了《汉简研究文集》《秦汉简牍论文集》《居延新简释粹》《居延汉简通论》《敦煌汉简释文》等;在医学方面,甘肃人民出版社及甘肃科技出版社组织广大医学工作者,发挥和整理祖国传统医学,出版了常见病中医治疗的系列丛书和一批气功保健书;另外还出版了一批有关畜牧、兽医、石油、矿产资源及冰川、冻土和沙漠的图书,这些图书具有较高的学术水平和实用价值,在国内外图书市场占有一席之地。

5. 注重辨证,求实求新:十年"文革",人民吃尽了假、大、空的苦头,十一届三中全会后,党和人民进行冷静地反思,重新恢复了实事求是的作风。在出版工作中,编辑出版人员讲实事求是,作者更讲实事求是。在出版物中,讲历史时,一分为二,既讲成绩,也讲存在的问题,既讲成功,也讲失败;谈发展,讲将来,既讲有利的条件,也讲可能出现的困难;科学技术著作重科学,重实用,力争求新;教育类图书重"双基",并紧密结合本省的教育现状与实际;文史类图书重史料发掘和引用。各类图书根据不同层次,注重科学性、思想性、实用性、通俗性和可读性等。因此,图书的质量不断提高,图书的"寿命"也大大延长。

6. 求大求全、缺乏精炼:随着图书市场的繁荣,社会对图书的要求越来越高,各类图书的竞争也越来越强,并促使一批批内容新、质量高的图书相继问世,不断满足读者的需要。同时在图书市场的竞争中,也出现了一种偏向,即趋众倾向和急于求成。读者要求图书的内容要新、奇;出版社争取出书要快,发行量要大;作者既想写得多,又要写得快,还要省时省事。其结果,一是出版了一些格调不高的书;二是出版了一批平庸的书;三是求大求全,缺乏精炼。第一种现象在1987—1989 年的图书中有所表现,很快又得到了纠正。但第二、三种现象是我省图书出版中普遍存在的现象。字数多、水分大、不精练成为 20 世纪 80 年代甘肃图书的最大弊端。

(五)改革开放、转型改制阶段

20 世纪 90 年代以来,是中国社会以改革促发展的重要时期,以改革推动发展,使出版事业得以健康快速发展。这一时期,甘肃的出版业经历了三个大的变革阶段。20 世纪 90 年代初期的出版业阶段性目标转移,即由生产型向生产经营型转变;90 年代中期以后的出版结构调整、优化;进入 21 世纪的集团化建设、转企改制和上市。顺时应变,甘肃人民出版社积极推进改革,参与改革,出版事业步入新的征程。

自 20 世纪 90 年代以来的近 20 年中,甘肃人民出版社及其所属专业出版社,共出版图书25000种左右,其中本版书17500多种,租型书7500多种。本版书中,新版书9800多种,重印书7700多种。

1985年,兰州大学出版社成立,1986年就开始出书,进入20世纪90年代,每年出书200多种,至2010年共出版图书3200多种。1993年,甘肃文化出版社成立,1994年开始出书,每年出书140多种,至2010年,共出版图书2100多种。

从统计数据来看,从20世纪90年代后期始,甘肃的年出书总量、新版书和租型书都处于稳定态势。年出书总量在1300~1600种,本版新书在900种上下,租型书500种上下。总印数在6000万册上下,重印书保持在20%上下,最高年份达30%,最低年份也有18%。

1. 突出特色,打造品牌,出版了一大批社会效益和经济效益俱佳的优秀图书。20世纪90年代,是甘肃人民出版社走向成熟和出版物大丰收的年代。改革开放后,甘肃出版业突飞猛进,高速发展,经10年的积累和磨炼,一批中青年出版人积累了丰富的经验教训,他们看书、出书、懂书、策划书,而且会出书,再加出版社采取了一系列措施,制定和坚持了"一室一社一书"和"一人一年一书"工程计划及相应的激励机制和考核办法,上下一股劲,突出特色,打造品牌,不断提升甘肃出版在全国出版业中的地位。

自20世纪90年代以来,甘肃出版以地方文化和民族文化为主要出版资源,不断策划出了一系列的不同层次、多种形式的精品读物,先后有30种图书33次获国家图书奖、"五个一工程"奖和中华优秀出版物奖(中国图书奖)。另有1500多种图书先后2000多次获省部级及大区或全国专业奖项,其中敦煌学是甘肃人民出版社出书的主攻方向。20年来,甘肃人民出版社及其所属专业出版社,共出版敦煌方面的图书100多种,其中有学术类的,有普及读物,也有少儿读物,以不同的形式将敦煌的有关知识传播给社会,奉送给读者。《敦煌文学》《敦煌壁画乐史资料总录与研究》《敦煌古乐》《敦煌艺术之最》《甘肃藏敦煌文献》《敦煌学研究丛书》《走近敦煌丛书》《国际敦煌学丛书》先后 10 次获国家图书三大奖。占甘肃获国家图书三大奖总数的三分之一。

另一类是有关甘肃地方文化的图书。甘肃的历史文化积淀厚重、丰富，秦汉简牍、丝绸之路、石窟、长城、彩陶等，都为图书出版提供了丰富的资源。近 20 年来，有 200 多种有关甘肃历史文化的图书与广大读者见面，且不乏精品。《陇文化丛书》（10 册）获第十二届中国图书奖，《阔端与萨班凉州会谈》获第十一届中国图书奖、第七届"五个一工程"奖、第四届国家图书奖，《西北灾荒史》获第九届中国图书奖和第四届"五个一工程"奖，《北魏政治史》（5 册）获第三届中华优秀出版物奖提名奖，《中国石窟图文志》（上中下）获第十四届中国图书奖。另外还有由十多位学者经 10 年打造的《甘肃通史》（7 卷）和《中国简牍集成》（12 卷）、《居延汉简通论》《甘肃考古文化丛书》（10 册）、《西北行记丛萃》（17 卷）、《甘肃的窟塔寺庙》《麦积山石窟研究文集》《炳灵寺石窟艺术》《丝绸之路贸易史》等，均为具有很高学术价值的图书。

藏族文化也为甘肃出版提供了丰富的出版资源。近 20 年来，甘肃人民出版及其所属专业社，先后出版有关藏族文化的图书近 50 种，其中《藏族传统文化辞典》获第八届中国图书奖，《藏族文化发展史》（上下）获第八届"五个一工程"奖，《西藏地方经济史》获第三届中华优秀出版物奖，《格萨尔学集成》（1—3 卷）获第五届中国图书奖。另外还有《中国藏族寺院教育》《西藏教育五十年》也为广大读者和学界所关注。

另外，《中国社会主义问题研究》获第一届"五个一工程"奖，《中国共产党廉政建设史》获第七届中国图书奖，《犯罪学大辞典》获第十届中国图书奖,《少年绝境自救故事》获第六届"五个一工程"奖和第三届国家图书奖提名奖,《教育学原理》获第四届国家图书奖提名奖,《三礼研究论著提要》获第十三届中国图书奖,《铭记5·12——甘肃省抗震救灾纪实》和《震撼——甘肃省抗震救灾先进事迹报告集》《陇原好少年》获第二届中华优秀出版物奖抗震救灾特别奖,《中国文学原型论》获第三届中华优秀出版物奖提名奖等。这是甘肃出版走向成熟、获得丰收的重要标志之一。

2. 套书、丛书规模宏大,规划合理,体系完整,装帧精美。近20年来,甘肃人民出版社及其所属专业出版社出版了数十套各学科、各门类的套书、丛书。最大最全的丛书,可算是甘肃科技出版社出版的《农村实用技术丛书》和《甘肃农村小康建设丛书》。前者共59册,后者43册。前后用了近10年的时间出齐,其知识和实用技术覆盖了农村的方方面面,有瓜果、蔬菜、粮食和经济作物的种植,有仓储及生产加工的知识和技术;有鸡、鸭、兔、羊、牛、猪以及鸽、鸵鸟、珍禽和茸鹿等的养殖知识和技能,且充分体现了地方性和实用性。此书为甘肃农家书屋所选中,为甘肃农村的小康建设起到积极的推动作用。

另外的套书丛书主要是历史文化类。如"敦煌学研究丛书",由海峡两岸的知名敦煌学研究者的专著12部组成。其中通论两部,综合性论著两部,专题研究论著八部。主要包括敦煌学通论,敦煌学新论,敦煌石窟艺术,敦煌语言文字、俗文学、天文历法、中西交通、蒙书、乐舞等,几乎涵盖了敦煌学的所有领域,而且该套丛书由知名学者季羡林先生做主编,并为其写序。香港大学的饶宗颐先生担任副主编。丛书装帧设计素雅、精美、大方,出版后获第十四届中国图书奖和第六届全国书籍装帧艺术展览暨评奖封面设计铜奖。

有关敦煌学的丛书还有《国际敦煌学丛书》、《走近敦煌丛书》(12册)、《敦煌文化丛书》(15册)等,从其规模到内容及装帧设计可谓完美。

有关甘肃历史文化的丛书、套书有《陇文化丛书》（10 册）、《西北行记丛萃》（18 册）、《甘肃考古文化丛书》和《甘肃通史》（7 卷）等。《陇文化丛书》是介绍甘肃历史特色文化的中级读物。主要包括敦煌遗书、秦汉简读、石窟寺、彩陶、魏晋墓葬画、长城、丝路文物与文化交流、陇右文化与古史传说，晋唐陇右小说，甘肃民族文化等的 10 部著作。《陇文化丛书》出版后受到各界的关注和读者的好评，多次重印，曾获第十二届中国图书奖和第五届全国书籍装帧艺术展暨评奖封面设计铜奖。

《西北行记丛萃》收集了 20 世纪三四十年代的一些学者、政府官员赴西北考察、采风的纪实。作者有宣侠父、周希武、顾颉刚、陈万里、张恨水等。20 世纪三四十年代的行记会给今天的读者以别样的感受。甘肃人民出版社的编辑从茫茫书海中寻找出近 20 种的行记单本，辑成《西北行记丛萃》出版，绝非易事，而且丛书结构完整贴切，旧书新出，将 20 世纪三四十年代西部人的历史文化和生活直观地奉献给读者，深受读者的喜欢。

《甘肃通史》是一部大型的有关甘肃历史的读物，包括《先秦卷》《秦汉卷》《魏晋南北朝卷》《隋唐五代卷》《宋夏金元卷》《明清卷》《中华民国卷》等。甘肃人民出版社出书的动议得到了省委和省新闻出版局的支持，同时也受到学界的认同，经 10 年的磨炼，于 2009 年整体推出，充分体现了甘肃的出版势力，再次证明甘肃出版业走向了成熟。

3. 教辅读物多品种，多形式，配套齐全，常出常新。甘肃的教辅读物主要由甘肃教育出版社和甘肃少儿出版社出版。就种数而言，在甘肃出版物中占了半壁江山。至 2008 年前后出版的教辅读物就有二三十套三四百种。有《中考通》《集优方案丛书》《单元测试精编》《单元小考卷》《配套练习与检测》《配套综合练习》《单元检测步步高》《名校精讲精练》《课堂教学形成型测试卷》等等，丛书名称不变，但内容却随不同的教材和教材内容的变化而变化，常出常新，经久不衰。甘肃教育出版社的《中考通》是 1996 年在原《甘肃省中考复习与检测丛书》的基础上修订完善而出版的，作者以兰州一中的高级、特级教师为主，丛书内容精练，题型灵活多样，知识覆盖面广，成为甘肃省教辅市场的精品图书，修订重印十余年累计印数达 100 多万套，取得了良好的社会效益和经济效益。

4. 不乏平庸之作。进入 20 世纪 90 年代后，出版业的作者队伍出现了很大的变化。如果说 20 世纪 90 年代以前写书、编书是专家、教授、学者的专利的话，那么进入 90 年代后，出版业进入市场，随着自费书的出现，写书、编书则已走向了社会、机关、学校、厂矿、企业等，各行各业，都开始写书，虽极大地丰富了出版资源，但也推出了一批平庸之作。

平庸书之一者为职称书。作者为了评职称，东拼西凑，草草成书。花一笔钱，过一道关，心在职称不在书，多为平庸之作。其二是公款书。一些教学、科研单位为了出"成果"，申请立项，不同单位的同一学科，相同内容的书不断出版，你抄我，我抄你，内容重复，浪费资源。一些党政机关，以宣传、教育为由，立项出书，赶急图快，东拼西凑，无益无害，书出即为废纸。

另外还有一些职业编书手编写的平庸图书。部分在知识界、文化界有点名气，而且也编写过几本好书的人，编书上瘾，自称为"高产编书家"，超越自己的能力，编写了一批大而不当、有名无实的平庸之作，嫁接在单位和团体之上，立项补贴，得以出版。据统计分析，甘肃各家出版社每年出版的平庸之作约占总出书量的 10% 左右。

二、1950—1990 年甘肃人民出版社的图书出版

这里主要分析一下政经和社会科学、自然科学和技术、文学艺术,教育和文史图书。

（一）政经和社科类

这一类图书受政治形势的影响较大。从数量来看,1950 年到 1990 年的 40 年中,出现过三个高峰,即 1959 年达 63 种,1970 年达 78 种,1990 年达 58 种;也出现过三个低谷,即 1961 到 1967,每年出书种数不到 10 种,1974 年只有 12 种,1979 年只有 13 种。从出书品种来讲,20 世纪 80 年代以前以宣传毛泽东、配合阶级斗争和政治运动为主,因此比较单一。1979—1990 年的 12 年中,每年的出书量并不很多,但品种比较齐全,并且形成具有本省出书特点的几大系列。从图书的内容和质量来讲,十一届三中全会以前的读物,缺乏科学的理论基础,一副面孔,一个腔调,所讲理论今天对,明天错,书籍的寿命极短。书刚装好即告报废的事时有发生。出书的路子越来越窄。党的十一届三中全会以后,尤其是进入 80 年代后,政经和社科类图书真正得到了新生。政治经济和社会科学工作者头上的禁锢被消除了,他们可以以真正的马克思列宁主义和毛泽东思想分析和认识社会,著述理论正确,资料丰富,分析说明深透,思想观点新颖。

1949—1956 年共出政经和社科类图书 116 种,其中 1949—1950 年 26 种,1951 年 13 种,1952 年 19 种,1953 年 8 种,1954 年 10 种,1955 年 9 种,1956 年 31 种。这 7 年的政经类图书主要有宣传农村土地改革的, 有划分阶级成分的, 有宣传中苏友好和苏联工农业生产的,有宣传互助合作的,也有宣传抗美援朝的。1955 年大部分是宣传农业合作社的,1956 年有很多书开始宣传中华人民共和国成立以来工农业战线、商业战线上取得的成就和先进经验及先进人物。这一时

期的政经类读物通俗朴实,浅显易懂,而且紧密联系实际,在人民群众中起到了宣传鼓动作用。

1957年政经和社科类图书发生了较大变化,为了配合全国性的干部理论学习。编辑出版和租型印制了一批高中级哲学和政治经济学读物。其中哲学读物16种,有杨献珍的《什么是唯物主义》《怎样学习马克思主义的哲学》,杨献珍、于光远、黄桐森的《哲学基本常识》(4册),傅原的《哲学问题解答》,省委讲师团的《辩证唯物主义学习讲授纲要》等;政治经济学4种,其中有《政治经济学纲要》(3册),李毅宏的《社会主义的国民经济体系学习笔记》。另外还出版了向农民和工人进行社会主义教育的学习材料及正确处理人民内部矛盾的有关资料和文件。

1958—1960年的3年中,共出版哲学和政治理论读物161种,其中1958年49种,1959年68种,1960年44种,是该类图书出版较多的年份。按内容分,这3年出版的图书主要有三类,一是哲学原理和学哲学的体会,共17种;二是宣传总路线、"大跃进"和人民公社,其数量最大,共120种之多;三是学习毛泽东选集、毛泽东思想的文件汇编等。这一时期的图书从表面看短小、活泼,但缺乏实事求是,缺乏科学性,大多是脱离实际的口号和浮夸文辞。

1961—1965年政经社科类图书同前3年相比,数量大大减少,每年不足10种。主要分两类,一是介绍《毛泽东选集》(第四卷)及宣传毛泽东思想,二是大讲阶级斗争。

1966—1976年,政治理论图书的种数出现过一次较大的起落过程。1966年"文化大革命"开始,上半年只出版了近10种宣传毛泽东思想和有关政治思想工作的图书。下半年一是全部出版工作者投入"革命",二是由于政治形势突变。来不及出版配合形势的图书,因此,基本没有出版政治经济和社科类图书。1967年政治理论读物开始大幅度上升,直到 1970 年达 78 种,为年历史最高水平,1970 年后逐年下降,到 1974 年下降到 12 种。1975 和 1976 两年稍有回升。

"文革"十年,"革命"代替了一切,个人崇拜发展到顶峰。出版事业也成为这场"革命"的工具。十年中的政治理论读物经历了一个畸形发展过程。从现象看,这十年共出政治理论读物 510 多种,每年出书 50 多种;就品种而论,极其单一,主要有三大类,一是毛主席著作,即《毛泽东选集》《毛泽东著作选读本》、毛主席著作单行本和毛主席语录本;二是学习材料,即中央文件和中央报刊社论的单行本和汇编本;三是宣传"文革"和个人崇拜的文章。其目的和意义只围绕一个中心,即"文化大革命"。其发展变化经历了一个大的回落过程。1967 年出版政治理论读物 58 种,其中毛主席著作 55 种;1968 年出版 55 种,其中毛主席著作 39 种,学习材料 19 种;1969 年共出版 73 种,其中毛主席著作 16 种,学习材料 51 种;1970 年共出书 82 种,其中毛主席著作 4 种,学习材料 78 种。1971 年后,毛主席著作基本不再出版,学习材料也开始减少,到 1974 年,政治理论读物仅有 12 种。

1976 年粉碎"四人帮","文革"宣告结束。全国开展揭批"四人帮"的斗争,并开始纠正左的错误。十一届三中全会提出,在我国实现四个现代化,必须坚持四项基本原则。这一时期的出版工作一方面受过去"左"的思想和"两个凡是"的影响,继续出版了一些宣传个人崇拜的读物;另一方面,在党的正确思想路线指引下,也出版了一批批判"左"的错误,批判"四人帮"的图书和回忆老一辈无产阶级革命家的作品。1978 年出版了《实践是检验真理的唯一标准》一书,并配合当时关于新时期总任务的学习,出版了 8 期《活叶文选》。

1979 年,甘肃政治经济读物的出版就数量而言为低谷期,但从品种、质量来看,这一年是 20 世纪 80 年代政治经济类读物和社科类读物多品种、多层次全面发展的先导。这一年共出政治经济读物 13

种,其中有讲马克思主义基本理论的《哲学问题解答》《政治经济学》（资本主义部分）和《政治经济学》（社会主义部分）,并被全国 10 所高等院校采用为教材;有宣传坚持四项基本原则和贯彻党的思想路线、加强党的建设的《实践是检验真理的唯一标准问题解答》《实现四个现代化必须坚持四项基本原则》《实现伟大的历史性转变加速社会主义现代化建设》和《党内政治生活准则讲话》等;还出版了《质量管理讲座》和《农村人民公社生产队经营管理问答》。这预示着政治经济读物和社科图书开始向多方面发展。

进入 20 世纪 80 年代后,甘肃的政治理论读物和社科类图书进入了一个全面发展的新时期。图书种数各年虽多少不一,但总趋势还是在不断增加。1980 年共 36 种,1981 年 18 种,1982 年 30 种,1983 年 44 种,1984 年 62 种,1985 年 37 种,1986 年 65 种,1987 年 43 种,1988 年 58 种,1989 年 79 种,1990 年 53 种。图书品种逐年增加,并形成系列和层次,满足了不同学科和不同层次读者的需求。图书的质量也不断提高,先后有一批高质量的图书获国家和省市优秀图书奖,还有一批图书被列为高校教材。

20 世纪 80 年代,甘肃政治经济和社科类图书逐步形成系列,并在全国有一定影响或受到读者好评的主要有马克思主义哲学系列、经济学系列、逻辑学系列、心理学系列、管理学系列和青少年成才系列。

1. 哲学系列:20 世纪 80 年代,甘肃共出版哲学系列的图书 30 多种,其中《哲学百科小辞典》1988 年获甘肃省首届社会科学优秀研究成果三等奖,《哲学知识全书》1990 年获第五届北方 15 省市自治区哲学、社会科学优秀图书奖,《干部哲学学习纲要》和《邓小平哲学思想研究》1990 年分别获甘肃省第二届社会科学优秀成果一等奖和三等奖。

2. 经济学系列:主要包括政治经济学、管理学、实用经济和部门经济学的图书,近 100 种。其中政治经济学方面有《政治经济学(资本主义部分)》《政治经济学 (社会主义部分)》《政治经济学疑难问题研究》《〈资本论〉教学纲要》《〈资本论〉学习问答》《〈资本论〉创作史话》等;其中《政治经济学(社会主义部分)》被全国高等院校列为教材使用,1988 年获甘肃省首届社会科学优秀研究成果三等奖。《现代化管理方法基础》1986 年获北方 15 省市自治区哲学社会科学优秀成果二等奖。《中国工业经济责任制概论》1986 年获甘肃省第一届优秀图书奖;《财经实用文书》1988 年获甘肃省首届社会科学优秀研究成果三等奖;《区位论原理——产业、城市和区域的区位经济分析》1990 年获第五届北方 15 省市自治区哲学、社会科学优秀图书奖;《农村金融概论》1990 年获甘肃省第二届社会科学优秀研究成果三等奖。

3. 心理学系列:20 世纪 80 年代,甘肃共出版心理学方面的图书 28 种,就数量来说不是很多,但品种比较齐全,而且质量比较高,在全国有一定的影响。《管理心理学》1986 年获全国社会科学图书畅销书奖,被列为全国大专院校管理心理学教材;《工业心理学漫谈》1986 年获全国心理学会科普著作一等奖;《实验心理学简编》和《心理学简史》1986 年获北方 15 省市自治区哲学社会科学优秀成果二等奖;《普通心理学》1987 年获国家教委优秀图书二等奖;《实用心理咨询大全》1988 年获北方 15 省市自治区哲学社会科学优秀图书奖;《祝您心理健康》1988 年获天津市哲学社会科学优秀成果通俗读物三等奖;《心理物理学》1989 年获第四届北方 15 省市自治区哲学社会科学优秀图书奖;《现代女性心理咨询指南》1990 年获第五届北方 15 省市自治区哲学社会科学优秀图书奖。

4. 逻辑学系列:20 世纪 80 年代,甘肃共出版逻辑学系列的图书 20 多种。《逻辑学》(修订本)1986 年获北方 15 省市自治区哲学社会科学优秀成果二等奖;《因明论文集》1986 年获甘肃省优秀图书奖;《逻辑学问答》1988 年获甘肃省首届社会科学优秀图书奖;《中国逻辑思想史教程》1989 年获第四届北方 15 省市自治区哲学社会科学优秀图书奖;《因明新探》《中国逻辑史》(五卷本)1990 年获第五届北方 15 省市自治区哲学社会科学优秀图书奖。

5. 法律系列:20 世纪 80 年代,甘肃共出版法律系列的图书 27种之多。其中《中国法律思想史纲》(上下)1986 年获北方 15 省市自治区哲学社会科学优秀图书一等奖;《中国法律思想史纲》(上)1988年获全国高等学校优秀教材奖;《农民财产与法》1988 年获甘肃省首届社会科学优秀研究成果二等奖;《经济法概论》1988 年获甘肃省首届社会科学优秀研究成果三等奖。

6. 青年读物系列:20 世纪 80 年代,甘肃出版了寓科学、知识、生活与思想于一体的、通俗易懂的青年读物有 25 种之多。其中《共产主义道德教育讲话》1983 年获全国首届优秀通俗政理读物二等奖;《爱国主义纵横谈》1984 年获全国中学生读书活动纪念奖;《中外成才者的足迹——时间运筹纵横谈》和《中外成才者的足迹——精神文明纵横谈》1986 年获全国首届优秀青年读物二等奖;《弄潮集》1986 年获北方 15 省市自治区哲学社会科学优秀成果二等奖;《雏飞集》1986年获甘肃省优秀图书奖;《成功之路》获全国优秀通俗政治理论读物一等奖;《中外名人格言精华》1989 年获第三届全国图书"金钥匙"三等奖;《祝您成才》1990 年获第三届全国图书"金钥匙"优胜奖。

7. 社会学系列:社会学方面的图书有十多种,其中《社会学问答》1983 年获全国首届优秀通俗政理读物二等奖;《社会学简明辞典》1986 年获北方 15 省市自治区哲学社会科学优秀成果一等奖;《简明人口学词典》1986 年获北方 15 省市自治区哲学社会科学优秀成果二等奖。

（二）教育类图书

从出书数量来看,1978 年以前，每年出版的教育类图书均低于政经社科类、科学技术类和文学艺术类图书。除 1961 年出书 35 种,1963 年出书 22 种外,其他所有年份出书都在 10 种以下。而且 1954、1955 两年和 1966—1970 年的 5 年中，教育图书两次中断 7 年。自 1978 年以后,教育类图书稳步发展,年出书量仅次于文学艺术类。进入 20 世纪 80 年代,每年出书在 60 种以上。1987 年跃居第一,每年出书 170 种以上。其中 1987 年出书 245 种,1988 年出书 251 种,1989 年出书 232 种,1990 年出书 170 种。

就出书的品种来看，教育类图书也经历了一个由单一到相对齐全的过程。1957 年以前,甘肃出版的教育类图书主要是扫盲、识字课本和有关儿童教育的。1957 年教育出版物开始涉及中小学教育,出版了在社会上较有影响的中小学升学复习题解，并且还出版了少量的语文知识、写作常识和小型工具书等。"文革"十年,教育战线受到极大的冲击,教育图书几乎被中断,每年只出版几本语文知识、历史知识、写作常识和儿童读物等。1978 年,甘肃教育出版物开始走出低谷,为解十年"文革"造成的书荒之急,甘肃人民出版社租型印制了《数理化自学丛书》《数学复习题解丛书》近 40 种,还出版了一批少儿读物，以满足社会青少年及在校学生渴求学习知识的欲望。从此以后,教育图书的品种不断增加。进入 20 世纪 80 年代,逐步形成多层次的系列图书,并不断修改补充,臻于完善。

20 世纪 80 年代的教育类图书主要涉及两个方面，即学校教育和社会教育。在学校教育中,主要有 7 大类,即配合课堂教育的中小学生练习册、中小学生寒暑假作业、中小学生升学复习题解、中小学生课外读物、大学教材、教育管理和教学方法等。社会教育主要有 3 大类,即学前教育、科技文化基础知识教育、成人高等教育。因此教育图书的系列化程度高,层次性强,覆盖面大。20世纪80年代甘肃教育读物的明显不足是,缺乏生动活泼的学生课外读物和科普读物。

就教育图书的内容和质量而论,20世纪50年代到60年代中期的图书,读者对象明确,普及性强,内容经再三推敲和锤炼,几乎所有图书都较短小精炼,但形式不够活泼。20世纪80年代的图书知识新,专业性强,表现形式灵活多样,但多数内容不够精练,字数较多,读者负担较大。

进入20世纪80年代,教育类图书的系列化程度不断增强,图书品种不断增加,质量也不断提高。现将1978—1990年间出版的六大类教育图书介绍如下:

1. 中小学生作业系列:一种是中小学生寒暑假作业,一种是中小学生课堂自习或练习册。小学生寒暑假作业于1980年编辑出版。初中寒暑假作业于1981年出版。两书连年修订重印,1989年重新编写,出版至1994年。小学寒暑假作业共22种,年总印数为400万册;初中寒暑假作业1989年以前26种,年总印数近300万册;1989年初中寒暑假作业各年级文理各一本,共10种,年总印数为120多万册。

课堂作业于1987年出版,名曰《小学语文自习》《小学数学自习》,五年制各10种,六年制各12种,年总印数近400万册;初中为《初中语文自习》《初中英语自习》《初中代数自习》《初中几何自习》《初中物理自习》《初中化学自习》共32种,1989年重新编写成初中各科练习册。年总印数在400万册左右。

2. 复习系列:甘肃最早的复习书是1958年出版的《高中升学复习题解》和1960年出版的《高中升学复习题解》《初中升学复习题解》《高小数学升学指南》。三套升学复习题解在当时被社会视为是一种优秀的中小学读物,社会影响较大。一直沿用到1963年。中断17年后,于1980年出版了《高考丛书》《初中复习丛书》及《小学语文总复习必读》和《小学数学总复习必备》等。在当时为解十年"文革"造成的书荒之急和教育危机,为满足甘肃青少年高涨的求知欲望做出了积极的贡献。出版后连年重印或修订,初高中各科年发行量十多万册,有的达二十多万册。小学两科年发行量上百万,是当时社会上极有影响的图书。

1985 年以后,出书逐年过热,国内各地正式或非正式的复习读物大量涌向图书市场及学校,其中也有一批质量不高的复习读物。从一定意义上讲,冲击了学校的教学,因此,此类图书的社会声誉大大下降。但甘肃在出版中小学复习读物上一直是十分谨慎的,尽量做到少品种、高质量。1985 年以后先后又出版了《初中学习检测》《高中学习检测》《小学语文总测验题》《小学数学总测验题》《小学毕业升学试题精选与解答》《初中毕业升学试题精选与解答》《初中学习目标与测试》等。发行量虽不如 20 世纪 80 年代初出版的复习读物那么高,但一直受到社会的好评和教育界的重视,也为提高甘肃的教学质量做出了积极的贡献。

3. 课外读物:20 世纪 80 年代,甘肃共出版各种中小学读物 1300 多种,是 80 年代教育图书中种数最多、社会影响最大、发行量最高的一种。其中有关提高中小学作文水平的读物有《中小学修辞讲话》《中小学常见文章体裁浅讲》《小学生作文指导》《作文知识讲话》《中小学生作文描写入门》《小学生想象故事作文选析》《全国少年作文选萃》《新编小学生作文选评》《中学生作文训练》《中学生作文选》《作文成功之路》《阅读与写作》《全国小学优秀作文选评》《全国初中优秀作文选评》《全国高中优秀作文选评》《高中优秀作文剖析》《1977—1987年高考优秀作文选评》《高考优秀作文选评》(1980—1988 年每年一本)、《中外名人绝笔咀华》。

另一类是提高和加强中小学语文基础知识和水平的课外读物。

其中有《中小学生诗词选读》(上、下)、《小学文言文评析注释》《小学精读文选》《初中精读文选》《高中精读文选》《怎样学习文言文》《中学文言文难句解析》《中学文言文评析注释》(高中部分和初中部分各一册)、《中学语文修辞分析》《文言语词工具书介绍》《中国古代少年佳诗赏析》《千古绝唱二百句》《千载成语二百条》《古代诗词阅读入门》《奇文趣诗》《常用成语典故注释》《典故选读》《古汉语基础知识》《古汉语语法常识》等。

第三类是中学其他学科的辅助读物和课外读物。其中有《中学物理题错解分析》《中学化学题错解分析》《中学数学题错解分析》《高中化学疑难解》《高中数学疑难解》《高中物理解疑》(上、下)《高中化学解疑》《高中英语解疑》《初中物理解疑》《初中物理答疑选》《中学数学疑难问题解答》《中学物理十八讲》《初中化学八讲》《数学在物理中的应用》《数学习题类型和解法》《集合与概率》《方程的增根与遗根》《英语语法疑难问题解答》《初中英语正误分析》《中学英语动词句型及其用法》。

第四类是中小学生综合知识的修养读物，其形式活泼，通俗易懂，寓知识和趣味于一体，为读者喜闻乐见。如《历史歌》《地理歌》《世界名城100座》(上下)、《100个第一的故事》(上、下)、《想想算算100题》《中小学生科学智力训练100题》《古人勤奋学习的故事》《中学生审美修养》等。

在中小学生课外读物和辅助读物中，《英语语法疑难问题解答》《中学英语动词句型及其用法》1990年获西南西北9省区第一届优秀教育图书三等奖；《千古绝唱二百句》和《小学生想象故事作文选析》为1989年第二届新星杯向全国妇女儿童推荐的优秀图书；《100个第一的故事》1990年获全国优秀少儿读物三等奖，1989年获甘肃省第二届优秀科普作品三等奖；《世界名城100座》1988年获全国首届地理科普读物优秀奖。

4. 教育理论与实践:主要是教育理论、教育行政管理和教学实践经验的总结。

在教育理论与实践的图书中,《职工教育学》1986 年获北方 15 省市自治区社会科学优秀图书二等奖,1988 年获全国第一届教育优秀图书二等奖;《现代普通教育管理学》1988 年获全国第一届优秀教育图书优秀奖;《普通教育督导概论》1989 年获第四届北方 15 省市自治区哲学社会科学优秀图书奖;《现代家庭教育学》1990 年获西南西北 9 省区第一届优秀教育图书三等奖;《中小学历史教学方法》1986 年获甘肃省优秀图书奖。

5. 乡土教材:甘肃出版乡土教材也是 20 世纪 80 年代后期的事情。《甘肃历史》和《甘肃地理》是甘肃首先出版供初中学生使用的乡土教材。接着出版了《BASIC 语言》作为中学生计算机教科书使用。80 年代末, 又出版了《小学劳动课教材》(四册)、《初中劳动技术》(三册)、《高中劳动技术》(三册)。其中《甘肃历史》和《甘肃地理》1990 年获全国优秀乡土教材二等奖;《BASIC 语言》1990 年获全国电子计算机教学用书优秀奖;《初一劳动技术》和《高一劳动技术》获全国劳动技术课教材三等奖。以上五种获奖教材于 1992 年元月在国家教委组织的地方优秀教材展览会上展出。

6. 大学教材和成人教育用书:进入 20 世纪 80 年代后,甘肃教育图书的出版在立足中小学教育的基础上,开始向高层次发展,涉足大学教材和社会成人教育用书。1979 年,出版了《现代汉语》上下册,经部分高等院校文科专业使用后, 于 1980 年由教育部组织专家审订,定为部颁大学文科教材,至 1990 年共修订重印 4 次,印数达 230 万套。1987 年获全国高校优秀教材二等奖,1988 年获全国第一届优秀教育图书一等奖。《现代汉语》为甘肃的教育出版赢得了声誉。1984

年《文学概论》被国家教委定为全国大专文科教材。1985 年以后,由国家教委定为高等院校文科教材的还有《管理心理学》(修订本)、《心理学简史》《中国逻辑思想史教程》《基础实验心理学》等。其中《管理心理学》及其修订本先后印刷 14 次,总印数达 30 多万册。

在部分高等院校和成人高校使用的教材还有《大学物理》(一、二、三册)、《地质学概论》《人事管理学》《行政管理学》《社会调查理论和方法》《写作与汉语》《公务员应用文写作教程》《国际贸易教程》《非线性泛函分析》《概率论》等。其中《地质学概论》1986 年获甘肃省优秀图书奖;《写作与汉语》1990 年获甘肃省第二届社科优秀成果三等奖;《人事管理学》1991 年获甘肃省成人教育优秀科研成果特等奖;《非线性泛函分析》1987 年获全国高校优秀教材一等奖,1988 年获全国第一届优秀教育图书一等奖。

20 世纪 80 年代,甘肃还为社会成人出版了现代汉语知识丛书和语文自学丛书,这批书有的出自名家之手,有些是老教师一辈子的辛勤之作,一般来说,字数不多,但知识负载量大,论述精辟,说理深透,出版后深受读者欢迎。这些书主要有《现代汉语语音》《现代汉语词汇》《现代汉语病句例释总汇》《现代汉语教学说明及习题解答》《词语的锤炼》《词类辨难》《修辞讲话》《句型和句型选择》《语法修辞基础》《古代汉语中常见的通假字》《怎样学习文言文》《文言文的语言分析》《文言文读本》《古汉语词义答问》《古汉语异读字》《古代汉语与文学知识》《古汉语词组》《说文古韵二十八部声系》等。其中《文言文的语言分析》1984 年获江苏省社会科学研究成果二等奖,1986 年获甘肃省优秀图书奖;《修辞讲话》1985 年获辽宁省社会科学优秀成果奖,1986 年获甘肃省优秀图书奖;《古汉语异读字》1988 年获甘肃省社会科学研究成果三等奖;《说文古韵二十八部声系》1990 年获西南西北 9 省区第一届优秀教育图书一等奖。

(三)科技类

主要包括科学、技术、工业、农业、医药、卫生等方面的图书。从近四十年的出书来看,科技类图书受政治形势的影响较小,数量和品种的增减幅度较小, 质量也比较稳定。尤其是中医药治疗常见病的图书,形成明显的系列,独具特色,在国内外享有盛誉。

科技类图书从 1952 年开始出版,也是当年出版的各类图书中种数最多的。1953—1955 年出书品种又减少。1956 年突然增多,达 46 种。1958 年出书 78 种,又为各类图书之首,直到 1960 年,每年出书 50 种以上。1961 年后逐年下降,每年出书 10 种左右。1967—1969 年科技图书出版中断 3 年。1970 年开始出书,到 20 世纪 80 年代以前,大部分年份出书 20 多种。自 1980 年始,稳步增加,每年出书 40~50 种,1989 年增加到 105 种,为甘肃科技图书出版史上的第二个高峰。

科技图书的品种结构以农业和医药卫生类最为稳定, 工业类图书 20 世纪五六十年代时断时续。科技类图书主要兴起于 20 世纪 80 年代,80 年代以前以普及读物和应用技术为主,而 80 年代的各类图书则形成明显的层次,每类图书既有普及理论和常用技术,又有学术专著和高精尖的科学技术。40 年来,科技图书的质量较其他各类图书为最优。除 1958 年前后的一批图书有脱离实际、缺乏科学的内容外,绝大多数的科技图书相对寿命较长,在很长一段时间内能给人以知识和技术。80 年代以前的图书以普及型为主,内容精练,字数不多,但知识较旧;改革开放后,科技工作者有条件吸收国内外先进科学技术知识,使自己的著作增加新的内容,因而知识新则成为 80 代科技图书的一大特点。但由于著述与出书节奏的加快,图书内容缺乏推敲精练,字数多,水分大,定价高是 80 年代科技图书的美中不足。

1952 年,新中国成立后甘肃始出科技图书,可谓开门红。第一年就出书 27 种,其中农业和畜牧业方面的图书 16 种,医药卫生方面的图书 11 种。农业方面,主要是农业常识,如《选种好》《使用新技术消灭棉蚜虫》等;畜牧业方面的图书主要是《怎样放牲畜》《怎样养牲口》《怎样养猪》《怎样剪羊毛》及治猪、马、羊疾病的偏方;医药卫生方面的图书主要是治病偏方和卫生常识。1953 年只出版农业小常识 5 种,如《防治病虫害》《怎样使用化学肥料》《怎样使春小麦丰产》《怎样防旱抗旱》等。1954 年没有科技书出版,1955 年仅出版 4 种,主要是《农村常见疾病手册》,在当时算是较有影响的一本书,还有省农林厅编写的《怎样造林护林》《怎样搞好山区生产》和省技术推广总站编写的《怎样使用新式畜力农具》。

自 1956 年开始,科技图书的数量增大,直到 1962 年,每年出书最少在 20 种以上。1956 年出书 46 种,1958 年达 78 种。其中农业 21 种,林业 4 种,畜牧业 10 种,均为常识性小书,但涉及面广,适用性强。农业方面有《怎样才能使好双轮双铧犁》《怎样防止盐碱化和改良盐碱地》《施肥常识》《怎样在春小麦地区种冬麦》等。林业方面有《怎样抚育森林》《怎样造林护林》《护林防火》等。畜牧业方面有《牲畜的饲养和繁殖》《怎样解决牲畜饲料》《畜牧兽医经验》《中兽医验方选集》等。工业图书只有《先进土榨油法介绍》和《螺丝的搓制方法》。医药卫生方面几乎全是些农村防病治病的常识性读物,如《饮食卫生》《防治肺结核》《防治麻风病》《农村常见病手册》《保健员手册》《接生员手册》《妇女卫生常识》《工人卫生常识》等。

1957 年科技图书的品种有所下降,共 22 种。其中农业 15 种,畜牧兽医 5 种,医药卫生 2 种。农业方面有《农业社员手册》《小麦丰产经验》《兴修水利保持水土的学习材料》《甘肃水土保持》《水土保持经验选集》《农业药械使用法》等。医药卫生方面有《中医入门》和《泌尿生殖系统的常见病》。这两本医药图书都有较高的学术水平,《中医入门》出版后颇受读者欢迎,1959 年修订为《新编中医入门》,到 1973

年，先后共印刷 8 次，总印数达百万册。

1958 年全国掀起"大跃进"浪潮，甘肃提出"组织和鼓励全省能够写作的广大工农群众和劳动知识分子，大家动手编书写书，撰写各类形式的文章……"并制定了出版图书的"大跃进"指标。从这一年起，直到 1960 年，科技图书的年出书量一直较高。1958 年出书 78 种，1959 年出书 53 种，1960 年出书 64 种。3 年中共出版农林业类图书 130 种，主要以农业为主，畜牧兽医类图书 25 种，医药卫生类图书 28 种，工业类图书 10 种。

1958 年出版的农林、业图书中，有一部分是介绍农业生产常识的，但大部分图书缺乏实事求是的科学态度，冒进、浮夸，有的将空想当作现实；畜牧兽医类图书中，兽医类图书仍比较好，但有些介绍养猪养羊经验的仍有脱离实际和浮夸现象。医药卫生类图书绝大多数比较好，一些常见病的治疗方法受到医疗界的欢迎。如《儿童保健常识》《中医诊断纲要》《伤寒与痢疾的中药疗法》《常见眼病防治常识》《常见疾病防治常识》《地方病的预防》《预防昆虫传播的疾病》《儿童常见病的预防和护理》《甘肃中医验方集锦》《新编中医入门》等。并收集整理了甘肃的中草药，出版了《甘肃的药材》《甘肃中药手册》《甘肃中药手册续编》等。同时还出版了一套宣传卫生常识的图书，如《食堂卫生》《环境卫生》《劳动卫生》《个人卫生》《妇女卫生》等。工业类图书多为大炼钢铁的经验和方法，实为无用之书。

自 1960 年开始，甘肃人民生活出现了极大的困难，出版工作也开始降温，科技图书的品种及数量逐年下降。1961 年出书 21 种，1962 年出书 24 种，1963—1966 年每年出书都在 10 种以下；1961 年到 1966 年的 6 年中，共出版农业类图书 33 种，医药卫生类图书 28 种，畜牧业图书 3 种，工业类图 5 种。农业类的图书多为农作物的种植方法、灌溉技术、施肥技术等。

医药卫生类图书仍坚持甘肃出书传统,出版中医中药图书最多,而且质量较高,如《新编中医入门》《甘肃中药手册》(一、二册)、《甘肃中医验方集锦》(一、二、三册)、《中医验案选编》《甘肃中医论文医案选》《痊骥通玄论》《常见疾病的民间单方选》《常用处方配制手册》《医学问答》《中国药膏学》《凭脉辨症凭证用药》《农村主要疾病针灸防治手册》等。

工业类图书多为当时土法生产方法,如《水泥的土法生产》《火硝和炸药的土法生产》等。

1962 年,甘肃人民出版社出版了中国著名植物学家、甘肃师范大学生物系教授孔宪武编著的《兰州植物通志》和甘肃师范大学生物系编写的《甘肃经济植物》,受到学术界和出版界的关注。这两本书也成为甘肃科技出版史上最早的学术著作。

1966 年"文化大革命"开始,出版工作受到极大的干扰和破坏,1966 年只出版科技类图书 7 种,1967—1969 年的 3 年中,科技图书中断。1970 年重新出书,直到 1979 年的 10 年中,大部分年份出书 20 种左右,共出版图书 167 种,其中农业类图书 70 种,畜牧业类图书 25 种,医药卫生类图书 49 种,工业类图书 23 种。

科技类图书同社科、教育和文艺类图书有所不同,在一定程度上受政治形势的影响较小,虽在一些书的前言后语中也加进一些毛主席语录和政治口号,但书籍的内容仍是实事求是的,并注重普及知识和应用技术,主要为基层读者服务。农业类图书以农业生产技术、作物种植和栽培方法及病虫害防治为主。其中介绍农业知识的有《农业常识》《农业知识手册》《农作物优良品种介绍》《甘肃农作物优良品种》《甘肃主要农作物杂交育种技术》等;有关经济作物栽培的图书有《蘑菇的栽培方法》《怎样种棉花》《怎样生产银耳》《当归栽培》《甘肃野生油料植物》等;有关防治作物病虫害的读物有《防霜常识》《洋芋坏腐病防治方法》《小麦全蚀病》《小麦锈病》等。

畜牧业类图书主要是家禽家畜的喂养及疾病防治。主要有《兽医手册》《骡马结症和胃扩张的防治》《怎样孵化小鸡》《草原工作手册》《中兽医诊疗》《新编中兽医学》等;医药卫生方面的图书,是 70 年代图书中质量最好的图书。主要还是中医药防病治病,其次是各种医疗知识和卫生常识等。其特点是通俗、普及、适用,无论在医疗界还是在民间都受到欢迎。其中有关中医中药的图书有《新编中医入门》《甘肃中草药手册》(一、二、三、四册)、《中国沙漠地区药用植物》《中医学常用名词解释》《席梁丞治验录》《针灸集锦》《窦伯清医案》《临证录》《中药炮制规范》《刘星元临证集》《温病学》《中医药简易方选》等。同时还出版了一批有关医疗知识、医药用法和一些常见病或疑难疾病治疗方法的图书,主要有《新医疗法汇编》《常用药物手册》《工人医生手册》《赤脚医生手册》《烧伤救治常识》《农村卫生防疫常识》《麻风病防治知识》《细菌性痢疾》《黑热病防治知识》《眼科手术图解》《地方甲状腺肿防治知识》《人体包虫病》《肿瘤组织鉴别诊断》《计划生育和妇女卫生问题解答》《胃及十二指肠疾病》《感冒流汗的防治》《心律失常的心电图诊断》《腰腿痛》《验光与配镜》《人体生理学基础》《四肢骨折脱位图解》等。

20 世纪 70 年代出版的畜牧兽医和医药卫生类图书同五六十年代的同类图书相比,专业性增强,理论水平提高,技术难度加大;从结构来看,既有普及性读物,也有中层次读物和高层次的学术著作。就作者来看,多为中老年专家,他们积几十年专业工作的理论与实践,经再三加工,整理成册。因此大多数图书理论扎实,经验可靠,内容精练,图书的寿命也较长。

20 世纪 70 年代出版的科学技术和工业方面的图书并不多,其中有《半导体收音机》《服装裁剪》《车工初学换算须知》《细菌炼钢》

《钳工基础知识问答》《家用缝纫机小修理》《硅油》《柴油机的结构与使用》《学群钻》《实用美术家具》《钣金展开计算手册》等。同五六十年代相比，出书范围开始拓宽，知识和技术层次也有所提高。

进入80年代后，甘肃科技图书稳步发展，除1981年出书只有24种外，其他各年份出书都在40种以上，1988年出书95种，1989年出书105种，为甘肃科技图书出版史上的最高纪录。80年代，甘肃科技图书的出版有四个明显的特点，一是出书数量大。1980—1990年的10年中，甘肃共出版科技图书650种，占新中国成立后所出版科技图书的54%；二是品种齐全，覆盖面广。在这650种图书中，涉及科学研究、工程技术、工农业生产、医药卫生、畜牧兽医等，而每一类图书中又涉及这一领域的方方面面，每一方面又有高中低三个层次。如医药卫生类图书中，又涉及中医、西医和中西医结合的，有内科、外科、儿科、卫生保健等等。每一方面既有通俗的普及读物，又有中层次的知识读物和高层次的学术著作；三是知识新。80年代以前的科技读物，讲的多是基础理论及传统的技术和技能，有些知识和技术远远落后于国内外先进水平。改革开放后，广大科技工作者广泛吸收国内外最新的科学理论和科研成果，充实及提高自己的作品内容和水平，坚持古为今用、洋为中用，使不少理论和技术著作既保留了优良的传统理论，又增加了新的科学技术理论，成为适合中国国情的先进的科技图书。四是重点突出。就科技图书的数量和品种来看，数量大，品种全。但就图书的内容和质量来看，甘肃科技图书始终保持着自己的传统和重点。就社会影响来说，用中医药治疗常见病的图书数量多、质量高，受到国内外读者的欢迎。畜牧兽医类图书居国内先进水平，受到学者的关注和读者的欢迎。和80年代其他类图书一样，甘肃科技图书的一大不足是不够精练，不少图书文字冗长，部头较大。从必要性讲，因科学发展，技术革新，必然要增加新观点、新内容。但从少而精的角度来看,往往还存在重复的内容和不必要的论述。

现将 20 世纪 80 年代科技图书的几种主要类型分别概述如下:

1. 医药卫生类图书:20 世纪 80 年代,甘肃共出版医药卫生类图书 173 种,其中中医中药类图书 83 种,卫生保健类图书 33 种,各种疾病的诊治和医学理论图书 50 多种。

中医中药书是甘肃四十年来科技出版的传统图书。除"文化大革命"中断 3 年外,其他所有年份都有中医中药图书出版,不少图书成为省内外市场的畅销书,不断修订和重印,并有一批图书先后获奖。《针灸集锦》1980 年获甘肃省新长征优秀科普图书一等奖;《本草骈比》1984 年获全国优秀科技图书纪念奖,1986 年获甘肃省优秀图书奖;《中医学常用名词解释》1980 年获甘肃省新长征优秀科普作品二等奖;《中医医案医话集锦》1983 年获甘肃省卫生系统科技成果二等奖;《中药汤剂煎服法》1987 年获甘肃省皇甫谧中医药学三等奖;《古方新用》1983 年获甘肃省卫生系统优秀著作奖,1986 年获甘肃省优秀图书奖,1988 年获全国第二届优秀科普作品鼓励奖;《子午流注与灵龟八法》1988 年获甘肃省第二届优秀科普作品二等奖;《从气摄生图说》1990 年获西南西北地区优秀科技图书三等奖;《中医内科临床手册》1983 年获甘肃省卫生系统科技成果二等奖。

20 世纪 80 年代,甘肃出版的卫生保健类图书有 33 种,就数量来说,并不算多,但质量较高,影响较大,尤其是一些有关我国传统保健知识的图书,受到广大读者的欢迎和海外书商的青睐。《真气运行法》是作者根据真气运行学说研究创编的一本风格独特的气功养生书,1980 年出版后受到国内外读者的欢迎,连续重印,印数达 132 万册,1980 年获全国优秀科普读物三等奖,1986 年获甘肃省优秀图书奖,《增订真气运行法》1988 年获全国优秀图书奖;《实用养生法》1987 年获甘肃省第二届优秀科普作品一等奖,1987 年获甘肃省皇甫谵中医药学三等奖;《气功疗法 100 问》1986 年获西南、西北 9 省区科技图书一等奖;《儿童保健手册》1988 年获甘肃省第二届优秀科普作品三等奖;《敦煌石窟气功——一分钟脐密功》出版后,台湾、香港地区和日本的书商分别联系合作出版。另外还有《健康漫谈》《饮茶与健康》《长寿经验集锦》《青春期健康教育》《气功疗法一点通》《实用保健气功》《养生神明功——大中小学生健康益智法》等。

20 世纪 80 年代,甘肃出版的有关各种疾病诊治和医学理论方面的书主要有 50 多种。其中,《内科诊断与治疗》1987 年获甘肃省卫生系统优秀科技成果三等奖;《小肠疾病》1983 年获甘肃省卫生系统优秀论著奖;《袖珍内科手册》1987 年获全国优秀畅销书奖;《创伤外科学》1986 年获西北西南 9 省区科技图书三等奖;《验光与配镜》1980 年获甘肃省新长征优秀科普作品一等奖;《冠心病的心电图诊断》1983 年获甘肃省卫生系统优秀论著奖,1986 年获甘肃省优秀图书奖;《人体包虫病》1986 年获甘肃省优秀图书奖;《实用流行病学》1990 年获第三届西南、西北地区优秀科技图书一等奖;《现代泌尿外科》1990 年获第三届西南、西北地区优秀科技图书二等奖;《胸腹结合部外科》1990 年获第三届西南、西北地区优秀科技图书三等奖;《创伤骨科临床必备》1990 年获第三届西南、西北地区优秀科技图书三等奖。

2. 畜牧兽医类图书:畜牧兽医类的图书,也是甘肃有特色的科技图书之一。20 世纪 80 年代共有 80 多种图书出版。其特点是理论全,技术精,适应西北高原,在国内同类图书中居领先地位。不少图书出版后受到读者的欢迎。其中《骆驼病诊疗经验》1982 年获全国优秀科技图书二等奖,1986 年获甘肃优秀图书奖;《高寒草甸生态系统》1984 年获全国优秀科技图书纪念奖,1986 年获甘肃省优秀图书奖;《兽医手册》1983 年获全国优秀科技图书二等奖,1986 年获甘肃省优秀图书奖；《草原工作手册》1980 年获甘肃省新长征优秀科普作品奖；《中兽医诊疗》1980 年获甘肃省新长征优秀科普作品奖；《种草养畜基础知识》1988 年获甘肃省第二届优秀科普作品鼓励奖；《养兔及兔病防治》1988 年获甘肃省第二届优秀科普作品二等奖；《中国兽医针灸图谱》1990 年获西南、西北 9 省区优秀科技图书三等奖。

3. 农业科技类图书：20 世纪 80 年代甘肃科技出版面向农村，宣传普及农业科学知识，推广农业生产技术，帮助农民选择脱贫致富的门路，出版了以农业生产技术、种植业、养殖业、产品粗加工、农村经营管理、农业机械维修等为主要内容的图书近百种。

在农业技术类图书中，《养鸡手册》1986 年获西南、西北 9 省区优秀科技图书二等奖；《怎样孵化小鸡》1980 年获甘肃省新长征优秀科普作品奖，1986 年获甘肃省优秀图书奖；《养兔及兔病防治》1988 年获甘肃省第二届优秀科普作品二等奖；《东风 12 型 195 柴油机结构及使用》《场上作业机具》《农业气象知识》和《工农 11 型手扶拖拉机驾驶员读本》1980 年获甘肃省新长征优秀科普作品奖；《农业技术丛书》1988 年获甘肃省第二届优秀科普作品三等奖；《化肥知识问答》《兰州水烟》《种子知识》1988 年获甘肃省第二届优秀科普作品鼓励奖；《农村实用电工》1988 年获甘肃省第二届优秀科普作品三等奖。

4. 科学技术专著：20 世纪 80 年代，甘肃出版的科学基础理论和学术著作共 30 种。

《电子计算机与编程方法》1986 年获甘肃省优秀图书奖和甘肃省计算机应用成果三等奖，1988 年获甘肃省第二届优秀科普作品二等奖；《刀具合理参数》1980 年获甘肃省新长征优秀科普作品奖；《初学钳工》1980 年获甘肃省新长征优秀科普作品奖；《金川铜镍矿矿石构造、结构及主要岩石结构图册》1986 年获西南、西北 9 省区科技图书二等奖和甘肃省优秀图书奖；《汽车修理 300 问》1988 年获甘肃省第一届优秀科普作品一等奖;《冲断推覆构造》1986 年获石油工业部科学技术进步二等奖;《黑白与彩色电视机使用维修问答》1988 年获甘肃省第二届优秀科普作品三等奖;《中国陆相油气的形成演化和运移》1981 年获全国科技图书三等奖,1986 年获甘肃省优秀图书奖;《翻摄技术》1988 年获甘肃省第二届优秀科普作品三等奖。

（四）文艺类图书

四十年来,甘肃文艺类图书的出版从出书种数来看,出现过四个高峰和三个低谷。从 1950 年起,每年出版文艺类图书 15 种左右,1954 和 1955 两年,文艺类图书中断,成为新中国成立后文艺类图书的第一个低谷。1956 年开始恢复,当年出书 52 种,以后每年出书都在 50 种左右,直到 1960 年,出书 60 种,成为甘肃文艺类图书的第一个高峰,1961 年国民经济和人民生活遇到困难,图书出版也大幅度回落,文艺类图书降至 24 种。这样,20 世纪 60 年代初出现了甘肃文艺类图书的第二个底谷。但到了 1962 年,当其他图书仍处在底谷时,文艺类图书又大幅度回升,出书 72 种,一直到 1965 年,每年出书 50~60 种,成为 60 年代文艺类图书的高峰期。1966 年"文革"开始,只允许带有政治色彩的文艺类图书出版,而且数量也很少,直到 1969 年,每年出书 10 种左右。1970 年到 1979 年的 10 年中,每年出版文艺类图书 60 种左右,80 年代,每年出书基本都在 100 种以上,其中 1988 年出书 191 种,创甘肃文艺类图书年出书量最高纪录。

从出书的内容和质量来看,20 世纪 50 年代以故事、戏曲、曲艺、民歌等为主,其内容多为宣传党的政策,歌颂社会主义,表扬新人新事等,短小精悍,有不少是革命老区的传统作品,或仿照传统作品而创作,为人民群众所喜闻乐见;60 年代又增加小说、诗歌及少量散文。所有文学作品的内容、形式、艺术手法都有创新,作品的分量相对加重,内容增多,种类也不断增加。以 1961—1963 年的作品为优。其中 50 年代末和 60 年代初的部分作品有脱离实际的浮夸和空想。1966—1976 年的 10 年中,文艺图书以革命歌曲、革命故事和革命样板戏为主,并出版大量的样板戏剧照和毛泽东同志的生活照。1976 年以后,文艺作品逐步恢复正常,每年出版一些诗歌及领袖诗词选、小说、历史歌曲、儿童连环画等。70 代末,甘肃人民出版社出版由本省作者创作的长篇小说《草原歼匪》《云岭之战》《大路向阳》等,其内容和艺术水平虽有不尽如人意的地方,但它毕竟是甘肃文艺出版史上的一件大事。80 年代,是甘肃文艺图书全面发展的时期,其特点是发展速度快、品种全、数量多。小说、散文、诗歌、民间文学、歌曲、戏剧等大量出版,尤其是长篇小说发展最快。80 年代初先是大量租型中国历史小说和古典小说,地方作品也不断增加;接着出版了一批世界名著,后来又是外国文学和港台地区作品,每两三年就有一种热点书。

80 年代,文艺类图书确有一批好的作品问世,但也出版了一些格调不高的书,而且由于港台地区和外国作品热,影响了地方作者的创作积极性。80 年代末到 90 年代初,图书出版一手抓整顿,一手抓繁荣,国家对文艺图书又有了严格的专业分工,翻译作品、港台地区作品禁止地方出版社出版,甘肃文艺类图书的出版又出现了暂时的困难。

下面将各个时期出版的文艺类主要图书分述如下:

1949 年 9 月底到 1950 年,新华书店甘肃分店出版科,根据中国人民政治协商会议提出的"发展人民的出版事业,并注重出版有益于人民的通俗书报"的要求,积极做好出版工作,共翻印和出版文艺类图书 10 种,其中有《暴风骤雨》《钢铁是怎样炼成的》《种谷记》《夏红秋》等中长篇小说;歌剧《兄妹开荒》《王秀鸾》《钟万财起家》《劳军》及诗歌《兰州战斗》等。这些作品大部分为革命老区的传统作品,出版后深受人民群众的欢迎,也为广大人民群众深入了解土地改革和党的各项方针政策做出了积极的贡献。

1951—1953 年，甘肃人民出版社成立后共出版文艺类图书 51 种，其中戏曲最多，共 22 种。主要有《保卫村政权》《四石麦》《白毛女》《草原进军》《中国人民志愿军朝鲜大捷》《赶快退出一贯道》《张银祥捉特务》《救邻自救》《一针戳破鬼谣言》等。其次是故事书，共 13 种，主要有《土地回家的故事》《天兰铁路的故事》《革命故事》《地主比狼狠》《保护铁路捉老贼》《工人学文化的故事》《亲事》《朝鲜前线的故事》《等郎媳》《一贯害人道》《模范工人故事》等。民歌 4 种，有《西北回族民歌选》《青海民歌》《花儿选》（一、二、三册）等。还有曲艺 4 种，有《说唱天兰路》《说唱中苏友好》《说唱合作社》《自由婚姻就是好》。

1954 和 1955 两年，文艺类图书中断。1956 年至 1965 年的 10 年中，共出版文艺类图书 514 种，其中故事 27 种，戏剧 100 多种，曲艺 25 种，连环画 30 种，小说 35 种，散文诗歌 27 种，民间文学 10 种，门画、单幅画 150 多种。

1. 故事：这 10 年中，出版的故事图书主要有《军人的眼睛》《腊子口上的红六连》《李贡传》《寓言小故事》《甘肃民间故事选》《黑牡丹》等。

2. 戏剧：以秦腔和郿鄠为主，共有 100 多种，主要有《打柴》《李彦贵卖水》《苏武牧羊》《秦香莲》《弘光一年》《贾宝玉与林黛玉》《打麻雀》《新夫妇看庄稼》《红河激浪》《木兰寺》《拷红》《哭秦庭》《辕门斩子》《此地无银三百两》等。

3. 小说：这一时期的小说几乎全部是短篇和中篇小说，共 35 种。主要有《光明在呼唤》《草原上的蒙旗自卫队》《光荣的道路》《赵仁堂》《兰州部队短篇小说选》《甘肃短篇小说选》《哎！这姑娘》《顿珠和卓玛》《祁连晨曲》等。

4. 散文和诗歌：其中散文有《革命风格集》《难忘的十五天》《甘肃

散文特写选》《光辉的里程》等；诗歌主要有《旗头漫卷西风》《战士诗选》《歌唱英雄渠》《东风催动黄河浪》《第一声春雷》《我们遍插红旗》《雷锋》等。

5. 连环画：这 10 年中，共出版连环画 30 种。主要有《陈杏兰》《代占元和民族联合社》《孙叔教》《探宝尖兵》《潜匪落网记》《我们赢了》《北戴河探险记》《枫洛池》等。

6. 曲艺：主要是相声、快书、说唱等，共 25 种。主要有《参观农场》《夜战庄浪河》《黄河笑》《拷红》《破镜重圆》《草原肃匪记》。

7. 民间文学：主要有《民间文学概论》《荷花仙姑》《不撒谎的斯温》《甘肃花儿》《临夏花儿》《甘肃民歌选》《青海民歌选》《花儿》等。

这 10 年中，还出版单幅画、门画等 153 种。

1966 年"文革"开始，直到 1976 年的 10 年中，文艺类图书以革命歌曲、革命故事和革命样板戏及其剧照为主。从 1972 年开始，有少量的诗歌集、散文、小说和报告文学出版，但其内容紧紧围绕"文化大革命"。1976 年底到 1979 年，是文艺图书逐步走向正轨的 3 年。小说、诗歌、故事、连环画、单幅画、歌曲、散文都有出版。一方面批判"四人帮"，一方面回忆和歌颂毛泽东、周恩来、刘少奇、朱德、陈毅等老一辈无产阶级革命家的丰功伟绩。1977 年和 1978 年出版了长篇小说《云岭之战》《草原歼匪》和《大路向阳》。可以说是首开甘肃长篇小说之先河。由于时代的局限性，从内容到艺术性，虽有不尽如人意的地方，但毕竟是一个好的开端，对甘肃长篇小说的创作是一个引导和鼓励。另外出版的散文《怀念您啊！敬爱的周总理》和诗歌《深切的怀念》《毛主席永远和我们在一起》等，都成为广大人民群众所喜爱的优秀作品。

20 世纪 80 年代，甘肃的文艺类图书以小说为重点，尤其是以长篇小说为重点，全面发展。为适应市场需求，80 年代前期以中国历史小说和翻译小说为主,中后期以外国小说和港台地区小说为主,并以短周期、快速度、奇内容取胜。相比之下,80 年代前期的图书质量较好,而中后期却出版了一些格调不高的图书。从 1989 年年底开始,国家整顿图书出版,文艺类图书划分了严格的出书范围。进入 90 年代,地方文艺类图书的出版出现了新的困难。但从 1993 年起又有了新的转机。

80 年代,甘肃出版小说 140 种,民间文学 35 种,诗歌集 60 种,歌曲 100 种,曲艺 80 种,连环画 150 种,各种单幅画 800 种,文艺理论 30 种。现将几类主要图书分述如下:

1. 小说:80 年代的小说以长篇为主,主要有三大类,一是中国历史小说,二是国内现代作品,三是翻译小说和港台地区小说。80 年代中后期的个别外国翻译小说和一些港台地区小说格调不太高。

历史小说共 14 种,主要有《三国演义》(上、下)、《前汉演义》(上、下)、《后汉演义》(上、下)、《聊斋故事》《侍卫官杂记》(上、中、下)、《古代奇案选》(上、下)、《赵匡胤演义》《金枪呼延赞》《诸葛亮传说》《后聊斋志异》《奇剑风云图》《血溅藏春楼》《武后传》《吴三桂传》等。

国内现代作品共 63 种,主要有《野蜂出没的山谷》《在烈火中》《初访祁连》《三军过后》《北极光下的幽灵》《沙浪河的涛声》《雪山集》《最初的炮声》《甘肃短篇小说选》《陈奂生上城》《敌工英雄》《魔影》《毛瑟枪同志》《西部悲歌——人类战争史上一页惨烈悲壮的实录》《黄土碧血》等。

翻译作品及港台地区小说共 60 种,主要有《声音之谜》《被毁灭的爱情》《傲慢与偏见》《黑箭》《小人国与大人国》《青青的岁月》《汤姆·索亚历险记》《潜艇消失的秘密》《黑郁金香》《王子与乞丐》《黑狐狸》《柳园图》《四漆屏》《呼啸的山庄》《悲惨的世界》《我的生活故事》《鲁滨孙漂流续记》《根》《安娜弗兰克日记》《犹大之吻》《堡垒》《黛色年华》《玫瑰与戒指》《我生活的故事》《第十分队》《白宫血案》《狄仁杰故事集》《西域小说集》《闹鬼的岩石》《午夜情》《大唐狄仁杰断案传奇》(上、下)。

在 20 世纪 80 年代的小说中,《黄巢》《迭山芳魂》《扎西梅朵》《阿尔泰·哈里》《米拉尕黑》,1986 年分别获甘肃省优秀图书奖;《敦煌传奇》《大梁沟传奇》《诸葛亮的传说》《世界名作家之死》《她走出深渊》,1988 年分别获少数民族地区文艺读物优秀图书一等奖。

2. 民间文学:民间文学共 35 种,以民间故事为主。主要有《甘肃民间故事选》《百花仙子》《火龙潭传奇》《格萨尔王传》《中国谚语选》等。其中,《格萨尔王传》(五部)1986 年获全国"格萨尔王传"发掘优异成绩奖;《孙敬修演讲故事大全》1986 年获甘肃省优秀图书奖;《中国谚语选》1989 年获甘肃省民间文学作品一等奖;《乌孜别克民间故事选》《东乡族民间故事选》《兰州鼓子研究》1989 年获甘肃省民间文学作品一等奖;《土族民间故事》1989 年获甘肃省民间文学作品二等奖。

3. 诗歌:20 世纪 80 年代共出版诗歌集 60 种。其中,《益西卓玛》1989 年获第二届全国民间文学作品三等奖;《中国古代少年佳诗赏析》1986 年获甘肃省优秀图书奖;《千古绝唱二百句》1989 年获第二届新星杯向全国妇女儿童推荐最佳优秀图书奖;《诗经译注》1986 年获甘肃省优秀图书奖。

4. 散文:20 世纪 80 年代,甘肃共出版散文 15 种。主要有《春天的声音》《九月菊》《甘肃散文特写选》《绿叶的故事》《中国古代散文选》(上、下)、《初访陇东》《愿你听到这支歌》《你的魔力》《北地春韵》《黑戈壁》《风景这边独好——甘肃省自然保护区风景名胜区巡礼》等。

5. 世界文豪妙语录丛书:自 1986 年以来,甘肃先后出版了世界文豪妙语录丛书,共 15 种。有《莎士比亚妙语录》《狄更斯妙语录》《海涅妙语录》《歌德妙语录》《托尔斯泰妙语录》《雨果妙语录》《普希金妙语录》《高尔基妙语录》《巴尔扎克妙语录》《果戈理妙语录》《马克·吐温妙语录》《屠格涅夫妙语录》《契诃夫妙语录》等。这套丛书出版后，受到国内外读者的欢迎，连续5年重印，并有港台地区书商联系合作出版。其中《莎士比亚妙语录》《巴尔扎克妙语录》1988年获少数民族地区文艺读物优秀图书一等奖。

（五）文史类

文史类图书在甘肃图书出版史上可算是后起之秀。20世纪80年代以前，甘肃只出版过少量的历史通俗读物和地方文史资料。如60年代以前出版了辛安亭的《历史歌》《甘肃文史资料》（1—4）；70年代出版了《中国近代史》《中国农民革命斗争史话》《中国古代著名战役》《历史知识》和《甘肃文史资料选辑》（5—7）。进入80年代，甘肃的图书出版扬甘肃古代文化之长，集中出版了一批有关秦汉简牍、丝绸之路和敦煌、麦积山等文物古籍整理研究的专著，同时还出版了一批研究世界史和中国史的著作；研究甘肃历史、历史人物、地理、民族、风物及特产的著作，使甘肃的图书出版在国内外出版界及图书市场发挥了地方优势，并形成自己的风格和特点。

20世纪80年代，甘肃共出版文史类图书120多种。其中有关世界史和中国史研究的15种，有关甘肃历史、地理、民族、文化研究及古籍整理的近110种。在这近110种图书中，有关敦煌研究的20种，有关丝绸之路的7种，秦汉简牍的5种，甘肃历史、地理研究的70多种。

1. 世界史和中国史图书：《美国政治制度史》1986年获甘肃省优秀图书奖；《中国历史文选》获全国第一届优秀教育图书三等奖和北方15省市自治区第三届哲学社会科学优秀图书奖；《中国史学史》1987年获甘肃省优秀教材奖；《甘肃历史》1990年获全国优秀乡土教

材奖；《三国史研究》1990 年获甘肃省第二届社会科学优秀成果二等奖；《第二次世界大战史》1984 年获武汉大学优秀社科成果二等奖，1986 年获甘肃省优秀图书奖；《中国近代历史故事》1986 年获甘肃省优秀图书奖。

2. 敦煌及丝绸之路研究图书：甘肃及国内外有不少学者自 20 世纪 30 年代起，就着手敦煌及丝路问题的研究，尤其进入 80 年代后，敦煌及丝路研究已各成为专业学派，各种专著不断产生。甘肃人民出版社近水楼台，但由于力量所限，不可能把全部有关敦煌及丝绸之路的著作包下来出版，因此只出版了其中的一批佼佼者。有关敦煌研究的有《敦煌学研究》《敦煌学论文集》《敦煌译丛》《敦煌学译文集》《敦煌吐鲁番文书研究》《敦煌地理文书汇辑校注》《敦煌本佛说十王经校录研究》《敦煌石窟艺术论文集》《续敦煌实录》《敦煌学论著目录》《敦煌学述论》《1983 年全国敦煌学术讨论会文集》（四册）、《敦煌遗书书法选》《敦煌传奇》《敦煌艺术丛书》《敦煌遗书线描画选》等。

有关丝绸之路研究的有《丝绸之路》《丝路纪行》《丝路史话》《丝路访古》《丝绸之路上的外国魔鬼》《丝路风云》等。

敦煌及丝绸之路研究图书中，《1983 年全国敦煌学术讨论会文集》1987 年获北方 15 省市区哲学社会科学优秀图书一等奖；《敦煌地理文书汇辑校注》1990 年获第五届北方 15 省市区哲学社会科学优秀图书奖、西南西北 9 省区第一届优秀教育图书二等奖；《敦煌本佛说十王经校录研究》1990 年获西南西北 9 省区第一届优秀教育图书特等奖；《敦煌学论文集》1986 年获北方 15 省市区哲学社会科学优秀成果一等奖；《敦煌传奇》1988 年获少数民族地区文艺读物优秀图书一等奖；《敦煌研究文集》1986 年获甘肃省优秀图书奖；《敦煌艺术丛书》1987 年获全国优秀畅销书奖、第二届全国图书"金钥匙"纪念奖；《丝路史话》1986 年获甘肃省优秀图书奖；《丝路风云》1985 年获甘肃省文艺创作奖。

3.秦汉简牍研究与整理的图书：到目前为止，全国已发掘出秦汉简牍近5万枚，其中甘肃省考古研究所收藏近4万枚，一半已有发掘报告及释文出版，一半还未加整理。进入20世纪80年代以来，简牍研究专为一学。甘肃的秦汉简牍为国内外学者所瞩目，因此，有关简牍整理及研究的图书出版将有着广阔的前景。到目前，甘肃出版的有关秦汉简牍研究的著作主要有《汉简研究文集》《秦汉简牍论文集》《居延汉简通论》《敦煌汉简释文》等。其中《汉简研究文集》1986年获北方15省市区哲学社会科学优秀图书二等奖；《秦汉简牍论文集》1990年获北方15省市区哲学社会科学优秀图书奖；《居延汉简通论》1993年获甘肃省第三届社会科学优秀成果二等奖。

4.甘肃历史、地理等的研究图书：其中研究甘肃历史和地区历史的图书主要有《甘肃历史》《悠久的甘肃历史》《甘肃名胜古迹》《甘肃乡土历史》《河西史研究》《五凉文化述论》《五凉史略》《凉州史话》《天水史话》《金城漫话》《甘青见闻记》《甘肃少数民族》《保安族简史》《东乡族简史》《玉泉观》《伏羲庙》《天水名胜介绍》《五泉山及五泉山人》《甘肃历代名人传》等。

有关甘肃近现代革命历史和革命人物研究及介绍的图书有《红军长征中的七次会师》《三军大会师》《谢老在兰州》《陇右地下斗争》《留守陇东》《南梁曙光》《峥嵘岁月》《戎马春秋》《红河丹心》《董振堂》《解放大西北》《兰州战役》《罗云鹏传》和《甘肃现代革命人物传》等。

地县史志类的图书主要有《华池县志》《宁县志》《甘谷县情》《陇西县志》《定西县志》《临洮县志》《嘉峪关志》《甘南藏族自治州概况》《临夏回族自治州概况》《东乡族自治县概况》《肃南裕固族自治县概况》《张家川回族自治县概况》《积石山保安族东乡族撒拉族自治县概况》《阿克塞哈萨克族自治县概况》《天祝藏族自治县概况》《肃北蒙古

族自治县概况》《裕固族东乡族保安族社会历史调查》《甘肃风物志》《甘肃风味特产指南》等。

近几年甘肃省志各专业志已开始出版,1989 年《甘肃省志》(第一卷概述)出版,《甘肃省志·财税志》《甘肃省志·计量志》《甘肃省志·教育志》《甘肃省志新闻出版志·出版》也相继问世。

有关甘肃地理的图书有《甘肃地理》《甘肃地理概论》《西北地名》等。

在甘肃史地图书中,《甘肃历代名人传》和《甘肃少数民族》1990 年分别获甘肃省第二届社会科学优秀成果三等奖和二等奖;《甘肃历史》1990 年获全国优秀乡土教材二等奖;《河西史研究》1990 年获甘肃省高等学校哲学社会科学优秀成果二等奖;《五凉史略》1990 年获甘肃省第二届社会科学优秀成果三等奖;《三军大会师》1987 年获北方 15 省市区哲学社会科学优秀图书二等奖;《罗云鹏传》和《甘肃现代革命人物传》1988 年获甘肃省首次社科优秀成果三等奖;《兰州战役》和《留守陇东》1986 年获甘肃省优秀图书奖。

三、1991—2010 年甘肃人民出版社及其所属专业出版社的图书出版

1991—2010 年的 20 年间,甘肃人民出版社不断进行内部机制改革,突出特色,打造品牌,缩短出书周期,加快出书速度,图书的社会效益和经济效益都在不断地提高。

20 世纪 90 年代和新世纪开始的前 10 年中,甘肃人民出版社及其所属专业出版社,共出版图书 24000 种,其中本版书 16500 种,租型书 7500 种。本版书中,新版书为 9500 多种,重印书 7000 多种。共有 30 种图书 33 次获国家图书奖、"五个一工程"奖和中华优秀出版物奖(中国图书奖)。另有 1000 多种图书先后获 2000 多次省部级、大区和专业优秀图书奖。下面将甘肃人民出版社及其所属专业出版社近 20 年来所出版的主要图书分别加以记述。

（一）马列主义、毛泽东思想、邓小平理论、"三个代表"和科学发展观

紧跟形势，宣传党的改革开放发展的方针、政策和思想理论指导，是甘肃人民出版社一贯的出书宗旨。20 年来共出版马列主义、毛泽东思想、邓小平理论、"三个代表"和科学发展观方面的图书近百种。主要有《马克思主义发展史》《马克思主义基本原理》《马克思主义哲学教程》《毛泽东和他的老师们》《毛泽东思想史稿》《跟随领袖二十年》《毛泽东思想概论》《毛泽东领导方略鉴论》《图说邓小平理论》《邓小平哲学思想研究》《邓小平理论的实践与探索》《邓小平理论研究》《中国现代化的伟大旗帜——邓小平理论若干问题研究》《迈向新世纪的旗帜——邓小平理论若干问题研究》《邓小平理论与十五大精神学习问答》《发展是硬道理——邓小平发展观研究》《邓小平理论概要》《"三个代表"重要理论与全面建设小康社会》《"三个代表"重要思想的形成与发展》《江泽民创新思想研究》《科学发展观概论》《科学世界观源流探迹》《科学发展观概论》。

（二）哲学、心理学、法学和其他社会科学

自 20 世纪 80 年代始，甘肃人民出版社出版的哲学、心理学和法学等方面的图书在社会上产生了很大影响，进入 90 年代，仍势头不减，《犯罪学大辞典》获第十届中国图书奖，《先秦诸子哲学概述》《管理心理学》等受到社会欢迎。20 年来共出版此类图书 500 多种。主要有《先秦诸子哲学概述》《当代西方哲学思潮》《西方哲学史稿》《虞愚文集》（3 卷）、《金岳霖文集》《中国逻辑史资料选》《中国逻辑思想概论》《心理学》《管理心理学》《心理学理论与实践》《刑事侦查心理学》《法学教程》《经济法学》《中国证券法学》《经济法基本问题研究》《犯罪学大辞典》《知识产权法新论》《国际私法》《国际商法》《经济法》《社

会保障法》《中国法律制度变迁研究》《中国立法原理论》。

（三）经济

经济类图书主要有经济理论、区域经济研究和经济管理等，共有400多种。其中有关西部经济发展与环境研究方面的著作为社会所关注，而《甘肃省舆情分析与预测》《甘肃省社会发展分析与预测》和《甘肃省经济发展分析与预测》则对甘肃的发展起到重要的指导作用。另外还有《现代企业管理辞典》《中国近代经济史纲》（下卷）、《国际贸易教程》《审计学原理》《现代市场营销学》《国家税收概论》《西部反贫困教育研究》《知识经济与西北高科技产业发展》《西部比较优势与特色区域经济发展》《西部生态启示录》《中国西部神秘色彩》《西部人文资源开发研究》《西部开发与我国地缘经济安全研究》《制度变迁与东西部农村发展比较研究》《西部人文环境优化研究》《市场营销理论与务实》《财务会计学》《投资银行学》《证券与投资保护》《农村贫困监测务实与贫困问题研究》《建设社会主义新农村探索与思考》《西部欠发达地区县域经济研究》《陕甘宁边区经济史研究》《社会保险学》《国际货物运输与保险》《2009：甘肃县域经济综合竞争力评价》《2009—2010 年：甘肃省经济发展分析与预测》《2008—2009 年：甘肃省经济发展分析与预测》《2008—2009 年：甘肃省舆情分析与预测》《2009—2010 年：甘肃省舆情分析与预测》《2009—2010 年：甘肃省社会发展分析与预测》《2009 年：甘肃省文化发展分析与预测》《行政管理学》《现代饭店酒店管理》《乡镇企业经济管理》《中国工业经济管理》《现代化管理方法》《工业企业生产管理》《工业企业原材料管理》《企业战略管理》《商业银行资产负债管理》《商场管理与信息系统》《基础会计学》等。

（四）敦煌学

20年来，甘肃人民出版社及其所属专业出版社把敦煌学列为重要的出版资源,出版了超过百种有关敦煌的不同层次、多种形式的图书,有学术研究的,有普及读物,也有少儿读物,其中不乏精品。自1990年至今,有10种有关敦煌的图书获国家图书三大奖,甘肃出版的敦煌学图书形成规模,为学界所关注。主要有《敦煌文学》《敦煌壁画乐史资料总录与研究》《中国石窟图文志》(上、中、下)、《敦煌学研究丛书》(10册)、《国际敦煌学丛书》(2本)、《走近敦煌丛书》(8册)、《伯希和敦煌石窟笔记》等分别获第四、六、十届中国图书奖和第一、二届中华优秀出版物奖;《敦煌古乐》《敦煌艺术之最》《甘肃藏敦煌文献》分别获第二、三、八届"五个一工程"奖;《甘肃藏敦煌文献》获第五届国家图书奖提名奖和第八届"五个一工程"奖。

《甘肃藏敦煌文献》(6卷):《第一卷:敦煌研究院》(上),《第二卷:敦煌研究院》(下),《第三卷:甘肃图书馆、西北师范大学、永登博物馆、甘肃中医学院、张掖市博物馆》,《第四卷:甘肃省博物馆》(上),《第五卷:甘肃省博物馆》(下),《第六卷:敦煌市博物馆、定西县博物馆、高台县博物馆》共4000张文献,数十万研究文字。

"敦煌学研究丛书":《敦煌学通论》《敦煌与中西交通研究》《印度到中国新疆的佛教艺术》《敦煌壁画乐舞研究》《敦煌俗文学研究》《敦煌吐鲁番天文历法研究》《敦煌学史事新证》《敦煌学新论》《敦煌历史与莫高窟艺术研究》《敦煌蒙学研究》《敦煌学家评传》《敦煌语言文字学研究》。

"国际敦煌学丛书":《斯坦因第四次中亚考古日记考释》《斯坦因与日本敦煌学》。

"走近敦煌丛书":《盛世遗风——敦煌的民俗》《忘忧清乐——敦煌体育》《华戎交会——敦煌民俗与中西交通》《箫管霓裳——敦煌乐舞》《旨酒羔羊——敦煌饮食文化》《遗响千年——敦煌的影响》《三危佛光——莫高窟的营建》《石室写经——敦煌遗书》《艺苑瑰宝——敦

煌壁画与彩塑》《开蒙养正——敦煌的学校教育》。

"敦煌学专题研究丛书":《敦煌图像研究》《敦煌民俗》《敦煌壁画净土变研究》《敦煌科技》。

"敦煌文化丛书":《敦煌古代体育文化》《鸣沙遗音——敦煌词选评》《大漠中的历史丰碑——敦煌境内的长城和古城遗址》《今世果报——敦煌壁画因缘故事》《敦煌石窟舞乐艺术》《说唱艺术奇葩》《大漠遗歌——敦煌诗歌选评》《敦煌古代儿童课本》《灵异怪迹——敦煌壁画史迹故事》《藏经洞之谜——敦煌文物流散记》《敦煌历史文化》《西部文学遗珍——敦煌文学通俗淡》《石室齐谐——敦煌小说选析》《莫高残梦——敦煌历史小说选》。

另外有关敦煌学的重要图书还有:《中国敦煌学论著总目》《敦煌学导论》《敦煌人物志》《伯希和敦煌石窟笔记》《敦煌石窟论稿》《敦煌图像研究》《敦煌研究文集·敦煌石窟考古篇》《敦煌研究文集·敦煌石窟经变篇》《敦煌研究文集·敦煌石窟保护篇》(上、下)、《敦煌研究文集·敦煌研究院藏敦煌文献研究篇》《敦煌莫高窟史研究》《敦煌汉简释文》《敦煌残卷古尚书校注》《敦煌变相与变文研究》《敦煌残卷政讼文牒集释》《敦煌赋校注》《敦煌碑铭赞辑释》《敦煌藏文吐蕃史文献译注》《敦煌吐鲁番文书论丛》《1994 年敦煌学国际学术研讨会文集》《2000 年敦煌学国际学术研讨会文集》《敦煌吐鲁番法制文书研究》《敦煌俗文学研究》《敦煌图像研究》《古丝路研究暨敦煌乐谱研究》《国外敦煌吐鲁番文书研究选译》《斯坦因第三次中亚探险所获甘肃新疆出土汉文文书》《敦煌专题研究丛书》(6 册)、《敦煌佛经故事》《敦煌壁画故事》《敦煌石窟鉴赏丛书》(10 册)、《敦煌古迹名胜》《丝路明珠——敦煌》《敦煌舞乐线描集》《敦煌壁画复原精品集》《敦煌印象》《解密敦煌》《大美敦煌》《人类的敦煌》《敦煌飞天》《敦煌石窟保护与建筑》《百年敦煌学——历史、现状、趋势》等。

（五）地方史·志

1991年至2010年，甘肃人民出版社及其所属专业出版社出版的有关甘肃历史、地理、地方志和地方文化的图书有200种之多，其中不乏学术价值、政治影响和文化积淀的图书。

《阔端与萨班凉州会谈》获第十一届中国图书奖，第七届"五个一工程"奖，第四届国家图书奖提名奖；《西北灾荒史》获第九届中国图书奖和第四届"五个一工程"奖；《陇文化丛书》（10册）获第十二届中国图书奖；《北魏政治史》（5册）获第三届中华优秀出版物奖提名奖。

"陇文化丛书"：《古冢丹青——河西走廊魏晋墓藏画》《凤鸣陇山——甘肃民族文化》《西塞雄风——陇右长城文化》《梵宫艺苑——甘肃石窟寺》《竹木春秋——甘肃秦汉简牍》《劫尘遗珠——敦煌遗书》《说苑奇葩——晋唐陇右小说》《洪荒燧影——甘肃彩陶文化意蕴》《瀚海驼铃——丝绸之路人物往来与文化交流》《旷古逸史——陇右文化与古史传说》。

"黄河文化丛书"（10册）：《黄河史》《黄河人》《服饰卷》《民食卷》《住行卷》《民俗卷》《文苑卷》《艺术卷》《宗教卷》《名胜卷》。

"西北行纪丛萃"（20—30年代）：《辛卯侍行记》《西征续录》《西游日记》《西北远征记》（宣侠父）、《西征日记》（陈万里）、《西北视察记》《西北考察日记》（顾颉刚）、《河海昆仑记》《西行记》《宁海纪行》（周希武）、《甘青藏边区考察记》《西北的剖面》《西北漫游记·青海考察记》《蒙新甘宁考察记》《西北历程》《西游小记·西行杂记》（张恨水）、《西北随轺记》。

"甘肃考古文化丛书"：《简牍》《古代建筑》《古生物与古环境》《佛教艺术》《古代民族》《岩画及墓葬壁画》《彩陶》《青铜器》《长城》《早期秦史》。

《甘肃通史》：《甘肃通史·先秦卷》《甘肃通史·秦汉卷》《甘肃通

史·魏南北朝卷》《甘肃通史·隋唐五代卷》《甘肃通史·宋夏金元卷》《甘肃通史·明清卷》《甘肃通史·中华民国卷》。

"陇人系列"(4 册):《论陇人品格》《忆陇人风范》《说陇人形象》《话陇人情结》。

另有《中国简牍集成》(12 卷)、《麦积山石窟志》《麦积山石窟研究论文集》《炳灵寺石窟》《炳灵寺石窟艺术》《居延汉简通论》《丝绸之路古遗址图集》《丝路取经人》《丝绸之路贸易史》《嘉峪关黑山岩画》《魏晋文化与文学论考》《二西堂丛书史地六种》《守雅堂稿辑存》《河西开发史研究》《甘肃的窟塔寺庙》《丝绸之路体育图录》《甘肃古迹名胜辞典》《辉煌陇原 60 年》《多彩甘肃》《陇右翰墨选粹》《甘肃馆藏档案精粹》《百年甘肃》《历史上的欧亚大陆桥》《丝路三关》《天水史话》《定西史话》《凉州沧桑》《丝路重镇——凉州》《崆峒山》《平凉史话》《河西走廊的历史地理》《西部人文环境优化研究》。

自 1989 年始,甘肃省志开始出版,至今 73 卷已全部出齐。甘肃人民出版社出版了 73 卷中的主要部分,兰州大学出版社和甘肃文化出版社也有部分出版。

(六)教育类图书

教育类图书主要有两大类,一是教育理论与实践方面的图书,二是教辅教材类图书,主要由甘肃教育出版社出版。

1. 教育理论与实践类图书:20 年来,出版教育理论与实践类图书近 200 种,《教育学原理》1999 年获第四届国家图书奖提名奖。

"教学论研究丛书":《教学本体论》《教学理论反思与建设》《主体性教学论》《教学论导论》《实践教学论》《教学知识论》《教学理论问题的知识学研究》《教师成长论》《课程的价值研究》《教学价值观念论》。

"西北少数民族教育研究丛书":《民族教育学》《少数民族教育政策研究》《民族传统体育研究》《西北回族幼儿教育研究》《西北回族教

育史》《少数民族学生心理发展与教育研究》。

"新世纪课程与教学走向丛书"：《走向建构的教学》《科学发展的时代走向》《当代教学的热点问题：理论研究与时代探索》《走向个性化教学》《学会提问——"学问"教学的理论研究与模式建构》。

另外还有《家庭教育新概念》等。

2. 教材教辅类图书：20 年来，甘肃人民出版社一直租型出版中小学国家统编教材的甘肃用书。省编中小学教材有《甘肃历史》、中小学《劳动技术》、中小学《信息技术》、"绿色证书丛书""中学阅读丛书"和《普通话水平测试培训教程》等。20 年来教辅读物占了甘肃人民出版社及其专业出版社出版物的半壁江山，随教材改革、变动，配套更新，常出常新，经久不衰。进入 21 世纪，每年都有二三十套，三四百种，有"中考通""集优方案丛书""单元测试精选""单元小考卷""配套练习与检测""配套综合练习""单元测试步步高""名校精讲精练""课堂形成形测试卷"等，均取得了很好的社会效益和经济效益。

（七）青少年读物

20 年共出版青少年读物 200 多种，主要由甘肃少儿出版社出版。少儿读物 20 世纪 80 年代以《孙敬修演讲故事大全》最为著名，进入90 年代，则以"鞠萍故事系列"为代表，为全国少年儿童所喜爱。《少年绝境自救故事》1997 获第三届国家图书奖提名奖和第六届"五个一工程"奖。

"中国民间传奇故事丛书"有《猴女退敌》《巧断奇案》《牛衣对泣》《傻人傻福》《指鹿为马》《猎人追鸟》《神木复仇》《猴子拜佛》《古寺深怨》《妹代姊嫁》。

"鞠萍故事系列"有《中国童话卷》《外国童话卷》《寓言故事卷》《神话故事卷》《名人故事卷》《动物故事卷》《植物故事卷》《笑话故事卷》《儿童故事卷》《儿童谜语卷》。

"中华百年史丛书"有《三千里硝烟》《光明与黑暗的决战》《改变历史进程的战争》《辛亥风云》《西学东渐》《抗日烽火》。

"中国古代青少年美德故事丛书"有《勤学卷》《爱国卷》《友谊卷》《敬老卷》《勇敢卷》《谦恭卷》《聪慧卷》《勤俭卷》《乐助卷》。

"少年绝境自救故事"有《珍宝疑踪》《都市迷路》《幽迷之旅》《夏日遇险》《恐怖雨林》《列车奔逃》《魔鬼山谷》《古墓魔影》《遭遇火焰山》《天地无情》。

"一千零一夜"(万日林、朱梦魁译)有第一卷《神奇八哥的故事》,第二卷《海莱夫王子的故事》,第三卷《阿布·卡西姆的故事》,第四卷《忠实的萨迪克的故事》,第五卷《国王和魔鬼的故事》,第六卷《黄金城的故事》,第七卷《法官与海盗》,第八卷《萨达的故事》,第九卷《沙漠的秘密》,第十卷《月亮公主的故事》。

另外还有《安徒生童话故事全集》(1—3 集),鞠萍《葛翠琳童话故事系列》(11 册),《赵燕翼儿童故事集》(5 册),《宝贝童谣》《小动物快乐故事》(1—4),《新编儿童谜语》《金吉泰儿童文学精品集》(2 册),《沙漠书系列》(18 册),《中华国耻录》《敦煌壁画故事》《陇原好少年》等。

(八)语言文字

语言文字类图书继 20 世纪 80 年代的出书势头,到 90 年代有部分读物仍在社会上有一定影响,尤其是在中学教学中起到重要作用的《中国现代文学大师词典》也为社会所关注。20 年来,共出版语言文字类图书 200 多种,主要有《文言文虚词类释》《甲骨文字考释》《古汉语知识二百题》《修辞知识十八讲》《新编八用成语词典》《甲骨文丛书》《现代汉语语音专题》《普通话水平测试培训教材》《金石文字辨异校释》《古汉语常用字字典》《文言文校读》《中国长篇小说辞典》《初中文言文答疑释难》《大学生古汉语常用多义词词典》《六年制小学同义词反义词大全》《中学文言文实用手册》《中学古诗文别解》《高中文言文答疑释难》《初中文言文赏析辞典》《新编八用中小学生常用词典》《高中古诗文译注评》《初中古诗文译注评》《典故选读》《简明鲁迅词典》《简明矛盾词典》《简明巴金词典》《简明曹禺词典》《简明郭沫若词典》《简明老舍词典》《诗经蠡测》等。

(九)农业科技

农业科技图书是甘肃科技出版社的重点图书，数十年来坚持不懈，把一批批适合甘肃农村的科技图书送到农民手中，为甘肃的农村小康建设做出了贡献。据统计，近20年来，共出版有关三农的图书300种左右，其中"农村实用技术丛书"和"甘肃农村小康建设丛书"影响最大。

"农村实用技术丛书"：《怎样识别和防治蔬菜病虫害》《第二代节能日光温室建造与蔬菜高效栽培技术》《怎样种好双千田》《怎样种好籽瓜卖好籽瓜》《马铃薯加工技术》《奶牛高产养殖关键技术》《家兔养殖关键技术》《塑料大棚养殖关键技术》《怎样识别病害肉品》《兰州瓜菜品种》《梨树优质高产栽培》《实用沙棘栽培及管理技术》《特用玉米》《现代养鸡关键技术》《葡萄多种栽培技术》《天然彩色棉品种改良及栽培技术》《果树栽培》《甘肃造林种草技术》《怎样科学使用化肥》《珍禽饲养关键技术》《饲料配制加工关键技术》《鸵鸟饲养关键技术》《甜樱桃栽培技术》《蝎子人工养殖关键技术》《肉狗饲养关键技术》《肉鸽饲养关键技术》《养狐关键技术》《鸭养殖关键技术》《茸鹿养殖关键技术》《新兽药使用指南》《无公害主要中药材栽培技术》《优良牧草与饲料安全》《暖棚畜禽养殖技术》《动物疫病防治技术》《无公害蔬菜栽培技术》《无公害食用菌栽培技术》《无公害农作物种子生产技术》《无公害粮油作物生产技术》《红枣优质生产栽培技术》《高效低毒农药及蔬菜病虫害综合防治技术》《信鸽养殖关键技术》《牧草与草种

生产加工技术》《优质专用玉米栽培与加工技术》《蛋鸡饲养与管理技术》《果树花卉组培快繁技术》《家畜家禽常用消毒技术》《经济林栽植技术》《梨新优品种及配套栽培技术》《毛用羊饲养与管理技术》《奶牛饲养与管理技术》《葡萄新品种与配套栽培技术》《青贮饲料无公害生产技术》《当归、党参无公害栽培技术》《优质安全畜产品生产指南》《西瓜新品种及无公害配套栽培技术》《小尾寒羊饲养与管理技术》《畜禽疾病防治技术》《优质无公害牧草生产技术》《专用马铃薯栽培及加工技术》。

"甘肃农村小康建设丛书"：《食用菌栽培技术》《大白菜无公害栽培技术》《花椒无公害栽培技术》《扁桃无公害栽培技术》《马铃薯优质高产栽培技术》《啤酒大麦优质高产栽培技术》《无公害小麦种植技术》《特色中药材无公害栽培技术》《西瓜新品种及无公害栽培技术》《胡萝卜、萝卜无公害栽培技术》《甘蓝类蔬菜无公害栽培技术》《黄瓜、西葫芦无公害栽培技术》《水果袋无公害栽培技术》《甘肃主要农作物新优品种》《黄芪、板蓝根无公害栽培技术》《肉牛快速育肥技术》《芹菜、韭菜无公害配套栽种技术》《柴胡、甘草无公害栽培技术》《苹果新品种与配套栽培技术》《节能日光温室与茬口综合利用技术》《番茄、茄子、辣椒无公害栽培技术》《优质专用玉米栽培与加工技术》《蛋鸡饲养与管理技术》《果树花卉组培快繁技术》《家畜家禽常用消毒技术》《经济林栽植技术》《梨新优品种及配套栽培技术》《毛用羊饲养与管理技术》《奶牛饲养与管理技术》《葡萄新品种与配套栽培技术》《青贮饲料无公害生产技术》《当归、党参无公害栽培技术》《优质安全畜产品生产指南》《西瓜新品种及无公害配套栽培技术》《小尾寒羊饲养与管理技术》《畜禽疾病防治技术》《优质无公害牧草生产技术》《专用马铃薯栽培及加工技术》。

（十）医学类

出版医学、药学和中医学方面的图书是甘肃人民出版社及其所属的科技出版社的传统项目，20世纪50年代就有一定的影响。70—80年代已成规模，尤其是一批名老中医的著作在甘肃乃至全国都受到好评。还有兽医图书，如《兽医手册》自20世纪80年代出版至今，已三次修订，受到农牧区兽医工作者的好评。另有李少波的《真气运行法》和郑魁山的《子午流注与灵龟八法》等书也长销不衰。近年来，裴正学医学系列也受到全国医学界的欢迎。据统计，近20年来，甘肃人民出版社及其所属专业社共出版医学类图书300多种，主要有《性传染疾病》《实验动物医学》《伤寒论释义》《常见传染病的免疫预防》《袖珍外科手册》《乙型肝炎的诊断与治疗》《中医内科临证手册》《骨科临床便览》《儿科临床便览》《中医临床便览》《临床诊断便览》《内科临床便览》《口腔科临床便览》《外科临床便览》《耳鼻咽喉科临床便览》《眼科临床便览》《妇产科临床便览》《袖珍内科急症手册》《李少波真气运行法》《子午流注与灵龟八法》（修订本）、《中医临床应用指南》《袖珍儿科手册》《袖珍内科急症手册》《袖珍内科手册》《袖珍妇产科手册》《袖珍护理手册》《妇幼保育大全》《眼科疾病保健问答》《中国养生文献全书》《实用骨科临床检查法》《藏医外治疗法》《中医辨证施护概要》《中医温病方剂手册》《临床疑难病例分析》《人工肛门》《甘肃地方病防治问答》《刘宝厚诊治肾脏病经验》《中医内科临证手册》《针灸补泻手法》《伤寒论释义》。

"裴正学医学系列"：《裴正学医学笔记》《裴正学医学经验集》《新编中医方剂学》《血证论译释》《裴正学医治医案集》。

（十一）自然资源

有关自然资源的图书就数量而言并不算多，只有几十种，但大多为专业机构和专门人才所作，质量较高，影响大，指导及实用价值高。

主要有《甘肃植被》《甘肃白龙江国家级自然保护区综合科学考察报告》《甘肃省水土保持治沟骨干工程技术手册》《甘肃省雨水积蓄利用工程技术标准》《甘肃土地资源》《甘肃草原资源》《中国中草药资源志》《中国的冰川资源》《中国天山冰川站手册》《中国南方草地畜牧业学术讨论会论文集》)。

(十二)藏族文化

藏族文化是中国传统文化的重要组成部分,长期以来,甘肃人民出版社及其所属专业出版社以出版藏族文化类图书为特色，并打造出了不少的精品。《格萨尔学集成》(1—3 卷)获第四届中国图书奖二等奖,《藏族传统文化辞典》获第八届中国图书奖,《藏族文化发展史》(上下)获第八届"五个一工程"奖。据统计,近 20 年,甘肃人民出版社共出版藏族文化类图书 200 多种,主要有《藏文藻饰词释难》《吐蕃古藏文文献诠释》《藏文格萨尔王传论略》《中国当代藏族作家优秀作品选》《藏族传统文化大辞典》《格萨尔文库》(第一卷、第二卷、第三卷)、《格萨尔学集成》(1—5 卷)、《藏密脉气学初探》《中国藏族寺院教育》《柱间史——松赞干布遗训》《拉卜楞寺创建及其六大学院的形成》《拉卜楞寺简史》《嘉木样呼图克图世系》《宗喀巴师徒文集》《夏尔·噶丹嘉措文集》《格西·益希旺秋文集》(一、二、三卷)、《藏传因明思路方法》《佛教五部大论概说》(上、下)、《贡唐洛峇嘉措大师因明论集》《松巴佛教史》《藏族文化发展史》(上、下册)、《藏族宗教学概念》《佛教与西藏古代社会》《西藏教育五十年》《卓尼藏传佛教历史文化》《卓尼土司历史文化》《西藏地方经济史》《西藏藏传佛教寺院》《河西走廊藏文化史要》《卓尼土司史略》《布顿活佛史》《安多古刹禅定寺》《甘肃藏族部落的社会与历史研究》《安多政教史》等。

(十三)民俗

20 年来,民俗读物以多种形式出版,据统计有 100 多种,其中甘肃人民出版社的"中国民俗大系"和甘肃教育出版社的"中华民俗源流集成"等以大全最具影响力。

"中国民俗大系":《北京民俗》《天津民俗》《上海民俗》《黑龙江民俗》《吉林民俗》《辽宁民俗》《河北民俗》《山西民俗》《内蒙古民俗》《山东民俗》《河南民俗》《湖北民俗》《湖南民俗》《安徽民俗》《江苏民俗》《江西民俗》《浙江民俗》《福建民俗》《广东民俗》《广西民俗》《云南民俗》《贵州民俗》《四川民俗》《西藏民俗》《新疆民俗》《青海民俗》《甘肃民俗》《陕西民俗》《宁夏民俗》《海南民俗》《台湾民俗》。

"中华民俗源流集成":《节日岁时卷》(1)、《仪礼丧葬卷》(2)、《婚姻卷》(3)、《游艺卷》(4)、《服饰·居住卷》(5)、《工艺·行业·祖始卷》(6)、《禁忌·生产·商贸卷》(7)、《饮食卷》(8)、《信仰卷》(上)(9)、《信仰卷》(下)(10)。

《谚海》(4卷),有汉族俗谚1、2、3卷;汉族农谚1、2、3卷;蒙古族谚语、藏族谚语、哈萨克族谚语、维吾尔族谚语和其他少数民族谚语等。

(十四)国学

从20世纪90年代起,甘肃人民出版社就开始重视国学读物的出版,先后有50多种读物面世。主要有《孟子》《中庸》《大学》《孙子》《千家诗》《弟子规》《菜根谭》《三字经》《百家姓》《论语读本》《世说新语》《增广贤文助读》《孝经助读》《名贤集助读》《千字文弟子规助读》《朱子治家格言小儿语小学韵语助读》《幼学琼林助读》《庄子别解》《老子别解》《论语新编》等。

(十五)文艺作品

文艺作品包括小说、诗歌、散文、文学史和文学评论,以及连环画、年画等,共有2000多种,多为敦煌文艺出版社和甘肃人民美术出版社出版。《中国文学原型论》获第三届中华优秀出版物(图书)奖提名奖。

出版的主要文学作品有：

"杨志军荒原系列"：《失去男根的亚当》(第一卷)、《江河源隐秘春秋》(第二卷)、《环湖崩溃》(第三卷)、《苍茫唐古特》(第四卷)、《圣雄》(第五卷)、《艳龙》(第六卷)、《天荒》(第七卷)。

"名家最新杂感力作"：《你笑的是你自己》(邵燕祥)、《说牛头论马嘴》(牧惠)、《随感与遐想》(王蒙)、《有感就动》(蒋子龙)、《山光潭影》(陈丹晨)、《眼睛》(洁泯)、《冷落了牡丹》(阎钢)、《天籁》(冯骥才)、《读完写下》(牧惠)、《神像无神》(蓝翎)、《红尘小品》(邢燕祥)、《按牌理出牌》《黄秋耘》、《牵牛花蔓》(严秀)。

"长城外长篇精品系列"：《桑拿高地的太阳》(路天明)、《青氓》(张光明)、《西部的文脉》(周涛)、《驼殇》(邓九刚)、《一个挑战的旅行者步行在上帝的沙盘》(昌耀)。

"世界杰出女作家经典丛书"：《丛林中的艰苦岁月》〔加〕苏珊娜·穆迪著，冯建文译，《纽约旧事》〔美〕伊迪丝·华顿著，普隆译，《岁月》〔英〕弗吉尼亚·伍尔夫著，金光兰译，《曼斯菲尔德庄园》〔英〕简·奥斯丁著，姊佩译，《怀尔德菲尔山庄的房客》(英》安妮·勃朗特著，赵慧珍译。

"新西部小说丛书"(12 册)：《敦煌颂》《魅惑敦煌》《西栖鸟》《然后在狼印上奔走》《九家半人》《金魔方》《若有人分》《鞭子》《巴盐淖尔湖》《唱阴舞阳》《夜》《月亮营地》。

"秦腔选粹丛书"：《白蛇传》《法门寺》《甘肃曲子戏》《乾坤带》《秦腔传统折子戏》《四进士》《五典坡》《游龟山》《五虎坠》《玉堂春》《忠保国》《周仁回府》。

另外还有"新世纪文学创作丛书"：《三国殇》(3 册)、《唐宋八大家文选》《青白盐》《俄罗斯白银时代文学史》(1—5 卷)、《中国古代小说演变史》《西方音乐史》《1949—2009年中国诗歌研究》《中国20世纪文学思潮论》《中国文学原型论》《中国现当代文学通史》《钱钟书人生妙语》《诗海拾贝续集》《唐宋山水散文赏析》《古诗词选读》《诗韵手册》《精选古诗文背诵手册》《苦茶》《大漠祭》《你不能回家》《江村农民生活的变迁》《傅青主先生草稿真迹》《二妙轩碑帖》等。

（十六）其他

另外还有一批不好归类,但又值得一提的图书。如《铭记5·12甘肃省抗震救灾纪实》《震撼——甘肃省抗震救灾先进事迹报告集》出版后获第二届中华优秀出版奖抗震救灾特别奖;《三礼研究论著提要》获第十三届中国图书奖;《纪伯伦全集》和《纪念路易·艾黎文集》在社会上也有很大影响。"读者小丛书""飞碟探索丛书"是甘肃人民出版社两大杂志的附品书,受到广大读者的欢迎。

"读者小丛书":《隽永小品》《相处艺术》《人生百味》《爱的故事》《动物趣谈》《天南地北》《读者幽默》《人生忠告》《常常感动》。

"飞碟探索丛书"（12本）:《加西之城》《破译UFO》《UFO与外星人》《飞碟外星人古今留踪》《探索之路在脚下》《地球的遭遇告诉我们》《撩拨好奇的空中来客》《云霄怪客》《华夏碟影》《飞碟观测》《尼罗河赐予的礼物》《城外UFO散记》《不明飞行物对人类构成威胁吗？》《飞碟与太空文明》《被劫持者眼中的奇异世界》《假亦真来真亦假》《英伦上空的UFO》《世纪末UFO事件》《未雨绸缪——UFO与防务》《缓慢的解密》《灾难深重的地球》《原野上的风景画》《天象奇观》《晴天霹雳》《迈向现实》。

（原载《甘肃出版史略》,甘肃人民出版社2011年版）

甘肃期刊出版

据不完全统计,1950 年至 1990 年的 40 年间, 全省共创办刊物 393 种。其中公开发行的 118 种,内部发行的 275 种;社科类 102 种,自然科学类 71 种,文化教育类 63 种,文学艺术类 55 种,工业技术 44 种,农业技术 30 种,医药卫生 13 种,综合参考 13 种,少儿 2 种。以上刊物中,党政部门创办的 111 种,群众团体创办的 79 种,科研单位创办的 77 种, 大专院校创办的 67 种, 工矿企业创办的 55 种,民主党派创办的 4 种。

1950 年至 1957 年共创办刊物 48 种,其中公开发行的 13 种,内部发行的 35 种, 主要有《甘肃工农文艺》《宣传员手册》《甘肃文学》《甘肃文艺》《甘肃画报》《西北师范学院学报》《兰州大学学报》等。

1958 年至 1965 年共创办刊物 47 种, 主要有《红星》《红旗手》《学文化》《化工机械》《甘肃青年》等。

1966 年至 1976 年旧刊物大多停办,新办刊物 46 种,自然科学多于社会科学。其中公开发行的 17 种,内部发行的 29 种。主要有《民兵建设》《红小兵》《甘肃畜牧兽医》《甘肃农业科技》《兽医科技资料》《兰州炼油机械通讯》等。

1977 年至 1990 年,共创办刊物 275 种,其中公开发行的 89 种,内部发行的 186 种。主要有《飞天》《当代文艺思潮》《驼铃》《甘肃儿童》《小白杨》《故事·作文月刊》《妈妈画刊》《欢天喜地》《老人》《阳关》《甘肃社会科学》《科学经济社会》《兰州学刊》《党的建设》《现代妇女》

《西北人口》《甘肃教育》《读者文摘》《飞碟探索》《冰川冻土》《中国沙漠》《沉积学报》《合成橡胶工业》《标准化报道》《固体润滑》《农业科技与信息》《中兽医医药》《草业科学》《甘肃医药》等。

1989年8至11月，中共甘肃省委宣传部、省科委、省新闻出版局、省版协共同组织甘肃省首届自然科学技术期刊评奖活动，评出《兰州大学学报》(自然科学版)、《甘肃农业科技》《冰川冻土》《沉积学报》《中国兽医科技》《化工机械》《石油矿场机械》《合成橡胶工业》《草原科学》《甘肃畜牧兽医》《标准化报道》《机械研究与应用》《甘肃林业》《数学教育研究》14家期刊为甘肃省优秀科技期刊。1990年，又举办了甘肃省首届社会科学优秀期刊评奖活动，评出《读者文摘》《党的建设》《西北师范大学学报》(社科版)、《甘肃理论学刊》《敦煌研究》《西北民兵》《甘肃社会科学》《飞天》《阳关》《故事·作文月刊》《秘书之友》《甘肃教育》《现代妇女》13家期刊为甘肃省优秀社科类期刊。

2009年，甘肃共有公开发行的期刊134家，其中社科类68家，自然科学类66家。有《读者》《读者·原创版》《读者·乡土人文版》《读者欣赏》《读者·海外版》《读者·大字版》《老年博览》《故事作文》《妈妈画刊》《飞碟探索》《党的建设》《敦煌研究》《敦煌学辑刊》《丝绸之路》《甘肃理论学刊》《新一代》《现代妇女》《北方作家》《西部法学评论》《秘书之友》《档案》《图书与情报》《西北人口》《社会纵横》《视野》《发展》《小演奏家》《都市生活》《文化博览》《学生天地》《娱乐世界》《西部论丛》《达赛尔》(藏文)、《开发研究》《兰州学刊》《甘肃社会科学》《甘肃政报》《人文研究》《西北民族研究》《科学、经济、社会》《甘肃金融》《甘肃教育》《财会研究》《高等理科教育》《卫生职业教育》《数学教学研究》《电化教育研究》《甘肃中医》《甘肃医学》《微生物学》《免疫学进展》《中兽医医药杂志》《甘肃畜牧兽医》《中国兽医科学》《中医儿科杂志》《甘肃农业》《甘肃林业》《甘肃水利水电技术》《甘肃科学学报》《草业学报》《甘肃科技》《干旱气象》《寒旱区科学》《草原与草坪》《甘肃农业科技》《膜科学与技术》《农业科技与信息》《甘肃林业科技》《高原气象》《草原科技》《中国草食动物》《冰川冻土》《中国沙漠》《地球科学进展》《沉积学报》《西北地震学》《岩性油气藏》《甘肃地质》《遥感技术与应用》《石油化工设备》《石油化工自动化》《化工机械》《石油技术与应用》《天然气地球科学》《合成橡胶工业》《分子催化》《黄金科学》《分析测试与技术应用》《原子核物理评论》《甘肃冶金》《机械研究与应用》《电子工业专用设备》《石油矿场机械》《移动电源与车辆》《电气传动自动化》《凿岩机械气动工具》《真空与低温》《游戏机应用与技术》《摩擦学学报》《陇东学院学报》《兰炼石化职业技术学院学报》《河西学院学报》《兰州大学学报》（自然科学版）、《兰州大学学报》（医学版）、《西北师范大学学报》（社会科学版）、《西北师范大学学报》（自然科学版）、《西北民族大学学报》（社会科学版）、《西北民族大学学报》（藏文版）、《甘肃联合大学学报》（社会科学版）、《甘肃联合大学学报》（自然科学版）、《西北民族大学学报》（蒙文版）、《西北成人教育学院学报》《甘肃政法学院学报》《兰州商学院学报》《兰州教育学院学报》《天水行政学院学报》《甘肃农业大学学报》《甘肃中医学院学报》《兰州理工大学学报》《兰州交通大学学报》《甘肃高师学报》《天水师范学院学报》《兰州工业高等专科学校学报》《甘肃广播电视大学学报》等。

一、《读者》杂志

《读者》杂志创办于 1981 年，是甘肃人民出版社主办的文化综合类杂志。创刊时月发行量 3 万册，到 2006 年 4 月份月发行量突破 1000 万册，创造了中国期刊发展的奇迹。已连续 13 年居中国第一，世界综合类期刊第四位。杂志累计发行近 15 亿册。在海内外亿万读者中产生了深远的影响。

29 年来,《读者》杂志始终以弘扬人类优秀文化为己任,坚持正确的舆论导向,遵循"选择《读者》,就是选择了优秀的文化"这一办刊理念,坚持"博采中外、荟萃精华、启迪思想、开阔眼界"的宗旨和"高雅、清新、隽永"的风格,发掘人性中的真善美,体现人文关怀;融思想性、知识性、趣味性为一体,在刊物内容及形式方面与时俱进;追求高品位、高质量,赢得了海内外各个年龄段和不同阶层读者的喜爱,被誉为"中国人的心灵读本"。

作为一本大众性综合类文化期刊,《读者》编发的文章,不仅注重思想性,更注重可读性、感染力和渗透力。探求人性的真善美,注重弘扬人的主体精神,倡导对社会、对公众的爱心,并将正确的思想、高尚的道德、崇高的理想、生活的哲理,巧妙地融入精美的文章当中,使读者在轻松、愉快的阅读中陶冶情操、净化心灵。坚决抵制低俗,亦不媚俗,始终坚持"真善美"的阳光主题,以人性、人道、善良、美好为标尺,旗帜鲜明地倡导人文关怀,用最容易接受的平民意识感动读者,用永恒的人性主题感染读者,用阳光和快乐来感奋读者。

从 2003 年开始,《读者》积极探索向海外发行,2007 年 7 月,授权美国大陆公司独立代理北美发行权。"十一五"期间,根据国家"走出去"战略,连续多年被列入国家文化出口重点项目,《读者》(繁体字版)和《读者原创版》以多种形式在海外几十个国家发行。2010 年,《读者》开始向台湾地区发行。

《读者》杂志的成功得到了政府、社会各界及广大读者的认可和赞誉。1998 年至 2001 年连续获国家新闻出版总署颁发的第一、第二届百种全国重点社科期刊奖,2001 年被国家新闻出版总署认定为"双高"(高知名度、高学术水平)期刊,2000—2005 年连续三届获得中国期刊业最高奖——国家期刊奖,成为中国期刊的著名品牌。《读者》连续多年入选"中国 500 个最具价值品牌",2009 年列于 184 位。

2009 年，《读者》杂志社荣获"首届中国出版政府奖先进集体奖"。2009 年，《读者》入选央视网主办的中国"60 年 60 品牌"，是入选的唯一文化类品牌。据最新评估，《读者》品牌价值达 50.08 亿元。

2005 年 8 月，中共中央政治局常委李长春同志视察《读者》杂志社，称赞《读者》为"大漠瑰宝"，要求加快改革步伐，做大做强。2006 年 8 月，商业部组织的"商业新长征，品牌万里行"活动中，《读者》杂志成为全国唯一树立品牌地标的文化产品。2007 年 8 月，中共中央政治局委员、书记处书记、中宣部部长刘云山视察《读者》杂志社，指出"《读者》的成功经验主要有三条：一是改革，二是创新，三是编刊精益求精"。

2006 年读者出版集团有限公司成立，《读者》杂志社为读者出版集团有限公司的核心子公司。2010 年属读者出版传媒股份公司经营单位。

二、《读者·原创版》杂志

《读者·原创版》杂志创刊于 2004 年，是读者出版集团一级期刊。2010 年为读者出版传媒股份公司经营单位。创刊之初，《读者·原创版》提出"同质化时代——更需要一片原创的天空"，努力呈现"新锐更精彩"，致力于成为杂志行业的"时代精英原创先锋"。创刊 5 年来，从形态到内容，不断呈现出显著的变化和进步。2006 年，杂志由双月刊改版为月刊。2009 年全新改版，采用 80 面全彩印刷，改版后的杂志拥有专访、特别报道、书架、绘本、影像、艺术空间、军事、体育等 20 余个特色栏目。第一时间原创首发报道社会热点、新鲜话题、人物故事、青春励志、生活情感、心理对话、海外见闻等。通过精彩文字和影像，传达思想、观念、智慧、咨询、知识、体验、激情。杂志月发行量居同类刊物前列，行销海内外。5 年来发行数达千万册，上亿人次阅读，销售终端遍及全国,并在北美、澳洲等地区发行。

卓越的杂志品牌,连续 5 年业绩不断增长,《读者·原创版》于2007 年荣获北方 15 省优秀期刊奖,2008 年荣获北方优秀期刊奖,2009 年入选全国邮政发行畅销报刊,并获得中国发行量认证奖和中国广告精投奖,被评为最受广告主、广告商青睐的生活服务与文摘类期刊。

三、《读者·乡土人文版》杂志

《读者·乡土人文版》是一本乡土综合性文化刊物。前身为《读者》(乡村版),于 2000 年 1 月创刊,是《读者》旗下的第一份子杂志,现属读者出版传媒股份公司。从 2006 年第 1 期开始,《读者》(乡村版)更名改版为《读者·乡土人文版》,并对杂志原有的内容进行了比较大的调整和扩充。2006 年 7 月杂志内文由最初的双色印刷改为全彩印刷。2009 年第 1 期,《读者·乡土人文版》再次扩版,开本由原来的 16开放大至大 16 开,页码增至 72 页,增添新栏目,补充新内容,力求从不同侧面和多个角度,以图文并茂的形式和自然细腻的笔触,描绘游子刻骨铭心的乡土记忆,抒写国人挥之不去的乡土情结,刻画故乡清新质朴的乡土风貌,挖掘中华传统文化的乡土内涵。融乡情、亲情、感悟、旅食、民居、地理、地方人文和现实关注于一体,全方位地向读者们展现乡土中国——一个真实、美丽、传奇、质朴的家园。

杂志现设以下几个栏目:心灵家园、百味人生、百姓生活、亲情驿站、本期话题、一方水上、姓氏文化、异域博览、风俗民情、乡土艺术、旅食天下、中国地名、行走乡土、古今轶事、乡约故事和大地广角。

四、《读者欣赏》杂志

《读者欣赏》于 2001 年由《读者》杂志社创办。现属读者出版传媒股份公司。创办《读者欣赏》是因为"信息爆炸和现代生活的快节奏必然导致读图时代的到来"。《读者欣赏》的发刊词中提出:"《读者欣赏》既不是专业性杂志,也不是时尚类刊物,只是一份供大众培养高雅情趣和良好素质的综合类画刊型月刊,大家宁可把她当成高尚公民的美学入门读本去阅读去收藏"。

经过9年的发展,3次改版,《读者欣赏》已经成长为一本集时尚、艺术与现代元素相结合的艺术综合类期刊。《读者欣赏》通过对艺术的通俗解读,深刻挖掘文化精髓,既凸显人性的关怀,又有自己的创新,是一本既个性化、又面对大众的美学读本。

五、《读者·海外版》杂志

《读者·海外版》为读者出版集团主办的文化综合类双月刊。现属读者出版传媒股份公司。办刊宗旨:秉承《读者》人文关怀,关注海内外华人生存状态,增进中外文化观念沟通,开阔眼界,启迪思想。读者对象以25~45岁为核心年龄段的海内外中高等文化程度读者。风格特色:高品位,新视角,智慧有趣,新鲜动人。

六、《老年博览》杂志

《老年博览》杂志是由甘肃人民出版社主办的老年综合性文摘刊物,现为读者出版传媒股份公司的专业杂志。原刊名为《老人》,创办于1982年,是全国创刊较早的老年刊物之一。多年以来,《老年博览》一贯坚持以弘扬我国尊老爱老的传统美德,展示中老年人的情感世界和多彩的人生历程,礼赞中老年人的人生价值观,为中老年朋友维护权益、养生保健、提高生活质量提供全方位服务,为老年事业做出了贡献,取得了较好的社会效益。主要开办有:金秋颂歌、往事漫忆、杂谈随想、文史长廊、科学养生、快乐生活、老年保健和生活百科等

30 余个栏目。2006 年创新推出《老年博览》下半月版,使刊物的实用性、互动性和服务功能进一步增强。近年来,《老年博览》杂志以内容充实、格调淳朴、设计精美而深受中老年读者青睐,曾在全国历届老年期刊评奖中多次获得优秀栏目、优秀稿件、优秀编辑、优秀设计等奖项,2009 年被评为中国北方优秀期刊。

七、《飞碟探索》杂志

《飞碟探索》杂志由甘肃人民出版社创办,现为读者出版传媒股份公司的专业杂志。创刊于 1981 年,是世界最大的不明现象探索杂志,也是中国唯一以探索不明现象、未知现象为主旨的科普期刊。杂志以传播科学精神、体现人文关怀为己任,内容丰富,主题突显,不明现象、天文、宇航、生命、地理、历史知识交错纵横,韵味悠长,尽显探索的乐趣,是一份特色鲜明的知识类、兴趣类刊物。每期最高发行量曾达 30 多万。

1992 年,《飞碟探索》杂志获得中国报刊博览会"装帧设计三等奖"。

1998 年,《飞碟探索》杂志获得"全国优秀科技期刊"称号。

2007 年,《飞碟探索》杂志获得第二届北方"优秀期刊"称号。

2008 年,《飞碟探索》杂志获得"甘肃省品牌期刊"称号。

八、《故事作文》杂志

《故事作文》创刊于 1971 年,由甘肃人民出版社主办,故事作文杂志社出版。现为读者出版传媒股份公司的专业杂志。高年级版读者对象为小学三年级至六年级的学生。低年级版读者对象为小学一年级至三年级的学生。

《故事作文》由儿童文学作家创作的故事和学生作文、老师点评讲解及动漫作品构成。《故事作文》提倡"自然写作"和"兴趣写作",主要栏目包括:生活故事、记叙文、校园荒诞、童话、科幻故事、作文宝葫芦、想象故事、儿童诗、卡通故事、漫画、怪味成语等。

1990 年获"甘肃省优秀期刊奖"。

1994 年被评为"甘肃省一级期刊"。由《故事作文》的栏目《绝境自救故事》派生出的《少年绝境自救故事》一书,获第三届国家图书奖提名奖和第六届"五个一工程"奖。

2008 年入围新闻出版总署推荐的优秀少儿报刊名录。

九、《妈妈画刊》杂志

《妈妈画刊》原由甘肃人民出版社主办。是专门为 3—6 岁孩子们设计的亲子画刊。每期有故事、儿歌、知识、游戏,还有手工制作。所有的栏目新鲜有趣,年年都有新花样、新变化,孩子们翻开这本神奇的画书,就可进入他们自己的开心乐园。最可贵的是《妈妈画刊》注重母亲和孩子共读的特点,为母子共读创造多样的机会和形式;同时,为家长提供阅读指导的提示和知识难点的解译,将家长的指导融入阅读的过程中,自然、欢乐,从而增进亲子间的交流和互动。

《妈妈画刊》将增加容量,除以往的知识学习、智力开发外,还将融入对孩子的兴趣、爱好、意志、毅力、情感、性格等非智力因素的培养内容,进一步增强孩子的主动参与性,对幼儿的运动智力、人际和社会智力、空间智力的开发,尤其是通过专门为幼儿设计的创造性活动,培养幼儿的创造性意识、创造性思维、创造性才能、创造性个性品质。

十、《敦煌研究》期刊

《敦煌研究》双月刊,主办单位:敦煌研究院,主管单位:甘肃省文化厅。

1983 年,《敦煌研究》正式创刊。创办之初,就立足敦煌,放眼世界。一方面集中本所的研究力量,发表新成果和高质量的论文;一方面通过各种渠道,征集国内外一些著名的专家学者的成果,使本刊发表的成果保持在较高的学术水准。成为敦煌学界的重要参考。

为了适应《敦煌研究》编辑工作的需要,敦煌文物研究所于 1982 年成立了编辑室,1984 年敦煌文物研究所扩建为敦煌研究院,原编辑室也改为编辑部,并陆续增加编辑人员,1986 年已有编辑六七人,编辑部初具规模。

1986 年《敦煌研究》作为季刊定期发行,在编辑方面逐渐走向正规化。1988 年以后,根据敦煌学研究的特点,创立了一些有特色的栏目,如"石窟考古""石窟艺术""石窟保护""河西史地""敦煌遗书""敦煌语言文学"等栏目逐渐成为该刊的特色栏目。而在其后的 10 多年中,又根据来稿情况,不时增加一些栏目,如"敦煌民俗""敦煌乐舞""回鹘问题研究""敦煌体育""敦煌科技"等新栏目。

1994 年,在甘肃省首届社科期刊评级中,《敦煌研究》被评为"甘肃省一级期刊"。1995 年,《敦煌研究》荣获国家新闻出版署评选的"全国优秀社科学术理论期刊奖"。当年全国社科学术类期刊仅 7 家获此殊荣。1997 年,荣获首届中国期刊奖。1999 年被评为"甘肃省一级名牌期刊"。1999 年,本刊再度荣获"全国优秀社科期刊奖",并被评为"第二届全国百种重点社科期刊",2002 年《敦煌研究》进入中国期刊方阵"高知名度高学术水平"的"双高"期刊之列。2005 年,荣获"第三届国家期刊奖百种重点期刊奖"。2007 年荣获"中国北方十佳期刊奖",2008 年被评为"甘肃省品牌期刊"。

十一、《甘肃社会科学》

《甘肃社会科学》是甘肃省社会科学院主办的综合类人文社会科学学术期刊。1979年3月创刊,双月刊。《甘肃社会科学》始终坚持正确的政治方向和"双百"方针,以继承文明、繁荣学术为使命,提倡学术创新,注重学术精品和学术规范,力求思想性、学术性、原创性、前瞻性和应用对策性的统一,追求鲜明突出的办刊特色,为繁荣我国哲学社会科学事业服务。刊发了一大批有较高学术价值和现实意义的学术论文以及科研成果。

1999年6月,《甘肃社会科学》被甘肃省委宣传部、甘肃省新闻出版局、甘肃省出版工作者学会评为"全省一级期刊"。2008年12月,《甘肃社会科学》被甘肃省新闻出版局评为"全省品牌期刊"。2009年8月,《甘肃社会科学》被中国北方期刊评奖委员会评为"中国北方十佳期刊"(全省共评选两种期刊)。

2000年、2004年、2008年,连续3次入选北京大学"全国中文核心期刊"评价体系。2005年、2007年、2009年,连续3次入选南京大学"中文社会科学引文索引(CSSCI)来源期刊"。2008年12月,入选中国社会科学院"中国人文社会科学核心期刊"。2008年6月,在首届中国学术期刊评价委员会、武汉大学中国科学评价研究中心《中国学术期刊评价报告》中,首次入选"RCCSE中国核心学术期刊"。

十二、《西北师范大学学报》

《西北师范大学学报》于1942年3月,在当时执教于兰州国立西北师范学院的李蒸、黎锦熙等爱国知识分子的关心和努力下,克服重重困难而诞生的。创刊后,也就有了相应的编辑出版机构。刊名随校名几经变更,编辑机构也逐步完善、正规。近年来,为了保证和提高刊物质量,学校不断加强编辑队伍建设。目前,学报编辑部设办公室、社会科学版编辑室、自然科学版编辑室和资料室,共有编辑 11 人。编辑中有编审(教授)6 人,副编审 4 人,编辑 1 人,其中获得博士学位者和在读博士 7 人,涉及文学、历史、教育、哲学、经济、数学、物理、化学、生物等专业。截至目前,《西北师范大学学报》(社会科学版)已出版 47 卷 214 期,《西北师范大学学报》(自然科学版)已出版 46 卷 155 期,成为反映该校学术研究成果的主要园地,在国内外产生了较大影响。

《西北师范大学学报》(社会科学版)是由西北师范大学主办、西北师范大学学报编辑部编辑出版的综合性人文、社会科学类学术期刊。创刊于 1942 年 3 月,初定名《国立西北师范学院学术季刊》,刊发本院李蒸、黎锦熙、李建勋等一批著名学者的文章。此后几经停刊、复刊。1956 年曾试办《争鸣》月刊,1957 年复名为《西北师范学院学报》,1958 年随校名改为《甘肃师范大学学报》。1973 年经国务院教科组批准再度复刊,自 1981 年开始向国外发行,并恢复《西北师院学报》刊名。1989 年由季刊改为双月刊,再度随校名更改为《西北师范大学学报》。

《西北师范大学学报》(自然科学版)为全国综合科学技术类中文核心期刊,中国科技核心期刊。刊期双月,逢单月 15 日出版,国内外公开发行。

《西北师范大学学报》(自然科学版)创刊于 1942 年 3 月,当时刊名为《国立西北师范学院学术季刊》,新中国成立前共出刊 3 期。新中国成立后,于 1957 年复刊,刊名为《西北师范学院学报》(自然科学版);1959 年刊名改为《甘肃师范大学学报》(自然科学版);1965 年因"文化大革命"而停刊,至 1974 年复刊,1981 年第 2 期改刊名为《西北师范学院学报》(自然科学版);1989 年刊名随校名变更为《西北师范大学学报》（自然科学版）。1980 年起向国内公开发行，1990 年起向国外公开发行。本刊常设栏目为：数学、物理学、计算机与信息科学、化学、生命科学、地理科学。主要刊登全国高校、科研院所在上述领域的基础研究、应用研究和开发研究的原创性成果论文。

　　《西北师范大学学报》（自然科学版）于 1988 年获"甘肃省高等学校学术期刊评比"二等奖；1995 年获"全国高等学校自然科学学报系统优秀期刊"一等奖，同年被评为"甘肃省科技期刊质量审读优秀期刊"；1996 年被评为"甘肃省编校质量达标期刊"；1997 年获"全国优秀科技期刊"三等奖；1999 年获"全国优秀高校自然科学学报及教育部优秀科技期刊"二等奖，同年又获甘肃省教委"甘肃省高等学校优秀学术期刊"奖；2004 年获"全国优秀高等自然科学学报及教育部优秀科技期刊"二等奖；2005 年获"甘肃省优秀科技期刊"二等奖；2006 和 2008 年连续获教育部科技司颁发的"第一届中国高校优秀科技期刊"奖和"第二届中国高校优秀科技期刊"奖；2008 年获教育部科技发展中心颁发的"中国科技论文在线优秀期刊"二等奖。《西北师范大学学报》（自然科学版）编辑室于 2006 年、2008 年连续两次获"高校科技期刊先进集体"荣誉称号。2008 年被评为甘肃省名牌期刊。

（原载《甘肃出版史略》，甘肃人民出版社 2011 年版）

甘肃历史上藏文图书的印刷与发行

甘肃自古以来就是多民族聚居的地区。民族图书的出版是甘肃整个出版事业的组成部分。在甘肃的民族图书中，藏文图书历史悠久，在中国图书史上有明显特点。

甘肃藏文图书的出版从历史上讲，可以划分为三个时期：吐蕃王朝时期、元明清时期和新中国成立以后时期；从地域上讲，可以划分为三个地区：沙州地区、甘南地区和天祝地区。

藏民族文字的产生比较晚，是在公元7世纪中叶松赞干布统治吐蕃王朝时期。但是藏民族图书的发展却异常迅速。公元756年，吐蕃奴隶主趁唐王朝安史之乱之机，发动了大规模的掠夺扩张战争，先后占领了河西和陇右的大片土地，客观上密切了藏族同汉民族的联系，加深了吐蕃同西域各国的往来，藏族图书文化事业得以蓬勃发展，并且很快就达到极其繁荣的程度。特别是敦煌，成了甘肃藏、梵、汉文字图书的荟萃之地，许多梵、汉图书在这里翻译成藏文，广为手抄流传，有的还传入西藏。敦煌石窟中保存的数千件藏文遗书，便是这一时期吐蕃王朝图书文化事业大发展的佐证。

唐宣宗大中二年（848）以后，河西陇右等地陆续被唐王朝收复，随之吐蕃王朝分崩解体，甘肃藏文图书事业便处于长期的断代之中。到了13世纪中叶，元朝统治中国，甘肃汉族地区的图书文化事业极为败落萧条，但处于边远的藏民族地区，图书文化事业却再度发展起来。起初，多为散见于民间的抄本经书。信教僧俗从西藏、四川等地得到佛经后,传抄念诵,成为藏文图书制作和发行的重要形式。接着,甘南一些地方佛教寺院相继建立, 政教合一的制度使寺院成为当地宗教文化的中心和主体。寺院抄写藏文经卷,供寺内外僧俗阅读念诵,同时还抄写藏文史书、文学、医学、文集等著作,使藏民族创造的科学文化知识得以延续传递。其中有些经典著作是用金、银、玉汁抄写的,工整庄重,极其珍贵,成为藏文图书史上的瑰宝。

14 世纪末明朝统治中国,甘肃藏族图书文化事业开始进入了快速发展的阶段。这是因为,一方面,一批甘肃籍的藏族著作家和出版家相继涌现出来,如卓尼·扎巴夏珠、恰盖·洛智嘉措、二世嘉木样·董·季美旺吾、章嘉·若为多吉、土观·却吉尼玛、贡唐·丹贝仲美等都是国内外享有盛誉的学者名流;另一方面,甘肃藏文图书的生产方式也发生了重大变革,甘南的卓尼禅定寺、拉卜楞寺、阿木去乎寺、郎木寺、佐盖新寺和天祝的天堂寺、石门寺等,先后成立印经院或印书院,并且开始采用雕版技术,刻印佛经佛像及戒律图书,进而刊行大量的佛教经典和历史、哲学、医学、天文、历算、文化教育、个人文集等,不仅供甘肃藏区僧俗群众使用,而且还发行至西藏、青海、四川等地。

新中国成立以后,藏族人民当家做主,宗教文化事业不断发展。甘肃民族出版社的诞生,推动了藏文图书出版的现代化进程。甘南夏河拉卜楞寺的印经院,不仅采用传统的雕版印刷,而且还增加了铅印设备, 从而使得寺院出版工作进入了一个新的历史时期。特别是1978 年以来,呈现出欣欣向荣的崭新面貌。

一、藏文著作与图书概述

(一)吐蕃统治时期的沙州地区

唐德宗建中二年至宣宗大中二年(781—848),河西和陇右部分地区为吐蕃占据。吐蕃王朝崇尚佛教, 对其所辖地区实行寺院经济管理,新建寺院不断出现,僧尼人数成倍增加,佛事活动空前隆盛。吐蕃王朝为这些寺院选派教授、寺主、经师等,一方面发展番语教育,一方面翻译汉、梵图书,同时还经常不断地将律令等传到甘肃各寺院抄写散发,致使当时的河西、陇右有大批藏文典籍产生。因为敦煌一带自西汉开始就是东西交通要冲和经济、文化交流中心,所以在藏民族图书出版史上也就具有特殊且重要的地位。从敦煌遗书来看,当时的藏文图书主要有以下几种:

1. 宗教戒律和吐蕃律例:敦煌遗书中有 400 多部有关宗教生活的藏文戒律、仪规和吐蕃律例。其中戒律、仪执有《根本说一切有部戒经》《比丘戒律》《沙门律规》《沙门仪执》《关于消除争论的戒律》《律分别经》《戒足论》等。另外,还有一些吐蕃王朝制定的律例,如《狩猎律例》,记载狩猎伤人后,按肇事者的不同身份和等级,进行处罚和赔偿的条款;还有记载狗咬伤人、牛顶伤人后如何赔偿的条例,以及法律诉讼案、案件心录、调查报告、证据、判决书等。

2. 社会经济文书:有些是记述奴隶私人占有及随意转让和买卖的资料,有些则记述了吐蕃统治下沙州等农业发达地区掠夺、兼并土地的情况。

3. 典籍译书:如附有汉文的《古文尚书》《战国策》《论语集解》和附有梵文的《罗摩衍那》藏文译书,还有《孔夫子对活》的汉文藏译本等。从其高超的翻译技巧,可以看出当时藏文已达到完善的程度,以及古代藏民族在吸收和借鉴其他民族文化方面所做出的努力和取得的成就。

4. 史志书籍:《西藏年鉴》记述了公元 672—747 年的藏民族历史,它可能是藏族人民运用本民族文字记载自己历史的第一部史书。《世界地志》是霍尔部落王翻译的藏文书籍,它表明当时藏民族的政治、经济、文化已发展到关心世界、研究邻邦并与之友好往来、图求不断发展的程度。

5. 记载吐蕃周边其他民族生产方式、宗教信仰、风俗民情的书籍：它是研究中古时代中亚地区社会生活和民族关系的重要资料。

6. 早期藏医藏药书籍：最多者是兽医，尤其是马医。如《兽医与马病学》《马病预兆》《马疾病》，另外还有治疗肿瘤的真言等。

7. 佛经译本：此类书籍在敦煌藏文遗书中所占的比例很大，有《修多罗经》《怛特罗经》和数量众多的《般若波罗蜜多经》及《无量寿佛经》等，有的译自梵文，有的译自汉文。

(二)元明清时期的甘南地区

唐以后，由于连年战乱和军阀割据以及整个中国政治、经济、文化重心的东移，甘肃的经济受到很大破坏和阻碍，图书出版亦是每况愈下，长期停滞不前。

公元 1245 年，元太宗窝阔台次子阔端与西藏第四代萨迦寺主——萨班·贡噶坚赞在凉州会晤谈判，包括西藏在内的广大藏区归顺元朝，结束了吐蕃王朝几百年来分裂割据的形势，出现了一个相对稳定的政治局面，客观上为当地民族经济和文化的发展提供了一个有利的条件。

元成宗元贞元年（1295），甘南地区建立了第一座藏传佛教寺院——卓尼寺院，从此，甘南地区开始了以宗教为中心的寺院图书文化事业。开始，是用墨笔抄写佛经佛书，进而用金、银、玉汁和珊瑚、珍珠汁写成珍贵的佛教典籍。

自 14 世纪始，卓尼寺院开甘肃藏文图书雕版印刷之先河，印制了佛像、藏文文法教材和佛教经、戒、论书籍。以后，甘南地区又先后建立了几十处寺院，其中拉卜楞寺、阿木去乎寺、郎木寺、佐盖新寺等，均设立印经院或印书院，刊印宗教图书。主要有内明学(佛学)、因明学(佛教逻辑哲学)、医方学(医药学)、学巧学(工艺学)、声学、诗学

（修辞）、辞藻学、谐韵学（诗律）、历算学、歌舞（戏曲）等方面的图书，不仅满足了藏区僧俗群众的需要，而且为藏族文化教育事业做出了贡献。

特别值得记录的是：

14 世纪末明朝初年，卓尼寺院雕版印制了《佛本生记》《莲华生本生记》系列佛像和《藏文文法入门》等。

明嘉靖十七年（1538），卓尼六世土司杨臻，刊印了繁、中、简（针对佛法详略而言）经、律、论的许多版本。

清顺治十五年（1658），卓尼九世土司杨朝梁自学造纸和冶金术，并用金粉书写了《八千颂》，又请善写楷书的人整理抄写了一部完整的大藏经《甘珠尔》，随后又以北京、理塘、卫藏的《甘珠尔》为蓝本，耗银 800 多两，用银汁书写了卓尼《甘珠尔》，还用银、金粉汁抄写了《般若经》多函。

康熙二十八年（1689），卓尼十世土司罗桑顿珠耗银 640 两，整理补全了大藏经《丹珠尔》，以酬报佛法之恩典。土司之妻罗桑草耗银 1300 多两，用辛红和墨抄写了大藏经《甘珠尔》。

康熙六十年（1721），在卓尼十一世土司摩索贡布及其夫人曼香的赞助、支持下，卓尼寺著名高僧坎仁波钦·罗桑旦贝坚参，根据理唐、北京和拉萨等版本，整理了大藏经《甘珠尔》108 卷，同年四月开始刻印，历时 10 年，于雍正九年（1731）刻版就续，此后每年都有印行。

雍正年间（1723—1735），卓尼十二世土司在该寺请工雕塑宗喀巴像，同时从拉萨请来了《宗喀巴全集》，命工刊印，先后刻印了《菩提道次第广论》《密宗道次第广论》《菩提心戒大疏根本戒》《中论根本大解》《般若解般若根本大疏》《大乐金刚母传圆满次第上乐金刚四种要解》《桑堆四女神请问》《智金刚杂集论大疏》《五种次第明灯五种次第圆解》《多见论著疏》《南秀次第经解》《南谢光巴啰赛经、诗文经、洛江经》《释迦赞颂》《年居密传经》《珠卫未完经》等。还有宗喀巴的注疏《上乐金刚大疏》《圆满次第成就法》《四种瑜伽成就法》《桑堆根本注》等。

雍正十一年(1733),卓尼土司之子罗桑华绢尔又整理翻印了《甘珠尔》《般若三百颂》《八千颂》《大解脱经》《金顶三陀罗尼》《宗喀巴全集》《班禅罗桑钦坚全集》《道次第速成道》等。稍后,土司之子罗桑旦贝加参又刊行了《密集续注》《密集注》和《怖畏金刚生员二次第》等。接着又刻印了班禅的《辈次传记》《十六尊者》《普明宏光佛》《极乐》《密集》《怖畏金刚》等,重新刊印了《甘珠尔》和宗喀巴师徒的全集。

乾隆十八年(1753),在土司旦商才让的资助和主持下,卓尼寺雕刻大藏经《丹珠尔》209 卷,经过 20 个春秋的辛勤努力,于乾隆三十七年(1772)印行问世。

甘南其他各印经院刊印的图书主要有:加洛华仓·嘉样丹贝尼玛的《云乘王传》《圆满次第论注疏》;德哇仓·嘉样土丹尼玛的《律论要义》《般若注释要义》和《皈依经讲义》,嘉饶嘉措大师的《律要提要》《般若论章节大意》《入中论提要》《声明难点要解》《医学讲解》;堪布仓·阿旺土丹加措的《具清净律义之经典句义解说》《般若章程》《诗词举例》《从吉祥时轮续起之摄略讲说入续部海之舟》和《道情歌及教训门类》;相端·丹巴嘉措的《尊者灵塔目录宝鬘》《菩提道修习法》《律论传授概要》《黄教派系浅释》;拉科·久美成来加措的《至尊罗桑加样益西丹巴坚参传》《中观广破认识录》;贡唐·罗哲加措的《毗奈耶法海义明释》《现观法海之意义备忘录大宝明灯》《现观庄严论小释》等 54 部;郭莽·洛桑次成加措的《明灯论摄义》《量释论摄义》《教言取舍之明灯》《道情歌及韦扎之类》《三律仪学处易知篇》《白藏跋拉宝藏略修法》《史事祈愿文信莲笑开之日光》《圣尊上师兴根本上师无别祈祷之招来二利如意之钩》;嘉夏茸·格桑贡却嘉措的《辅国阐化正觉禅师嘉木样呼图克图纪念集》等。此外,还刻印了尚有华尔藏仓二世久桑柔贝桑格的著作1部,第十世班禅经师久美加措的著作1部,第五世嘉木样经师雍曾·旦巴智华加措的著作1部,萦智·尕藏索南加措的著作1部,拉茂·洛桑慈之木加措的著作2部,加堪布·格桑智华加措的著作6部,华相·桑罗加措的著作1部,堪布·智华坚赞的著作6部,洛桑加措大师的著作1部,丁科尔·文齐加样扎西的著作1部,丁科尔·宗哲的著作2部等。

拉卜楞寺创建于康熙四十九年(1710),虽然晚于卓尼寺四百余年,但却是后来居上,不仅成为甘南第一大寺院和甘肃藏族教育文化的中心,而且也是整个安多藏区最大的佛教寺院和最高学府,也是我国藏传佛教圣地之一。极盛时期喇嘛人数逾4000,属寺有100多座。由于该寺密宗学科齐全,组织完备,持戒严肃,教学认真,以致学者辈出,人才济济,涌现了一批闻名全国藏区的学者、著作家和出版家,有的还在世界享有盛誉。他们的大量著作在寺院抄写或印刷,在甘、青、川藏区饶有影响,成为研究藏族历史、文化、宗教的珍贵史料。

拉卜楞寺十分重视各类藏文经籍的收藏工作。尤其是二世嘉木样·董·季美旺吾,花费大笔银两,从西藏和印度购买和抄写了大批藏译佛经和西藏历代高僧大德的著作,使该寺成为著名的佛教经卷和各种藏文典籍图书的珍藏之地。据统计,1958年前,拉卜楞寺的藏书量为22.8万余部,分别藏于藏经楼、贡舍塔、大经堂及各佛殿、囊欠和僧舍之中。"文化大革命"中,藏经楼、印经院被查抄,大量经籍、经版被焚和失佚,后虽经抢救,但仅得6.5万余部,只占原藏经总数的28.5%。列入拉卜楞寺总书目的经籍计有7824部,分17大类,其中医方学有262种不同刻本,43大部;声明学130种不同刻本,16大部;韵律学32种刻本,16大部;工艺学20种刻本,28大部;星象历算学542种刻本,29大部;诗镜学178种刻本,64大部;辞藻学32种刻本,78 大部；戏剧类 7 种刻本,8 大部；藏文文法类 108 种刻本,81 部；历史专著 5 种刻本,89 部；传记类 380 种刻本,92 大部；名人全集类 1200 种刻本,979 大部；宗教内明学 1289 种刻本,819 大部；佛学论著 205 种刻本,886 大部；密宗类 735 种刻本,900 大部；经咒类 164 种刻本,948 大部；红教经典 1840 种刻本,958 大部；金银写本大藏经,4 种版本 675 大部,其中珍藏本 102 种。

(三)元明清时期的天祝地区

天祝藏族和甘南藏族虽然同属安多藏区，但是历史情况有若干不同。天祝是华锐的主要组成部分。所谓"华锐"，是藏语的音译，意思是英雄的地区和部落，指今湟水以北、河西走廊东端以南，包括青海乐都北山、互助、门源、大通东部，甘肃天祝、肃南皇城等藏区。天祝藏区是公元 7 世纪吐蕃王朝向外扩张时形成的。吐蕃王朝占据陇右以后，派军节度或大小官员统治被征服地区的人民，使之按照吐蕃的政治、经济、军事、法律等制度统一起来，随后又在语言文字、宗教信仰、风俗习惯等方面，强行灌输和密切交往而渐渐日趋同化，这样，世代以畜牧业为主、生活习俗与吐蕃族有某些接近的华锐人，加之血缘上与青海比较特殊的密切关系，在历史的演变中便融合于吐蕃族中。

13 世纪中叶，元朝统一了整个藏区之后，天祝藏区的文化事业也开始发展起来。在政教合一的制度下，同甘南藏区一样，寺院成了当地图书文化的中心，出现了一批有学识和著作的僧侣学者，一些寺院抄写、刻印各种藏文经典和宗教图卷，为藏区图书文化事业的发展做出了贡献。

天祝共有藏传佛教寺院 20 多座，其中规模较大、藏文图书发展较早的有天堂寺、石门寺、达隆寺、大通寺等。这些寺院的修学宗旨是以佛教教义为基础，吸收本部教的部分神祇和教义，大小乘兼容，以大乘为主；大乘中显密俱备，尤重密宗，并以无上瑜伽密为最高修行次第。各寺院除从西藏、青海、甘南等地购进藏文三藏教典及其他经籍外，还把华锐藏区著名学者的著作视为必读经典，如章嘉·若为多吉、土观·却吉尼玛、松巴·益喜华觉等在宗教、历史、算学诸方面的著作；华锐·日阿布萨在哲学、逻辑学方面的著作；扎提·仁钦顿珠的藏文文法教程；华锐·晋美丹曲的藏文正字法。还有藏医药学、文学著作等。寺院还刻印或抄写了不少藏文古典文学名著，如长篇小说《智宛达瓦》《瑶努达美》；格言诗《萨迦格言》《水树格言》以及各种人物传记、历史、散文、民歌、传说故事、医学图书等，在寺院和民间广为流行。

天堂寺于唐代时首建道观，元初在其废墟上建喇嘛教萨迦派寺院，清顺治四年（1647）扩建为格鲁派寺院。内设五部学院、时轮学院和医学院等。印刷或抄写《中论》《般若》《律本论》《俱舍论》《集类学》等为修习教材。第五世东科尔胡图克图阿旺索南嘉措主持时，还讲授《菩提道次第广论》《生起次第》《圆满次第》《铁城伏魔法》，以为教诫。所藏图书除前所述外，还抄写和刻印了一批十分珍贵的典籍。下密院格西奥科洛苏阿旺丹增，为该寺院迎请了大藏经《丹珠尔》和《甘珠尔》，其著作《大威德生起次第教诫笔记》曾在寺院雕版印行；嘉底阿阇黎阿旺曲登嘉措任堪布时，致力讲学，创建了撒隆静修处，著有《噶丹格言注释》《大威德生起次第》《道情散编》《吉美旺波座前聆听因缘颂教敕的笔记》及《卡嘉道尔吉处聆听宗喀巴颂的笔记》等，其中部分在本寺及藏区印行；奥科阿旺勒薛尼麻著有《历史人物年鉴》《天文图》《天文历算原理》等。其中《天文图》及《天文历算原理》于清道光三十年（1850）在该寺雕版印刷，资料十分珍贵；寺主东科五世还于康熙年间撰写并刻印了《四续要义》；东科九世土旦加措是清朝三代国师，其著作《英明习难》于1830年在该寺刊行。

石门寺首建于明代，清雍正五年（1727）建新寺。建寺后，御赐匾额"格丹勒措畦"及藏文版大藏经《甘珠尔》(佛论部,收书1108种)和《丹珠尔》(佛论部,收书3461种)。根据扎西郭芒学院的规定,该寺建立了《中论》《般若》的讲学制度。胡毕烈罕索南木秀任堪布的二十余年中,设高、初级《集类学》《悟慧论》《因理论》等关于"释量论"的课程,印刷或抄写了大量图书。

大通寺首建于明英宗正统五年(1440),后在清朝三次扩建,光绪时改为妙音寺。寺内除藏有藏文三藏典籍外,还供有银汁书写的《甘珠尔》和辛红书写的《丹珠尔》大藏经。清咸丰十四年(1864)前后,雕版印刷了康萨完志达著的《尕达寺志》和六世达赖撰写的《多金祥志》。

(四)藏文著作家介绍

吐蕃时期甘肃的藏文图书,大多是对梵文和汉文佛教经典的翻译书籍,很少见到藏民族自己的著作。元朝建立寺院以后,情况逐渐发生变化,随着民族宗教文化事业的发展,甘肃藏族开始有了自己的著作,并涌现出一批闻名全国藏区的学者和著作家,有的还在世界享有盛誉。清朝是甘肃藏文图书创作的极盛时期。

卓尼禅定寺的著名著作家:

卓尼·扎巴夏珠(1675—1748),甘肃临潭人。9岁出家为僧,清康熙三十五年(1696)赴藏求学,雍正三年(1725)在拉萨获"拉记巴格西"学位。康熙四十五年(1706)返回卓尼,任禅定寺哲学院、续密宗学院法台和该寺堪布及卓尼土司经师。除协助土司刊刻大藏经《甘珠尔》并担任校订任务外,还撰著了《诗藻新旧词语解》《藏文正字学要义释解)《经中所述学处略录》《梵语和咒意藏语解》等工具书,以及《印藏佛教史》《各类教派之立论》等11部著作。其著作大多收入《卓尼·扎巴夏珠全集》,后在卓尼寺院刊行。

拉卜楞寺的著名著作家:

华秀·俄项宗哲(1648—1721),为拉卜楞寺一世嘉木样。一生著述很多,主要有《般若大疏》《入中论日光解》《俱社论疏》《戒律经注》《现观庄严论之探讨》《怖畏金刚解》《生起次第自在成就法》《圆满次第四种瑜伽文殊解》《宗派纲目》《宗派纲目详释》《佛历表》等。其中以前五部大论为最著名,由拉卜楞寺印经院刊行后,被藏蒙地区很多寺院奉为课本,连年订购。《佛历表》为其在康熙五十四年(1715)撰著,上起藏历第一绕回(1027),下至成书之年,按年记载佛教大事,诸如高僧大德之出生、入灭及重要著作,以及各大寺院的修建情况,并收录同一事件的不同记载备考等,是一部研究藏传佛教历史的重要著作。他的作品以后曾在拉卜楞寺印经院和郎木寺印经院刊行。

董·季美旺吾(1728—1791),为拉卜楞寺二世嘉木样,也是该寺印经院的创始人。著有《第一世嘉木样传》《章嘉·绕维多吉传》《班禅洛桑华丹益喜传》《塔尔寺志》《入中论之探讨》《宗派论述宝鬘》《般若八品之探讨摄要》等。其著作为郎木寺印经院和拉卜楞寺印经院印行。

四世嘉木样的著作有《尊者洛桑季美土登嘉措传》《尊者喜饶嘉措传》《桑钦却吉尼玛传承》《瑜伽虚空修习法》等。

一世嘉木样的弟子赛仓一世阿旺扎西的著作有《集类论教程》《中观教理藏宣讲录》《集类论破修善说》等。其中以《集类论教程》为最著名,被拉卜楞寺闻思学院列为初级教材使用。

贡唐·贡却丹贝卓美,著有《水树格言》《世故老人箴言》《土观·却吉尼玛传》《入中论之科判》《般若心经之咒义解说显明隐义》《辨不了意之难义释余论嘉言心之精华》《理路篇》《缘起之建立教理宝藏》《曼遮解说》《修元常观法之学处颂》等。其中以《世故老人箴言》和《水树格言》为最著名,脍炙人口,流传广泛。《水树格言》是继《萨迦格言》之后,一部享有盛名的格言诗。他写的《黄教兴盛祈祷词》为藏、青、川等地黄教僧众所祈诵。

阿莽班智达贡却坚参,是一位很重视史学研究的学者。他一生著作很多,其中最著名的有《汉藏蒙土历史略述》《拉卜楞寺志》《密宗四续部总义简述》《至尊贡唐·贡却丹贝卓美传》《宗派问题解答》等。

哲贡巴三世丹巴然吉,是一位闻名中外的历史学家。他花费了12年时间,足迹遍布安多地区,搜集资料,查阅史书,整理编写了一部记述安多藏区佛教发展的历史著作——《安多政教史》,于清同治三年(1864),分上、中、下三部雕版印刷。该书对安多藏区主要寺院的历史、佛教各派的著名人物都有较详细的记述。书中列有史传目录650余条,是研究安多藏区佛教历史的重要文献。1982年,甘肃民族出版社出版汉译本,发行国内外。

天祝地区的著名著作家:

章嘉·若为多吉(1717—1786),又名耶摄丹贝仲美。天祝祁连沙玛人,青海佑宁寺五大活佛之一。他通晓藏、汉、蒙三种语言文字,博览群书,才华出众,清雍正帝曾拜他为个人经师。乾隆时,他将藏文大藏经《丹珠尔》译为蒙文,在北京刊印后发行蒙古地区。他还著有蒙、藏、汉三种文字对照的字典《贤者之源》,这是一部沟通藏、蒙、汉族文化的著作,也是佛经翻译的必备工具书。乾隆十七年(1752),他协助庄亲王翻译、编校、刊印了佛经《首楞严经》,后又编纂了《同文韵统》《满汉蒙古西番合璧大藏全咒》《喇嘛神像集》《造像度量经》《佛历表》《大都西门白塔寺志》等18部著作。这些著作对藏族语言文字、天文历算、文学艺术、哲学、逻辑学、宗教等有极高的研究价值。

土观·却吉尼玛(1737—1802),天祝夏玛南冲直岔人,是郭隆寺四大活佛之一。他通晓藏、汉、蒙古三种语言文字,是有名的佛教史学家,著有《宗教流派镜史》《贡挠饶萨传》《什嘉措及其弟子传》《阿旺曲嘉措传》《耶摄丹贝仲美传》《塔尔寺志》等17部作品。其中成书于清嘉庆六年(1801)的《宗教流派镜史》最享盛名,堪称藏文史籍中的"上选",是研究佛教史的主要经典之一,曾有汉、英、德、俄四种文字的译本。他还是一位出色的诗人。在他的著作中,既有歌颂祖国锦绣河山、名胜古迹的诗篇,也有描写青藏高原风光、佛教圣地五台山的赞歌,感情真挚,语言优美,意境深沉,是藏族古典诗歌中不可多得的佳作。

其他,还有松山达隆寺活佛华丹土旦嘉措巴,于乾隆年间撰写有《凉州四寺志》;南冲寺活佛赛钦加赛,同治年间将汉文历算书译为藏文等。

二、藏文图书的生产及其发展变化

甘肃藏文图书产生的时代,正值我国汉文写本书的鼎盛时期,成书的材料已为纸张所取代。因此,甘肃藏文图书一开始就以纸写书的形式出现。明朝藏文图书开始采用雕版印刷,但在相当长的一段时间里,抄写仍然是一种重要的成书手段。铅字印刷藏文图书是在新中国成立以后才有的。在藏区,图书制作至今仍保留传统的雕版印刷。

从敦煌藏文遗书的主要形式来看,吐蕃统治时代,甘肃藏文图书以卷轴居多,亦有经折装、旋风装、蝴蝶装等,与汉文图书无大差别。吐蕃王朝溃退败落以后,甘肃藏文图书随即湮灭消失。元朝以后,甘肃藏文写本书再度出现,虽然亦不外是卷轴装,间有经折装、旋风装、蝴蝶装等形式,但是已渐具民族特点,装饰华丽,包裹庄重,与汉文图书的印制收藏已迥然不同。明清开始的藏文雕版印书,一开始就具有独特的民族形式,成长条之状。

在藏文图书的发展过程中,寺院一直处于主导的地位。许多寺院都设有专门的成书机构,并且在长期实践中形成一套完整的成书程序,有着严密的成书分工。

（一）图书的生产机构及分工

藏族是一个信奉佛教的民族，由于藏区实行的是"政教合一"制度，寺院成了当地政治、经济、文化的中心。因此，藏文图书的生产主要是在寺院进行。唐宪宗建中二年至宣宗大中二年（781—848），河西地区为吐蕃所控制。在此之前，沙州见于文献的仅有大云寺、灵图寺、龙兴寺、开元寺、永安寺、乾元寺等。吐蕃统治沙州以后，那里的寺院和佛事活动空前发展。唐宪宗元和十年（815）以后的文书中先后又出现了报恩寺、净土寺、莲台寺、三界寺、兴善寺、金光明寺、永寿寺、永康寺等 14 所僧寺和安国寺、普光寺、灵修寺、大乘寺、圣光寺 5 所尼寺。僧尼近千人之多，为吐蕃统治初期僧尼人数的 10 倍。吐蕃王朝为这些寺院选派掌管宗教事务的"蕃大德"和吐蕃教授、律师、寺主、译经师等，不少寺院专设译场、经坊，翻译、抄写大批的藏文典籍。这些图书除供当地僧俗使用外，有的还向西藏发行。寺院还为学校抄写藏汉文课本。另外，吐蕃王朝还经常不断地把律令、公文发往甘肃境内的寺院，由寺院抄写发给寺外部落等。

关于图书制作的程序和分工，因史书不载，而敦煌藏文遗书又多为外国人所窃，所以只能从他们整理的遗书目录中得知一二。当时敦煌藏文图书多译自汉、梵两文，成书分工多为译、校、写三个环节。吐蕃时期，就藏文图书而言，虽然还是成书早期，但是由于受汉文成书分工的影响，成书分工比较明确，成书程序也比较严谨。凡是初译图书，均有译经人和校对者的姓名，有的还署原作者姓名。凡是复抄图书，均有抄写人和校对者署名。如《唯识论》是由汉文本译成，末题：世亲著，藏文泽者×××（藏文签名），校对者×××（藏文签名）；《黄金陀罗尼》是复抄书籍，末题：抄写者×××（藏文签名），校对者×××（藏文签名）；《佛学字书》是由当地寺院编写的汉、藏文对译本，其末题：编者法云寺，校对者×××（藏文签名）；《沙门律规》末题：印度规范师作,西藏翻译家校对;《入楞伽经》末题:藏文译者法成。还有一本由七种经文合成的集子,其末题:胜友与圣军二人翻译、校对。这样的工作分工和程序,是藏文图书质量的保证,也反映了当时藏文成书业的水平。

9世纪以后,甘肃藏文图书的生产随着吐蕃退出甘肃而中止。至元朝再度兴起,书籍的制作仍在寺院进行。元成宗元贞元年(1295),甘肃最早的藏传佛教寺院——卓尼寺院创建。起初,寺院用墨笔抄写佛教典籍和藏文图书,进而用金、银、玉汁及珊瑚、珍珠、玛瑙等汁写经,为甘南藏区的佛教及图书文化事业做出了贡献。14世纪,卓尼寺院采用雕版印刷《佛本生记》(全套)、《莲华生本生记》(全套)等系列佛像,并印制了《藏文文法入门》等藏文教材和本寺院的戒律等。17世纪末和18世纪初,任该寺堪布的大国师阿莽·成烈嘉措,捐资并亲自主持刊印了《宗喀巴全集》共37卷,开甘肃雕印大型藏文图书之先河。

清康熙五十九年(1720),卓尼寺院已建立了初具规模的印经院,并开始了编辑整理大藏经的工作。当时,土司摩索贡布一家商定刻印大藏经《甘珠尔》,请该寺著名高僧坎仁波钦·罗桑旦贝坚参任总编辑,该寺哲学院、续密宗学院法台阿莽成烈加措和土司经师卓尼·扎巴夏珠担任校订,同时在印经院设校对10人、雕版工300人、印刷工50人、勤杂工50人。坎仁波钦·罗桑旦贝坚参以北京、理唐两种木刻本《甘珠尔》和拉萨手抄本《甘珠尔》为蓝本,编辑整理了卓尼《甘珠尔》,随即付梓。土司夫人曼香尽舍私房,拿金银、绸缎作刻写费用。土司亲自主持雕版工作。他召集本部善于书写的文人和雕刻匠,免除他们的徭役赋税,讲明刻版的意义和具体安排,并指定两位老爷购买木料、工具。经过10年的紧张工作,耗银17525两,完成了大藏经《甘珠尔》的全部雕印任务,并于雍正九年(1731)阴历四月十一日举行了盛大的开光仪式和吉祥的庆贺宴会。

乾隆十七年(1752),法之尊者桑吉巴桑劝说仁钦华宗和土司旦商才让刊印大藏经《丹珠尔》。由经师阿旺道尔吉和头人噶本才让任总管,管家三斤、才让、王海和头人才旺闹窝、道尔吉任副总管。下设以经师罗桑加参为首的抄书手50人,校订10人,刻版工300余人,木工、制墨工、熟纸工200余人。华觉加措任卷首佛像绘画。寺院给缮写人员和刻版工人赐予达汗头衔并付给高薪, 向其他工种发放衣食财物,免除所有参加人员的赋税和差役。纸张、墨水、刻版木料,不依权势征集,均按市价付款,因而所用物品质优量足。

为了保证《丹珠尔》雕印的顺利进行,全国蒙藏地区募捐了大量银款:法台加参僧格捐骏马21匹,蒙古噶钦诺门汗捐银1300两,北京雍和宫希尔瓦钦吉捐银150两,迭当罗桑云丹捐银192两,车巴高义闹的化身罗桑赤烈及其首领钦吉腾莽捐银110两, 阿拉善桃云诺门汗捐银110两, 北路喇嘛捐银100两, 迭当罗桑热布旦捐银100两,僧人道尔吉捐银65两,雅尔特比丘罗桑扎西捐银50两,湾处喇嘛捐银100两,斯尼云茹的桃云钦吉捐银50两,琼赛尔嘉样捐银48两,拉卜楞寺二世嘉木样捐银100两。土司仓库先后用去财物折白银13937两。在经历了20个春秋之后,终于在乾隆三十七年(1772)完成了大藏经《丹珠尔》209卷的雕印任务。按照续部的仪规,在预备、开雕和结束三个阶段,举行了隆重的开光典礼。雕版就绪后,还聘请拉卜楞寺第二世嘉木样·董·季美旺吾为《丹珠尔》编排了目录,并撰写了序言。

卓尼大藏经编辑、雕印的分工,主要有总管、编辑、校订、缮写、雕版、校对、印刷、熟纸(包括装潢)等。当时校对已采用三校制度,由于编辑、校订人员多为著名学者,校对认真、细致,雕工亦甚精细,故极少讹误、错漏,印行后深受读者欢迎。卓尼印经院也因此声誉大振。美国人乔治·洛克在其《世界广说》影印本第五十四册《卓尼喇嘛们的生活情况》一书中说:"事实上,卓尼可以被称为除了拉萨以外唯一拥有全套《大藏经》的佛教寺院,这部印版是没有差错的最好的版本。"至今,北京图书馆、北京民族文化宫、南京图书馆,均将卓尼版大藏经视为善本珍藏。日本东洋文库、美国华盛顿全国图书馆也珍藏有卓尼版大藏经。

卓尼寺院还雕印了《卓尼·扎巴夏珠全集》等。

拉卜楞寺印经院创建于乾隆二十五年（1760 年）二世嘉木样·董·季美旺吾在位之时。到 18 世纪末,印经院已初具规模,并逐步建立健全了一套较为明确的责任分工和工作程序,主要有编辑、抄写、校对、雕版、印刷、配页、装帧等。书籍的编辑加工一般是在寺院各囊欠及学院内进行的。凡需刊印的稿本或原书蓝本送交印经院后,印经院先是编辑加工,然后书写于板上,再经校对,尔后开始雕版。雕版完工后再逐版校对检查,合格者方可交付印刷。各工序的质量要求是,书写工整,校对无误,刻版要深,着墨要实。经书手多是寺内优秀书法家,校对者也是具有相当文化水平的僧人,其工作采用三校制度。刻工规定每人每天刻字一行。一版一般为 6 行,两面刻 12 行,需 12 天才能刻完。印书院每年三月十五日至九月十五日半年工作。三月十五日以前入院的僧人刻工,全年刻版 9 块;五月入院者刻版 5 块;六至七月入院者刻版 3 块。印刷工一般为 3 人一组,一人执版,一人刷墨兼滚印,一人揭纸及折叠。最后一道工序为装潢配页。装潢因书而异,有的只需在书页四周刷黄或红后,即可配页成书,有的则还需裱糊。配页成书后,有的在外夹两木板,以绳捆绑即可,有的外夹板则还需雕刻或镶嵌。

印经院的设备一般比较简单。书写、校对者只需笔墨,雕版者则只持三角刀,印刷者有一石制墨池、墨、毛织哔叽刷或羊毛滚子。木板多用枣梨,故多从南方进购,刻刀多在省内定做或自己加工;墨多从外地购买。

正常情况下,印经院有僧人 100 名左右。其中经书手 2~4 人,印刷工 4~6 人,校对 6~8 人,刻工 80 人左右。进入 20 世纪以来,因历代刻版增加,进入印刷期后,刻工比以前减少,而印刷工则有所增加。刻印工除少数技术骨干外,多数是将要应试入寺的僧人。他们在印经院一面做工挣钱维持生活,一面念经学文化,准备入寺考试。工作一两年,被批准入寺后,又有后来者替补。

拉卜楞寺印经院自创建到 1958 年以前,共雕刻木版近 7 万块。其中《宗喀巴全集》37 卷及宗喀巴高徒著作的刻版近 2 万块,《嘉木样一世全集》(14 集)刻版 6000 多块,《嘉木样二世全集》(12 集)刻版 4200 块,嘉木样三世的著作(1 卷)刻版 300 块,嘉木样四世著作(4 卷)刻版 1700 多块。另外 3 万多块为本寺高僧的著作及寺外引进的各类经书、典籍的刻版。

阿木去乎寺印书院属阿木去乎兜率法轮寺,为拉卜楞寺第二十四任法台、著名学者阿莽·贡去乎坚参在清嘉庆十九年至道光二年(1814—1822)任兜率法轮寺法台时捐资创建。后经历任法台、高僧扩建,逐步形成以印行史书为主,兼及佛经、因明、文教书籍的一所独具特色的印书院。刊行的史书多为研究藏族历史的珍贵资料,如 15 世纪著名历史学家郭·循怒白(1392—1481)所著的《青史》,18 世纪拉卜楞寺学者阿莽·贡却乎坚参的《拉卜楞寺志》,19 世纪著名历史学家哲贡巴三世丹巴然吉(1801—1866)的《安多政教史》等。另外,该印书院还刊行了格西·季美当季著的《藏文正字学》和《阿莽·贡去乎坚参全集》,以及大型佛教经典著作《以例释法》《大乘金刚经详解》《大乘密严经析释》《传说总汇大宝鬘》等。

郎木寺印经院于清道光二十七年(1847)由该寺高僧丹贝仲美

(1821—1892)筹建。初建时,印经院不足 10 人,只能印行本寺戒律及个别学者的零散著作。民国二十六年(1937),木刻专家麦西·桑吉嘉措出任印经院刻版师,高僧罗桑钦则任施主,果洛·喇嘛任总管,印经院在规模、人员、技术、设备等方面都有了较大的发展。刻印人员达 40 多人,雕印图书 28 种 40 余卷,总印数达 1000 多卷,成为安多藏区较有规模的印经院之一。该印经院刊行的主要图书有拉卜楞寺第一世嘉木样的《入中论详解》《俱舍论详解》《现观庄严论释义》《律经根本论释解》,赛仓·阿莽扎西的《因明学》,周加旺的《俱舍论要义》等。还印行了二世达赖·根敦嘉措和班禅索南扎巴、二世嘉木样的著作多部。

佐盖新寺印经院,为该寺第一任法台罗桑旦增于 19 世纪初创建。创建之初,因刻印《菩提道次第广论学习笔记》等佛学理论著作而名声大振。后经历代贡唐活佛的大力支持和当地僧俗群众的赞助,清末时,该印经院已达中等规模,具有相当的刻印力量,成为甘南地区影响较大的印经院之一。佐盖新寺印经院主要刻印有《贡唐·丹贝坚参全集》《杰·西饶嘉措全集》《大金堂弥勒佛志》《菩提道次第广论学习笔记》《格丹旦巴尔玛》等书。

(二)书籍的形式与装帧

甘肃早期的藏文图书以卷轴、经折装为主。藏文卷轴同汉文卷轴的形式基本相同。卷宽一般为 27 厘米左右,长短因文字的多少而异,短则 1 米左右,长则有近 10 米者。如《法印经》卷宽 27.05 厘米,长 4.48 米;《癌症肿瘤真言》卷宽 30.5 厘米,长 8.27 米。纸张主要有三种:薄白纸、平纹厚白纸和带毛绒的厚皮纸。平纹厚纸多用于抄写佛教经书。

吐蕃时期藏文卷轴的装潢大都比较标准、华贵,而且卷、轴、褾、签四部分齐全,大部分还经裱糊加厚。有的以纸加背,有的则以绸缎裱糊。如法国图书馆藏敦煌遗书目录中的第 33 号卷轴，卷宽 27 厘米，长 41 厘米，背裱以蓝绸。其轴以木居多，一般多用松木、杨木，有少数则用优质木料，个别用檀香木制成。法国图书馆藏《法印经》，其轴镶有玛瑙，显得格外珍贵。卷首一般贴有一段丝绸或布料，做包裹卷轴用，名曰褾。褾上结一彩色丝线绳，用来绑缚卷轴。卷轴均画有边框、界栏。

同汉文卷轴不同的是，藏文卷轴的边框、界栏多用彩色画线。其中以红、黄、紫、蓝为多，也有银、灰、黑等色。书写时开头一行先写书名、卷次，第一行起抄写正义，最后题记写著述者、翻译者、校对者、抄写者姓名，下题成书时间。有不少卷轴以彩色写成，有黄色，有红色，也有用灰、蓝、紫色的。有些经卷的标题用彩色题写，正文则用墨笔书成，色彩对比谐调，显得庄重素雅。有一卷轴以紫色画成边框、界栏，标题用紫红色题写，正文用墨色写成，笔法苍劲有力，展观全卷，给人以肃穆庄重之感。

吐蕃时期，藏文图书的经折装有两种。其一是仿印度贝叶装而成，其二是仿汉文经折装制作。仿贝叶装者，将纸裁成宽 6~7 厘米、长 33 厘米左右的单页，画上边框、界栏，然后打孔。有的一孔，打在中间；有的两孔，打在左右三分之一处。抄写成书后，在和书页同样大小的木板上，打一孔或两孔，固定两木棒，将书页按顺序穿插在木棒上。然后，用同样大小的木板上下一夹，以绳缚之，便成一套。

仿汉文经折装者，则是将一长纸折叠成宽 6~7 厘米的页子，然后画边框、界栏，再抄写成书。有的则将纸裁小，一纸对折，即两页一张，最后叠摞成书，外夹木板，以绳捆缚。

无论哪一种经折装，其大小、边框、界栏、书写、装潢都是大同小异。一般来看，宽 6~10 厘米，长 30 厘米左右，均有边框、界栏，并多用彩色画成，有黄、红、紫、灰、黑等。每页 4~5 行，标有页码，多用古藏文草体写成。无论单页和折叠页,大都经裱糊加厚,不少则用绸缎裱褙。如法国图书馆藏的《大般若波罗蜜多经》为一81页的经折装,每页宽9.5厘米,长27厘米,黄色画边框、界栏,每页5行。以绣花绸缎裱褙。法国图书馆藏敦煌遗书目录42号,为一经文辑本,其中一经为36页,每页宽6.5厘米,长25.2厘米,每页4~5行,用红、青、白三色印花丝绸裱褙,正文大字,注释小字加在正文行间。书写精美,装潢素雅,显示了古藏文图书的独特风貌。

吐蕃时期甘肃藏文遗书中,还有一些是从卷轴向册页的过渡形式,即旋风装和册页装的最初形式——蝴蝶装。

史书记载的旋风装是将一长纸正反折叠数次至数十次后,在折缝一边用糊粘连,而另一边则可自由翻动,形如旋风。甘肃吐蕃时期的藏文旋风装,其折叠方式同史书记载相同,但不是用糊粘连,而是以线缝成。法国图书馆藏的敦煌《菩提心生经》,是将一长纸折叠成宽9厘米、长27.5厘米的旋风页,以红色画边框、界栏,每页4行,一边用红丝绳缝结。另一《为获得愤怒金刚身的真言》,是将一长纸折叠成宽6.8厘米、长22.6厘米的旋风叶,用黄色画边框、界栏,每页4行,最后一页裱以绿色绸缎,一边用蓝色丝绳缝成。

吐蕃时期的藏文蝴蝶装图书同早期的汉文蝴蝶装基本相同。其装订方式同史书记载略有出入。史书记载,蝴蝶装是将数张纸叠在一起,然后对折,折缝向内,单口向外,最后在折缝处加糊粘连,揭之若蝴蝶翼。而敦煌藏文遗书中的蝴蝶装却不用糊粘,偏用线订,仍不失蝴蝶装之形。法国图书馆藏敦煌遗书目录中的44号,是包括《魔刀仪轨》等的一本文集。其装订方法是将宽15厘米、长10.5厘米的7张纸叠在一起,顺长对折成宽7.5厘米的14个页子,折缝向内,单口向外,折缝处用丝线穿订。其书外形同藏文经折装相似,具有窄而长的长条特点,但其折叠、装订方法完全采用了蝴蝶装的形式。

除敦煌藏藏文遗书外,甘肃藏文图书有实物可见者,为 14 世纪以来,有关寺院抄写或印刷的各类图书。虽宽窄、长短不一,装潢精粗有别, 但其装帧形式已完全形成藏文图书特有的民族风格, 即长条状。藏族长条书取其贝叶装及经折装的优点,根据藏族人民的用书习惯而制成,至今一直沿用。

藏族长条书分抄写和印刷两种。抄写书的规格有很多种,最大的长 110 厘米,宽 70 厘米;一般的长 65~75 厘米,宽 10~20 厘米;最小的长 33 厘米,宽 6 厘米左右。印刷书的规格大小差别不大。大的其版心长 38 厘米左右,宽 9~10 厘米,小的长 33 厘米左右,宽 6~7 厘米。每页以 6 行字者为多,天头、地脚较小,左右留空较大。

无论抄写书还是印刷书,其书页有单页双面,也有单页单面,有的为防破损,则裱糊成双层单面。而近代印刷的书页,则采取两版双页对折,版心向外,中夹一张硬纸,以糊黏结,裱糊成一页两面的硬厚书页,不仅翻阅方便,而且经久耐用。书页抄写或印刷就续后,多要刷色,即在四边涂以黄色或红色,不仅可防虫蛀,而且美观大方,并带有更浓的宗教色彩。

书页经刷色和整饰之后, 印制工作则基本结束, 然后要上夹包捆。夹捆数视内容多少而定,有的一书一夹,有的一书数夹、数十夹,甚至数百夹。卓尼印经院刊印的《甘珠尔》每卷一夹,共 108 夹;《丹珠尔》也每卷一夹,共 209 夹。每夹厚 15~20 厘米。一夹的书页整齐地叠在一起, 先用绸缎包裹, 再在横头处缝上 2~3 层不同颜色的绸缎书签,标写书名、卷次、目录等,以便排列查找。然后上下外夹两木板,用绳捆缚。捆绳有两道者,也有三道者。

甘肃的藏文图书多为佛教经书,但也有不少语言、文学、医学、教育、文化等方面的书籍。由于绝大多数书籍出自寺院,因而不管书籍内容与宗教有无联系, 书籍的生产者总是带着强烈的宗教意识去进行制作,特别是一些佛教经典,竟用金、银、玉汁抄写,其装帧、包装时,更是施展绝技,精益求精,充分表达了佛教僧徒的虔诚,同时也显示了藏族人民高超的传统图书装潢技巧。

一直供奉在拉卜楞寺藏经楼(现供在"时轮学院"佛殿内)的《尕尔藏》,是一世嘉木样的弟子、拉萨哲蚌寺上续部学院法台三木岔一世南喀桑的供养经卷。成书于 10 世纪初。全书用金粉写成,书长 60 厘米,宽 26 厘米,厚 23 厘米,内包黄绸,外裹紫缎,横向一头缝有三层彩缎书签。第一层写书名,第二层写目录,第三层为内容提要。经书外还夹以檀香木夹板,夹板宽 30 厘米,长 70 厘米,厚 15 厘米。上夹板底面平整,上为弧形,前横档头饰以高大坡沙,其正面嵌以金丝花纹和梅花形红绿宝石,上面绘满了佛教图案,五光十色,富丽堂皇,为该寺藏经中的珍品。

供奉于拉卜楞寺藏经楼(现在"时轮学院"佛殿内)的《般若八千颂》,是第一世嘉木样的弟子、拉卜楞寺第十任法台郎仓·冬智加措于清乾隆十五年(1750)前后抄写的供养经。全书用金粉写成。书长 102 厘米,宽 43 厘米,厚 27 厘米。内包黄绸,外裹红缎,横档头有三层书签,分别写有书名、目录及内容提要等。外夹高级木质夹板,夹板长 110 厘米,宽 50 厘米,厚 4 厘米,下夹板平直,上夹板弓形,夹板虽无雕刻镶嵌,但也显得十分阔绰,是供书中最受崇拜者之一。

拉卜楞寺还藏有一部大藏经《甘珠尔》,是河南盟旗亲王察河丹津于清康熙五十九年(1720)前后,用银汁写的供养经,每页经文中有一行还用金汁书写。108 卷分别用内黄外红两层绸缎包裹,上下夹有木板。

刺绣经卷也是藏文供养经的一个组成部分。现供养于拉卜楞寺的一部《劝善经》,黑底红字,银色框栏,全用丝线绣成,十分庄重。另有 18 世纪初,卓尼第十世土司罗桑东柱之妻罗桑草,将 25 万字的著名佛教经典《般若八千颂》，用金、银丝线刺绣而成，供养于卓尼禅定寺，成为藏文图书的传世之宝，惜于民国十七年（1928）在"河湟事变"中被焚。

清道光三十年（1850），天堂寺雕版印刷的《天文图》亦是藏文出版史上的珍品。此图宽1米，长近3米，刻有二十八星宿及其运行轨道，刻工十分精细，立体感极强，充分显示了藏族人民高超的雕版印刷技术。

三、藏文图书的发行

甘肃历史上藏文图书的发行多在寺院内部和寺院之间进行，除经卷外，其他图书流向社会的不多。

吐蕃时期，敦煌各寺院虽有一批吐蕃僧人、译经师等，但当地寺外并没有多少吐蕃群众。因此，当时寺院翻译和抄写的古藏文经书，一是供寺内吐蕃僧众及懂古藏文的汉人学习念诵，二是将这些翻译、抄写的经书运往西藏及其他藏区，或是在寺院之间以及寺院与吐蕃王朝之间交流。发行社会的经书主要是经文和祈祷文。其方式是以施舍为主，多为短小的一页经文。信仰者从寺院请一帖经文，或为供养，或做道场之用。也有寺院学士郎替寺外群众代抄经书者，一书抄完，或以粮米为酬，或以银钱相购。此为吐蕃时期甘肃藏文图书发行的基本形式。

13世纪以后，甘肃藏文图书开始发展。起初，也是民间传抄。僧俗群众偶从川、藏得一藏文经书，便向周围传抄扩散。由于当时藏区文化人不多，因而传抄数量也是很有限的。自从创建了寺院之后，寺院就成了藏区政治、经济和文化的中心。寺院不但从外地向本寺内外僧俗代购图书，而且将引进的图书和著作在本寺院抄写成册，或为本寺僧人阅读，或售寺外僧俗念诵。

14世纪,寺院采用雕版印刷,为藏文图书的发行提供了丰富的书源。一书雕版就续,凡寺内外僧俗都可前来请印。自带纸张者只收印墨费,不带纸张者只付成本费,便可购得所需经书。

大型图书和课本的发行,开始主要在寺院之间和寺院与官府之间进行,后来则作为商品在社会流行。有的是读者同印书者直接来往,有的则由书商沟通。如卓尼印经院的大藏经《甘珠尔》和《丹珠尔》,在清末及民国初期,每年可印行3套,都是提前预订。除在全国藏区各大寺院销售外,还为南京、北京等图书馆和有关单位发行,并远销英国、美国、日本。另如第一世嘉木样的五部大论刊行后,被全国蒙藏地区很多寺院奉为课本,每年都有订购。贡唐·贡却丹贝仲美的《世故老人箴言》《水树格言》和《黄教兴盛祈祷词》等,也是深受藏族人民和僧众欢迎的经书,这些书在拉卜楞寺印经院刊行后,每年都有不少藏区寺院向拉卜楞寺印经院求购。为了适应图书的发行需要,拉卜楞寺印经院设专人负责对外联系和收款、发放工作,印经院实际上就成了编印发一体的藏民族出版发行机构。

(原载《甘肃出版史略》,甘肃人民出版社1995年)

甘肃书籍形式与装帧的历史变化

　　书籍是思想内容和物质形态的统一体。其物质形态则就是书籍形式。书籍形式也称为书籍制度。它取决于书籍的物质材料,并随着装订形式和生产手段的不同而各不一样。装帧则是书籍物质形态的艺术体现,也随书籍材料、装订形式和生产手段的变化而变化。

　　自有正式书籍以来,我国书籍经历了三种形式、五大阶段、十种装订形态。从大的方面看,简册、卷轴和册页为我国书籍的三大形式,但从书籍形式的发展变化看, 卷轴向册页的过渡阶段也经历了一个漫长的时期,而书籍的形式也具有明显的特点。册页装在中国图书史上有近千年的历史,虽都为册页,但因生产手段和装订形式的不同,书籍形态也有较大差异。可分为唐末至晚清以前的双页单面印和晚清至当代的单页双面印两个阶段。这样就可分为简册、卷轴、卷轴向册页过渡、双页单面印册页和单页双面印册页五大阶段。就书籍的具体形态来看,主要有竹木简、缣帛卷轴、纸卷轴、经折装、旋风装、蝴蝶装、包背装、线装、平装、精装等。这里面的精装是相对平装书的简装而言的,其实每一种形式的图书都存在着简装和精装的问题。就简册来说,竹木质地的好坏、加工的精细程度、书法的优劣、编料的选择等,或使其成为精装,或被视为简装;就卷轴而言,缣帛或纸料的好坏,书法的优劣,缥、带、轴以及裱褙材料质地的不同,也可使书成为简装和精装。

　　两汉至隋唐,甘肃为中西交通的咽喉之地,经济文化较为发达,图书事业虽在国内不处领先地位,但也举足轻重。甘肃出土的秦汉简牍和敦煌石窟中保存的东晋、隋唐、五代至宋初的五六万卷册遗书,不仅是研究我国古代政治、经济、军事、文化的宝贵史料,也是研究中国图书出版史的实物证据。它虽材料不一,形式各异,大小不同,但却从不同的角度反映了我国古代的书籍形式及其发展规律,从而引起了国内外有关专家的关注。

本文以中国书籍形式的发展变化为主线,以甘肃发掘和保存的图书实物为证据,对甘肃历史上的书籍形式及生产方式做一些总体的论述和具体的记述。

一、简册

简册也称简策,是指在竹或木简上书写文章编连成册者。它是我国最早的正式书籍形式,盛行于春秋到东汉末年,晋末废止。

自 1906 年英籍匈牙利人斯坦因,在敦煌西北汉烽燧遗址掘获 705 枚汉简后,至今简册在甘肃已有 11 次大的发掘,共获秦汉简 45000 多枚。到目前为止,全国各地共发掘秦汉简牍 50000 多枚,其中,甘肃发掘的占其总数的 90%。最早的为天水放马滩出土的战国时秦国的《日书》,最晚的为东汉桓帝延熹年间(158—167)的《甘谷汉简》,这一批批出土的秦汉简牍,不仅对研究甘肃古代的图书历史具有重大的意义,而且对研究中国古代的图书历史也具有极高的价值。

简牍所用的材料,大体分为竹、木两大类。"简"的用料,本来专指竹子,而木则作牍用。但实际上竹、木均可做简用,所以《急就篇》颜师古注曰:"牍,木简也。"竹简与木简之别,主要在于取材之难易。南方多竹,多用竹简,北方多树,故木简较多。南方多水,竹简保存不易;北方出土木简,出土地多在少雨多风,日照时间长,气温偏高的地区,故木质不朽,易于长期保存。如武威出土的《仪礼》木简,虽经近两千年,但保存完好如故。

　　甘肃出土的简册中，除偶有少量竹简外，绝大多数为木简，材料因地制宜。敦煌汉简除毛白杨外，还有红柳、垂柳（即水柳）、杆儿松、白松等；《甘谷汉简》多系松木；《武威汉代医简》取材松木、杨木；《仪礼简》却以杆儿松为料。唯1986年7月在天水放马滩出土的简牍中，除4块绘有地图的牍为木质外，甲乙两种《日书》均记于竹简之上。自然是由于天水当时生长有竹。木简有无枣木，尚未确定，但居延汉简中有些简牍木质坚硬，至今如同新木，被定为某种优质木材。

　　一部书由许多根简编连在一起，组成一册。编简成册的绳子叫编。甘肃汉代简书一般多用麻绳或草绳编连，个别则用丝绳编连，唯不见用皮绳编连者。一册简书多用两道绳编连。甘谷渭阳刘家岘出土的汉简，计诏令遗书100多斤，虽编已腐烂，但编绳位置清楚可见。两道宽约0.8厘米的系绳处，将简文整齐划一地横分成三段，每简背上写有顺序号码。武威磨嘴子出土的《王杖诏令》，同样也用两道绳编连，每简背面均有墨书编号。从简端至第一道编绳处为8.1厘米，第二道绳至简尾为8~8.5厘米，两绳之间距为7.1厘米。编绳所过之处，其正面右侧边棱上刻一锲口，用以固定编绳。《仪礼简》也是由两道绳编连，每简下端以数码标明顺序。天水放马滩出土的秦简《日书》长27.5厘米，宽0.7厘米，厚0.2厘米，上中下三道编绳，上下两头各空出1厘米的天头、地脚，三道编绳距离相等，以中编为界，开成上下两栏。每简左侧都有三角形小锲口，以便从右至左编连。从留存的朽物分析，编绳为丝织物。编册后天头、地脚都用深蓝色纺织物进行装裱。它是甘肃简册修饰装潢的最早例证。

　　简牍的形制因其用途和制作方法而区别。甘肃出土的简牍，以其自书名称，有牒、检、牍、檄、札、椠、简、两行、觚、册、符、传、过所等。但作为书用者，主要是简册，其次是牍和觚，其他形制则主要用于文书、书信、条据、账本、凭证等。

册同策。《独断》曰："策,简也。其制,长者一尺,短者半之,其次一长一短,两编下附。"《礼记》郑注:"册字五直,一长一短,像其意而已,其简之若干未可臆定也。"《钩命决》云:"易、诗、书、礼、乐、春秋策皆长二尺四寸,孝经歉半之,一尺二寸,论语策八寸,尺二寸者三分居二,又歉焉,此古制也。"由此可见,作为书籍,其内容一般者是写在由简编连成的册上的。居延汉简中的《劳边使者过境中费》《相宝剑刀》《塞上烽火品约》《建武三年侯粟君所责寇恩事》及《武威医学简》《仪礼简》等,都抄写于编连成册的简上。

秦汉时期,简册成书则是一种制度。不同内容的书籍则抄写在不同长短的简上。《汉书·朱博传》曰:"三尺律令。"《汉书·杜周传》曰:"不循三尺法。"孟康注:"以三尺竹简书法律也。"而《盐铁论》之《昭圣篇》却说:"二尺四寸之律。"王国维统一其矛盾,"三尺"乃指周尺,"二尺四寸"实指汉尺,折合周尺为三尺。居延汉简(甲编2551)之"诏令目录"其长度恰为汉制三尺,超过了经书长度。居延汉简《塞上烽火品约》简长38.5厘米,达汉代三尺的规定,大概是因为品约具有法律性质,因而也比一般简要长些。《论衡·射短篇》云"二尺四寸,圣人文语",《后汉书·周磐传》云"编二尺四寸简,写尧典一篇",说明写经典之简册一般长度也有定制。武威东汉墓中出土的《仪礼简》长约54~58厘米,宽约0.75厘米,厚0.28厘米,这是我国发现的古汉简中最长的一种,证明汉代崇尚孔子,有规定用长简抄写儒家经典的制度。一般简册,如习文练字简、医简等,则多抄在长20多厘米的简上,如传抄的识字课本《王杖诏令》,简长23.2~23.7厘米,宽0.9~1.1厘米;《武威汉代医简》长23~23.4厘米;天水放马滩出土的秦简长27.5厘米,而汉简则长23.5厘米。由此可见,简的长度,不同时期虽有规矩,但并不严格,执行也不够认真,民间成书多从习惯。甘肃简的长短可见简牍制度的大概。

牍是一种写了字的板。王充在《论衡·量知》中云："断木为椠，析之为板，力加刮削，乃成奏牍。"如果是一尺见方的牍就叫作"方"。《礼记》中云："百名以上书于策，不及百名书于方。"可见，不到一百字的短文则可书于牍上。牍多用于奏书，但也有用于图书者。《武威汉代医简》中有 14 块牍，牍长 22.7~23.9 厘米，宽 13 厘米，用于抄写药方，一方一牍。

牍在书中的特殊用途是画图，特别是地图。因此，古人常用"牍图"代表国家的领土。天水放马滩出土的《简牍》中有 4 块版牍，大小相近。长约 23 厘米，宽约 14 厘米，牍上绘有六幅当时的地图。一幅为当地行政图，五幅为山川地形图。

还有一种是用木棍削成的菱形多面体简，俗称"觚"，多做小学字书或初学者的教科书。一书一觚或一章一觚，单独存在，无须编连，检览、使用极为方便，制作也较简单。玉门花海汉代烽燧遗址出土的 4 件七面棱形觚，高约 37 厘米，一觚抄"制诏"，三觚为《仓颉篇》，一觚一篇。与此相似的还有居延出土的一件三棱觚，书《仓颉篇》第二章，每面 20 字，三面依次连接。又有敦煌三棱觚，书《急就篇》第一章，每面 20 字，全章 63 字书完。

简册的抄写格式是先写上栏，再写下栏，第一简写书名，从第二简起写正文，正文首行空 3 字为抬头。从右至左，直到一章内容写完。下章内容有的接上章写，有的则另起一栏。甘肃简多为木制，宽度稍大，故一简多写 2~3 行，接近牍的简也有写 4~5 行的。因简面所限，除个别简字体较大外，多数简均用小字写成。

甘肃简牍数量庞大，延续历史长久，故书法流派纷呈，各种字体兼备。总体而言，其书体有篆、隶、分、草、真、行各体。天水放马滩《日书》为战国秦国用书，字体以圆曲弧线笔画为主，更多的带有小篆之势,部分字体从字形和结构上看,保留了战国古文遗风,介篆隶之间的字体。《居延汉简》成书于武帝末至东汉初年,延续时间长。简册数量大,不仅反映了秦汉之际书体的大变革,而且还孕育着汉代各种书体的发展过程,故篆、隶、分、草、真、行各体皆备;《流沙坠简》有篆、隶、草、真、行;《武威汉简》成书于西汉末到东汉初,此时隶书已发展到成熟阶段,故全书从头至尾皆为较规范的隶书;《甘谷汉简》已是东汉时期典型的分书。

简册的书法风格也是因书而异。如武威《仪礼简》是用于教学的儒家经典,又出自职业抄书人之手,故写得工整而规范,笔画清晰,书法甚精。玉门花海子出土的七面棱形觚,为习字者从蓝本摹写而来,书体带有浓厚的篆意,显得工整而无笔力,并多假借字。《武威汉代医简》为学术著作,出于一书法家之手,写得随意自如。

二、卷轴

作为书籍制度,卷轴是专指纸卷轴而言的。在此之前,缣帛卷轴与简册并用,其形式与以后的纸卷轴基本相同。纸卷轴随着写本书的出现而诞生,并日臻完善,出现于西晋,盛隆于隋唐,宋初则被册页所代替。纸卷轴是仿照帛书的卷轴形式,用纸若干张粘连成长幅,用木棍作轴,有的还用金、石、牙、珊瑚、玛瑙和琉璃等贵重材料镶嵌轴头,从左至右卷成一束,称为一卷。后来的书沿用卷数,即起源于此。完整的卷轴还必须具有褾、带、签、帙等必要的构件。"褾"是卷子右端用作保护卷子的一个部分,也称"包头"。"带"系于褾头,多用丝带或绳,用于捆缚卷子。签系于带头,多用骨、牙或玉制成,卷子捆束后将签插入带内,可使卷子紧束不散。帙为分卷装书的袋子。

东晋以后,简牍被纸书代替,隋唐为卷轴纸写书的极盛时期,公私藏书往往用不同颜色的构件将书分类保管。隋炀帝嘉则殿藏书分三等,上品红琉璃轴,中品绀琉璃轴,下品漆轴,以轴的贵贱来区分书的价值。唐玄宗时,集贤殿书院藏书以轴、带、签、帙的不同颜色来区分各类藏书。据《唐六典》记载:"其经库书钿白牙轴、黄带、红牙签;史库书镅青牙轴、绿带、绿牙签;子库书雕紫檀轴、紫带、碧牙签;集库书绿牙轴、朱带、白牙签,以为分别。"

甘肃卷轴藏书史书基本无载,但有实物可考者却为数不少。敦煌遗书五六万卷,虽为我国中古时代图书的极少部分,但她却给人们展现了上起东晋隋唐,下至五代宋初,前后四五百年间甘肃乃至我国卷轴图书的真实面目,真可谓是我国中古时代的版本书库。从而敦煌遗书便成为研究甘肃隋唐五代至宋初时期图书装帧的实物证据。

甘肃卷轴图书的宽窄、长短、装潢、书法等,因书籍来源和抄写时代的不同而不同。从敦煌遗书提供的实物看来,隋及其以前的卷子窄一些,越往后纸张越大,卷子就显得宽些。隋唐时代,卷子纸的长度一般为 40~50 厘米,宽 25~27 厘米。卷子长的十几米,短的不及 1 米。长卷由十几或几十幅纸粘连而成,短的只有一两幅纸。卷子用墨或铅或其他颜色画上天头、地脚和竖直行。唐代人称其为"边准",宋朝人称其为"解行"。后人有的称其为"边栏"等。敦煌遗书中卷子的边栏、界线多用黑色、银灰色或粉红色画成,也有用黄色或蓝色者。红边栏、界线,墨色书字,或银灰色边栏、界线,墨色书字,柔和谐调,极为美观。

卷轴书写也有一定的规律。从右至左,由上到下竖行书成。每张纸一般 20~30 行,每行 17 字左右。书写时卷首空两行,留写全书的名称。然后写本篇名称和卷次。再另起一行写正文。正文写完,另起行写抄书年月和抄书人姓名,有的卷尾还写上用纸张数、装潢手、校书人姓名。有些入国家图书目录的图书,还详细记述了该书编写、审定、批准的过程。如果是写经,还多写有抄经的目的、愿望等。最后一行再写本篇篇名和卷次。它是紧靠卷左的第一行字,写上篇名和卷次,检

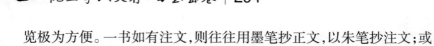

览极为方便。一书如有注文,则往往用墨笔抄正文,以朱笔抄注文;或者用单行抄正文,用双行抄注文;也有正文、注文都用单行,而注文另起行,比正文字写得小一些,以示区别。

抄写字体因时代而变。以现存的敦煌遗书来看,魏晋南北朝时期多是隶楷混合体,隋唐时期多是楷书。而每一时代中,早期和晚期的书体风格又各不相同。如《道行品法句经》写于公元362年,是敦煌最早的写经之一,字体保持有汉简书法中沉雄朴茂的风度和信笔书写的汉晋余波,时而似隶,时而似楷。确切点讲,便是标准的隶楷混合体。《大慈如来十月二十四日告疏》为北魏文成帝兴安三年(454)所写,其横笔已见唐楷端倪,只是竖笔似留有隶笔余意。《文选命运论》为隋代文人所书,其书法劲秀,有文人之气,已完全摆脱了隶体束缚。《小品般若波罗蜜多经卷第一》为唐人写经,此卷骨力遒健,结构强劲,点画圆熟流畅,有柳书风韵。

"裱褙"是卷轴图书的一大特点。为使卷子坚固,常常将纸粘连成卷子后,再行裱褙。一般书籍的裱褙材料用纸,有些经书也有用各色丝绸的。黏合剂多用糨糊。

敦煌卷子的轴,大多是一根木棒,轴比卷子的宽度要稍长一点,两头露出卷外,以便舒展。轴、卷、褾、带等构件齐全的标准卷轴,多出自豪门贵族之家,或寺院、学校。有些卷子的轴还用高级木料制成。敦煌遗书中用玛瑙做轴者,只见一例,就是现藏于法国图书馆的《法印经》。而更多的是那些来自平民百姓的供养经,因条件所限,好则以一根木棒为轴,差则有卷无轴,只是一卷经文,更谈不上"褾"和"带"。

唐懿宗咸通九年(868)雕印的《金刚经》,是一幅由七页纸粘连而成的框高24厘米、全长491.5厘米的卷子。卷首是一幅框高24厘米,宽28.5厘米的《祇树给孤独园》的印画。内容是释迦牟尼佛坐祇树给孤独园,对长老须菩提及众僧说法的故事。释迦佛端坐中央莲花座上,神态怡然,长老须菩提袒露右肩,右膝着地,合拾恭敬面向佛言。佛的左右,挺然屹立着两员护法天神,精神尚武,面目威严。周围环立着众僧和施主,亦洗耳恭听,神态虔诚。在佛风吹拂中,幡幢浮动,两位仙女驾着祥云飘然从左右而来。经筵前面卧着两头勇猛的狮子。构图错综复杂,但又中心突出,层次分明,错落有致。人物形象各异,面部表情、站行神态都很自然。各种线条流畅明快,整个扉画显得古朴大方。

正文前是净口业真言,凡5行;正文包括首尾题名,凡287行;后有真言4行,最后题款一行,共297行,每行19或20字不等,总计约5000字。正文书体为端楷,浑朴厚重,刀法剔透稳健,行气严整。麻纸印造,墨色均匀纯正,印刷清晰。四周镌刻粗墨边栏,文字无界行。其题记为"咸通九年四月十五日王玠为二亲敬造普施"。它是世界上现存最早有确切刻印时间、又非常精美完整的一件古印书,在雕版印刷术的发展史上,在中国古代书籍出版史上,在版画雕印发展史上,在书籍雕印格式及插图装帧形式上,都有极高的研究价值。

三、经折装

经折装是中国书籍由卷轴向册页的过渡形式。我国唐末及五代时的写本书和初期的雕版印刷品多采用这种形式。佛教经书至明代时仍有沿用。

经折装又称"梵夹装",是受印度贝叶经的影响,在卷轴图书基础上发展起来的一种新的书籍形式。一卷书有的长达十几米,展开、卷起都费时费事,如果在卷末查一字一句,要将卷子全部展开,之后再重新卷起,往往给人带来极大的不便。为了读书、检索及著作的方便,有人将一长卷一正一反地折叠起来,成为长方形的一叠,并在其首末各加一张硬纸,好似封面,以加保护。查阅资料时,无须将全卷展开,只要翻阅其中的一页,便可解决问题。

敦煌遗书中有一残占卜书,折为一叠,两面书写,上下两页加以硬纸,用作封底封面,装潢较精,可算早期经折装的典型。

1959 年,在敦煌莫高窟岩泉河东岸的一座小型塔婆中,发现了两件西夏文雕版图解本《妙法莲华经·观世音菩萨普门品》,其中一件图文并茂,首尾完好。这是西夏统治敦煌时期(1038—1227)留下的一件雕版印刷品。它是西夏人吸收、利用两宋雕版印刷技术,发展其文化,推广普及佛教的实物证据。该经为木刻经折装,即将一长近 5 米的长条状纸折叠成 51 面的一叠,页面高 20.5 厘米,宽 9 厘米。扉页为《水月观音图》版画,双面通栏,高 15.5 厘米,宽 17.5 厘米。经文图解部分为上下两栏,无界行。天头 3 厘米,地脚 2 厘米。上栏为版画,约 4 厘米,下栏为经文,约 11.5 厘米。图文所占版面比例为 1:4,明显是以文为主、以图为辅的通俗读物。内容衔接均按由右至左的顺序安排。经文每面 5 行,每行 10 字左右。全本共 256 行,2324 个字。字体为西夏小楷,字形大小不同,书法优劣不一,可能为多人合作写成。整个版面结构为:起首为大幅扉画,佛经名称上端有题头图案。正文为连环式图解版画,上为插图,下为经文,末尾有 3 行发愿文。扉画充分发挥了单色(黑白)木刻以线条的疏密、虚实、明暗的对比见长而突出主题的传统。线条全用阳刻(即减地)法,刀法遒劲,刻工细密。图解版画以阳刻为主,阴线为辅,阴阳结合:只是绘刻均较粗糙,刀法也不那么润畅娴熟。

元代印刷品唯有甘谷银川堡出土的《阿毗达摩集异门足论第十一·五法品第六之一》。该经为经折装,高 30.5 厘米,全长 736 厘米,由 13 张楮皮纸粘接而成。每张纸叠成 5 面,共 66 面(含题记一面),每面版框宽 11.3 厘米,高 24.4 厘米,天头、地脚有单线栏,无鱼口。各纸第一折叠处编有"一"至"十三"的顺序编号,号码之上均有"气一"

二字。卷后附音译 3 行,并印有"僧闻喜法藏同令狐瑞一家"的长方墨戳。

明正统七年(1442)英宗皇帝朱祁镇敕书颁赐给张掖大佛寺汉文大藏经一部。全书 365 种、685 函、3585 卷,经折装,装帧极精;册高 38 厘米,宽 13 厘米,版心高 27.5 厘米,宽 12.5 厘米,双线框栏,外粗内细,天头 6 厘米,地脚 4 厘米,每页 5 行,每行 17 字;楷体书成,书法甚优,刻印俱佳,蓝色缎面包硬纸封面。封面题经名,扉页题写经、译经人姓名,如"大般若波罗蜜多经卷第二百五十,唐三藏法师玄奘奉诏译"、"大般涅盘经第一,北凉天竺三藏昙无谶奉诏译"等。

四、册页装

册页装是中国图书出版史上发展历史长,形式多,而且是比较完善的一种装帧形式,至今在世界各国普遍使用。敦煌出土的五代、北宋时期的写本和印本书,大都还是卷子。宋代"开宝藏"和金"赵城藏"也都是卷子。说明在 10 世纪前,我国图书装帧仍然沿用前一时期的卷轴形式。但到了 10 世纪,已有经折装出现。《五代会要》记载,公元 953 年国子监完成九经的雕印, 田敏"进印版九经书,'五经文字'、'九经字样'各二部,一百三十册"。说明此时图书已采用册页装。

册页装是将积累的许多单页装订成册的基本形式。但在不同的历史时期,因图书的生产方式不同,其形式各不一样。以至出现了双页单面印册页装和单页双面印册页装。在双页单面印册页装中又有蝴蝶装、包背装和线装,在单页双面印册页装中,又有平装和精装等。

随着雕版印刷的诞生和册页制度的广泛应用,中国图书则出现了重字体书法、雕刻技术和校对质量,而轻书籍之形式装潢的倾向。自宋元到明清,无论是蝴蝶装,还是包背装和线装,其形式装潢无明显差异,都是以经久耐用,便于改装、补修和方便实用为原则。藏书家评论书籍优劣主要以著述的质量高低、书法的优劣、刻工的刀工技艺、校雠的粗细为标准,很少有人重视书籍的装潢形式。致使宋元明清四代的图书千书一面。《读书敏求记》中写道:"自北宋刊本行,而装潢之技绝矣。"元明清时代,虽有包背装和线装发明,但对书册形式及装潢,均不经意美观。就《永乐大典》而言,它是解缙、姚光孝等受敕编纂成的皇家大典,理应装潢灿烂,美观可爱,其实则甚为平庸。明孙从添在《藏书纪要·论装订之优劣法》中道:"装订书籍,不在华美饰观,而要护帙有道,款式古雅,厚薄得宜,精致端正,方为第一。古时有宋本蝴蝶本,册本,各种订式。……至明人收藏书籍,讲究装订者少,总用棉料古色纸,书面衬用川连者多。钱遵王述古堂装订书面用自造五色笺纸,或用洋笺书面,虽装订华美,却未尽善。……至于松江黄绿笺纸书面,再加常锦套,金笺,贴签,最俗。"徐康在《前尘梦影录》中刘明代装潢批评云:"余在玉峰得鸿庆居士大全集。旧为澹生堂钞藏。计帙每本面叶有祁氏藏书铭,棉料纸,蓝格五色线订,刀口不齐。……吾藏明邱濬大学衍义补为成化初刻小字本,书用蓝标纸面,内用纸捻钤之,书之长短宽窄,微有出入,可悟其非一刀直截。"可见元明时代,装潢书籍也是很不讲究,刀口不齐,长短不等,尤失美观。叶氏《书林清话》中云:"吾见宋元明以来原装书,于此等处均不甚经意,盖所重在校勘,而不在外饰也。"

清代学者多注重校雠考据。装订书籍,除爱好藏书者自行装订外,多属线装平装,或加护函。对于装潢之道仍不出明孙从添主张的"护帙有道,款式古雅,厚薄得宜,精致端正"四大原则。

甘肃古本书的装潢款式,至今无人专门研究,有实物可考者,为数不多,尤其是册页装,有书可考者,除早期的蝴蝶装外,则在明嘉靖以后,究其款式装潢,则同国内他地藏书大同小异,个别在中国图书装帧史上具有重要意义。

（一）蝴蝶装

蝴蝶装是我国图书册页装的最初形式。其装法、形式及其使用年代，宋以后的史书才有记载。《明史·艺文志》云："文澜阁藏书，皆宋所遗，无不精美，书背皆倒折，四周向外，此即蝴蝶装也。"《书林清话》云："蝴蝶装者，不用线订，但以糊粘书背，夹以坚硬封面，以版心向内，单口向外，揭之若蝴蝶翼。"张萱在其《疑曜》中讲："今秘阁中所藏宋版诸书，皆如今制乡会进呈试录，谓之蝴蝶装，其糊经数百年不脱落。不知其糊法何似。偶阅王古心笔录，有老僧永光相逢古心，问僧：'前藏经接缝如线，日久不脱何也？'光云：'古法用楮树汁飞面白芨末三物，调和如糊，以之粘纸，永不脱落，坚如胶漆，来世装书即此法耶！'"由此对蝴蝶装可以得出以下三条结论：一是蝴蝶装产生于宋代；二是其页折叠时，将纸倒折，单口向外，版心向内；三是以糊粘书背，而不用线订，其外加以坚硬封面。

蝴蝶装在民间使用的时间较早，但作为书籍制度，则始于宋代。宋代初改册页，多用蝴蝶装，其书衣皆为硬壳，可在书架上直立。那时的书排架时，都以书口向下，书背向上，书根向外。书版之左上角，往往于栏外刻书之篇题一小行，便于翻阅检览。甘肃宋元两代的正式书籍无实物可考，其正式的蝴蝶装式很难具体一二。但有意义的是在敦煌遗书中有一部唐代的蝴蝶装写经，它为研究我国古代的书籍制度提供了宝贵的实物证据。20世纪50年代，甘肃省博物馆征集到一本出自敦煌石室的册页装经书，上抄《劝善经》和《佛说地藏菩萨经》等七种佛经提要。此书将8张白麻纸叠在一起，对折成16个单页，然后用麻纸捻成纸绳，在折缝处上下各穿订两次而成，宛如今天的骑马钉。书册高14.8厘米，单页宽10.3厘米，两面书写，每面6~7行，每行10~16字不等，外面的一张麻纸较厚，正好用作封面和封底。其中《劝善经》末题有"贞观十九年"字样。敦煌遗书中还有一册唐代中叶的书仪,抄有实用文、公事文、祈祷文等。它是将数张纸叠在一起,然后对折,单口向外,折缝向内,并在折缝处嵌以漆轴,如今人夹报纸一样。此册书仪美观别致,坚固耐用,考其装法,似属蝴蝶装之列。

甘肃现存的蝴蝶装实物,不违其版心向内,单口向外的原则,所不同的是偏不用糊粘,而是以线穿订,并早在唐代中叶就已经在民间使用。它为我国早期的蝴蝶装提供了实物证据,并成为中国图书装帧史上的重要资料。

(二)包背装

包背装是册页装的一种形式。继蝴蝶装之后,出现于南宋,兴盛于元朝,明代中前期,被线装所代替。蝴蝶装之书,页之正折,版心向内,单口向外,书页皆单层,纸薄者易使两正面黏合,翻检时多见纸背。再则蝴蝶装之背多以糊粘,极易脱落,一经破碎,补缀尤难。因此,自宋代末,蝴蝶装渐为包背装所代替。

包背装的书叶折法则同蝴蝶装完全相反,即将书页正折,版心向外,单口向内,将有字的面露在外面,较早的方法是将散页粘连在包背纸上;后来又在书页边栏外的余纸上贯以绵性纸捻,复以书皮绕背包裹。

宋代300年,因雕版印刷的广泛应用,便使中国图书出版事业进入蓬勃发展的黄金时代。但自五代始,由于国家政治、经济和文化中心的东迁及海上交通的发展,"丝绸之路"便失去昔日的兴旺发达景象。再加频繁的战乱和政权更迭,原来最早运用雕版印刷的甘肃地区,图书出版事业却停滞不前,当时虽有图书出版,但至今却荡然无存,其装帧形式史书无载,无从考起。在敦煌遗书中有一宋太宗太平兴国五年(980)雕印的《大隋尼求陀罗经》为卷轴装;敦煌遗书中发现的西夏雕版印刷品《妙法莲华经·观世音菩萨普门品》为经折装;甘谷银川堡出土的《阿毗达摩集异门足论第十一·五法品第六之一》也为经折装。直至明嘉靖二十五年(1546)以前,图书装帧既无实物可见,又无记载可考。甘肃的包背装图书也只能是谈其理论,而不能见其实物。

(三)线装

线装是在包背装基础上发展起来的。其演变的理由出自破碎与维修。蝴蝶装的折缝一破裂,再以糨糊粘连,更为不易,势必改为包背,包背边际一碎,则纸捻难施,势必又要用线缀穿。所谓线装,就是改一纸包背书衣为上下各一页,以线订其书背。线装书页折叠与包背装相同,即版心向外,单口向内。线装书自明万历以后方为大兴,至清代,雕印图书全用线装。

甘肃现存的刻印图书,除佛教经书采用经折装外,其余均以线装。有实物可见的最早线装书,是明嘉靖二十五年(1546),由胡缵宗刻印的本人著作《巩郡记》。后至清末,线装存书仅有百十种之多。其开本因书籍的内容和来源而各不相同。一般来说,以钦定、御制图书的开本最大,版式庄重大方,而经籍次之,医书、诸子家训之类的书则开本较小。就刻印质量及版式来看,官刻的钦定、御制书和书院刻书设计正规,版式大方,书写及刻印质量较佳,而坊刻及官府刻印的部分志书则优劣不一。有些书籍的版式、书法、刻印、装订甚好,有些则是草草成书,其书法低劣,刻工粗糙,印装欠佳,校对错漏较多。就成书时间而言,以清乾隆代刻版为最佳。纸张,明代白纸居多,清代则以黄纸为主。

秦安胡缵宗编写的《巩郡记》,刻印于明世宗嘉靖二十五年(1546),采用了当时雕版书最新的线装装订方法。全书用白刀口纸大开本印成,册高29厘米,宽16厘米,天头8厘米,地脚2厘米,每页10行,每行20字,版心中缝为大框白口,框的上下为墨色对三角饰准,大白口框中刻有书名、次第。序言以楷体书成,正文则采用宋体,刻印俱佳。封面为黄色书皮纸，白线装订，共 30 卷，以布面纸匣外套全书。

清乾隆四十三年（1778），黄建中纂修的《皋兰县志》，版框高 18 厘米，宽 13.5 厘米，以外粗内细黑线为框栏，又以细线为界行，每页 9 行，每行 22 字。版心白口为一行字宽，上刻书名，接着为三角墨色饰准，外加细线，下刻卷次名称和页码。序言为楷体，正文宋体，刀工遒劲，印刷清晰。封面为棕灰色书皮纸，白线装订。

此外，还有乾隆二十八年（1763）吴镇修的《狄道州续志》、乾隆五十四年（1789）秦安胡钺刻印的个人诗集《胡静庵诗抄》，以及乾隆五十四年前后临洮松花庵和兰山书院刻印的《松花庵全集》《松崖文稿》《松花庵诗草》《松花庵游草》《皋兰课业风骚补》《皋兰课业松崖诗录》等，亦为线装书籍。

乾隆以后，甘肃刻印的钦定书籍有数十种之多。为了显示对"国书"的重视和对皇帝的效忠，这些书一般都是版式正规大方，大开本，宽天头，书法最优，刻印俱佳。皇帝旨谕多以朱色印成。如光绪二十四年（1898）甘肃藩署重刻的钦定《劝学篇》，其开本高 28 厘米，宽 15.5 厘米，天头竟高 9 厘米，为其他图书所不见，地脚为 2 厘米。每页 10 行，每行 23 字，正文共 90 页。皇帝旨谕为朱色楷体印成，而正文则用宋体。边框由粗细二墨线组成，界行为墨色细线，版心中缝上刻书名《劝学篇》，下刻内篇或外篇及页码。书法较佳，刀工有力，字迹清晰，着色均匀，为甘肃雕版书之上乘。

甘肃明清两代的雕版书，大都采用了明嘉靖以后全国通行的线装法，但其中有一半书的版式仍为元代的大黑口版心，版式显得陈旧，而且书法和雕印也不太精。有的书法虽佳，但因雕刻技术低劣而不显其美；有的虽是刀工有力，但因书法不佳而难掩其丑；有的书籍不仅无白口版心和三角墨色饰准，就是框栏、界行也设计得极不美观,天头地脚不成比例,字体大小、间距也不一致,有的甚至无框栏、界行,草草成书,极为勉强。此类书多为方志、诗文集等。

在甘肃刻印的图书中,有数十本医学书籍和诸子家言类的书,均用线装,其开本虽然较小,但版式却较别致,刻印质量也还比较好。究其原因,这些书的蓝本大都来自雕印比较发达的地区,重刻时照猫画虎,当然不失原貌。如同治三年(1864)陕甘督院文巡捕公所重刻的《竹林寺女科秘传》,其蓝本来自江南。版宽 11.5 厘米,高 16 厘米,版心白口中缝,上刻目录,中有饰准墨色三角,下有次第。框栏由粗细墨线组成,序文无界行,正文界行细直,每页 10 行,每行 21 字。书名篆书,序文正楷,正文宋体。书写、刻印虽不算上乘,但却给人以小巧、正规而别致的印象。

另外,道光九年(1829)的兰州版《大生要旨》、道光二十六年(1846)兰州耕馀堂刻的《遂生福幼编》等,均为高 17 厘米左右,宽 11 厘米左右的小开本。版式为我国清代标准式样,白口中缝刻书名、目录、次第等,粗细线框栏,细线界行,每页 7~9 行,每行 15 字左右。书名或隶或楷,序言以楷,而正文为宋体。

清咸丰二年(1852),兰省日新堂刻印的临洮《杨椒山公家训》,虽为甘肃初版,但版式亦很正规,高 15 厘米,宽 10 厘米,白口中缝,中上部分为墨色三角饰准,外加细饰线,下刻页码、次第。粗细线双框栏,序无界行,正文界行细直,书名以楷体书成,序言、正文全用宋体。书法工整,刀工有力,刻印也较精美。

(四)平装与精装

平装和精装都是现代图书的装订形式。中国的印刷术源于唐,宋元大盛,西渐欧洲。欧洲印刷术虽在我后,但因机械日精,化学工艺日新月异,使印刷术突飞猛进。于是随着近代海禁开放,欧式印刷术随之输入,反顾中国,从而使中国的印刷术进入改革时代。古老的雕版印刷被铅字印刷所代替,除个别雕版尚用线装外,其余全用平装。因此有人也将平装称为洋装。平装的装订方式比较简单, 成本也较低廉,适用于篇幅少、印数大的书籍。其形式因订书材料及工艺的不同,而有骑马订、三眼线订、缝纫机线订、铁丝订、索线订、胶粘订。平装的封面形式有齐口、飘口、勒口和起槽四种。有的平装书在封面纸上压以塑料薄膜或喷以涂料,既耐脏又耐磨,在一定程度上有精装书的成分。

精装也是现代书籍的一种装订形式。即书壳为硬质或半硬质材料,书芯采用索线订或无线订,书脊附有堵头布和书页带,是书籍出版中比较讲究的一种装订形式。一般多用于需要长期保存的经典著作、精印图书和供经常翻阅的工具书。其书壳因材料构成两种情况。一是书脊和封面均采用同一材料,包括纸张、织物、塑料、漆布、漆纸、皮革等;一是书脊和封面采用不同的材料,有纸面布脊、纸面皮脊、布面皮脊等。封面有软硬两种,书脊有平脊和圆脊两种。

甘肃的平装书是随着铅印而开始的。光绪二十八年(1902),甘肃官报局在兰州成立,并购进铅印机一架,开始铅印图书。自此,也就开始了图书的平装。光绪二十八年(1902)至宣统三年(1911),甘肃共铅印图书约 30 多种,均为 32 开本,大多平订,也有骑马订者。齐口封面,封面在右,封底在左,竖排书名。封面多用单色纸、墨字,仍未摆脱线装书封面之传统。

民国的 38 年间,甘肃有考的平装书近百种,绝大多数为 32 开齐口平装,个别为 16 开和畸形小开本,多平订,少骑马订。竖排右开本。封面一为单色纸、墨字,一为简单花纹绘饰、两色印制。

甘肃图书自有平装到中华人民共和国成立前,虽经晚清及民国两个朝代,书籍也由雕版印刷普遍实行铅印,由线装改为平装,但就书籍生产者和读者,在对待书籍的装帧形式及封面款式上,并没有完全超出线装书时期的观念，即重书籍内容而轻封面装帧。就封面而言，则重封面字，而轻封面色彩，并以大方、素雅、书体优美为追求。因此在装帧设计上一直没有大的突破。

中华人民共和国成立后，甘肃的图书出版事业有了长足的发展，书籍的形式及装帧也发生了明显的变化。但由于受政治和经济形势的制约及欣赏水平和设计能力的限制，在不同的历史时期，书籍的形式及装帧则表现出不同的特点。60多年来，就总体而言，书籍形式经历了一个由单一向多元化发展的过程；装帧设计也经历了一个由简单朴素、廉价实用到美观大方或雅素共赏，甚至趋向豪华的过程；书籍封面图案的构思，由最初的立意明确，发展到后来的构思含蓄、寓意深刻；其色调由偏灰偏素向醒目、艳丽发展，寓色于书意，图色结合，以更深刻地含意来体现书籍的内容。既起吸引读者，引导读书的作用，又有工艺品的欣赏价值。

从总体进行分析研究，中华人民共和国成立以来，甘肃图书的形式及装帧大体经历了四个阶段。20世纪50年代到60年代中期为一阶段；60年代中期到70年代末为一阶段；80年代为一阶段，90年代又进入新的阶段。

中华人民共和国成立以后，在相当一段时间内，国家的中心任务是恢复国民经济，图书出版对国家来说又是一项新的事业，而且它又不可能脱离或超越当时的经济条件，并受教育、文化和科技水平的制约。1955年以前，甘肃人民出版社无专门的装帧设计人员，书籍封面以大底色加封面字构成。1955年设一专职装帧设计人员。但直到1958年，甘肃图书的封面装帧以朴素、价廉、经济、实用为目的，普遍采用32开横排平装本，一些戏剧唱本和曲艺书多用64开本，多以铁丝平订，薄本书则用骑马订，齐口封面，图案构思直观，立意明确。一些文学、文字和工具书，其图案以雅素共赏的梅、兰、竹居多。封面多用两色,色单、偏灰,装帧材料价格低廉,书籍装帧具有传统的书卷气。

1958 年,甘肃人民出版社调入一批学有专长的美术人员,并增设美术编辑室,大部分美术编辑从事书籍的装帧设计。书籍装帧被提到出版工作的重要日程,书籍外观出现了明显的变化。1959 年为向国庆十周年献礼,甘肃人民出版社对所出图书进行了精心设计,并精装了一批图书,从材料、颜色、图案等方面都有了新的突破,书籍装帧又上新台阶。直到 1960 年初,出版了一批装帧质量较高的图书。如歌剧剧本《月亮湾》、传统戏剧本《枫洛池》、电影剧本《黄河飞渡》、相声《人民公社好》以及《甘肃散文特写选》《甘肃木刻选》《兰州部队短篇小说选》《定西专区十年建设成就》《敦煌莫高窟》等。其中《敦煌莫高窟》等书以独特的内容和优美的装帧参加了 1959 年莱比锡国际书展。1959 年之后,国家处于经济困难时期,图书出版也因此进入低谷,甘肃人民出版社的美术编辑室被撤销,图书装帧划归出版科。直到"文革"前,甘肃的书籍装帧没有大的起色。

1966 年"文化大革命"开始,出版为政治服务,书籍装帧带有明显的政治色彩,当时称之为"革命化"。直到 1976 年,在书籍装帧上的无形禁令才被取消,其习惯延续到 70 年代末。这十多年出版的图书,其开本有 32 开、64 开和 128 开,以 32 开居多;大多数图书封面无图案,只以单色书皮纸和异色字搭配,少数有图案的封面,大多直观地反映书籍内容,科技书中有关工业的画工业图案,农业的画农业图案,畜牧业的画畜牧业图案,颜色以绿、黄、黑、灰搭配,对比度差,显得柔和;其他图书或为"政治"性书籍,或带有明显的"政治"色彩,就连文艺作品、戏剧唱本都带有浓厚的"政治"色彩。这些书的封面有五种形式,一是毛主席著作及语录,多用 32 开和 64 开,有的甚至用 128 开本。32 开本多用白板纸红字,64 开和 128 开本多以硬纸板皮

加套红塑料封面,通称为"红宝书"。二是学习材料,即报刊社论、中央
领导讲话、中央文件等的汇集本,大都为 32 开本,少有 64 开本。其封
面多为米黄纸红字,或为白板纸红字。三是批判文章汇集,封面白纸
黑字,或画有具有强烈"造反"情感的人物画。四是新闻汇集,封面多
用大红底色加烫金字。五是以当时的"样板戏"剧照作封面。其颜色多
用暖色。

　　党的十一届三中全会以后,我国的政治稳定,经济发展,人民群
众的生活水平也不断提高,随之而来的是对图书的要求也越来越高,
不仅是对书籍的内容,而且还包括对书籍的形式及装帧质量。同时,
党的改革开放的政策,也使书籍的装帧设计者拓宽了眼界和思路,在
继承和发扬我国图书装帧优良传统的基础上,借鉴省内外和国内外
的先进设计构思和设计方案,不断提高设计水平。编辑出版人员进一
步认识到了书籍形式和装帧对图书所起的重要作用,并把它当作图
书出版的一个重要组成部分来对待。从而使我省的书籍形式和装帧
质量不断提高,促使图书收到更好的社会效益和经济效益。

　　1982 年,甘肃人民出版社专门组建了装帧设计室,对甘肃图书
的装帧设计起到积极的促进作用。装帧设计人员由两部分组成,一部
分是美术人员,专搞书籍封面的装帧设计,一部分是版式设计人员,
主要负责政治理论、科技、文化、教育、文艺和藏文图书的封面和版式
设计。《读者文摘》《飞碟探索》《甘肃画报》《老人》及少儿读物均设专
门的美术编辑,对甘肃图书进行了卓有成效的设计工作。

　　1981 年在成都召开的西南西北装帧年会上,甘肃版图书的装帧
设计作品没有一本入选,而 1982 年在乌鲁木齐召开的西南、西北第
二届装帧年会上,甘肃图书有 2 种获装帧设计优秀奖;1983 年的第
三届装帧年会上有 8 种图书获封面设计优秀奖;1984 年的第四届装
帧年会上,有 10 种图书获装帧设计优秀奖,其中有 4 个一等奖,获奖

等级和总数均列西南西北 9 省区之冠；1986 年的第五届装帧年会上，有 6 种图书获奖；在同年举行的全国第三届书籍装帧艺术展览会上，甘肃有 46 件装帧作品参展，并有一种封面获二等奖；1988 年的西南、西北 9 省区书籍艺术装帧观摩会上，甘版图书有 23 种分别获封面、版式、插图及整体设计奖，名列 9 省区第三；1989 年的西南、西北 9 省区第七届书籍装帧观摩评比会上，又有 11 种作品获奖，名列 9 省区第四。

甘肃 20 世纪 80 年代的图书，其封面和版式在全国、大区和省内获各级各类奖的总计有 70 多种，同时还有一批图书因装帧精美而受到广大读者的青睐。

80 年代的图书，究其开本，可谓形式多样。各类图书的开本自成特点，各显其长。一般来说，学术著作、大学课本多用大 32 开，不仅文字负载量大，而且庄重大方。其中一些文字量大、插图幅多的科技书，多以 16 开本印刷，不仅使用方便，而且降低了版式设计的难度，增加了图幅的准确性。普及读物和一些小品书，采用畸形开本，显得活泼可爱，对年轻读者和小读者更具吸引力，并且携带方便，随时可读。80 年代末到 90 年代初，甘肃少儿出版社出版的《现代家庭丛书》一套 7本；甘肃人民出版社出版的《世界文豪妙语录》一套 15 本，都采用 36开本，再加上新颖得体的封面设计，赢得了广大读者的喜爱，不少人将它视为珍品收藏。据统计，80 年代的甘版图书，其科技图书 30% 为16 开本；文史类学术著作、大专教材、古籍整理与研究等书 80% 为大32 开；畸形开本在普及读物和通俗读物中的比例也在不断提高。

同前 30 年相比，20 世纪 80 年代的封面设计者的思路宽，指导理论新。因此封面的整体设计重视内涵，不仅立意准确，而且讲求寓意深刻、构思含蓄。在设计中改变过去手画手写和平面构成的单一设计手段和表现形式，采用尽可能先进的设计手段。如剪拼、复印、制字、照排、摄影等。在表现形式上突破以前的旧格局，不仅采用平面构成，而且也有立体构成。书名字不拘一格，可大可小，并突破了以前一行排和离天头地脚等距离的定式，大胆使用大号字、两行或三行排，或书名重复，有的甚至将主要章节和主要内容设计在封面中，不仅具有浓厚的书卷气，而且增加了封面的信息量，突出了书籍的主要内容，其形式也显得轻松活泼；在封面用色上，冲破了以前的政治禁锢，敢用冷色来设计一些以前一直用暖色表现的内容。从一定意义上讲反而显得庄重大方，并增强了新鲜感。有些封面冷暖色调搭配，加大了对比度，增加了广告气息。

20世纪80年代，甘肃图书的装帧材料也有一定的发展。以前多用书皮纸和胶版纸作封面。到80年代，书皮纸基本废止，不少书采用铜版纸，有的还用布纹纸，有的再行压膜，大大增加了封面的光洁度，更好地表现了设计效果。精装书有的用纸硬壳，有的用皮纸硬壳，还有的用缎面硬壳。不少硬壳外又加铜版纸护封，装帧效果极佳。

进入20世纪90年代，随着电脑的使用和书籍装帧材料的多品种，甘肃的书籍形式和装帧艺术发生了巨大变化。装帧设计人员告别了手工绘制封面的历史，缩短了工作程序，增加了封面内容，丰富了封面色彩、图案，图书封面显得丰富多彩、新鲜活泼。电子分色制版取代了传统的照相制版，电脑技术也彻底改变了印刷工艺，实现了简捷、快速、高效、全新的设计理念。新材料的使用，使设计者可以根据自己的理念去选择不同的材料和制作工艺，不断设计出古朴、简洁、典雅、实用的图书封面。

自20世纪80年代中期始，装帧设计的概念不再仅限于封面设计，而逐步将图书开本、版式、封面、材质等纳入设计范围，并成为书籍装帧的总体概念，使书籍形式和装帧设计更加统一、协调。随着改革开放和新技术、新手段的应用，进入90年代后，甘肃的书籍形式和装帧艺术随着全国的变化而变化,出现了一个百花齐放的新局面,书籍的开本大大小小,形状稀奇,有圆形、三角形、树叶形、动物形等,大如报纸,小若铜钱,书上有打孔者、开洞者,有撕阅者、横读者、纵读者、纵横交错读者,有的将书做成了玩具,有的将书做成了工艺品。从一定意义上讲,有些书已失去了传统图书的基本特征。

进入 21 世纪后,出版者和读者对书籍形式及装帧艺术进行了冷静地反思和选择,从人性化角度出发,摒弃了一些非人性化和非书籍理念的形式和装帧艺术,追求创新,但又遵循书籍设计的原则和规律,根据读者生理、心理特征和思维方式及阅读习惯,将人性与技术、科学与艺术结合起来,从书籍形态、设计语言、色调,到装帧材料等方面都进行人性化设计,从而使书籍形式及装帧艺术又进入了一个新的阶段。形式追求合理,装帧讲求素雅,并且脱离了以前电脑设计的表现形式和痕迹,书籍的形式与装帧显得更加真实、古朴、典雅、活泼,而又不千篇一律。既保持了传统的质朴,又显示了当代的娟秀。

甘肃历史上的书籍生产方式及机构

甘肃是我国古文化的发祥地之一,书籍生产有着悠久的历史。至今,我国最早的书籍——秦汉简牍,在甘肃出土四万多枚,占全国简牍总发掘量的80%左右;敦煌第十七石室可谓我国中古时代的图书版本书库,五六万卷册隋唐至宋初的古遗书,为研究我省乃至我国的写本书和最早的雕版印刷品,提供了珍贵的实物证据。纵览三千年,因科学技术水平的限制和成书材料的差异,甘肃的书籍形式随时代而异,而书籍的生产手段、规模、分工和程序也不尽相同。为了方便,下面将分简册时期、写本书时期、雕版印刷时期和铅印胶印时期加以探讨和论述。

一、简册时期

简册是我国最早的正式书籍。它是指将文字写在经过整治的竹片或木板上,成为人们借以阅读的著作物。在此之前,铸刻或书写文字的材料有甲骨和青铜等,但它们不是专门作为书写材料的,因此,甲骨文及青铜铭文不能认为是书籍。

远古到东汉,大致被认为是我国的简册时期。其实,完全废简用纸却是到了东晋末叶即4世纪的事。甘肃到目前为止,已发掘简牍四万枚之多,占全国简牍总发掘量的80%。最早的为天水放马滩出土的秦国《日书》,最晚的为东汉桓帝延熹年间(158—167)的《甘谷汉简》。

(一)成书的程序及分工

简册时期的成书程序及分工,史书多不记载,出土的简册前后也无题记。甘肃简牍多非官方正式成书,故书籍生产的程序及分工的史料不够翔实。根据大量出土的实物分析,简册的成书一般为制简、编连、抄写和校对等工序。

竹、木经破制加工成片或板,再经整治,使其成为"竹简"或"木简"或"牍",然后编连成册,以待抄写成书。在出土的简册中,不乏经整治编连而未抄写的"素简",便是先编后写的实物证据。据有人研究,简册成书,也有先写后编者,不过那只是文字很短的书。

关于简牍的整治与制作,古书上都有清楚的记载。汉代学者王充在他著的《论衡·量知篇》中写道:"竹生于山,木长于林,截竹为筒,破以为牒,加笔墨之迹,乃成文字。""断木为椠,析之为版,力加刮削,乃成奏牍。"汉代目录学家刘向,在他编写的皇家图书馆藏书目录《别录》中说:"……新竹有汁,善朽蠹,凡作简者,皆于火上炙干之……以火炙简令汗去其青,易书复不蠹,谓之杀青,亦曰汗简。"因此,竹、木简的破制、烘干、杀青是必经工序。经整治加工的简称为"素简"。素简便是写书的直接材料。

简册的抄写和校对制度,史书无记载,难以查考。但从武威出土的《仪礼简》和《医学简》等简来看,通册为一人写成,书体苍劲有力,具有极高的书法价值,很可能出于某一职业抄书人之手;简中刮削处和行外加字书体,同原抄写书体一致,说明校对工作亦由抄书人担任。通读武威《仪礼简》全文,几乎无一处讹误,但细察简面,多处经过刮削改错,有的地方不止一次刮削,致使简面下凹,简片变薄。这一物证则说明,当时的校对工作非常细致认真,不只是一校了事,可能还有二校、三校。

（二）成书工具

甘肃简册时期的书写工具并不多见。居延曾出土过两支毛笔。这两支毛笔与武威汉简约略同期，为东汉初年所制。敦煌马圈湾也出土有一支竹杆毛笔，前端中空以纳笔毛，外以丝线捆扎，髹棕色漆，笔杆末端呈尖状，通长19.6厘米，直径0.4厘米，笔毛长1.2厘米。它是西汉（前206—25）时期的书写工具。据载，甘肃当时的毛笔多用狼毫制成，富有弹性，多为小楷或中楷，以适宜在简牍上写字。笔杆多为木质实心。

石砚出土者以敦煌为最多。1979年马圈湾烽燧出土了一方石砚。砚面呈圆形，直径3.4厘米，方座，四角翘起，砚高1.5厘米，附有木研一块。1982年，敦煌南湖出土了一方蝙蝠三足砚。据考，它是汉代（前206—公元220）的书写工具。砚呈圆形，直径10厘米左右，厚2厘米，三只蝙蝠足，足高1厘米，周围刻有饰纹，极为精致。砚上附有1立方厘米的一虎形石研。同时出土的还有一方石板砚，长12厘米，宽8厘米，厚1厘米。砚面平整，石质细密，附有石研一方。据考它与蝙蝠三足砚同期。1983年，敦煌机场出土了3方石砚，两方正方形，边长8厘米，厚1厘米；一方长方形，长12厘米，宽3厘米，厚1厘米，砚面平整，石质也很细密。据考，它使用于晋代（265—420）。敦煌祁家湾墓葬中出土的一方陶砚，同以上各砚大为不同，砚呈圆形，砚面直径20厘米，厚5厘米，有八足。砚面由两部分组成，中间为一圆形砚台，台面平整，四周为一盛水槽，深2厘米，宽0.8厘米，制作精细，外形美观，墓主人为北朝（386—534）人。

敦煌马圈湾烽燧和机场墓地还出土了两包丸墨和粒墨，以天然漆为原料制成，色泽乌黑而带紫光，一旦书写于纸，则经久不灭。

另外，在居延、武威、敦煌等地，随简册出土的还有削刀。书写或校对者如发现错漏，便用削刀刮削，以正其误。

二、写本书时期

纸张发明以后,因其价格低廉,质地柔软,体积小,重量轻,易于书写,便于保存等,日益为人们所接受,最后取代简、帛,成为唯一的成书材料。

写本书主要是指纸张发明并取代简、帛,成为成书材料,直至印刷术发明之前的各种形式的图书。在此期间,无论官方还是民间,凡成书者,主要以纸为材料,以抄写为手段。但写本书的发生、发展和消亡却有一个相当缓慢的过程。二三世纪之间,纸和简、帛同时并用。东汉时,简帛还是书籍的主要材料。魏晋以后,纸书渐多,但政府公文仍以简牍为主。直到东晋末,纸才取代了简牍而成为普遍的书籍材料。隋唐时期是我国写本书的极盛时期。而 6—7 世纪,写本书发展到最高峰。9 世纪印刷术已开始应用,写本书逐步被雕版印刷取代。自宋代始,雕版大盛,但有些专业性较强或作者不甚著名的著作,仍靠传抄流通,所抄图书极为珍贵。

甘肃的写本书史书并不多载,唯敦煌遗书却给人们提供了宝贵的实物证据。从敦煌遗书来看,甘肃的写本书始于东晋,盛于隋唐,终于宋初,上下延续六七个世纪。其最早者写于升平二年(358)。

唐代是我国写本书的极盛时期,从中央到地方,校写图书蔚然成风。各级政府都有固定的校书、写书和藏书机构,民间抄书也有一定的分工和要求。

唐代三馆即弘文馆、集贤殿和史馆为国家最高的修书、抄书和藏书机构。这里人才济济,校写图书分工明确,程序严谨。其学士、直学士皆为博通经史的著名学者,他们既能撰集文章,又能校理经籍;既是撰写、纂辑书稿的主编或总纂、总修,同时又是校写该书的总编辑。一本书从撰写、纂辑、校理到抄写、校对和装潢由他总负责。另有学者、文人则任撰修、校理、刊正、校勘,而抄写、装潢也有专人负责。所成图书均有较高的学术价值,而且文精词当,极少讹漏,大部分被列入国家书目,作为标准版本在全国传抄流行。《新唐书·百官志》载:"开元六年(718),乾元院更号丽正修书院,置使及检校官,改修书官为丽正殿直学士。八年(720)加文学直,又加修撰、校理、刊正、校勘官。"《唐六典》载:"开元十三年(725)改集贤修书所为集贤殿书院。有学士、直学士、侍讲学士、修撰官、校理官、知书官等。集贤学士,掌刊辑古今之经籍,以辨明邦国之大典,而备顾问应对。凡天下图书之遗逸,贤才之隐滞,则承旨而征求焉。其有筹策之可施于时,著述之可行于代者,较其才艺,考其学术而申表之。凡承旨撰集文章、校理经籍,月终则进课于内,岁终则考最于外。"

敦煌遗书中有数十卷唐代官修图书,其题记中详细记载了当时成书的分工和程序。丽正书院和集贤殿书院撰修的图书,一般都要经修书使或集贤学士的三四次详定后,才由楷书手抄写,再行规范的三次校对,然后由装潢手施加装潢,再经学士详定,才入国家图书目录,并以此为标准版本抄写流行。

甘肃的官方抄书因无实物保存,不能记其抄书的机构和分工。但从民间抄书来看,主要有经生、校对、典经师等。自北魏统一河西后,在相当长的一段时间内,这里的社会安定,经济发展,抄书事业也比较兴旺。在敦煌就有一支由经生、校经人和典经师组成的地方官府缮写机构,专为寺院、学校抄写经书。仅北魏宣武帝永平四年(511)至延昌三年(514),在敦煌遗书中出现的敦煌镇官经生就有七八人,而校经人、典经师也有三四人。如《诚实论》第十四卷,为镇官经生曹法寿抄于永平四年;《诚实论》第十四卷,为镇官经生刘广周抄于延昌元年(512);《大楼炭经》《摩诘衍经》,分别为镇官经生张显昌和马天安抄于延昌二年(513);《大方等陀罗尼经》第一卷、《诚实论》第八卷、《华严经》第十六卷分别为镇官经生张阿胜、令狐崇哲和令狐礼太抄于延昌二年（513）。

唐、五代时，甘肃敦煌一带的佛教活动空前发展，寺院不断增加，尤其是陷入吐蕃以后，有记载的寺院达 17 所之多，僧尼近千人。寺院主宰了这里的经济、教育和文化，不仅开办学校，而且开设译场、经坊，为寺内外僧俗群众抄写佛教经卷、儒家经典和社会流行文章，并且也出售给过往商人和使节。有时，他们也将过路商人和使节带来的书籍抄写成册，在当地出售，加速了同国外和内地图书的交流。敦煌遗书中的许多儒家经典，如《论语》《孝经》《春秋左氏传》《礼记》《诗经》等，大都是寺院的学仕郎或学校学生抄写的课本。《孝经》题记："唯天福七年（942）壬寅岁十二月十二日永安寺学仕郎高清子书写。"《汉将王陵变》的封面和空白页上标"辛巳年九月""太平兴国三年（978）索清子""孔目官学仕郎索清子书记耳"，并注明"后有人读讽者请莫怪了也"。《秦妇吟》题记中亦有这样的记载："贞明五年（919）乙卯岁四月，敦煌郡金光明寺学仕郎安友盛。"

当时，酒泉、张掖、武威等地的寺院、学校，大都抄售图书，社会上也有不少职业抄书手。

抄书的分工因抄书机构的不同而各不相同。一般看来，官抄的分工较细致，责任明确，程序严谨。而民抄本虽分工明确，但往往只有两三人担任，有时一个人完成几项任务。

敦煌遗书中，北魏文成帝太安元年（455）伊吾南祠比丘申宗抄写了佛经一卷，留有"手拙人已，难得纸墨"的题记。此经虽比甘肃最早的写经晚 100 年，但是看来此时纸墨还比较缺乏，抄书并不广泛，分工也不明确。到了公元 500 年前后，写本书便有了正规的题记和经生的姓名。说明这一时期甘肃已有了职业抄书手。北魏宣武帝永平四年（511）至隋文帝仁寿二年（602），在敦煌抄写的有 10 多部经卷，其题记均有经生姓名、写经时间和地点、用纸张数、校经人、典经师等。如《诚实论》第十四卷末题:"永平四年岁次辛卯七月二十五日,敦煌镇官经生曹法寿所写论讫成,典经师令狐崇哲,校经道人惠显,用纸二十五张";另一《诚实论》第十四卷末题:"延昌元年(512)岁次壬辰八月五日,敦煌镇官经生刘广周所写论讫成,典经师令狐崇哲,校经道人洪携,用纸二十八张";《大方等陀罗尼经》第一末题:"一校竟,延昌三年(514)岁次甲午四月十二日,敦煌镇官经生张阿胜所写成竟,用纸二十一张,校经道人、典经师令狐崇哲";《中阿含经》第八末题:"仁寿二年(602)十二月二十日,经生张才写,用纸二十五张,大兴善寺沙门僧盖校,大吉寺沙门法刚复。"

从上述题记可以看出,当时的职业抄书已不再是个人的单独行为,而是一支队伍的集体活动,抄书人员不仅有合法的职业身份,而且还有明确的责任分工和严格的工作程序。一部经书的完成,抄、校和典正缺一不可。镇官经生抄写的经卷,只有通过校经人的精心校对和典经师的严格典正后,方能得到官方的允许而投入市场,同时也才能得到信仰者的信赖而被购买供养或念诵。唐初敦煌的地方写经又增加了校对次数,题记中署有初校经人和再校经人姓名。

三、雕版印刷时期

甘肃雕版印刷的确切时间,史无记载,难以确定。根据雕版印刷的实物可以断定,至迟在9世纪末或10世纪初。唐末及五代初,因受中原文化的影响,甘肃敦煌等地始刻佛经、佛像,成为全国最早运用雕版印刷技术的地区之一。

甘肃现存最早的雕版印刷品为唐懿宗咸通九年(868)的《金刚经》,接着是五代后晋出帝开运四年(947)的《观世音菩萨像》。五代时的雕版印刷品还有《大圣毗沙门天王像》11份,《千佛像》《金刚般若波罗蜜多经》等。它们不仅是甘肃发现的最早的雕版印刷品,而且在全国也属最早之列。

五代以后,甘肃境地战乱频繁,政权更迭,再加国家政治、经济、文化中心的东移和东南海上交通的发展,"丝绸之路"便失去了汉唐时兴旺发达的景象。宋代三百多年,是我国雕版印刷的黄金时代,而甘肃却因为宋、夏、金割据,加之不断的战争,经济文化远远落后于东南其他地区。除西北一隅的西夏政权重视文化教育,应用雕版技术,印刷了一些西夏文书籍外,宋代在甘肃的统治地区,雕印的汉文书籍几乎是无从考起,唯存一卷宋太宗太平兴国五年(980)雕印的《大隋尼求陀罗经》。元代虽然使中国复归统一,但甘肃的雕版印刷一直处于落后的状态,雕版印刷品除在甘谷银川镇南山古佛寺遗址中发现一页发愿文外,别无他存。

从明代开始,甘肃才算有了比较正规的雕版印刷书籍。虽说早在唐朝末年,甘肃就出现了雕版印刷,但是到了明清两代才逐步兴起刊刻之风。清光绪二十八年(1902)甘肃官报局在兰州成立,开始了甘肃图书木活字和铅字印刷的历史。但几乎到了 20 世纪 30 年代,雕版印刷才完全被铅字印刷所代替。

甘肃的刻书大致可分为官刻、坊刻、家刻及社团刻四类,其成书程序主要分编、写、校、刻、印、装六步。一般说来,官刻图书的分工明确,程序规范,而其他刻书则分工不太明确,有的是编、写、校合一,有的则刻印同人。

(一)官刻

官刻图书始于官司衙门。随后,官办书院、学堂亦兴刊刻之风。因此,甘肃官刻图书则有藩王府本、节署本、藩司本、府衙本、县衙本、书院本、学堂本等。到了清末,官办书局成立,出现了书局本。

自古以来,各官司衙门均置有关部门或专人掌管图书经籍。唐宋时期,州、郡有录事掌署抄目,经学博士掌五经;县有主簿典领文书,经学博士掌五经。据《甘肃全省新通志》记载,元代,甘肃各路下设经历一员,每府设提控案一员,每州置下吏目一员或两员,县置典史二员。明代,布政使司属有经历一员,知府平凉、庆阳、临洮、巩昌置经历各一员,县置典史一员。清代,布政使司置布政使一员,州设吏目一员,府设经历一员,县设典史一员。布政使、经历、典史的职责之一,就是掌校经籍,负责御赐、钦定图书的接迎、刻印和发送;组织地方志的编写、校订和刊印,并因地制宜地刻印一些经书、史书、医书和教化书等。

甘肃最早的官刻,首推五代"沙州留后""归义军节度使、检校太尉"曹元忠衙府。曹元忠是五代归义军节度使曹议金之子,公元945年继兄曹元深位,执政30年,宗奉中原王朝正朔,坚守沙、瓜二州,保持同中原王朝的联系,加强与于阗的友好往来,发展经济,传播文化,并为甘肃的雕版事业做出了贡献。他崇尚佛教,在衙府设职业刻工,运用雕版技术,刊印佛经、佛像,不仅在敦煌寺院供养,而且广泛施舍。敦煌遗书中曹氏府上雕印的佛经佛像,有的为单纯的文字或佛像,有的还图文并茂。《大圣毗沙门天王像》11份、《观世音菩萨像》《千佛像》《金刚般若波罗蜜多经》等,均为曹氏衙府刻印。《观世音菩萨像》是后晋出帝开运四年(947)刻印的,下面还题有"雕版匠人押衙雷延美"。可以说,曹氏衙府是甘肃目前发现的最早的官府雕版机构,雷延美是甘肃目前发现的最早的雕版匠人。

以后官刻有考者便到了明代。官司衙门刻书多以方志为主,兼有政书、医书、经籍等。

明清两代,编写方志一向为官方所重视。甘肃先后有200多部省、州、府、县志编写成书,其中有一半雕版印行。编写、刊印方志,一般都由省、州、府、县官方主持,并且设立临时性专门机构,通常分总纂或监修、采访、编辑、校字、缮写、督刻、刻工等。总纂或监修分别由巡抚或州、府、县知事担任,其他多为本地知名文人。督刻多为州、府、县典史。刻工临时雇佣,有的来自当地,有的来自外省。从始修到刻印成书,少则两年,多则十年。

《平凉府志》,为平凉人丙戌进士、山西右副都御史巡抚赵时春所修,于明世宗嘉靖三十九年(1560)完稿,前陕西布政司分守关西道右参政胡松撰序。平凉知府邵大爵接稿本后,便在府内专设刻房,命工刊印。因赵时春为当时名人,纂修方志为官方社会信任,所以没有组织庞大的修志机构,此志可谓官方编修、刊印方志最省事者。

康熙年间,巩昌府知事安纪元重修《巩昌府志》,自任总纂。下设订正官 5 人,由巩昌府经历司经历王元显、巩昌府儒学教授谷迁乔、巩昌府儒学训导安其位、陇西县丞詹天俊、陇西儒学教谕谢嘉玺担任。另设校阅生员 3 人,编字生员 4 人,正字生员 6 人,督工官 1 人。他们重价购得明熹宗天启元年(1621)杨恩纂写的《巩昌府志》残缺本(十卷中缺少两卷,且版页不全,字迹模糊),经细心核阅,错伪者更正,繁冗者删除,缺略者补入,于康熙二十六年(1687)告成抄录,付梓剞劂。

《五凉考治六德集全志》,是由武威、镇番(民勤)、永昌、古浪、平番(永登)五部县志组成的一部全志。鉴定为张之浚,总修为张玿美。另外,各志均设纂修、监修、校对、监刊、刻字等。纂修少则 2 人,多则 8 人,监修 4~5 人,校对 2~3 人。各志完稿后均在武威刻印,由武威典史李楷任监刊。刻工少则 3 人,多则 10 人。《永昌县志》由武威县梓人周勖、永框刊刻,而《武威县志》则由武威董用柏、王锐、永承基、白士宝、白士伦、王士位、罗清和皋兰张汉福、郭志学、段恺 10 人刊刻。乾隆十一年(1746)始修,到乾隆十四年(1749)刻印成书。

乾隆四十四年(1779)修的《甘州府志》,设总理纂修 1 人,分辑

10 人,采访 2 人,校阅 4 人,缮稿 6 人,刻字 2 人。总理纂修为甘州府知府钟赓起,刻字为江宁县监生徐起元、吴万盛。

道光十五年(1835)冬刻印的《山丹县志》,设主稿 2 人,监修、采访、校对 16 人,誊录 3 人,刊刻 3 人,资印 2 人。主稿为加州衔山丹县知县黄璟、山丹县知县谢述孔。志书的编写工作在山丹仙堤书院进行,完稿后交陕西三原县刊印。刻工为三原县恩贡生王向槐、侯铨,巡政厅王一清、王法汤等。资印为陕西三原县典史周世德、太学生王向槐。志书刻印完备后刻版运回山丹藏仙堤书院。

清光绪二年(1876)刻印的《文县志》,设编纂 1 人,参阅 2 人,采访 4 人,校正 2 人,参订 3 人,誊录 3 人,督刊 2 人,刻工 2 人。

光绪三十四年(1908)二月十九日,清政府敕令重修《甘肃通志》,当即开设甘肃省通志局。先后任命陆军部尚书兼都察院都御使、总督陕甘等地方军务粮饷兼理茶马、管巡抚事长庚为监修,甘肃布政使陈灿、甘肃提学使陈曾佑、甘肃劝业道彭英甲、甘肃按察使白遇道、甘肃甘凉道霍勤燡、甘肃候补道王新桢、甘肃候补道署宁夏道孙庭寿等 7 人为总办,任命陕西候补直隶州知州丁禧翰,礼学馆顾问官、内阁侍读安维峻为总纂,甘肃候补知府周镇为提调,甘肃华亭县知县陈良均为帮总纂,王烜、刘绳武、王运乾、王福鸿、雷光甸、袁承泽、刘春堂、孙云锦、赵维恭、魏日诚、陈龙鼎、张炳焱、马元春、宋万选、朱元鸿、罗世俊 16 人为分纂。另设文案 3 人,总校 1 人,帮总校 1 人,分校 15 人,图绘 4 人,收发 4 人,监刊 4 人,督工 1 人。计司职员 62 人,每年经费开支万余银圆。编写的《甘肃全省新通志》于宣统三年(1911)刻印十余部。甘肃通志局于辛亥革命胜利后自行解散。

除方志外,官府衙门还刻印钦定、御制书和各种经籍、医书等。自清康熙开始,钦定书籍甚多,其中有些发到各省,要求重刻印制,发至州、府、县或书院、学校。发至甘肃的钦定书大部由藩司即布政使司重印发送。自雍正至光绪，由甘肃藩司重刻印行的钦定或御制书有记载者近20部，其中嘉庆时最多，有12部，即《圣谕广训》《钦定四言韵文》《钦定吏部则例》《钦定工部则例》《钦定军器则例》《御制慎刑论慎刊绪论息讼安民论》《御制仰报天恩肃吏治修武备》《御制义刑辨》《御制原教》《御制因循疲玩论》《御赐致变之源说》《钦定中枢正考书》。

甘肃藩署在光绪、宣统年间也刻印了不少图书。光绪二十四年（1898）六月，皇帝下诏，刻印两湖总督张之洞著的《劝学篇》，甘肃藩署当即刊行。另外，藩署还刻印了《江楚会奏变法》第一、二、三，汪辉祖的《学治臆说》及《佐治药言续言附》《杨忠愍全集》《吕子节录》等。

除省府外，各州、府、县衙门也刊行图书。道光二十七年（1847），平凉府刻印了陈芝眉、林桂山撰订的《崆峒纪游集》。咸丰六年（1856），首阳县府（陇西）刻印了原浃的《券心春气合编》。同治三年（1864），陕甘督院文巡捕公所刻印了《竹林寺女科秘传》。同治十三年（1874），兰州郡署刻印了《增广字学举隅》，兰州府署刻印了《诗经》，以后又刻印了医书《达生编》和《甘肃忠义录》等。光绪五年（1879），皋兰县府刻印了《救荒十策》。光绪六年（1880）甘凉道署刻印了邱禧的《引痘略》。光绪七年（1881），兰州节署在澄思堂刻印了李南晖的《慎思录》。光绪十年（1884），秦州府刻印了《教民歌》。光绪十六年（1890），甘州司训官署重刻了《胡静庵诗抄》。光绪二十年（1894），兰州臬府刻印了《（厘正）按摩要求》《鬻婴提要说》《痧喉正义》等医书。

官刻图书影响较大者要数陕甘总督左宗棠所刻。清同治五年（1866）九月，左宗棠任陕甘总督后，见甘肃因战乱而少书贾，教学、教化用书无处购求，于是决定自己刊行图书，并在汉口崇文书局，专为西北刊发书籍。同治十年（1871），首刻"四书""五经"，并先印一千部发往西北，后为西北教学、考试的命题根据。随后又将版运往兰州。雕版时他亲自参加校雠,嘱咐校刊人员:"'六经'传注,读者少而刻者亦少。此次影刊鲍氏善本,即前浙所刊旧式而又重加复校者也,当为海内孤本,以视浙刻尤精。但愿边方髦俊熟读深思,庶延关学一线,老夫亦不枉此一行。"

左宗棠行营还随带一刻书组织,于同治十一年(1872)正月在安定(定西)行营首刻他编写的《学治要言》。又于光绪六年(1880)在肃州行营重刻《吾学录》等。另外还刻印了《小学》《孝经》《三字经》《百家姓》《千字文》等,作为甘肃的教学用书。

书院刻书在甘肃图书中占有重要地位。甘肃各书院中,刻书最早最多者为兰山书院。兰山书院于清雍正十三年(1735)由甘肃巡抚许容奉旨修建,是甘肃创办最早的书院。乾隆三至六年(1738—1741),巡抚元展成在兰山书院主持刻印了《钦定四书》《皋兰课业十三经》。乾隆三十六至三十九年(1771—1774),布政使尹嘉铨又在兰山书院主持刊印了《四礼典要》《既见文》《既见诗》《孝经分传》《官方宝鉴》《闺范图史》《甘肃观风录》《适道指归》等。乾隆五十五年(1790)前后,兰山书院又刻印了吴镇的《兰山课业松崖诗录》《兰山课业风骚补编》(唐诗、楚辞、古诗)、《兰山课业风骚补编》(经训、诗赋)、《四书课童诗》《松崖文稿》《铁堂诗草》等。

武威府学是甘肃刻书较早的官学,乾隆十五年(1750)刻印了张之浚撰写的《西华集天山讲义》《西华集天山述古》《西华集天山学道》《西华集天山文教》等书。

乾隆、道光、光绪年间,刻印书籍的书院还有皋兰书院、泾川书院、仙堤书院、甘州书院等。

清末,甘肃成立了高等学堂,学堂专设印书局刻印、铅印图书。仅光绪三十至三十四年(1904—1908),就先后刻印了《周礼政要》《春秋大旨提纲表》《学记臆解》《卫生学问答》《授经日记——尚书》《授经日记——周易》《授经日记——春秋》等。

光绪三十年(1904)甘肃高等学堂刻印了《明夷待访录》,宣统三年(1911)甘肃存古学堂刻印了《文钥》等。

(二)坊刻

坊刻图书是指书商、刻字铺、书铺、书坊等刻印的图书。甘肃坊刻出现较晚,主要分布在兰州和当时文化较发达的天水、秦安等地。专刻图书的刻坊并不多,有的以刻书为主,兼刻匾额、印章等;有的则以出售图书、文具为主,兼刻图书。刻坊规模不大,刻印图书不多。

据现存书籍考证,兰州自嘉庆至光绪年间,先后有刻坊12个,兰州道升巷寿古堂,也称访古阁刘法帖铺,于嘉庆十七年(1812)刻印了《淳化阁帖释文》。兰山仰西堂,于道光四年(1824)刻印了张五常的《清真诗略》。兰州佩兰堂,于道光四年刻印了《段容思先生年谱纪略》。兰州如林堂,于道光九年(1829)刻印了医书《大生要旨》。隍庙巷耕馀堂段家刻字铺,于道光十二年(1832)刻印了医书《遂生福幼编》,至光绪十年(1884)又刻印了《史姓韵编》十六册。兰州同仁堂,于咸丰元年(1851)雕版并朱墨套印了《(批点)三字经注解》。兰州衡鉴堂多为教育界刻印闱墨,于光绪五年(1879)至十七年(1891)先后刻印了《甘肃乡试闱墨》《甘肃分试闱墨》十部之多。兰州万穗堂位于古楼东侯府宅,于光绪十二年(1886)刻印了马步青为义学编写的教材《蛱蝶集》,光绪十九年(1893)刻印了《笔花医镜》。兰州宏道堂多刻医书,先后刻印了《医方捷径指南全书》《伤寒论翼》等。兰州庆馀堂,于光绪十二年刻印了《金城陈氏家谱》。兰州固本堂,于光绪二十三年(1897)刻印了《医学问答》等。

除兰州外,一些州、府、县也有刻坊刻书。如秦安非能园于道光二十四年(1844)前后,刻印了《翰墨卮言》《审严诗集》《审严全集》《史汉笺论》等书,是甘肃至今刻书较多的刻坊之一。秦州天宝斋于道光年间刊印了杨于果的《介石文集》，养和堂于道光十六年（1836）刻印了《卓尼记》。平凉重光楼，于道光三十年（1850）刻印了《峒鹤山房诗草》。西凉永昌承裕堂，于咸丰元年（1851）刻印了《便中集》。首阳旧县（陇西）同人堂于咸丰十六年（1866）刻印了吴之斑的《蠡书》二卷。元盛堂刻印了《图形枕藏外科》。敬义堂于光绪二十年（1894）和三十三年（1907）先后刻印了《砥斋集》和《周易图说述》。大雅堂也于光绪年间刻印了《敏求录》等。

（三）家刻

家刻图书是指由私人付资雇佣刻工而刻印的图书。甘肃最早的家刻是宗教信仰者为报取功德而刻印的佛经、佛像，尔后逐渐转为刻印图书，成为一些地方文人为扬名当代、流芳后世，或为缅怀先人、光大祖德，或为报答恩师、传播学业等原因，而从事的刻书业。

甘肃家刻有两种形式：一为有固定的刻工和刻印设备，刻印时间延续较长，刻印图书较多者；一为临时雇佣刻工，刻印一两本书便了事者；也有付资坊刻工匠，在其刻坊直接刻印者。

元代家刻有实物可见者为甘谷银川堡"僧闻喜法藏同令狐瑞一家"施舍供养于甘泉院的《阿毗达摩集异门足论》。

明清两代，甘肃各地先后有私家刻书者不下 50 家，主要分布在兰州、临洮、天水、秦安、定西、武威、平凉等地。其中秦安胡缵宗的"鸟鼠山房"和临洮吴镇的"松花庵"，是比较有名的私家刻坊，刻书时间较长，刻印图书较多，刻印质量也较好。

胡缵宗（1480—1560），字孝思，号可泉，一号鸟鼠山人，巩昌府秦州秦安县人。22 岁中举，29 岁中进士，授为翰林院检讨，曾参加修订《孝宗实录》的工作。他是明代甘肃的著名诗人，也是甘肃较早的图书出版家。嘉靖六年（1527），他在外地做官时，就主持刻印了欧阳询的《艺文类聚》100 卷。随后又广采博集，反复考证，为家乡纂修了纲目毕举、能成一家之言的《秦安县志》，并于嘉靖十四年（1535）刊行。他撰写的《巩郡记》于嘉靖二十五年（1546）在清渭草堂刻印，被《明史·艺文志》著录。暮年回归乡里，潜心著述，并且雇工刻印书籍，名其居处为"鸟鼠山房"。先后刻印了自己所著的《鸟鼠山人小集》和《唐雅》《雍音》等。他在 75 岁高龄时，又刊印了自己所著的《愿学编》等。鸟鼠山房刊本版式正规，刻工考究，印装精美，校定准确，很少讹误，为甘肃古代雕版书籍之上乘。

吴镇（1721—1797），字信辰，号松崖，别号松花道人。他自幼通声律，12 岁能作诗，20 岁中拔贡，官至州知府。乾隆四十五年（1780）罢官还乡，著书立说，刊刻印行，并美其家园为"松花庵"。他嗜好写诗，勤奋不止，日有数篇，不废吟咏。在世时，其诗已负盛名，被称为"多产诗人"。一生写诗总计数千首，后虽经自己一再删焚，至今留于世者仍有数百首。《松花庵全集》12 卷是其全部著作的汇集。他还和呼延华国纂修了《狄道州志》，并为他人的诗文集、人物传、谱录等写序作跋，使之传播问世。乾隆五十七年（1792）前后，吴镇先后刊印了自己的作品《松花庵诗草》《松花庵游草》《松花庵遗草》《芙蓉山馆诗抄》等。他还搜集整理了张晋的《戒庵诗草》和当时濒临散佚的顺治安定知县许玜的《铁堂诗草》，并在松花庵刊行。在吴镇去世后的四五年里，松花庵还刻印了临洮马融的《偷闲吟》、秦安胡钦的《静安诗草》等。他重视图书刊印质量，亲自参加图书的编审和校定工作。松花庵刊行的书籍，大都版式正规，刻工精细，印刷清晰，少讹误错漏。

从现存书籍看，当时在甘肃比较有名的家刻书还有 10 多部。其中有崇祯十一年（1638）华亭张肯堂刻印的《淳化阁帖释文》，康熙十二年（1673）杨忠愍五世孙杨聪福于临洮故居刻印的《杨忠愍全集》，乾隆十九年（1754）由李南晖编次、巩建丰之子巩敬绪在甘谷雕印的巩建丰诗作《朱圉山人集》，清道光七年（1827）皋兰唐琏的受业门人郑学曾、受业门生任国钧、外甥吴永泰等校刊刻印唐琏的《松石斋书画琐言》,道光十年(1830)临洮李兆甲刊印的《李槐堂传》,道光二十年(1840)武威韩奉先、韩振先等编修刊印的《武威韩氏忠节录》,嘉庆十七年(1812)皋兰颜秉隋编修并刊印的《皋兰颜氏家谱》6册,光绪年间吴可读之子刻印的其父著作《携雪堂文集》,光绪三十二年(1906)武威李于锴刻印的其父李铭汉的史学著作《续通鉴记事本末》32册等。

家塾刻书也是家刻的一种。刻印图书多为家塾教材。乾隆五十四年(1789)秦安胡氏家塾刻印了胡钺的著作《胡静庵诗抄》,咸丰七年(1857)安定马氏家塾刻印了马疏的著作《日损益斋诗文全集》和《日损益斋时艺全稿》等。

(四)社团刻

甘肃刻书社团主要有寺院、文人团体、商人集团、会馆等。有的为了宣扬家乡文化、振兴地方学风,有的为了商业经营,有的则是为了谋取功德。

西夏仁宗初年(1140—1142),显秘法师、功德司副、天梯山石窟主持周惠海,为报答佛的灵应而主持刊刻了《三胜之说缘五》《佛母大孔雀明王经》《圣德惠到彼岸赞颂功德宝集》等。这是甘肃现有实物可见的最早的社团刻书。

秦安文人为宣传胡缵宗,以振家乡之学风,于清顺治十三年(1656)捐金购置枣梨,刊刻了胡缵宗的《鸟鼠山人小集》。

刻书时间最长、刻书最多者为榆中栖云山刻坊。栖云山为道教活动地,道人刘一明,于乾隆五十四年(1789)弃"万金"之家,从山西绛县西游甘肃,路过金县(今榆中),访秦致通、李致亨仙迹于栖云山,见其山清水秀,就结庐于此,并隶道士籍。初莅栖云,其梵宇古刹所存无几,于是他便云游四方,募化重建。先开栖云,后修兴隆,使两山庙宇阁亭,重现光辉,面貌改观。他还购置田亩为香火之资,并于禅寺沟置义冢地,享有"兴隆功臣"之美誉。刘博学工书,精研道学,尤精于医。不仅著书立说,而且重视刊行。"自在窝"是他生前居住修行之处,又是他的书房、刻坊。自嘉庆三年至二十五年(1798—1820)的20多年间,由其筹建的栖云山刻坊,先后雕印了他的个人著作《修真前辨》《三易注略》25卷、《孔周易禅真》7卷、《指南针》8卷、《参同直指》《会心内集》2卷、《会心外集》2卷、《道德会要》7卷、《金丹口诀》4卷等,并刻印了由他编辑整理的《眼科治验》12卷、《晰微补化痧胀全书》12卷、《眼科启蒙》《经验杂方》《杂疫症治》《痘麻放心篇》等医书。嘉庆十三年(1808),他写成诠释《西游记》的《西游原旨》24卷,并在栖云山雕版印行。

兰州道观以东华、金天两观著名。东华观在东街(今庆阳路)之北,元时所建,明肃藩几次重修。"观旧为剞劂工肆,旧时木刻巨编多此肆刊工所为。"遗憾的是东华观刻印的书籍今已无一本所存。金天观在西郊河(今新桥一带)外,肃藩所修,旧有工肆剞劂经籍。有考者为清嘉庆七年(1802)刻印的碧云孙真人所著《修身正印》。

兰州多佛寺,最著者有三,为普照寺、庄严寺和木塔寺。普照寺又称大佛寺,在城之东南,建于唐贞观年间,元、金、明、清各代均又重修。该寺"法轮殿有藏经楼,殿有万历中肃藩书额楼,藏经五千余卷",为剞劂经籍之地。庄严、木塔二寺也多刻经籍,可惜所印图书后在战火中尽为灰烬。

另外,同治四年(1865)兰省山陕会馆为向社会提供医书,刻印有《千金至宝》。光绪二十三年(1897),甘肃东茶务众商集资刊印有《(洞主仙师)白喉治法忌表抉微》等。

四、清末及中华民国时期

主要是指 1900 年到 1949 年的四十多年。这一时期甘肃出版事业的特点是出书机构少，出书规模小，图书品种单一，印刷设备简陋，印装质量不高。

清末及辛亥革命后的 10 年时间里，甘肃图书出版事业的编印发分工仍不够明确。似乎没有正式的编辑出版机构，书稿的质量主要由作者或用书单位负责。所谓的印书局，主要负责图书的印制。要出版的图书书稿先交归口行政部门检查、审阅，再交印书局印刷。印书局负责印装质量。据记载，清光绪二十八年至三十三年（1902—1907）前后，甘肃图书出版的行政主管单位是甘肃农工商矿总局。凡出版图书需先交该局审阅批准登记。

民国时期，甘肃图书的编印发逐步分离，进入 20 世纪 50 年代后，甘肃才有出版社相继诞生。

据不完全统计，清末甘肃共有书报局 5 家；民国时期，甘肃共有书报局 8 家。抗战以后，甘肃的印刷事业发展较快。1912 年至 1949 年，先后开办印刷厂 112 家，其中抗战前 15 家，抗战期间 57 家，解放战争时期 39 家。在上述印刷厂中，官办和官商合办者有 11 家，私人经营和合伙经营者 101 家。从事印刷业的人数有千人之多，共有各种机器设备 412 台，其中铅印对开机 28 台，铅印四开机 21 台，大小圆盘机 125 台，各号石印机 176 台，铸字机 29 台，裁纸机 5 台，划线机 5 台，打型机 1 台，烘版机 5 台，烫金机 1 台，打洞机 4 台，另有各号铜模 56 副，照相制版设备 3 套。但就当时情况来看，只有很少一部分印刷厂和印刷设备从事和用于图书印刷，大部分印刷厂都生产社会其他印件。这里就主要印书局和印刷厂介绍如下：

（一）甘肃官报局

光绪二十八年（1902）创建，隶属陕甘总督府，地址在兰州西关举院，职工近 30 人。始时只有铅印机 1 台，先用木活字，后用铅字，不少图书还用雕版印刷。官报局兼印书刊和报纸，如《群众辑要》杂志、《陇右报》等。成立当年，就铅印了赵次山编写的图书《刑案新编》。第二年，又铅印了黄云著的《劳薪录》。以后又铅印了刘尔炘编写的经学讲义《授经日记——尚书》《授经日记——周易》《授经日记——春秋》《授经日记摘抄——尚书》及《春秋大旨提纲表》《学记臆解》《改正世界地理学》等。光绪三十一年（1905）还刻印了何福堃著的《午阴清舍诗草》等。

1912 年，甘肃官报局改名为甘肃公报局，又增加铅印机 1 台，铸字炉两台，脚踏机 1 台，裁纸机 1 台，2、4、5 号铅字各一副。主要承印政府公报。1914 年又改名甘肃政报局。局址迁入省长公署政务厅之退补斋。1920 年通俗日报馆并入，专门印行《甘肃政报》和《通俗日报》。1925 年又改名为甘肃督办公署印刷局，增置印报机 1 台，先后出版《甘肃公报》《甘肃政报》和《通俗日报》等。1928 年改名为甘肃省政府印刷局，直到新中国成立。

（二）甘肃官报书局

光绪二十九年（1903）在原甘肃高等学堂印书局的基础上成立甘肃官书局，由高等学堂兼办。光绪三十二年（1906）甘肃官书局扩建，成立甘肃官报书局，有手摇铅印机两台，2、3、4、5 号铅字各 3 副，3、4、5 号铅字模各 1 副。官报书局成立时规定："凡新颁教科、时务、政治等书籍及各衙门署局所告示章程，皆一律排印"，"凡著作专集，必先将底稿呈本总局（指甘肃农工商矿总局）阅看，实有关于政教学问风俗人情方能出版，俾使纯正，而免庞杂。"除承担《甘肃官报》《甘肃教育官报》及衙门署局所告示、文件、图表、章程的印刷外，还承印全省有关学堂所需课本及其他书籍。如《甘肃高等学堂师范生舆地课艺》《希腊春秋》《秦川焚余草》《疑庵诗乙集》《公余节约录》《明儒学案译节抄》《陇政私议》《甘肃试办木料统捐章程》《固原州志》《陇右纪实录》等。还铅印了一批学校章程、同学录、同官录和同闱录等。辛亥革命后,官报书局因出版印刷事业萧条而停业。

（三）陇右乐善书局

于光绪三十一年(1905)由甘肃学绅刘尔炘向社会募捐创建。它是由兰州文兴社经营的一项地方公益事业,也是刘尔炘创办的八社之一。地址在贡元巷,初期只有十几人。有对开机两台,只有几副字模和铅字。自光绪三十三年(1907)起印书,多系刘尔炘在甘肃高等学堂的讲义。可考者有《四书讲义》《小学弦歌节抄》《小儿语摘抄说意》《陇右轶事集》《拙修子太平书》《授经日记——周易》《果斋——隙记》《神农本草经百种录》《伤寒论类方》等。民国二十一年(1932),该书局歇业。

（四）陇南丛书编印社

该社为著名学者冯国瑞创办。民国二十九年(1940)冯国瑞先生从重庆返回天水,为了搜集整理地方文史资料,他筹备成立了陇南丛书编印社。社址设在天水中山公园内。冯国瑞先生担任县志局总纂,对南宋郭仲产所著《秦州记》辑佚旧文,逐条考证,重新厘定,列入陇南丛书社丛书出版。是书笺注周详,考证精确,征引颇丰,虽非原书,但见其崖略,是研究西北史地的重要文献。陇南丛书社还将冯国瑞的《麦积山石窟志》和《天水出土秦器汇考》等书列入丛书石印。民国三十二年(1943)冯国瑞先生受聘于兰州大学教授,编印社遂告结束。

（五）甘肃青年出版社

民国三十年(1941)成立,为三青团甘肃支团部宣传组外设的出版机构。社址设在兰州市民国路(今武都路)。编辑多时4人,少时1

人,附设印刷厂,为独立经营单位。主要出版《甘肃青年》月刊,还出版了王治卿的长篇小说《驰骋在大西北的原野上》等。

(六)战斗出版社

成立于民国三十四年(1945),是由兰州大学、西北师范学院、西北农专和畜牧兽医专两万多名学生倡议成立的进步出版机构。社址设在兰州中山路。当时设编委会委员20人,常设编辑3人。出版《战斗报》15期。民国三十五年(1946)因被特务摘牌而更名,在中央广场创办立民印刷厂,设黄河文化服务社,出租苏联文艺书籍,销售《世界知识》和《观察》杂志等。并出版了反映抗日游击战的长篇小说《仇》等书。该社于民国三十八年(1949)被国民党政府查封,主编王善卿被国民党杀害。

另外,出版图书的还有甘肃省通志馆、甘肃省文献征集馆、甘肃省政府编译室等。

民国时期,甘肃主要的印刷厂家有甘肃省政府印刷局、和通印书馆、俊华印书馆、国民印刷局、集义印书馆、兴陇公司印刷厂、甘肃省银行印刷厂、伦华印书馆、西北文化建设协会兰州印刷厂等。

(七)甘肃省政府印刷局

其前身为甘肃官报局,成立于清光绪二十八年(1902),局址在萃英门。民国十年(1921)改名甘肃政报局,民国十四年(1925)改名为甘肃省督办军务善后事宜公署印刷局,民国十七年(1928)改名为甘肃省政府印刷局,由吴之考继任局长职务。民国二十年(1931)由吴之考带技工张心斋去上海采购照相器材并学习照相制版和浇版技术,使甘肃的印刷业得以大的改进与提高。民国二十二年(1933)朱绍良任省主席,派《西北日报》社社长江致远任该印刷局局长。江对印刷局进行了认真整顿,内设工务、总务两部,各部设若干股员。工务部下设铅印、石印两组,每组设监工、领班及校对员各一人。全局有职员94人,其中领班、领工 12 人,工匠 41 人,学徒 26 人。工场设有排字班、排报班、石印班、铅印班、装裱班、机印班、铸字班、制版班等。当时有铅印对开机 2 台,大型石印机 1 台,小型石印机 2 台,圆盘机 4 台,铸字机 1 台。到了民国二十四年(1935)增加铅印对开机 3 台,大石印机 1 台,落石机 3 台,圆盘机 1 台,2~5 号铜模各一副,5 号铅字 4 副,打洞机 1 台,裁纸机 1 台,铸字机 2 台,浇铅片机 1 台,刨字床 2 台,照相仪 1 台,百线网版 1 块。

民国三十年(1941)该局将大部分机器设备和人员交甘肃兴陇工业股份公司,成立兴陇公司印刷厂,另一小部分机器设备和人员转为西北日报社印刷厂。

(八)俊华印书馆

成立于民国二十一年(1932),为私人集资企业。经理张心斋,原为甘肃省政府印刷局技工。馆址先在今兰州市中央广场,后迁西梢门外磨沟沿 16 号。印书馆设营业部、排字部、铸字部、石印部、装订部、材料部等。据民国三十三年(1944)资料载,该印书馆当时有职工 50 人,有铅印对开机和四开机各 1 台,圆盘机、石印机 4 台,裁纸机 1 台,划线机 1 台,铸字机 1 台,2~5 号铜字模各 1 副,英文铜模半副,凸凹珂珞机 1 台。20 世纪 30 年代末和 40 年代初为该馆兴旺时期,民国三十六年(1947)全部设备转让并移交国民党八战区后勤部,馆业结束。该馆先后印刷了《洮州厅志》《静宁州志》《甘肃通志凡例及目录》《知足斋诗抄》《陇右方志录》《镇原县志》《甘宁青史略》《甘宁青史》(预约样本)等。

(九)集义印书馆

成立于民国二十四年(1935)。馆址在兰州中华路(今兰州张掖路)。印书馆设营业部、总务组、会计组、发行组、工务组。工务组下设管理组、铅印组、石印组、装订组、排字组、铸字组等。当时有职工 47

人。主要设备有铅印对开机 1 台、圆盘机 1 台、石印机 3 台、铸字机 1
台、裁纸机 1 台、4 号和 5 号铜字模各 1 副。主要承印表册账本及书
刊杂志。抗战前曾印过甘肃省扫盲课本,抗战后因经营不善而停办,
设备转让天水会馆。

（十）和通印书馆

民国二年（1913）国民党甘肃省党部创办《大河日报》,并设所属
印刷厂。由水梓等人从天津购置铅印对开机 1 台,2、3 号铅字各 1 副,
并请来数名工人安装使用。后因袁世凯解散国会,护理甘肃都督张炳
华下令查封《大河日报》,国民党人邓宗等用该厂的机器设备成立了
合兴印刷馆。后因经营困难停办,将机器交陇右乐善书局的刘尔炘代
管,刘亦成立和通印书馆,馆址设在兰州金天观（今兰园）,先后印过
《甘肃人物志》24 卷、《兰州五泉山修建记》《轮蹄集》《玉燕堂诗草摘
抄》等书。

（十一）国民印刷局

民国十七年（1928）国民党省党部向陇右乐善书局追还原《大河
日报》印刷厂的印刷器械,稍加补充,成立了甘肃国民印刷局。局址在
兰州河北金山寺。印刷局设经理、厂长、总稽核、管理员、会计、文书、
庶务、营业主任、营业员等。民国三十一年（1942）共有职工 64 人,有
铅印对开机 2 台,铸字机 2 台,圆盘机 2 台,铅字 8 副;民国三十六年
（1947）时又增加四开石印机 2 台,3~5 号铅字模 4 副。该局主要印刷
《甘肃民国日报》,并印刷过《甘肃胜迹》《国医月刊》《抗敌》等书刊。

（十二）甘肃省银行印刷厂

民国三十三年（1944）成立,厂址在兰州中山林。民国三十七
（1948）年时,全厂有职工 106 人,设厂长、会计、总务股、营业股、工务
股等。机器设备有铅印对开机 3 台,铅印四开机 1 台,圆盘机 10 台,
大石印机 1 台,小石印机 8 台,裁书机 2 台,铸字机 2 台,划线机 1

台,照相制版设备 1 套。主要印刷银行文件、账本和表册等,并印有《甘肃之工业》《甘肃之水利》《绵羊人工授精之技术及实际应用》等书。

(十三)西北文化建设协会兰州印刷厂

民国三十六年(1947)创办。厂址在兰州西梢门外王家堡。当时有职工 49 人,有铅印对开机 4 台,四开机 2 台,圆盘机 3 台,铸字机 2 台,裁纸机 2 台,三色印机 1 台,以及铜字模和照相制版等设备。技术工人大多来自四川、江苏,设备好,技术力量强,印有《兰州古今注》《花儿集》《西北论丛》《新光》等书刊。

(原载《甘肃省志新闻出版志·出版》,甘肃人民出版社 1990 年版)

甘肃图书出版社的发展变化

　　1951年3月5日,甘肃人民出版社在兰州成立,成为甘肃的第一家和唯——家厅级综合性出版社,1957年成立了甘肃民族出版社,1958年又成立了敦煌文艺出版社, 均为甘肃人民出版社的副牌社,1969年甘肃人民出版社和所属专业社撤销,1978年只恢复甘肃人民出版社。1985年,经文化部出版事业管理局批准,在甘肃人民出版社相关编辑室的基础上成立了甘肃教育出版社、甘肃少年儿童出版社、甘肃科技出版社和甘肃民族出版社。同年经文化部出版事业管理局和教育部批准,成立了兰州大学出版社。1989年,成立了敦煌文艺出版社和甘肃人民美术出版社, 同为甘肃人民出版社的副牌社。1993年,经国家新闻出版署批准成立了甘肃文化出版社。至此,甘肃的图书出版社共9家。另有甘肃声像教材出版社和飞天电子音像出版社。

一、甘肃人民出版社

　　1949年8月26日兰州解放,8月27日在兰州成立了西北新华书店甘肃总分店,1950年改名为新华书店甘肃分店,下设出版科,专管甘肃的图书编辑出版工作。1951年3月5日,在新华书店甘肃分店出版科的基础上,成立了甘肃人民出版社,隶属中共甘肃省委宣传部和甘肃省文化局领导, 为国营地方综合性出版社。社长:惠泽民(兼)。社址在小北街13号院内。出版社下设编辑组、出版组、财务组、总务组，共有职工 20 名。1952 年，《甘肃农民报》归并于甘肃人民出版社，人员增加到 50 名。同年底，《甘肃农民报》又归并《甘肃日报》，出版社职工减少到 41 名。1953 年底，出版社精简机构，设两部 6 组，即编辑部内设通俗读物编辑组、期刊组和资料组；经理部设设计组、出版发行组和总务组。社长由省委宣传部副部长阮迪民兼任，薛剑英任副社长兼总编辑。同年迁入甘肃日报社院内甘肃人民出版社修建的办公楼办公。全社职工 27 人。一直到 1955 年，出版社工作人员相继调出，年底只剩 14 人，编辑人员只有 9 人，全年出书 14 种，为 1949 年以来图书出版的最低点。

1955 年底，省委和有关部门开始重视出版工作，加强出版社的领导力量，由王力革任社长，并大量选调工作人员。到 1956 年底，全部工作人员猛增到 109 人，机构为两部一办，即编辑部设政治理论编辑室、文化教育编辑室、文学艺术编辑室、农林水牧编辑室、工业财贸编辑室、通联资料室和民族读物编辑室等；出版部设生产管理科、出版设计科、宣传推广科、校对科和材料供应科；办公室设秘书科、计划科、财务科、人事科、总务科和基建科。

1958 年初，王力革任社长，韩生本同志任总编辑，出版社形成社长、总编辑分工负责的集体领导体制。到同年 9 月，甘肃新闻出版单位组成新闻公社，领导机构为联合编委会，由省委直接领导。甘肃人民出版社为新闻公社成员。1961 年新闻公社宣布撤销，甘肃人民出版社还其本来面目，迁入第一新村 81 号平房大院办公，韩生本任社长兼总编辑，韩启晨任副总编辑。根据中央和省委精简机构的精神，出版社内设政治理论、文艺、科技编辑室及编务室、计划财务科、出版科、行政科、人事科等，到 1962 年底，全社职工 71 人。

1966 年"文化大革命"开始，出版社为"五界"之一，进行斗批改。1969 年 3 月，省革命委员会决定"撤销甘肃人民出版社，在毛主席著作出版办公室下保留甘肃人民出版社的名义"。出版社大部分职工被分配到基层。同年 11 月,恢复甘肃人民出版社,实际无相应机构,出版工作仍由毛主席著作出版办公室负责。1970 年 11 月,省革委会将甘肃人民出版社与甘肃省新华书店合并为省革命委员会出版发行管理处,隶属甘肃省文化局。办公地址在庆阳路 230 号。1971 年 2 月,省革委会又将出版发行管理处从文化局划出,成立甘肃省革命委员会出版发行处。3 月又将毛主席著作出版办公室与出版发行处合署办公,两个牌子,一套机构。发行处下设编辑、办事、印制、发行、政工、储运等七个组,下属兰州新华印刷厂和甘肃新闻图片社。1971 年 11 月,省革命委员会决定,成立甘肃省革命委员会出版局,同时撤销出版发行处,所有编辑、出版和发行业务都统在出版局,属出版社的业务,由编辑部和出版处完成。当时的编辑部设有政治理论、文教、科技、文艺、编译、美术、通联 8 个组。1972 年 3 月,出版局决定启用甘肃人民出版社的印章,但机构仍在出版局之内。办公地址仍在庆阳路 230 号。

1978 年 2 月,中共甘肃省委决定:"恢复甘肃人民出版社,为地级事业单位,省出版局和甘肃人民出版社的行政管理机构合并办公,两个牌子,一套机构。"张鸣同志任甘肃人民出版社总编辑,韩志德、曹克己任副总编辑。出版社业务机构设总编室、文艺编辑室、政治理论编辑室、科技编辑室、文教编辑室、民族编译室、少儿读物编辑室等。1979 年甘肃人民出版社机构独立,1980 年初,财务单独核算,受省委宣传部和省出版局领导。至此,甘肃人民出版社在撤销 10 年后才真正得以恢复。

1981 年经甘肃省委批准,成立甘肃人民出版社党委,实行党委领导下的总编负责制。樊大畏任党委书记,曹克己任总编辑,张九超、宁武甲、郭耀中任副总编辑。增设了美术编辑室。1982 年甘肃人民出版社迁入第一新村 80 号院内办公楼办公。甘肃新闻图片社和甘肃画报社作为一个编辑室合并于甘肃人民出版社,为《画报编辑室》。后随《读者文摘》的发展,成立了期刊编辑室,将装帧设计工作从出版处和美术编辑室分出,成立了装帧设计室,1984 年成立了政治处。1983 年甘肃人民出版社实行党委领导下的总编辑、社长分工负责制。马谦卿任党委书记,曹克己任总编辑,张九超任社长,林草、郭耀中、王化鹏任副总编辑。1985 年,经省委批准,成立甘肃人民出版社编委会,实行编委会领导下的总编辑、副总编辑和编委分工负责制,曹克己任总编辑,张九超、林草、郭耀中、周顿、陈绍泉任副总编辑。同年经文化部出版事业管理局批准,甘肃人民出版社在相关编辑室的基础上成立了甘肃教育出版社、甘肃科技出版社、甘肃少年儿童出版社和甘肃民族出版社。对外用各专业出版社名称出书,对内仍以编辑室对待。1987 年底,甘肃人民出版社共有工作人员 263 人,其机构为总编办公室、政治理论编辑室、科学技术编辑室(甘肃科技出版社)、文化教育编辑室(甘肃教育出版社)、文学艺术编辑室、美术编辑室、少年儿童读物编辑室(甘肃少年儿童出版社)、藏文编辑室(甘肃民族出版社)、期刊编辑室、甘肃画报编辑室、装帧设计室、政治处、出版发行处、行政办公室等。1989 年,在相关编辑室的基础上,又成立敦煌文艺出版社和甘肃人民美术出版社。

自 1990 年始,甘肃人民出版社经省委批准,将编委会改为党委,实行党委领导下的总编辑负责制,张九超任党委书记、总编辑,郭耀中、陈绍泉、王维新、杨家胜、张正义任副总编辑。对 6 家专业出版社实行内部二级核算,设总编辑、副总编辑,为甘肃人民出版社的副牌专业出版社。1990 年,甘肃人民出版社的机构为 4 室 4 处和 6 个专业出版社。有总编办公室、政治理论编辑室、《读者文摘》编辑室、文史编辑室、政治处、行政处、财务处、出版发行处和甘肃教育出版社、甘肃科技出版社、甘肃少年儿童出版社、甘肃人民美术出版社、敦煌文艺出版社和甘肃民族出版社。1992 年又增设了青年读物编辑室、老年读物编辑室。《读者文摘》编辑室因刊物改名,随之改为《读者》编辑室。原出版发行处分为出版处和发行处。1993 年甘肃人民出版社的在册人数为 268 人。其中编辑人员 120 多人,正高专业职务的 2 人,副高专业职务的 30 人,中级专业职务的 74 人,初级专业职务的 21 人。

　　1995 年张正杰同志任党委书记、总编辑,陈绍泉、杨家胜、张正义、谢昌余、罗笑云、傅保珠、汪晓军、张兰生同志先后任副总编辑。出版社不断进行机构调整,撤销青年读物编辑室和文史编辑室,增设第一、第二、第三编辑室,老年读物编辑室更名为《老人》杂志社,政治处更名为人事处。1999 年春,甘肃人民出版社迁入南滨河东路 520 号。2001 年撤销甘肃新闻图片社,增设第四编辑室,2002 年又更名为飞天电子音像出版社。至 2003 年,甘肃人民出版社的机构为第一、第二、第二编辑室、《读者》杂志社、《老人》编辑部、《西部人》编辑部、总编办公室、出版处、发行处、财务处、人事处、行政办公室和甘肃教育出版社、甘肃科技出版社、甘肃少年儿童出版社、甘肃人民美术出版社、敦煌文艺出版社、甘肃民族出版社、飞天电子音像出版社。2004 年孟臻同志任党委书记、总编辑。2006 年 1 月,读者出版集团有限公司(甘肃人民出版社)挂牌成立,同时保留甘肃人民出版社的牌子。读者出版集团有限公司实行党委领导下的董事长、总经理负责制,孟臻同志任集团党委书记、董事长、总经理、甘肃人民出版社总编辑。傅保珠、汪晓军、张兰生、彭长城、黄强任副总经理,董有山任党委副书记。读者出版集团有限公司设党政办公室、出版业务部、计划财务部、人力资源部 4 个职能管理部门。设第一、第二、第三编辑室,读者文化传媒公司(《读者》杂志社)、甘肃教育出版社、甘肃少年儿童出版社、甘肃科技出版社、甘肃人民美术出版社、甘肃民族出版社、敦煌文艺出版社、飞天电子音像出版社、《老年博览》杂志社、书刊发行公司、甘肃教材中心、物业管理中心等 12 个经营性单位。读者文化传媒公司是集团的核心公司。各经营单位模拟法人单位运作，实行二级核算。2006 年又成立了北京天地文化发展有限公司，为集团子公司。2007 年将第一、二、三编辑室整合为甘肃人民出版社图书出版中心。增设审计监察室。年底下属管理、经营部门 19 个，2009 年将原直属于《读者》杂志社的子刊和隶属于有关图书出版社的杂志分离出来，成立集团直属的期刊社，实行二级核算。至 2009 年底，集团下属经营单位上升至 23 家。

2009 年吉西平同志任读者出版集团党委书记、董事长，彭长城任副董事长、总经理，张兰生、黄强、董有山任副总经理。年底经国家新闻出版署批准，成立了读者出版传媒股份公司。它是读者出版集团的控股公司，四家战略投资人为中国化工集团公司、时代出版传媒股份有限公司、甘肃省国有资产投资集团公司、酒泉钢铁（集团）有限责任公司。读者出版集团和读者出版传媒股份公司的机构进行了相应的调整。读者出版集团吉西平任党委书记、董事长，彭长城任副董事长。张兰生、黄强、董有山、陈泽奎任副总经理，徐生旺任监事会主席、纪委书记、工会主席。读者出版传媒股份公司董事长吉西平，总经理彭长城，副董事长董有山，副总经理董有山、黄强、陈泽奎，监事会主席徐生旺。读者出版集团有限公司下设党群工作部、财务部、物业公司和新媒体公司。读者出版传媒股份公司下设行政办公室、人力资源部、出版业务部、发展规划部、证券法律部、财务部、审计监督室、数字出版部、《读者》杂志社、《读者》原创版、《老年博览》《读者乡土人文版》《读者欣赏版》《读者海外版》《飞碟探索》《故事作文》《妈妈画刊》、甘肃人民出版社图书出版中心、甘肃教材出版中心、甘肃民族出版社、甘肃少年儿童出版社、甘肃教育出版社、甘肃科技出版社、甘肃人民美术出版社、敦煌文艺出版社、飞天电子音像出版社、北京天地文化有限公司等。

二、甘肃教育出版社

1985年6月24日，经文化部出版事业管理局批准，在甘肃人民出版社文化教育编辑室的基础上，成立甘肃教育出版社，作为甘肃人民出版社的副牌社，内部仍称作甘肃人民出版社文化教育编辑室。1990年，经国家新闻出版署批准，甘肃人民出版社文化教育编辑室正式改名为甘肃教育出版社，属于甘肃人民出版社领导下的县级专业出版社。2006年读者出版集团有限公司成立，甘肃教育出版社作为隶属于读者出版集团有限公司的专业出版社。2010年为读者出版传媒股份公司的经营单位。现有员工29名，下设编辑部、经营部和办公室。

甘肃教育出版社自成立以来，坚持服务教育，传承文化，追求特色，出版精品的出版理念，逐步在大、中学校教材，教学辅导用书和教育理论研究，以及甘肃地方文化、民族文化、中华优秀传统文化、敦煌学等领域形成专业的出书范围和风格特色，出版了一大批在甘肃乃至全国有影响的优秀图书。在1990年年出新书50种的基础上，新书出版品种每年平均以15%的速度增长，图书重印率历年来一直保持在70%~80%，2009年出版图书500多种。20多年来共出版图书3000多种。

甘肃教育出版社始终将服务教育作为专业方向，努力为甘肃省和全国教育事业的发展提供智力支持，积极服务于国家教育改革和甘肃省教育事业的推进，为满足地方教育事业发展的需要，与甘肃省基础教育课程教材中心（原甘肃省中小学教材编审室）一起，先后出版了《甘肃历史》、初高中《劳动技术》、中小学《信息技术》、初中"绿色证书丛书""语文课外阅读丛书"、《普通话水平测试培训教程》等地方性教材,成为甘肃省基础教育三级课程体系(国家级课程、省级课程、校本课程)的有机组成部分,这些地方性教材每年平均印数达 30 万册,成为甘肃教育出版社发展的专业基础。与此同时,甘肃教育出版社积极面向市场,"以打造最适合甘肃学子的教辅图书"为理念,努力开发适合甘肃省教学需要的教学辅导图书,并在甘肃市场形成品牌影响:"中考通"系列丛书自 1996 年出版以来,至今畅销不衰,总印数超过百万册;以"集优方案丛书"为代表的同步配套教辅,在甘肃广大中小学中影响广泛,销售良好。

甘肃教育出版社以中华优秀文化的积累和传播作为出版使命,先后承担国家"八五"规划重点图书项目"教育理论与实践丛书","九五"规划重点图书项目"国际敦煌学丛书","十五"规划重点图书项目"敦煌学研究丛书","十一五"规划重点图书项目"敦煌讲座"书系。甘肃教育出版社先后有 200 多种图书获得国家级或省部级奖励,《教育学原理》1999 年获第四届国家图书奖提名奖,后被教育部列为全国教育学专业研究生专用教材;"陇文化丛书"(10 册)2000 年获第十二届中国图书奖;《藏族文化发展史》(上、下册)2001 年获中宣部"五个一工程·一本好书奖";《三礼研究论著提要》2002 年获第十三届中国图书奖;"敦煌学研究丛书"(12 种)2004 年获第十四届中国图书奖;"国际敦煌学丛书"(2 册)2006 年获首届中华优秀出版物奖;"走进敦煌丛书"(8 册)2008 年获第二届中华优秀出版物奖;《北魏政治史》(5册)2010 年获第三届中华优秀出版物奖提名奖。这些图书的出版发行,确立了甘肃教育出版社以敦煌学、教育理论、甘肃地方文化及中华优秀文化为板块的出书结构,成为读者出版传媒股份公司有突出特色的专业出版社。

三、甘肃少年儿童出版社

甘肃少年儿童出版社是读者出版传媒股份公司下属的专业出版社，其前身是 1979 年 3 月成立的甘肃人民出版社少儿读物编辑室，1985 年撤室设社。冰心老人为甘肃少年儿童出版社题写了社名。现有员工 16 名，下设编辑部、发行部、印制设计室和办公室。

甘肃少年儿童出版社自建社以来，积极探索少年儿童出版物的出版方向，策划并出版了一批深受广大少年儿童喜爱的各类思想品德教育、儿童文学、连环画、科普知识、幼儿教育及中小学教育辅助读物。自成立至今共出版各类图书 3000 种，有 200 种图书获各类优秀图书奖。其中《少年绝境自救故事》《中华国耻录》《100 个第一的故事》《敦煌童话》《沙漠书系》《陇原好少年》《小动物快乐故事》《精文美图》等 60 余种图书，分别获得国家图书奖提名奖、"五个一工程"奖、中华优秀图书奖、冰心图书奖、全国金钥匙奖以及全国少儿优秀读物编辑奖等。《在地球两端——告诉你一个正在变化的南极和北极》《宝贝快乐童谣》分别入选国家新闻出版总署第一届、第二届"三个一百"原创出版工程，深受广大读者欢迎，产生了良好的社会影响。

面对出版改革发展的新形势，甘肃少年儿童出版社将继续坚持特色发展之路，抓选题，创品牌，促管理，求创新，开拓进取，与时俱进，为新世纪的中国少年儿童提供更多优秀的精神食粮，为繁荣我国的少儿出版事业做出更大的贡献。

四、甘肃民族出版社

1957 年 1 月，经省委文教部、宣传部、统战部同意，并由省文化局报文化部出版事业管理局核准，在甘肃人民出版社民族读物编辑部的基础上成立了甘肃民族出版社，对内仍为甘肃人民出版社的民族读物编辑部。

1962 年 7 月,为贯彻西北局民族工作会议精神,经省政府批准,甘肃民族出版社从甘肃人民出版社划出,独立经营,归省委统战部和省民族事务委员会领导。机构设置为编辑部和办公室两大块,职工共15 人。

同年 10 月,在西北民族学院印刷厂和甘肃团省委印刷厂的基础上,建立了甘肃民族出版社印刷厂。

1969 年 3 月,省革委会在撤销甘肃人民出版社的同时,也撤销了甘肃民族出版社,编译出版任务交省革委会毛主席著作出版办公室,同时也决定,将甘肃民族出版社印刷厂改名为甘肃民族印刷厂。

1970 年 6 月,省革委会决定,撤销甘肃民族印刷厂,人员和设备全部移交天水新华印刷厂。

1971 年,在省革委会出版局编辑部下,设立了藏文编译组。

1974 年,为贯彻全国少数民族文字图书翻译出版工作座谈会精神,甘肃省出版局将藏文编译组扩建为藏文编译室,有编译人员 6人。同时,由于阿拉善右旗和鄂济纳旗又从内蒙古划归甘肃,遂又设立了蒙文编译室。

1979 年 9 月,撤销蒙文编译室。

1985 成立甘肃民族出版社,为甘肃人民出版社的副牌社,对内仍为藏文编辑室。

1990 年起,甘肃民族出版社为甘肃人民出版社领导下的县级专业出版社,现为读者出版传媒股份公司下属的一家专业出版社。

长期以来,在党和政府的正确领导下,甘肃民族出版社坚持以毛泽东思想、邓小平理论和"三个代表"重要思想为指导,全面贯彻落实科学发展观,坚持"为人民服务,为社会主义服务"和"百花齐放,百家争鸣"的方针,致力于民族文化的交流,弘扬和传播少数民族优秀文化,出版了大量藏文、蒙文图书及与少数民族相关的汉文图书,为宣传党的路线、方针、政策,特别是党的民族宗教政策,普及科学文化知识,宣传先进文化,提高各民族群众的思想道德素质和科学文化素质,促进文化繁荣,增进民族团结,促进少数民族地区经济社会发展做出了重要贡献,取得了良好的社会效益和经济效益。

半个世纪以来,甘肃民族出版社经历了艰难曲折的探索、改革和发展的创业,学会了以市场为导向,根据自身的实际情况,制定了压缩出版范围,力求做精做强的出版思路。改革后的甘肃民族出版社,以藏、汉两种文字的民族宗教类图书为出版重点,下设藏文、汉文两个编辑部,年出版藏、汉两种文字的图书百余种,涉及政治、经济、哲学、宗教、历史、文化、艺术、法律、科技等诸多领域,至今共出各类图书近 2000 多种,其中有两百多种图书获得了国家级和省部级奖励,并获得过国家民委、新闻出版总署和文化部等有关部门的表彰奖励,为丰富中华民族文化做出了自己的贡献。

五、甘肃人民美术出版社

甘肃人民美术出版社成立于 1989 年 7 月,为甘肃人民出版社的副牌专业出版社。现为读者出版传媒股份公司的专业出版社。

甘肃人民美术出版社本着"集艺术之美,扬人文之善。传承,创新,追求卓越"的办社宗旨,长期致力于画册、连环画、年画、挂历、宣传画、图片、书法、美术摄影、旅游读物以及美术理论、技法读物的出版。以敦煌丝路文化和民俗、民间艺术类图书为主要出版特色。年出书 40 余种,共出版各类图书 500 余种,总印数达 200 万册。其中《敦煌》《淳化阁帖》(上、下)、《敦煌书法》(1~4 辑)、《敦煌石窟鉴赏丛书》(1~3 辑)、《丝绸之路古遗址图集——河西走廊段》《甘肃民间美术、民俗与古文化丛书》(1~6 辑)等已成为其标志性图书。《敦煌艺术之最》获中宣部"五个一工程"奖;《中国文学原型论》获第三届中华优秀出版物奖提名奖;《丝绸之路古遗址图集——河西走廊段》《何鄂雕塑艺术》获第四届甘肃省优秀图书奖特别优秀奖;《程大利水墨》获第六届甘肃省优秀图书奖;《甘肃石窟艺术·雕塑编》《任震英左国保仿古建筑作品集》等150余种图书,分别获北方优秀美术图书金牛奖一、二、三等奖和其他奖励。甘肃人民美术出版社致力于出版最厚重、最正宗的敦煌艺术类图书,传播历史最悠久的本土文化,提供最有益的经典阅读。

六、敦煌文艺出版社

敦煌文艺出版社成立于1958年5月,为甘肃人民出版社的副牌社。1962年1月撤销。1989年7月,经新闻出版总署批准,在甘肃人民出版社文艺编辑室的基础上,恢复敦煌文艺出版社,为甘肃人民出版社下属的文学艺术类出版社。现为读者出版传媒股份公司的专业出版社。有员工26名。

多年来,敦煌文艺出版社立足西部文化资源,面对全国图书市场,努力在图书出版事业中形成自己的特色,出版了富于西部人文特色的文学、艺术类作品和以丝绸之路、敦煌地域文化为特色的历史文化类图书,受到读者欢迎。敦煌文艺出版社确立了"立足西北,面向全国,打造具有地域特色的西部文学出版基地"的战略目标,逐步构建鲜明的敦煌文艺版图书风格与特色,为社会提供健康有益的优秀图书。

多年来,敦煌文艺出版社出版各类图书千余种,推出了诸多文学新人,繁荣了西部的文学创作,与中国当代许多著名作家、学者有过成功合作,如费孝通、贾平凹、冯骥才、李学勤、汪宁生、李洁非、杨志军等,与美国、加拿大、俄罗斯等国家以及中国台湾、香港地区的出版社和作家进行过友好合作。近年来出版了《中国石窟图文志》《敦煌古乐》《江村农民生活变迁》《中国小说演变史》《西方音乐史》《古俗新研》《苦茶》《人类的敦煌》《傅青主先生草稿真迹》《龙床——14世纪至17世纪的六位中国皇帝》《中国藏西夏文献》（五编20卷）《敦煌飞天》《杜甫在陇右》《天使望故乡》《你不能再回家》《大漠祭》《遥望星宿——甘肃考古文化丛书》（10册）等优秀图书；较为成功地策划出版了《学着活》《非常日记》《藏獒画传》等较为畅销的图书；针对"农家书屋"为广大农村读者策划出版了"秦腔传统剧目选粹·舞台演出本"（12册）、"新西部长篇小说丛书"（12册）、"明清公案小说丛书"等系列丛书，受到广泛好评。

　　敦煌文艺出版社历年出版的图书曾获得全国性奖项的有：《中国石窟图文志》获第十四届中国图书奖，《敦煌古乐》获第二届"五个一工程"奖，《中国简牍集成》获第四届古籍整理二等奖，《中国小说演变史》获教育部首届社科人文研究成果奖。

七、甘肃科学技术出版社

　　甘肃科学技术出版社成立于1985年，是甘肃人民出版社的副牌专业出版社。伴随甘肃人民出版社转制，现为读者出版传媒股份公司所属专业出版社。

　　甘肃科学技术出版社以出版普及自然科学基础知识和介绍应用技术的读物为主，兼顾提高性读物；以医学、农村科技读物为重点，突出地方特色，有选择地出版国内外科技专著及科技工具书。主办的科普杂志《飞碟探索》，是目前世界最大的不明现象探索杂志，也是国内唯一以探索不明飞行现象为主的科普杂志。

　　甘肃科学技术出版社自建社以来，共出版各类图书1000余种，其中医学书500多种，农业科技类图书400多种，《子午流注与灵龟八法》《诊断生死密要》《从气摄生图说》《裴正学医学经验集》《裴正学医学笔记》《中国兽医针灸图谱》等书,版权输出台湾地区以中文繁体字出版。有 200 余种图书获国家和省部级及大区优秀图书奖。2004年被评为"全国服务'三农'图书出版发行工作先进单位",2006 年被评为 "全国新闻出版行业服务社会主义新农村建设出版发行先进集体"。《小康建设丛书》为国家"十五""十一五"重点图书出版规划项目。

八、兰州大学出版社

1985 年 1 月 5 日,经文化部出版事业管理局和教育部批准,成立了兰州大学出版社。

1985 年 5 月 25 日,出版社第一届领导班子组建成立,王鹏同志任社长,数学系陈文㙔教授任总编辑,将学校教务处所属印刷厂和教材科划归出版社。1986 年 11 月,出版社设立了编辑部、办公室、出版科、发行科、校对科等,陆续成立了兰州大学书店、兰州大学高校图书代办站等。

1988 年 3 月,王森元同志任出版社社长。1989 年 1 月,出版社将发行科、兰州大学书店、兰州大学高校图书代办站合并为发行部,走上自办发行的道路。

1990 年,出版社对编辑部进行调整,成立了理科编辑室、文科编辑室和综合编辑室。全社共有职工 42 人,其中编辑 24 人。

1993 年,于泽俊同志任出版社社长,刘光华教授任总编辑。1995年 3 月,经调整,出版社下设办公室、文科编辑室、理科编辑室、出版部、发行部、财务室、兰州大学高校图书代办站等机构,以后又成立了读者服务部和图书批发部等。1997 年,国家新闻出版总署授予兰州大学出版社"良好出版社"称号。1998 年张克非同志任总编辑。

2002 年 12 月,陶炳海同志任社长,张克非同志任总编辑。2003

年,出版社机构调整为总编办公室(社办公室)、第一编辑部、第二编辑部、第三编辑部、市场营销中心、财务部和出版部7个部门。

2008年12月,兰州大学出版社体制改革工作实施方案上报教育部,转企改制工作启动。2009年2月27日,在新闻出版总署《关于同意北京语言大学出版社等54所高校出版社体制改革实施方案的复函》中,原则同意了出版社上报的体制改革方案,确定兰州大学出版社为2008转制单位。2010年兰州大学出版社全面完成转企改制工作。成立兰州大学出版社有限责任公司,在职员工80名。

九、甘肃文化出版社

甘肃文化出版社于1993年6月,经中华人民共和国新闻出版署批准成立,是甘肃省新闻出版局主管主办的综合性国有出版机构。1993年12月,甘肃省机构编制委员会发出《关于成立甘肃文化出版社的通知》,"同意成立甘肃文化出版社,为县级事业单位,核定自收自支事业编制10名,领导职数3名"。

1994年3月,《甘肃省新闻出版局党组会议纪要》指出:文化出版社作为自收自支的自费出版社,要一改过去老一套的办社方式,采取新颖的模式和先进的运行机制搞好图书出版和生产经营工作,打好基础,起好步子;同意甘肃文化出版社下设编辑部、发行部、办公室三个机构。甘肃文化出版社对总社暂实行相对独立的二级核算;办公用房,除将局机关后院的大会议室和办公楼一楼110号活动室调剂给文化社外,二楼212号办公室暂借给文化出版社。

1994年,甘肃省新闻出版局党组任命孟臻同志兼任甘肃文化出版社社长,何兴民同志任甘肃文化出版社副总编辑。1995年8月,谢国西同志任甘肃文化出版社社长。10月,因南关什字省新闻出版局办公楼拆迁重建,甘肃文化出版社随省新闻出版局搬迁至中国科学院冰川冻土研究所楼上办公,2001年回迁南关新建的新闻出版大厦16楼,办公条件得到了很大改善。

1997年5月,甘肃省机构编制委员会办公室发了《关于甘肃文化出版社增加编制的通知》,同意甘肃文化出版社增加自收自支事业编制15名。经过几年的人员调配和机构调整,至2005年甘肃文化出版社共有工作人员25名,下设办公室、编辑部、出版部、发行部等。2006年,新闻出版总署授予甘肃文化出版社"全国新闻出版行业服务社会主义新农村建设出版发行先进集体"称号。

2009年12月,省新闻出版局下发了《甘肃省新闻出版局关于同意甘肃文化出版社转制为甘肃文化出版社有限责任公司的批复》,同意甘肃文化出版社转制为甘肃文化出版社有限责任公司;同意《甘肃文化出版社有限责任公司组建方案》;公司注册资金为600万元。同月,中共甘肃省新闻出版局党组发出了《关于甘肃文化出版社有限责任公司董事会组成人员的通知》,决定甘肃文化出版社有限责任公司董事会组成人员和董事长、监事、总经理、副总经理如下:董事会组成人员5人、谢国西、车满宝、管卫中、温雅丽和职工代表董事1人。谢国西任董事长,为法定代表人;监事:王奕;总经理:谢国西;副总经理:车满宝、管卫中、温雅丽。2009年12月28日,甘肃文化出版社有限责任公司正式成立。标志着甘肃文化出版社发展进入新的历史时期。

甘肃文化出版社有限责任公司下设综合办公室、编辑部、策划营销部等。

(原载《甘肃出版史略》,甘肃人民出版社2011年版)

甘肃书刊印刷厂概况

据 1949 年底统计,当时全省中小型印刷厂有 40 余家,从业人员 1000 余人,机器设备也仅为一些铅印对开机、四开机、圆盘机、石印机等。

中华人民共和国成立后,甘肃省的印刷工业在党和人民政府的领导下,通过接管、改组、改建、合并、公私合营等,不断发展壮大,到 1957 年底,大小印刷厂有 70 余家,职工 2700 多人。到 1969 年,印刷厂增至 120 余家,职工人数 9000 余人。1978 年党的十一届三中全会以来,甘肃印刷工业进入蓬勃发展时期,到 1985 年共有印刷厂 250 家,职工人数达 14105 人。1990 年底,全省印刷厂增至 613 家,职工 21025 人,其中,全民所有制印刷厂 132 家,职工 11822 人;集体所有制印刷厂 358 家,职工 8477 人;个体所有制印刷厂 123 家,职工 726 人。从地区分布看,兰州市 280 家,天水市 66 家,平凉地区 55 家,庆阳地区 46 家,白银市 25 家,武威地区 24 家,酒泉地区 22 家,定西地区 20 家,陇南地区 19 家,临夏州 17 家,金昌市 14 家,张掖地区 13 家,甘南州 8 家,嘉峪关市 4 家。

20 世纪 90 年代以前,在全省印刷厂中,以印刷书刊为主的大中型印刷厂有兰州新华印刷厂、天水新华印刷厂、中国人民解放军七二一九工厂等 3 家;印刷书刊、报纸、社会零件和承担包装装潢的综合印刷厂有张掖地区河西印刷厂、武威市印刷厂、酒泉市印刷厂、平凉地区印刷厂、定西地区印刷厂、庆阳地区印刷厂、甘南藏族自治州印刷厂、临夏回族自治州印刷厂、兰州人民印刷厂、静宁县印刷厂和中国人民解放军七二二七工厂等；以包装装潢印刷为主，兼营书刊和社会零件的有兰州印刷厂；以印刷报纸为主，兼营书刊和社会零件、包装装潢的有甘肃日报社印刷厂、兰州晚报社印刷厂、甘肃总工会印刷厂、天水报社印刷厂、平凉报社印刷厂等；以印刷本系统、本单位的刊物、报纸、内部资料为主，并承接部分社会零件的有玉门石油工人报社印刷厂、兰化印刷厂、兰炼印刷厂、兰石印刷厂、长庆石油报社印刷厂、甘肃建筑报社印刷厂、甘肃矿区报社印刷厂、金川公司印刷厂、兰州铁路局印刷厂、甘肃邮电印刷厂、甘肃省政府办公厅印刷厂、中共甘肃省委办公厅印刷厂、甘肃省政协民主协商报印刷厂、兰州大学印刷厂、西北师范大学印刷厂、西北民族学院印刷厂、兰州铁道学院印刷厂、甘肃工业大学印刷厂、省农科院印刷厂等。其他印刷厂大都是些设备比较简陋的小型印刷厂，多以印刷信封、信纸、作业本、塑料制品为主。

2009年底，甘肃省共有印刷复制单位2836家，排在前10位的是甘肃日报社印务中心、甘肃新华印刷厂、兰州新华印刷厂、兰州鑫弘报业印务有限责任公司、甘肃天地印务有限公司、天水新华印刷厂、兰州大众彩印包装有限公司、兰州石化职业技术学院印刷厂、兰州兴业印刷厂、甘肃欧业印刷有限公司等。

一、兰州新华印刷厂

1949年8月兰州解放后，兰州市军管会派人接管国民党西北文化建设协会兰州印刷厂而成立，当时名为甘肃新华书店兰州第一印刷厂，隶属西北新华书店甘肃总分店。同年10月，新华书店兰州第二印刷厂归并该厂，改名为西北新华书店甘肃总分店兰州印刷厂。1951年3月，店厂分家后改名为新华印刷厂兰州厂，属全国新华印刷厂总管理处所辖之新华印刷厂西北区管理处和西北军政委员会出版局双重领导。1951年11月,新华印刷厂西北区管理处撤销后,该厂由西北军政委员会出版局领导。1952年8月,根据西北军政委员会出版局通知,改名为新华印刷厂西安厂兰州分厂,除接受新华印刷厂西安厂领导外,并接受当地党委和人民政府新闻出版行政管理部门的领导。1953年2月,根据西北军政委员会新闻专员办事处通知,新华印刷厂西安厂兰州分厂改为地方国营企业,为甘肃省新闻出版处直属单位。同年3月,遵照中央人民政府出版总署文件决定,更名为兰州新华印刷厂。1954年6月,甘肃省文委第二次委员扩大会议决定,将甘肃日报社印刷二厂(承印社会零件部分)与兰州新华印刷厂合并,改名为甘肃日报社印刷厂。1965年元月,经中共甘肃省委宣传部批准,甘肃日报社印刷厂与甘肃日报社脱离领导关系,恢复兰州新华印刷厂厂名,归属甘肃省文化局领导。1968年11月,兰州新华印刷厂隶属甘肃省毛主席著作出版办公室,1971年3月至10月,甘肃省文化局出版发行管理处与"毛办"合署办公,该厂为出版发行管理处下属单位;1971年11月,甘肃省革命委员会出版局成立后,归属出版局领导。1983年4月,甘肃省出版局与甘肃省文化局合并为甘肃省文化厅,兰州新华印刷厂随之归属甘肃省文化厅。1985年10月,甘肃省人民政府决定出版与文化分家,成立甘肃省出版总社,1987年5月,在出版总社基础上成立甘肃省新闻出版局,该厂又隶属于出版总社和新闻出版局。

兰州新华印刷厂最初位于兰州市七里河区王家堡,厂地面积为3288平方米,其中工房建筑面积为1091平方米。接管时职工仅57人,主要机器设备有铸字机3台,铅印对开机4台,铅印四开机2台,圆盘机3台,三色铅印机1台,简易订书机、装订打洞机、手摇账册划线机各1台,对开裁纸机2台(德国造),2000倍照相镜头1个(德国造),西门子马达一部(德国造),以及各号铜模。1952年,西北军政委员会出版署和省财政厅投资34.74万元,在兰州市七里河区碱沟沿重建新厂,以后历年又不断扩建。到1990年底,占地57959平方米,其中厂区面积为42169平方米,厂区建筑面积为28526平方米。机器设备也不断更新,特别是进入20世纪80年代以后,先进设备逐年增加:1984年从日本引进SG808Ⅱ型电子分色机1台,1985年从西德引进对开和四开海得堡四色胶印机各1台,1986至1987年从日本、西班牙引进不干胶印刷机、裱塑机、糊盒机、实达模切机,并从国内购买四开一回转平台机、平台压痕切线机、立式平压模切机、电化铝烫金机、热合机,大大提高了生产能力。1990年底,该厂有各种印刷机器设备150台(其中图像制版16台、文字制版21台、铅印24台、胶印14台、装订75台),职工2986人,固定资产(原值)总计达1793万元。

兰州新华印刷厂是甘肃解放后最早建立的以书刊印刷为主的综合性印刷企业,从成立之日起,一直承担着甘版图书和全省中、小学课本的主要印制任务。据统计,从1949年至1990年的41年间,共完成印刷纸令431万令;1963年至1990年27年间(缺1966、1970年数)共印制各种图书1011885.6万册,其中1979年至1990年11年间,共印制各种书刊4961种、625377万册(1979年前无印刷书刊品种资料)。

兰州新华印刷厂是甘肃省大中型印刷骨干企业之一。1982年甘肃省人民政府授予兰州新华印刷厂"在社会主义物质文明和精神文明建设中成绩优异先进单位"光荣称号,1989年晋升为甘肃省二级企业,1990年又晋升为甘肃省一级企业。1990年被列为全国书刊定点印刷厂。

自1981年至今,兰州新华印刷厂一直承印《读者》杂志,先后投资 3000 多万元,购置制版、印刷、装订设备,确保《读者》杂志的印刷发行。目前正在使用的方正排版系统和德国扫描仪、美国照排机、晒版机、海德堡四色胶印机都是世界上最好的制版印刷设备,在印前、印刷到印后已拥有彩色桌面拼版系统、方正排版系统、海德堡四色胶印机、八色胶印轮转机、日本产无线平装胶订联动机生产线、马天尼胶订联动机生产线。2006 年至 2010 年,投资 2000 多万元引进了日本二手商业轮转机三台,对缓解课本印刷起到了重要作用。

2002 年,工厂通过了 IS09001 质量管理体系认证。2002 年至今,在甘肃省新闻出版局、甘肃省科技厅的支持下,先后投资近 150 万元,推行计算机数字化网络管理。该项目获甘肃省科技进步三等奖。2010 年销售收入 7800 万元,年书刊印刷 40 万令,年装订纸令 40 万令,年印装图书 8000 万册。工厂设有人事企管部、财务审计部、党群工作部、市场部、市场拓展部、生产管理部、后勤服务部 7 个管理机构和制版车间、印刷车间、装订车间、零印车间、PS 版再生部和维修服务部 6 个生产车间。现有职工 606 人。

二、天水新华印刷厂

1968 年 2 月建立,厂址在甘肃省天水市西郊耤河南岸赤峪路,占地面积为 100520 平方米。该厂前身系共青团中央所属中国青年出版社印刷厂天水分厂。1963 年国防科委在天水筹建 03—522 部,1966 年因工程迁建将该址移交给共青团中央办公厅。团中央在此基础上筹建中国青年出版社印刷厂天水分厂,后因无力扩建经请示国务院副总理李富春同意后,将全部资产无偿移交给甘肃省文化局。1968 年 2 月,甘肃省革命委员会生产指挥部批复建立天水新华印刷厂,投资 470 万元,编制 500 人,印刷规模为年用纸量 10 万令纸。

天水新华印刷厂 1968 至 1969 年筹建期间,先由省文化局领导,后归属省革命委员会政治部毛主席著作出版办公室。1970 年 11 月，省革命委员会政治部通知，下放天水地区，隶属天水地区革命委员会政治部，并改名为天水地区新华印刷厂。1973 年 5 月，转归天水地区工业局领导。1978 年 7 月，根据中共中央、国务院关于整顿印刷行业实行归口管理的通知要求，省革命委员会下发了《关于天水新华印刷厂归省出版局管理的通知》，将工厂又转归省革命委员会出版局领导，同时恢复天水新华印刷厂厂名。1983 年 2 月，出版局和省文化局合并为甘肃省文化厅，该厂改归省文化厅领导。1985 年 10 月甘肃省出版总社成立，1987 年 5 月在出版总社基础上成立甘肃省新闻出版局后，天水新华印刷厂又归出版总社和新闻出版局领导。

天水新华印刷厂建厂初期，从省属机关和兰州新华印刷厂等单位抽调干部及技术工人 58 人支援建设，同时接收复转军人 80 名，省技校毕业生 7 人，上海印刷技术学校毕业生 11 人，还从天水、靖远、兰州、平凉、定西、榆中等地新招学徒工 110 人。1970 年 6 月，甘肃民族印刷厂撤销后该厂职工 42 人连同机器设备一起归并天水新华印刷厂。天水新华印刷厂坚持边建设，边生产，1968 年完成工业总产值 6.6 万元，印刷纸令 1720 令，装订纸令 1650 令。

天水新华印刷厂是省属第二大中型综合性书刊印刷厂，1990 年被列为全国书刊定点印刷厂。1990 年底，该厂有职工 667 人，固定资产（原值）1179 万元。主要机器设备 116 台，其中图像制版 10 台，文字制版 15 台，铅印 27 台，胶印 9 台，装订 55 台。1968 至 1990 年共完成印刷纸令 148.18 万令，印制书刊（包括中、小学课本）4245 种、37759 万册。

三、甘肃新华印刷厂

前身系第一野战军政治部印刷厂。1949 年 5 月西安解放时，第一野战军政治部派人接收原国民党西京平报社印刷厂，成立了第一野战军政治部印刷厂。大军西进时，第一野战军政治部印刷厂随军行进。1949年8月兰州解放后，一野政治部又派人接管了国民党兰州日报社印刷厂，并将人员和机器设备及资产并入第一野战军政治部印刷厂。1950年2月，西北军区政治部印刷厂由西安迁兰与该厂合并，定名为西北军区第一野战军政治部印刷厂。1951年，奉上级指示改名为西北军区第二印刷厂。1952年8月，改名为西北八一印刷厂。1954年初，根据西北军区指示，原西北军区第三印刷厂、西北军区卫生部华生印刷厂并入该厂，仍称西北八一印刷厂。1955年，西北军区改名为兰州军区后，经兰州军区政治部宣传部批示，从1956年8月1日起，西北八一印刷厂改名为兰州八一印刷厂。1959年，又改名为兰州部队八一印刷厂。1965年7月，根据中国人民解放军总参谋部关于全军企业化工厂统一编制番号的通知，兰州部队八一印刷厂改名为中国人民解放军第七二一九工厂。

中国人民解放军第七二一九工厂位于兰州市定西南路。1970年9月，因战备需要，从兰州迁至甘肃省武山县，兰州厂内留少部分人员和机器设备编为一个综合车间，主要印刷社会零件。1979年，陆续从武山县迁回兰州，武山成为分厂。该厂系兰州军区最大的印刷厂，也是甘肃省最大的书刊印刷厂之一。1990年，有职工932人，固定资产（原值）2620.69万元，占地面积（包括武山分厂）为11.1万平方米。主要机器设备141台，其中图像制版18台、文字制版25台、铅印20台、胶印12台、装订66台。

中国人民解放军第七二一九工厂从成立之日起，主要以印制部队书刊为主，并承印社会书刊零件。1956年开始印制地方出版部门的书刊。1958年，开始承印全省中、小学课本后，一直协助地方共同完成课本的印制任务。

中国人民解放军第七二一九工厂1977年被兰州军区授予"工业学大庆先进企业",1986年和1987年被兰州军区政治部评为生产经营先进单位,1990年被全军军事经济研究中心、军事经济丛书编委会和军事经济杂志社命名为"军办百家明星企业",1990年晋升为甘肃省二级企业。1990年被列为全国书刊定点印刷厂。

2001年10月军转民,七二一九工厂交地方改称甘肃新华印刷厂,直属甘肃省新闻出版局,现有职工1792人,其中在岗职工975人,离退休职工817人,高级职称5人,中级职称32人,高级工134人,中级工38人。工厂下设7个主要生产单位,辅助生产单位4个,9个处室,2个股份有限公司。2010年企业资产总额达到10097万元,其中固定资产6399万元,流动资产3678万元,长期投资20万元;负债总额5602万元,资产负债率55.5%,所有者权益4495万元。现有土地总面积81.45亩,生产厂房面积2万多平方米。多年来,工厂通过不断的设备更新和技术改造,主要生产设备基本达到国内和国际先进水平。现有北大方正CTP直接制版系统和全开、四开德国爱克发激光照排机、以色列赛天使高像素扫描仪、方正高速彩色激光印字机、德国海德堡对开和四开速霸胶印机、国产8色和16色印书印报胶印轮转机、印度高斯彩报机、上海高斯M40二十四色彩报机、日本平装胶订生产线等印前、印后设备350多台(套)。年生产能力可达到汉文排字3亿多字,书、报、刊印刷80万对开色令,胶印印刷80多万对开色令,书刊装订能力60万令。2010年,全年工业总产值6194万元,销售收入7152万元,工业增加值2643万元,实现利润42万元,上缴税金162万元。主要产品产量:汉文排字完成5528万字,书刊印刷完成35万令,胶印印刷36万对开色令,书刊装订完成27万令。

(原载《甘肃出版史略》,甘肃人民出版社2011年版)

甘肃历代图书发行方式及机构

甘肃古代最早的图书发行,同书籍的制作是连在一起的。编、抄(或印)、发寓于一体,成书单位或个人,也是图书的销售者或发行者。后来便出现了专门经营图书的书肆和书商,但从总体上讲还没有突破编、印、发一体的体制。清末和民国时期,编、印、发逐步分离,但由于落后的生产关系严重制约着商品经济的发展,甘肃的图书生产和图书市场一直停滞不前,有编、印一体者,有印、发一家者,规模不大,销路不畅。直至中华人民共和国成立初期,甘肃图书的编辑出版和发行还统在省新华书店进行。可以说甘肃独立的图书发行体系,是从20世纪50年代初开始并逐步确立和健全起来的。

自图书流通至中华人民共和国成立以前,甘肃图书的发行形式及机构主要有官发、书肆和私人交换等;中华人民共和国成立后,图书发行以国营新华书店发行为主,辅以集体和个体发行。

一、明清以前的图书发行

明清以前,甘肃的图书发行主要有官发、书肆和个人交换。

(一)官发

官方发行主要有发送和出售两种形式。发送工作多由官司衙门进行,出售图书多在书院、官书局。

历代王朝都将国家颁发的书籍和御赐、御制、钦定书等,下发地方政权,由地方政权再抄、印下发或直接转送,成为官发图书的一种主要形式。

春秋以后,孔子整理编定的《诗》《书》《易》《礼》《乐》《春秋》以及后来陆续编写的"四书"等,一直被封建社会尊为经典,历代王朝以各种形式使其流传,并作为主要教学用书使用。熹平四年(175),汉灵帝命蔡邕把《易》《书》《诗》《仪礼》《春秋》《公羊传》《论语》7种经典刻成石碑,立于当时国学所在的鸿都门,各地选派文人乘车前去抄写,以传社会。这是官方最早发行儒家经典的手段。后来,朝廷又将这些书抄于简册,分发各地。甘肃武威东汉墓中出土的《仪礼简》,就是根据官方下发的"标准本"抄写的。

隋唐五代时期,儒家经典仍为蒙童、士子的必读之书,朝廷将其抄写成册,发往各地,由地方政权再抄发州、府、县及寺院、学校。敦煌石窟保存的儒家经典的几十种卷子,就是根据历代王朝抄发的"版本"而抄写成书的,其中有《尚书》《论语皇侃疏》《毛诗音》《礼记音》等。

西夏时期,当局将《诗经》《论语》《孟子》《孝经》等书译成西夏文字,刻印成书,发往所辖地区,由地方政权转发寺院、学校。

朝廷发送的图书,还有医书、佛经等。敦煌遗书中保存的《新修本草》就是根据唐高宗显庆四年(659)由国家颁发的我国第一部药典抄写而成。咸亨二年(671),由弘文馆抄写发往祖国各地的佛经,在敦煌遗书中就有30多卷,如《妙法莲华经》《金光明经》等。

甘肃有记载的最早御赐书,是晋武帝司马炎送给皇甫谧的。《晋书·皇甫谧传》记载:皇甫谧几经征召而不就,"自表就帝借书,帝送一车书与之"。

明英宗皇帝朱祁镇于正统七年(1442)赐给张掖大佛寺一部汉文大藏经,至今,成为我国一部保存完整的汉文大藏经。

到了清代,钦定、御制书越来越多,发送到甘肃的有律令、则例、教育等方面的书。书到甘肃后有的由甘肃重新刻印发送,有的则为转发。其中在甘肃发送的律令、则例书有乾隆十六年(1751)的《钦定吏部则例》,乾隆三十三年(1768)的《钦定物料价值则例》,嘉庆四年(1799)的《钦定工部则例》,嘉庆六年(1801)的《御制慎刑论慎刊绪论息讼安民论》,嘉庆十三年(1808)的《钦定军器则例》和《捐办土房产议叙条例》,嘉庆十四年(1809)的《御制义刑辨》等。

在甘肃发送的教育用书主要有雍正三年(1725)五月的《圣谕广训》,乾隆四十一年(1776)六月的《上谕广训》,嘉庆十一年(1806)七月的《钦定中枢正考书》34部,嘉庆十九年(1814)七月的《御制原教》《钦定四言韵文》《御赐致变之源说》,嘉庆二十二年(1817)七月的《御制因循疲玩论》,光绪二十四年(1898)六月的《劝学篇》等。

关于光绪二十四年六月下旨刊行的两湖总督张之洞《劝学篇》的经过,书前全文刊载的皇帝旨谕和陕甘总督为该书写的前言,讲得比较详细,现摘录如下,以见当时图书发行之一斑。

光绪二十四年六月,上谕指出:"本日翰林院奏侍讲:黄绍箕呈进张之洞所著《劝学篇》,据呈代奏一摺。原书内外各篇,朕详加批览。持论平正通达,于学术人心,大有裨益。著将所备副本四十部,由军机处颁发各省、督抚、学政各一部,俾得广为刊布,实力劝导,以重名教而杜卮言。钦此。"兵部尚书陕甘总督在前言中讲道:"承准军机大臣奉旨颁到两湖总督张《劝学篇》一书,前经发交该司(甘肃藩司),照式刊刻,现在刊刻已竣,仰即刷订成本,分发各处。文职自道、府、州、县,武职自提、镇、副、参、游,每衙门各发二部,都司、守备、州判、府经、县丞、照磨、主簿、巡检、典史各发一部,教官衙门及大小书院各三部……此书颁发后,责成各属教官饬令该处士子传抄,并将篇内所列应读之书设法购求,轮流抄写,统限一年将抄写姓名申报本督部堂查考,以课士子之勤惰,即以为教官之考成。"这是官方发送图书的详细记录。

甘肃除发送来自朝廷的图书外,还发送地方政权抄印的图书。这方面左宗棠也是很有贡献的。清同治五年(1866)左宗棠任陕甘总督后,重视社会教化,决定把"四书""六经"和《孝经》当作甘肃士子的课本,并以《小学》《吾学录》《圣谕广训》来振兴甘肃文教。为了解决书籍来源之困难,他一方面在武汉、西安、新疆等地设书局专为西北印书,另一方面,还在行营随带刻工,及时刊印。光绪元年(1875),他将各地刊印的图书颁发甘肃各州县,据秦含才的《左文襄公在西北》一书载,仅安定(今定西)一县,就发"六经"16 部,"四书"《孝经》《小学》各 26 部,又给安定育英书院另发"六经"8 部,《孝经》《小学》各 30 部,"四书"《诗经》各 60 部。全省 60 多个县、60 多个书院,总计最少也在千部左右。另外,他还为蒙童发送了《三字经》《百家姓》《千字文》《日用杂字》等,为农民发送《棉书》和《种棉十要》,为各级官吏发送了《学治要言》《在官法戒录》《佐治药言》等。他还在《圣谕广训》中附《律易解》,在《吾学录》的每一种札后附律例,连同《训俗遗规》发往甘肃各地,这对广泛进行社会教化,安定甘肃社会,起了很好的作用。

左宗棠还大量征集图书,分发甘肃各地,以救因战乱而造成的书荒。光绪四年(1878),他开列书单,奏准清政府命令礼部,将本朝典章制度(《会典》和《通考》)、清代各帝的谕旨和诗文集、钦定载籍(各种经史、方略和辞书)等,每种印发 42 部,分发甘肃失守过和新成立的府、厅、州、县。同时,左宗棠个人还为兰山书院捐送了多种图书。

官府售书在官方图书发行中也占一定的比例。出售的图书主要是方志和教学用书。自明代始,甘肃各官府衙门都刊行方志,所成志书,除部分发送有关部门外,多数由方志编印单位,或书院、学校出售。用书单位或个人出钱购买,也可自带纸张交付印墨费后印取。以后,一些商贩、书铺等,也都印制本地方志用于出售。

书院、学校印书多为课本,直接售给学生。清代甘肃有十几所书院刊行图书,解决校内外部分教学用书。清末,甘肃创办高等学堂,学堂附设书局,一方面雕印、铅印教学和其他用书,另一方面为甘肃中小学购买和发行课本。光绪二十九年(1903),甘肃在原高等学堂印书局的基础上,成立甘肃官书局,光绪三十二年(1906)又扩建为甘肃官报书局。官报书局雕印、铅印图书,还专办发行,并且同西安三原官书局建立联印联发关系。关于这个问题,早在光绪二十九年拟请筹款设立官书局的报告中就讲道:"陕西省城及三原县城均设有官书局,所印中西书籍甚多,拟请分咨陕西抚宪及学院,将两局所印各书酌量减价由甘局代为分售,所需书价或按季汇交或陕省有应解甘肃之款亦可酌量划扣,凡陕局所印之书甘局即可不印,甘局所印之书陕局亦可不印,此亦互相接济之一法,至如江浙皖豫川楚各省皆有官书,亦应设法购致以资讲习。"这是当时甘肃官书局除自印书籍外,还从外地购求书籍的记录。

甘肃高等学堂印书局和甘肃官书局,将印购的图书又向省内各地学校发行。光绪二十九年的报告中还有这样一段记载:"通查各属通报将书局所印之书从实作价分发各属,凡诸生月课之考列优等应得膏火银两者,一半以银发给,一半以书发给。其全数愿领书籍不愿领银者,亦听如所发书籍。其价不及膏火之半仍准以银补发所领书籍,其价或逾膏火之半亦令以银补交。……此外尚有颁发未遍,士人愿读之书均听其到局自行购买。"

(二)书肆

甘肃书肆售书者,主要有抄书人、社团、刻坊和书商等。

最早的书肆出现在北魏。公元500年前后,敦煌便有了职业抄书手——镇官经生。他们不仅是抄书者,而且也是售书者。当他们在本地通过一定手续,取得合法身份后,便像行医一样,开始在固定的地方挂牌抄售图书,以换取银钱或粮米。从敦煌遗书中查考,北魏宣武帝永平四年(511)至延昌三年(514),敦煌镇官经生有名姓者就有 7 人之多。如《诚实论》第十四卷末题:"延昌元年(512)岁次壬辰八月五日,敦煌镇官经生刘广周所写论讫成,典经师令狐哲,校经道人洪携,用纸廿八张。"他们抄写经书显然是为了出售。唐代是敦煌抄售图书的鼎盛期,一直到宋初,这里还有镇官经生、乡书手抄售图书。如《十二时》末题:"维大宋乾德六年(968)正月二十六日,敦煌乡书手兼随身判官李福延……"他们将抄写的经书售给宗教信仰者用于供养,或为社会下层文人欣赏,或供过往商队使节消遣,有的还供蒙童念诵。从敦煌遗书来看,这些地方的经生、乡书手抄售的图书以佛教经卷居多,也有儒家经典、文学书籍和史书、志书、医书、历书,如《易》《诗》《书》《礼》《春秋》《论语》《秦妇吟》《茶酒论》《捉季布传文》《韩擒虎话本》《太子五更转》等。

甘肃的社团售书历史悠久。隋唐五代时期,由于佛教的空前发展,敦煌的社会为寺院所主导。寺院不仅办起学校,而且还设专人为社会抄书售书。他们不仅抄售佛经,而且还抄售文学书籍等。《禅安心义》后写有一首诗:"书写今日了,因何不送钱。谁家无赖汉,回面不相看。"而《秦妇吟》一书后题记:"贞明五年(919)己卯岁四月,敦煌郡金光明寺学仕郎安友盛:'今日写书了,合得五斗(升)麦,高代(贷)不可得,環(还)是自身灾。'"说明当时寺院抄书也是为了出售。

榆中栖云山为道教活动地。清嘉庆时,这里不仅是甘肃的一个主要刻坊,而且也是一个售书较多的书肆。自嘉庆四年至二十五年(1799—1820),刊行的《三易注略》《孔周易阐真》《指南针》《参同直指》《会心内集》《会心外集》《道德会要》《金丹口诀》《眼科治验》《晰微补化痧胀全书》《眼科启蒙》《经验杂方》《杂疫症治》《痘麻放心篇》《西游原旨》等图书,除少数在其刻坊保存,或赠送山人、弟子及学校外,大部向社会出售,有的还远销山西、陕西等地。

出售图书的社团还有清顺治十三年(1656)的"秦安文人"、咸丰三年(1853)的兰州阿公祠、同治四年(1865)的兰省山陕会馆、光绪二十三年(1897)的甘肃东茶务众商等,先后刊印有《鸟鼠山人小集》《平番奏议》《千金至宝》《白喉治法忌表抉微》等书,并在兰州、天水、秦安等地公开出售。

甘肃的刻坊售书在清代有了进一步发展。自嘉庆至光绪年间,兰州有考的售书堂有 12 个,其中有道升巷寿古堂、道升巷日新堂、隍庙巷耕馀堂、古楼东侯府宅万穗堂、兰州佩兰堂、仰西堂、如林堂、同仁堂、宏道堂、衡鉴堂、庆馀堂、固本堂。他们刻印出售的图书有《淳化阁帖释文》《杨椒山公家教》《段容思先生年谱纪略》《遂生福幼编》《史姓韵编》《清真诗略》《大生要旨》《(批点)三字经注解》《蛱蝶集》《笔花医镜》《医学问答》《金城陈氏家谱》《甘肃乡试闱墨》等。

除兰州外,省内一些州、府、县城镇,也有刻坊售书。如秦安非能园、秦州天宝斋、平凉重光楼、首阳旧县(陇西)同人堂、西凉永昌承裕堂,还有养和堂、敬义堂、元盛堂、大雅堂等,也分别刻印出售《翰墨卮言》《审严诗集》《审严全集》《史汉笺论》《介石文集》《峒鹤山房诗草》《卓尼记》《蠹书》《图形枕藏外科》《便中集》《砥斋集》《周易图说述》《敏求录》等。

刻坊、社团售书,均有固定门市,并以多种形式向社会出售。他们刻印的图书扉页上多有广告,载明售书的地点和方式。购书者可付资购买,也可自带纸张,交印墨及印工费用后代印。如道光九年(1829)刊行的《大生要旨》扉页中载:"版存兰省如林堂,愿印者每本工料价钱壹百叁拾文。"而在序末又讲:"版藏于甘肃兰州如林堂内厅,其书坊人等刊刷出售,庶贫富易于购求,计一百一十四篇,或有愿印刷施送者,各备工墨纸张自行印刷行世,以广作者之心。"道光二十年

（1840）刊行的《遂生福幼编》扉页中载："兰省隍庙巷耕馀堂藏版，每本工价一百文。"咸丰二年（1852）刊行的《杨椒山公家教》扉页中载："版藏兰省府门路东道升楼刻字铺内，每本台连纸大价五十文。"同治三年（1864）刊行的《竹林寺女科秘传》的扉页中亦载有："版存陕甘督院文巡捕公所，如有愿印者自备纸工等价。"

　　明清两代，书商也是甘肃图书发行的一支力量。他们从四川成都、湖北武汉、上海、陕西、江浙一带购进图书，在甘肃兰州及各州府县驻地设摊或门市出售。据《兰州古今注》载："金天观一名雷坛，在西郊河外，亦肃藩所创修，东有洗心道院，后建为阿公祠以祀清臣阿桂。岁八月八日为雷坛庙会期，游人杂沓，城中书画商则倾其所藏骈悬而待价焉，其数每至数千百帧，往往有名逸品出其中，然真赝杂陈，佳者实不易得也。"同其他商贩一样，赶庙会也是书商售书的极好机会。

　　据考，明清时期，甘肃各州、府、县所在地，基本都有书铺、书摊售书，其中多数同文具用品兼营。主要出售方志、"四书""五经"、《三字经》《百家姓》《千字文》等，而售书铺、摊最多者为兰州、天水、临洮等地。

　　赠书予同里友好，是甘肃古代图书发行的一种手段，尤其是家刻图书的主要发行渠道。自从书籍出现以来，总有人为同里友好抄送图书，或互相交换，以供识字、阅读。甘肃赠送、交换图书有考者，始于雕版印刷时期。五代时期的沙州归义军节度使曹元忠，雕印佛经、佛像，用以供养、施舍，使其雕印的几十份佛经、佛像在敦煌石窟中得以保存。

　　明代时，甘肃著名诗人胡缵宗、李梦阳、赵时春、张晋等人的《鸟鼠山人小集》《空同集》《浚谷集》《张康侯诗草》等，成书后先赠送同里友好，尔后才由书肆出售。清代甘谷巩建丰、临洮吴镇、秦安胡钊等名家之作，都是先在其家刻印，由同里友好及门生阅读，尔后才转向社会,或由学校刊行,或在官书局出售。

二、中华民国时期的图书发行

中华民国成立以后，甘肃的图书发行逐步打破了明清以来编印发一体的旧格局,并向小型、单一、灵活的方向发展。一方面,传统的编印发形式继续维持,如由清末的官书局演变而来的甘肃官报书局,由学人刘尔炘创办的陇右乐善书局,都是编印发一体的机构,他们主要印制发行教材、教学参考书和学生课外读物,同时还发行史志、文集和政书等;另一方面,随着"五四"新文化和新思想的传播,甘肃的青年知识分子和广大学生的思想日趋活跃,他们渴望了解中国,认识社会,阅读书刊的欲望日益增强,集资创办书社或书店,发售进步书刊者相继出现。如甘肃教育会会长牛载坤等人创办的正本书社、教师水梓等人筹办的新民书店等。同时一些国内的出版单位和发行单位也开始在甘肃的兰州等地建立图书发行点, 以满足人民群众对图书的需要。如中华书局兰州分局,商务印书馆兰州支馆,生活书店兰州分店和天水分店等。

随着图书文化事业的发展, 甘肃的个体图书商贩也开始出现于省城兰州和文化较发达的天水、平凉、武威、张掖、酒泉、临洮等地。在这些个体商贩中,有专营古旧图书者,也有新旧图书兼营者。20世纪30年代前, 兰州的图书商贩主要集中于东南城壕旧货市场,30年代后,逐步向张掖路和永昌路一带发展。主要有河声书社、赵氏旧书铺、文艺书店等。在县城的书商,多以文具、图书兼营之,有的还在刻字铺内出售图书。

随着日本侵华战争的开始, 甘肃的图书发行进入了新的历史阶段。在革命老区陇东,边区政府十分重视马列和毛泽东著作的发行,先后成立了救亡书店和宁县书店。在国统区,在抗日救亡运动的影响下,在八路军驻兰办事处和甘肃秘密党组织的领导下,一些抗战团体和进步青年团体的活动,同图书发行建立了密切的联系,如省外留学生抗战团、甘肃青年抗战团、兰州中小学各校学生抗战团、读书会、兰州派报社、生活书店、同仁消费合作社、未名书社、种因文化服务社、兴隆书社等,积极发行进步书刊,宣传抗日统一战线,激励广大民众的抗日救亡热情。同时,国民党政府于 1938 年 3 月成立了图书审查委员会,1939 年 1 月第一次公开宣布查禁八十多种图书和二十多种杂志。1941 年的"皖南事变"后,大批进步书刊被查禁,一些进步书店被查封,使甘肃的图书发行事业遭到极大的破坏。

据有关资料统计,20 世纪 40 年代末,甘肃共有图书发行店铺四十多家,主要集中于兰州,散见于天水、平凉、武威、酒泉、临洮等地。其中有国民党的官办书局,有出版单位的书店,有知识界开办的文化服务性书店,也有个体商贩的店铺,还有共产党在陇东老区开办的书店。销售的图书以教科书和学生课外读物最多,刊物次之,另外还有史志、文集和革命图书等。图书多来自东南各省,由火车运至西安、郑州后,再用马车运往兰州。由于交通不便,运输困难,书价一直居高不下,图书发行困难重重,不少书店开办不久,随即歇业。

现将一些主要书店记述如下:

(一)中华书局兰州分局

中华书局兰州分局成立于民国十三年(1924),局址设兰州市张掖路北(今兰州新华书店所在地),职员 10 多人。分局主要经营中华书局所出版的各种图书,其中以课本为主,包括中小学教科书及教学参考书籍,并发行《新中华》《小朋友》《中华英语》等杂志,还兼售教学仪器、文具、乐器等。其中教科书占 60%,参考书和教育文具用品占40%。20 世纪 30 年代末,该分局的年度经营额仅为 7 万元左右。中华人民共和国成立后,归并于中国图书发行公司兰州分公司。

（二）商务印书馆兰州支馆

商务印书馆在西安设有分馆。商务印书馆兰州支馆成立于民国二十四年（1935），属西安分馆直接领导，馆址设兰州市张掖路北（今兰州市新华书店所在地）。有职员10多人。主要经销商务印书馆所出版的各种图书，以中小学教科书为主，亦销售工具书及其他图书，兼营文化体育用品。20世纪30年代末，年销售图书33万多册，其中中小学课本占65%，其他图书占31%，文化体育用品占4%。年销售额为12万多元，为兰州同行业中的佼佼者。中华人民共和国成立后，该馆并入中国图书发行公司兰州分公司。

（三）中正书局兰州分局

中正书局兰州分局于民国二十八年（1939）1月成立，是国民党的官办书店。局址设兰州市酒泉路（今甘肃省外文书店所在地），分局有职员10多人，并在平凉设有支店。主要经销中学、简师、高级师范等各级学校教科书，经销包括《蒋介石言论集》在内的国民党要人言论集和蒋介石的《中国之命运》等书籍，以及倾向国民党政治主张的抗战文化小册子，同时还发行当时国民党中央级和省级单位所办的各种刊物，总经销上海的《中美日报》。1939年的营业总额为5万余元。销售课本1万多册，各种杂志4万多册。中华人民共和国成立后，被甘肃军管会文化处接管，在此基础上成立了西北新华书店甘肃总分店。

民国时期，国民党政府的官办书店还有甘肃省三青团经办的青年消费合作社、西北军政长官分署领导的文化沙龙、国民党甘肃省党部经办的中国文化服务社等。

（四）新生书店

新生书店于民国二十年（1931）在兰州成立，店址设兰州市中央广场。该书店为兰州第一家贩卖性质的书店，自己不直接出版书籍，也不附属于某一家出版机构。1939 年以前,曾代销生活书店、中正书局以及上海杂志公司等几家书商出版发行的书籍。1939 年以后,则改为代销开明书局、北新儿童书局、良友书局、重庆华中图书公司等几家书商出版发行的图书和杂志。经销杂志最盛期达 100 多种,其中以《良友画报》《西风》《文摘》发行最广,每当新的期刊到来,牌子挂出,购买者便络绎不绝,门市热闹异常。抗日战争期间,因销售进步的图书杂志,曾一度被国民党甘肃省图书审查委员会下令停止营业,进行审查。1949 年 8 月停办。

(五)兰州同仁消费合作社

民国二十二年(1933)1 月 21 日,由王彦升、万良才等 12 位经常阅读进步书籍、热心抗日救亡的青年组织成立。王彦升、万良才、陆春浦为理事,王彦升为理事主席。主要经销生活书店出版物,兼销开明书店、北新书局的部分读物和课本,同时对鲁迅、茅盾、邹韬奋等人的著作和黎明书店的出版物做了陈列,兼为读者代办业务,预订各类书籍,代购各家期刊。起初因系业余经营,时间有限,图书销售量不大。两年后社员由 12 人发展到 100 来人,该社负责人王彦升辞去银行事务专事办社,并先后聘请社员刘存诚等几人专职其事,邀请杨静仁、贺进民、樊大畏等社员和社友指导协助办社,扩大了书籍的购销业务,增加了期刊销售品种,又和上海有关部门建立供货关系,扩大经销范围,使"同仁"有较快发展。"同仁"鼎盛期社员发展到 200 多人,一些社员还在地县原籍或单位办起了"同仁"性质的合作社,影响越来越大,在兰州市书业界有举足轻重之势。同时还创办了名为《合作生活》的刊物,共出 3 期。"七七"事变后,兰州成立了八路军驻兰办事处,中共甘肃工委也重新组建,"同仁"的一些社员和"八办"以及甘工委经常联系,得到"八办"谢觉哉等人的教导以及秘密党组织的帮助,走上了革命的道路,加入了中共党组织。"同仁"在客观上成了秘密党组织活动的联络点。在"八办"和甘肃秘密党组织的安排下,有 10 多个社员奔赴陕甘宁革命根据地参加革命工作。1939 年(民国二十八年),"同仁"的图书报刊发行业务陷于停顿,但为掩护革命工作的进行,由刘存诚等人竭力维持。到了 1939 年 8 月,由于国民党甘肃当局加紧对"同仁"的监视、刁难和破坏,同仁消费合作社只好被迫结束经营数载的图书报刊发行业务和其他业务。同仁消费合作社是兰州最早成立的进步团体之一,也是经销进步书籍、刊物有着突出业绩的发行机构之一。

（六）未名书社

未名书社成立于民国二十二年(1933),是由兰州各中等以上学校教师创办的图书发行机构,系公司组织,社址在兰州东关(今庆阳路),从业人员 5 人。未名书社有各校教员和一些校长作支柱,有着决定使用课本的职权之便,因此敢于同中正书局兰州分局等大的官商书局分庭抗礼,平分秋色。开业以后,一度经营兴旺,颇能盈利,后来又进一步突破了中正书局兰州分局等大的书局的制约,直接从外省的北新、开明、大东、钟山等书局进货,并且取得童子军教材及钟山教本的专营权。抗日战争中,由于货运不便,未名书社所订课本教材不能按时到货,信誉受到影响,经营受到限制,加之学校疏散外地,以及书社本身相继滋生问题,事业不振,终于 1943 年停办。未名书社开办期间,国民党特务经常登门破坏捣乱,1942 年诱捕经理廖子厚、店员刘德元,并派人搜查。

（七）生活书店兰州分店

生活书店兰州分店成立于民国二十七年(1938)2 月,店址设兰州辕门口(今中央广场所在地),有职员 5 人。该书店当时主要经销"救亡丛书""战时大众知识丛书"和一些进步期刊。另外还经销哲学、政治、经济、军事、国际问题一类的书籍,以发行抗战内容书刊为盛。

该店 1939 年全年营业总额为 2.5 万余元。因销售进步书刊,常有特务登门捣乱,所订图书也在邮政检查中被扣。生活书店兰州分店在兰州开办过程中,得到八路军驻兰办事处谢觉哉、从德滋以及中共甘肃秘密党组织的支持和帮助,虽然屡受国民党统治者查禁、扣留和捣乱,经济拮据,困难重重,但仍千方百计坚持图书发行工作达两年之久。1940 年 4 月歇业。

(八)生活书店天水支店

生活书店天水支店成立于民国二十七年(1938)5 月,并在甘谷设立分销处。支店不仅积极开展进步书刊发行工作,同时发动学生进行抗日宣传,帮助学生编写墙报,组织读书会,修改讲演稿,修改剧本等。1939 年 5 月 31 日生活书店天水支店被国民党天水县党部查封。

(九)兰州派报社

兰州派报社又名兰州书报社,后又更名《新华日报》甘肃分销处,是抗日战争时期在我党地下组织——中共甘肃工委领导下的一个书报发行社。成立于民国二十六年(1937)冬季,社址设在道升巷东口,铺面一间。该社最初由姚国价负责,1938 年由孙瑞庭负责。兰州派报社主要发行延安出版的书籍报刊,1938 年元月开始又发行汉口创刊的《新华日报》,并经销一些其他进步书刊。他们把中国共产党的书报刊物直接送到订户,并为订户保密。发行的报刊除《新华日报》外,还有《文化日报》《前线》《救亡》《群众》《抗战》《妇女生活》《西北青年》等,发行的书籍有《二万五千里长征记》《西北的新区》《毛泽东印象记》《八路军出马打胜仗》《列宁传略》《苏联新宪法研究》《费尔巴哈论》《鲁迅研究》《民族解放战争的战略与战术》《抗日游击战中的各种基本政策问题》等。1941 年兰州派报社被国民党甘肃省当局查禁停办。

（十）种因文化服务合作社

种因文化服务合作社成立于民国三十年（1941）。它是湖南籍进步人士袁志伊等社会名流，为纪念黄埔军校教官姜种因而投股筹办的图书文化服务机构。社址设在兰园北门东北角处。该社除经营书刊之外，还办有文艺茶座，免费供应多种报纸和刊物，还设有写作间、文艺沙龙，供作家、画家使用。"文艺茶座""文艺园地"的牌子由著名漫画家丰子恺所题，醒目秀美，颇具吸引力。当时除一般市民到这里休息外，文艺界、新闻界、艺术界、高等院校的教授名流，也时常过往。种因的书刊经销业务开始以经销开明、文化生活社出版的书刊为主，兼营其他新书及期刊。抗战艰苦时期，种因对福建、广西、重庆各地的时事刊物尽力搜求，颇得读者好评。

（十一）救亡书店

1939年1月，中国共产党为了动员群众，宣传抗日救亡运动，指导甘肃人民的抗日斗争，在庆阳县城成立了救亡书店。书店成立时，陇东特委宣传部给书店20担小米作为资金，分配两名干部开展工作。书店从延安救亡书店总店购买一批书籍和课本、图版，便开张营业。当时正值抗日战争时期，书店根据党的中心工作，全力以赴地向广大干部和群众发行有关抗日救亡方面的书籍，其中毛泽东的《反对日本进攻的方针、办法和前途》《抗日游击战争的战略问题》《论持久战》《中国共产党在民族战争中的地位》《战争和战略问题》《反对投降活动》《新民主主义论》《抗日根据地的政权问题》等书，深受广大读者欢迎。此外还发行《毛泽东救亡言论集》等书。

1941年，由于客观形势的发展变化，救亡书店改为新华书店陇东分店，机构较前有了扩大，人员由原来的2人增至3人，延安新华书店总店还派了三位同志协助工作，业务范围也有较大发展。除了继续发行毛泽东著作和党的决议文件外，还发行马列主义经典著作，如

《斯大林选集》《联共(布)党史简明教程》等;中外优秀文艺名著,如《苏联小说选》《铁流》《毁灭》《李有才板话》《鲁迅小说选》《解放区短篇小说选》等;农业知识和科学卫生通俗书籍,如《新法接生图解》《怎样纺线织布》等;普及文化的通俗读物,如《看图识字》《日用杂字》《新三字经》《庄稼杂字》等。书店除在根据地进行图书发行外,还担负着对敌战区的发行任务。发行人员常冒着生命危险,通过敌人的封锁,以隐蔽的方式把红色革命图书发行到国统区人民手中。当时向国统区发行的图书,多以伪装形式进行,如用旧小说的封面装上红色书籍正文。

1947年3月,国民党胡宗南部刘戡联合马继援向边区庆阳、宁县等革命根据地进攻,书店在人民群众的帮助下,将无法运走的书籍藏在土窑、枯井、深沟、山洞里,加以严密封闭。运出的书籍随军销售,开展新的发行工作。国民党军队对革命文化宣传工作恨之入骨,不但把庆阳书店的门市、库房、办公室及全部财产放火烧尽,而且到处寻找埋藏隐蔽的图书,先后三次烧毁书籍达1.3万多册。

1947年10月,党中央暂时撤出延安,陇东地委奉命局部撤退,书店亦奉命暂停工作。

1948年冬季,战争形势急剧好转,陇东书店的同志从山西返回,途中路过延安时配了两驮图书,在西峰镇建立了西峰专区书店,恢复发行工作直至中华人民共和国成立。

(十二)宁县新华书店

1946年中国共产党在宁县(当时属陕甘宁边区关中分区)建立宁县新华书店。1947年3月,胡宗南、马继援向庆阳、宁县等革命根据地侵犯,宁县书店随校转移,除搞发行图书工作外,还帮助学校管理事务和做饭,坚持工作达半年之久。1947年10月,宁县书店的同志转入游击队工作,这段时间书店发行工作停顿。1948年冬季,战争形势好转,宁县新华书店恢复工作,直至中华人民共和国成立。

三、中华人民共和国成立后的图书发行

中华人民共和国成立以后,甘肃的图书发行事业迅速发展,国营新华书店取代了旧的所有发行机构,在全省各地形成统一的发行网点,60多年来为甘肃的图书发行事业做出了贡献。集体和个体书店在中华人民共和国成立初及1982年以后,配合主渠道,起到了补充作用,活跃了图书市场。出版社自办发行,不仅为本版书找到了读者,也为出版社了解读者起到信息窗口作用。

(一)国营新华书店的图书发行

从1949年9月1日,西北新华书店甘肃总分店成立到1954年前半年,全省地县普遍成立了新华书店。到1990年,全省共有地(州、市)县新华书店90个,发行网点309个。全省新华书店职工总数为2229人,固定资产近2000万元,1949年至1990年共发行各类图书206490万册(张)。1990年全省新华书店的销售额达10584亿元,实现纯利润441万元。

1. 甘肃省新华书店:新华书店1937年9月1日成立于延安。当时是中国共产党中央委员会领导下的图书出版、印刷和发行机构。此后,在华北、华中和山东等抗日民主根据地,也先后设立新华书店。中华人民共和国成立时,新华书店随军或随党政机构进入各省,并很快在各地、县建立了自己的机构。1951年国家实行图书出版、印刷、发行专业分工时,改为图书发行的专业机构,并建成遍布全国的图书发行网。

1949年8月27日,新华书店的工作人员随军进驻兰州,成立了出版、印刷、发行一体的西北新华书店甘肃总分店。1950年4月,改名为新华书店甘肃省分店。1951年又更名为新华书店甘肃分店。

1958 年 8 月，又改名为甘肃省新华书店。行政上属省文化厅领导。新华书店总店为业务指导关系。1970 年 11 月甘肃省新华书店和甘肃人民出版社合并为出版发行管理处，属省文化局领导。1971 年 2 月又从省文化局划出成立了省革命委员会出版发行处，书店工作为其发行组，下设兰州储运站和天水储运站。1971 年 11 月，甘肃省革命委员会出版发行处改设为甘肃省出版局，发行组改名为发行处，下设两个储运站。1972 年 3 月，省出版局发行组启用"甘肃省新华书店"印章，1978 年 2 月，中共甘肃省委决定恢复甘肃省新华书店，为县级单位，由省出版局领导，统管全省各级新华书店的业务和财务工作。

2009 年 4 月 20 日，在甘肃省新华书店的基础上成立了甘肃新华书店集团有限责任公司，是隶属于甘肃省新闻出版局的国有独资企业，下辖 95 户独立核算单位（包括各市、州及所属县、区新华书店），是我省图书发行的龙头企业。多年来担负着全省大中专教材、中小学课本，政治、经济、科技、文教等各类图书和外文图书、音像制品、电子出版物的发行任务。

2. 地州市和县新华书店：1949 年底，甘肃的天水、平凉、酒泉、武威、临夏、岷县、民勤、会宁、靖远、甘谷、老君庙（现玉门市）、定西等地先后成立了新华书店。1950 年，各地、县新华书店由新华书店甘肃省分店统一管理，先后又建立了临洮、张掖、静宁、榆中、泾川、武都、秦安、镇原、宁县、庆阳、庄浪、通渭、成县等地县新华书店支店。到 1952 年底，全省共建 1 个分店，34 个支店。1955 年，新华书店中心支店和支店发展到 74 个，销售网点达 98 个。

1958 年各地、县新华书店中心支店和支店的业务、财务和人事权下放给地、县，并改名为地、县新华书店。

1960—1962 年国家三年困难时期，将永登、皋兰、华亭、西峰、华池、正宁、合水、天水、西和、张家川、两当、成县、宕昌、天祝、民乐、高台、玉门、金塔、临夏、永靖、广河、和政、东乡、康乐、庄浪、肃南、景泰等 27 个地、县书店建制撤销,分别改属为兰州、平凉、天水、临夏、庆阳、张掖、武威、酒泉、玉门等地、州、市及宁县、礼县、清水、徽县、岷县、临洮、静宁等县新华书店的门市部。到 1962 年底,全省地、县书店减少到 58 个,销售网点减少到 100 个。1963 年逐步恢复建制,到年底,地、州、市、县书店又增至 83 个,销售网点为 106 个。以后地、县新华书店建制隶属关系虽有所改变,但建制变化不大,1978 年至 1990年各级新华书店共建发行网点 164 个。1982 年将原永昌县新华书店金川镇门市部扩建为金昌市新华书店;1985 年将原兰州市白银区新华书店扩建为白银市新华书店。到 1990 年,全省共有地(州、市)、县新华书店 90 个,销售网点 309 个。

省新华书店同地、县新华书店几易所属关系,1950 年以前,既无领导关系,也无业务往来。1950 年 3 月,根据国家出版总署的决定,新华书店甘肃省分店对当时全省仅有的 12 个地、县市新华书店的业务、财务、人事实行统一管理。1956 年 3 月,根据文化部的有关规定,省新华书店将地、县书店的干部管理权交地、县干部管理部门,并规定:当地干部管理部门对书店经理及主要业务、财务人员委派、调动时,必须与新华书店甘肃分店协商解决。1958 年 7 月,根据省财政厅和省文化局的联合通知精神,全省地、县新华书店中心支店和支店,除兰州中心支店的财务仍由省店管理外,其余各店的财务均下放地、县管理。至此,省店同地、县新华书店仅为业务指导关系。

1963 年 1 月,根据省财政厅和省文化厅的有关决定,省新华书店将地、县新华书店的业务和财务工作重新收回统一管理。干部的管理以地、县为主。到 1969 年 1 月,省革命委员会决定,又将地、县新华书店的业务和财务工作下放给地、县管理。1978 年 12 月,省财政局和省出版局联合通知,决定从 1979 年 1 月起,地、县新华书店的业务和财务工作收归省新华书店统一管理。1979年6月,省委批转省出版局的报告,决定全省新华书店人员从7月1日起,收归甘肃省新华书店统一管理。至此,全省新华书店的人事、财务和业务权再次集中到省新华书店管理,至今再未发生变更。

(二)供销合作社代销图书

各级供销合作社,是甘肃图书发行战线上长期而又稳定的发行渠道之一。1951年,甘肃省供销合作社和新华书店甘肃分店联合制定《关于书刊发行工作协议》,要求凡有条件的基层供销合作社,都要开展书刊发行工作,并在基层进行试点工作。

1952年,省供销合作社和新华书店甘肃分店签订了书刊发行代销合同,到1956年全省已有617个农村基层供销合作社开展图书代销业务,5年内向农村供应图书1028万册(张)。1958年至1960年,供销合作社发行图书的积极性受挫,到1960年底,全省供销合作社代售书点只剩30处。

1963年,随着国民经济的恢复,省供销社和省新华书店重新调整和发展了农村供销社售书点,年底售书点恢复到265个,采取经销和代销方式,为甘肃的图书发行做出了贡献。

自1965年开始,由于受"左"的思想影响,基层供销社售书点急剧增加,但实际效果不好,有的售书点只摆几本《毛泽东选集》。

1980年,国家出版局和中华全国供销合作社发出通知,要求供销合作社将常年售书点设在分社所在地和集镇上,以实事求是、方便读者、讲求实效为原则,经销代销图书。在各级供销社和新华书店的积极配合下,对供销社售书点进行整顿调整,到1990年,甘肃省供销社售书点增至660多个,每年售书码洋达15000多万元。

(三)甘肃民营书业

1949年中华人民共和国成立后,全省的私营书店及兼营图书的文具店共有 160 多家。其中兰州私营书店 44 家,书摊 19 家;天水私营书店 20 家,书摊 3 家;平凉私营书店 12 家,书摊 3 家;酒泉私营书店 8 家,书摊 1 家;张掖私营书店 8 家;武威私营书店 8 家;临洮私营书店 4 家,书摊 2 家;庆阳私营书店 4 家,书摊 2 家;定西私营书店 3 家,书摊 2 家。各县几乎都有私营书店和售书摊点。

当时,政府通过新华书店,根据不同情况,让集体、个体书店和书摊采取经销、代销和批销方式,挂牌经营。1956 年国家对私营工商业进行社会主义改造,全省有 40 多户私营书店归入当地新华书店。如兰州的群众书店、力新书店、大众书店、工农书店等;天水的天中书局、商松林书店等。从此,个体书店及摊点在全省各地几乎绝迹。

1978 年以后,随着改革开放的步伐,集体和个体书店及售书摊点开始在甘肃城镇出现,并不断发展壮大。据不完全统计,1982 年全省有集体书店 33 个,个体书店 36 个,书摊 71 个;1985 年全省集体书店增至 35 个,个体书店增至 99 个,书摊增至 249 个;到 1988 年全省集体书店减少到 21 个,而个集书店增加到 152 个,书摊增加到 688 个。

1988 年 10 月,甘肃省新闻出版局发行管理处为给我省个体书店、零售报刊摊点提供方便,在兰州市张掖路隍庙院内组建了甘肃书刊批发市场,甘肃民营书业初步形成规模。

甘肃民营书业经过 20 多年的长足发展,截至 2009 年末,全省民营书业注册资金总计 3 亿元。注册资金 50 万元以上 100 万元以下的 110 家,100 万元以上 200 万元以下的 20 家,200 万元以上 300 万元以下的 60 家,300 万元以上的 15 家,千万元以上资产的 15 家。长期专门从事教辅、社科、人文、青少年读物、学生工具书策划、发行的民营文化公司 11 家,全省经营面积 1000 平方米以上的卖场、书城 9 家,年图书批发、零售 2000 万码洋的 20 家,长期从事二级批发的图书发行公司 170 多家。主要有甘肃纸中城邦书业有限公司、甘肃迪文乐谱教育图书发行有限公司、甘肃广场书城图书发行有限公司、甘肃博亚图书商务有限公司、甘肃天地图书发行有限公司、甘肃新世纪书刊有限责任公司、兰州书立方文化传播有限公司、兰州北辰图书发行有限公司、甘肃千家文化科技有限责任公司等。

（四）甘肃省外文图书发行

1953 年，省新华书店兰州支店在其第一综合门市部设外文图书部，出售外文图书。1956 年外文图书部从综合门市部分出，成立了省新华书店兰州支店外文图书门市部。1957 年外文图书门市部独立核算。

1958 年兰州市文化局决定，将新华书店兰州支店改名为兰州市新华书店，并决定将外文图书门市部改为专业书店，即兰州市新华书店外文书店。1963 年又改名为甘肃省新华书店兰州中心支店外文门市部。1965 年又改名为兰州外文书店。1977 年又改为兰州市新华书店外文书店，当时有职工 17 人。1953 年至 1978 年，甘肃外文图书的专营工作一直在兰州市新华书店的领导下进行。

1978 年 9 月，甘肃省革命委员会决定成立甘肃省外文书店，同意在兰州市新华书店外文书店的基础上成立甘肃省外文书店，归省出版局领导。1978 年 11 月，甘肃省外文书店成立，当时有职工 23 人。1982 年，省外文书店在天水路成立了省外文书店兰州第二门市部，有职工 10 人。1987 年兰州第二门市部撤销。到 1990 年，省外文书店共有职工 59 人。2009 年甘肃省外文书店加入甘肃省新华书店集团。

多年来，省外文图书发行机构采取门市零售、进口图书征订供应、外国图书展销、外文报刊收订和快送、音像制品零售和批发等多种形式，向广大读者供应各级各类的外文教材、外文工具书、外文报刊和画册、外语录音磁带等。1987年销售额为7万元,1990年增加到35万多元。

(五)出版社自办发行

出版社的自办发行业务是从20世纪50年代后期开始的。1957年文化部发出通知,提出新华书店今后不再办理内部发行,一些机密性或公开发行对国际关系有妨的书籍,由出版部门自办发行。根据这一精神,当时的甘肃人民出版社成立了内部发行组,自办内部发行业务。1969年,内部发行工作又交新华书店办理。

1980年,根据中宣部颁发的《出版社工作暂行条例》中出版社可以自办发行的精神,甘肃人民出版社在南关什字成立了书刊销售门市部,主要经营甘版图书,作为宣传甘版图书,了解读者需求的窗口,同时也为新华书店主渠道发行的补充形式。

1981年根据国家出版局发行工作体制改革座谈会精神,甘肃人民出版社成立了发行科,扩大图书门市部和邮购业务,并在京、沪、穗等大城市和省内建立图书特约经销处和代销点,与全国各兄弟出版社建立了自办发行业务联系。1983年,甘肃人民出版社又在图书发行门市部的基础上,成立了青年服务公司,独立核算,自负盈亏。公司负责本版和外版图书的零售及在兰地区的图书批发。发行科负责本版图书的邮购和新华书店系统外的征订批发业务。1985年发行科与青年服务公司的业务合并,成立了甘肃人民出版社书刊发行公司。1988年成立了宣传发行处,作为出版社的一个职能部门在省内外及国外联系发行业务。1990年撤销宣传发行处,将其业务并入出版处,合成出版发行处。1992年,甘肃人民出版社又成立了甘肃省图书公司,并将发行业务从出版处分出,成立发行处。甘肃省图书发行公司、甘肃人民出版社发行处、甘肃人民出版社书刊公司三个牌子,一套机构,共同办理甘肃图书的自办发行,同时经销外版图书,开展多种经营。

到目前为止，甘肃人民出版社的发行机构同全国 400 多家出版社的发行部门进行业务往来，在京、沪、穗设立经销处，在省内一些大专院校及部分新华书店设立了代销点，与兰州市 40 多家集体和个体书店建立了图书批销关系。

（原载《甘肃出版史略》，甘肃人民出版社 2011 年版）

选题与编辑的才能

一提起编辑,人们总是把他们同改稿连在一起。编辑往往也称自己的工作是"二传手",认为编辑就是把作者的作品传给读者。因此,提及编辑工作,大都讲的是编辑加工,谈起编辑才能,多是要求"杂家""通才"等等。近几年来,随着出版领域学术空气的不断浓厚,人们对编辑工作的性质和编辑的才能,开始有了新的认识和看法。本文就选题在编辑工作中的重要作用及编辑在选题中应具备的才能,谈几点粗浅的认识,以同广大编辑同行商讨,并引起对选题工作的重视。

一、选题的实践与概念

什么是选题,如何对待选题,这既是个理论问题,又是个具体的实践活动。目前,在编辑同行中,由于对选题在图书出版中的作用及意义存在着不同的认识,因而对选题也就得出了不太一致的概念,以致出现了,或者客观上存在着重编辑加工和重选题计划两种不同的编辑实践与认识。

重编辑加工者认为,编辑的职责就是修改加工稿件;书籍的起点在作者,终点在读者,作者、编辑、读者之间是一字形直线关系,三者之间,编辑仅起"二传手"作用。由于他们只看到了编辑在书稿中被动的加工作用和"二传手"作用,而没有看到编辑在选题中主动超前的计划设计作用和启发引导作用,因而他们把编辑加工仅看成是编辑工作的重点和中心,而对制订选题计划则视为无足轻重。在他们看来,选题就是由作者写成,或计划编写,并将由编辑修改加工的稿件名称。制订选题计划就是填写稿件名称、内容和字数。持这种认识的人,大都没有长远的出书规划和中短期计划,更没有自身的编辑业务设计。他们守株待兔,主要、甚至完全靠作者投稿,因而常常是稿源不足,等米下锅,盲目出书。他们虽然十分重视书稿的编辑加工,从内容到文字,从标点到格式,字斟句酌,有时也碰到一两部高质量的书稿,但就总体来看,他们向社会推出的书大都质量平平,不成体系,也没有固定对路的读者对象。

随着出版事业的发展和编辑水平的提高,到目前,在理论上承认重编辑加工,轻选题计划的编辑人员越来越少,多数编辑同行都开始强调选题在图书出版中的地位和作用,但习惯于伏案看稿,不在选题上下功夫的编辑实践者至今仍不乏其人。

重选题计划者则认为,在图书出版中,编辑绝不是起被动的"二传手"作用;书是作者写的,但选题是编辑定的,一部完全按编辑选题意图写成的书稿,其编辑思想、编辑构思、编辑设想充分体现在其中;在图书出版过程中,编辑既起主动的、主导的设计作用,又起编辑加工作用;在书籍形成过程中,作者、编辑、读者的关系绝非一字形直线关系,而是从编辑到作者再到读者,最后又到编辑的三角关系。就是说,写什么书,怎么写书,首先要由编辑提出,并由编辑设计构思。当作者按选题要求编写成稿后,再经编辑审稿、编辑加工,尔后付印成书,送给读者。最后再由读者向编辑反馈息信,或肯定,或否定,或重印,或畅销,或滞销等等,这才算经过了一个完整的出书过程。在此过程中,编辑、作者及读者三者之间的关系是由编辑调整的,选题则是调整三者关系的杠杆。因而重选题计划者认为,选题是书籍的灵魂,选题是一部书或一套书在指导思想、读者对象、主要内容、篇章结构、写作方法、装帧形式等方面的总体设计。选题是编辑思想在书稿中的体现,是编辑进行组稿和审稿的依据。

具有上述思想认识的编辑,其编辑实践大都注意发挥编辑的主观能动作用,重视编辑的总体规划和自我业务设计,不盲目的跟着作者的屁股转。出什么书,不出什么书,先出什么书,后出什么书,全套书由谁参加编写,单本书由谁执笔,并对主题思想、主要内容、篇章结构、装帧设计等,都有自己的总体规划和设计。他们了解读者,掌握作者,并沟通作者和读者,使其构成图书的有机结合体,使希望看好书和努力出好书的良好愿望紧密地结合在一起,并努力实现。因而他们向社会推出的书,既成体系,又有层次,及时准确,新鲜对路,既反映了作者的水平,也体现了编辑的思想和出书的特点。

据研究,在中国图书出版史上,直至中华人民共和国成立以前,我国的图书编辑一直是以选题、组稿和审稿为己任,一般尽量少改稿或不改稿。唐代早期的书院,是国家的出书和藏书机构,书院学士之职是"掌刊辑古今之经籍,以辨明邦国之大典,而备顾问应对,凡天下图书之遗逸,贤才之隐滞,则承旨而征求焉。其有筹策之可施于时,著书之可行于代者,较其才艺,考其学术而表之。"其后的宋元明清各代,图书出版主要在国子监、翰林院和书院进行,寓作者、编辑于一身,制定出书规划,收集整理和校勘经籍,校对抄写图书。编辑之职责是近代图书出版的责任分工。早期出版社的编辑大多知识渊博,尔后渐减,直至目前,一些编辑轻读书、轻学习,知识肤浅,忙于应付,以编辑加工为编辑业务之中心,甚至以编辑加工代替全部编辑业务,而将选题、组稿、审稿这一至关重要的编辑环节视为无足轻重,这种本末倒置的现象,不能不认为是编辑工作中的一大弊端。

二、选题的性质与作用

古人云"凡事预则立"。意思是说,做任何事情,都要先思考,先计划、先设想。编辑工作是一项极为复杂的工作,一部书从动笔到成书,需要时间长,涉及空间大,经过环节多。因此,要做好编辑出版工作,首先要调查研究,认真思考,反复思考,要在认真调查研究,充分分析思考的基础上,做出周密的安排和总体设计。制订选题就是出书的先思,反复地论证选题就是反复的多思。这是编辑出版工作成败的关键一步。

书籍是精神产品,选题则是这一精神产品的灵魂,它在编辑出版工作中起着主导作用。中共中央、国务院《关于加强出版工作的决定》,为编辑出版事业提出了明确的方针,规定了具体的任务和措施。出什么书,不出什么书,先出什么书,后出什么书,重点出什么书,各出版社都要按照自己的专业分工和出书范围,根据一定时期内的政治经济形势、读者需求、科技文化水平以及作者力量等综合因素,进行规划和实施。制订选题,就是在出版界具体落实党的出版方针和政策,保证书籍具有高度的思想水平、科学水平和艺术水平,以满足广大读者日益增长的对优秀读物的需要。

选题和书籍的关系,如同设计与建筑物的关系,一座现代化的建筑物,在施工前对其结构、设备、形状等,必须进行精心的总体设计和规划,设计者根据建筑的任务和要求,通过调查研究、综合考察,对建筑物的形式、结构、设备、工艺、材料、动力以及环境、条件、资金等,做出具体规划,并设计成建筑单体或群体的图纸和文件。如果没有总体设计,则建筑物的施工将是无法进行的。如果没有高精度的设计,也就不可能有高质量和现代化的建筑物。一本书在出版前也必须进行设计,制订选题就是对一本书或一套书的总体设计。选题论证表就如同是一座建筑物的设计图纸和文件。编辑则是这一精神产品的设计师。一部书或一套书,如果经过反复的论证,选定了题目,又找到了才华出众的作者,就像一项工程已经有了精确而又现代化的设计图纸,并找到了技术力量雄厚、设备先进的施工队和工程师一样。不经设计，或草率、非科学的设计，再加蹩脚的施工，绝不可能建造出一座现代化、高质量的建筑物来。即使对其精心粉刷和装饰，也难以改变它低劣的质量；一部没有经过深思熟虑、反复论证的选题，并由素质不高的作者编写出来的书稿，无论如何也是低质量的，就是再高明的编辑费尽九牛二虎之力，也绝不可能使它转劣为优。建筑物的现代化和高质量是由现代化、高精度的设计和高质量的建筑施工来实现的，而不是靠细致的粉刷和精巧的装饰去完成的。高质量的出版物是由高质量的选题和高水平的作者去完成的，而不是由编辑的精心加工所达到的。责任编辑如果在制订选题和选择作者上草率从事，他就是有再高的文字加工水平，也绝不会编辑加工出一部高质量的书稿来。

在编辑工作中往往存在着这样一种事实，即编辑一般都将工作的七成时间用于书稿的编辑加工、定发稿和看清样上，而制订选题、组稿和审稿工作只用三成时间就可以完成。但这往往给人造成一种错觉，似乎占用时间多的编辑加工要比占用时间少的选题制订和组稿更为重要，以致一些编辑就本末倒置，将全部精力致力于书稿的编辑加工，而对制订选题这一编辑的核心工作却草率从事。与此同时，我们也不能不承认这样一个事实，即高质量的图书出自高质量的选题和高水平的作者，而绝非出自高质量的编辑加工。编辑加工对高质量的书稿能锦上添花，但对低水平的稿件则是一筹莫展。可见，编辑工作的主次，不是用完成哪一项工作所花费时间的多少来衡量的，而是由所做工作对书稿所起的作用来决定的。编辑用七成时间只完成了三成编辑工作，而用三成时间却要完成七成编辑工作，这才是问题的实质。

上述议论并不是要否定编辑加工在图书出版中所起的作用，相反，我们认为，在今后的编辑工作中，应进一步加强此项工作。但在看待选题与编辑加工在图书出版中的作用上，在处理选题与编辑加工的关系上，应该主次分明，这一点是不能置疑的。

三、选题工作中编辑应有的才能

选题工作虽不是编辑的全部工作，但也是中心的关键工作。编辑在选题工作中应有的才能，虽不是编辑的全部才能，但也是编辑的主要才能。一个合格或高明的编辑，其才能应主要表现在选题上，他们必须以广博的知识、深远的见识和准确的判断力以及高超的综合思维和总体设计能力来优化选题，组织作者，以达到出版图书的高质量。

（一）广博的知识和丰富的常识

一提编辑，人们总认为他应该是一个"杂家""通才"，应该在文史哲经、数理生化、医药卫生、金融财政、天地五行，乃至阴阳八卦等领域，都要有一定的知识。其实，这只是一种良好的愿望而已。这种要求的结果，要么使某些编辑无所适从，不敢在自己的专业上精益求精，最终既不能专也不能杂；要么又使某些编辑满足于知识的一知半解，夸夸其谈，班门弄斧，而不能有真知灼见。在中国图书出版史上，编辑工作一般都入流入品，而不入杂家之行。所有从事编辑事业者，均为有专业知识的学者名家，他们在一起研讨学术，掌握国家文化遗存及科技发展，发现崭露头角的撰写人才，并审阅他们的作品。唐代三馆，即弘文馆、史馆、集贤书院等，既是当时国家最高的出书机构，也是学术中心，其编辑之职是备皇帝顾问，向皇帝说教，并发现人才，校勘国家典籍，校对抄写图书。褚无量、马怀素、张说等弘文馆、昭文馆、集贤书院学士，既是当时朝廷高官，又是闻名全国的学者，既是国家图书的收集、整理和校勘者，又是编辑加工和校对者，寓学者、作者、编辑于一身。据《旧唐书·褚无量传》载"无量以内库旧书，自高宗代即藏作宫中,渐致遗逸,奏请缮写校刊,以弘经籍之道。玄宗令于东都乾元殿前施架排次,大加搜写,广采天下异本。数年间,四部充备"。在缮写校刊中,刊校之书须经书院学士的三次详阅审订,方可列入国家图书总目,尔后抄写发行。由此可见当时编辑的学术权威。

笔者认为,作为出版社的一位编辑,必须具备广博的知识、丰富的常识和深远的见识。每个编辑应有自己的一门专业知识,在这门专业上应有较深的造诣,并具有一定的学术水平。出版社的编辑部要有浓厚的学术空气,要提倡编辑学者化,鼓励编辑参加社会的学术活动。只有这样,他们才能站得高、看得远,才能有较高的选题水平和较强的审稿能力。只有进入一两门专业的学术领域,他才能以类推法对其他相近专业和交叉专业提出合乎编辑的学术要求和选题设想。如同穿过高山峻岭的人,他对未到过的高山虽不能具体其高度及形状,但对它的基本特征总会有个合乎逻辑的推测和估计,但对未见过高山的人就有点高深莫测了。

在具备了较强专业知识的基础上,编辑应充分发挥个人的自学能力,尽量拓宽自己的知识领域,丰富自己的科学常识、生活常识和法律常识,充实历史知识和民族、民俗知识,使其知识结构如同一棵大树,有干有枝有叶。其专业知识就是干,其他知识则如同枝叶,只有干粗枝大,根深叶茂,才能成为栋梁之材。如果说,编辑同其他学者有不同的话,那就是他要比其他学者应更多的具备其他科学知识。

(二)深远的见识和准确的判断能力

从一定意义上来讲,编辑工作的本身就在于见识和判断。见识就是编辑运用本身所具备的知识和常识,来辨识孕育于科学、文化和生活中有生命力和闪光的选题,发现才华出众或有希望成才的作者。判断就是肯定或否定某一选题或某一作品的价值,并认定或否定它的命运和前途,以此来做出组稿和出版的决策。

选题的超前性要求编辑由今天判断明天。要判断读者的需求变化,判断图书市场的兴衰;科学的发展则要求编辑见多识广,不仅要掌握一两门学问的昨天和今天,而且还要判断和预测它的明天;文化的丰富悠久,则要求编辑要判断它古为今用的价值;生活的复杂则要求编辑要判断认识它闪光的火花,如此等等,都可成为编辑选题决策的依据。一个高明和有见识的编辑,总是以其敏锐的思想,辨识时代的风云变幻,体察时代的脉搏,把握出版物的政治方向;以科学的世界观和方法论把握学术的发展、知识的真伪和科学文化信息;以深远的见识把握生活中的火花和社会的需求,及时捕捉和选择那些在历史长河中、在思想文化领域内、在科学技术的宝库中及人类生活中某一闪光的片段,并将其挖掘出来,奉献给社会,奉献给人类,使其发挥潜在的光和热,以致成为人类的财富。编辑大师邹韬奋,在其编辑生涯中一直站在时代的前沿,以其深湛的见识、敏锐的眼力捕捉生活中有生命力的事物,及时编辑出版了一批深受人民群众喜爱的书籍。1946 年,当闻一多先生在西南联大被特务暗杀后,不到一年,《闻一多的道路》一书便出现在"三联"的书架上,并在青年学生中广为流传,乃至成为战斗的武器。大师的见识和判断力可谓中国编辑的楷模。

(三)综合思维和总体设计能力

打拳要有套路。其实,出书也应该有个套路。套路就是总体设计和总体规划。套路来自编辑的综合思维。每个编辑的出书特点,就是他编辑套路的具体体现,也是编辑才能和水平的具体的反映。

一个编辑要根据自己的业务分工和专业特长,对自己未来的编辑生涯要有一个纵向的整体设计,要有个长、中、短期的总体规划。就出书范围来讲,不仅要考虑自己的专业知识和业务分工,同时也要照顾相近专业、交叉专业和边缘科学;不仅要考虑当前学习、生活和工作急需的读物,同时也要考虑带有预测、展望的读物,还要考虑出版总结有关科学历史发展的读物。就出书层次来讲,不仅要考虑分工范围及编辑个人专业学科的高级读物,也要考虑这一学科的中级读物、普及读物,直至低幼读物等。从出书的品种来讲,不仅要考虑专业分工及个人专业学科的基础理论读物,也要考虑这一学科的基本技能和基础训练方面的读物。同一学科的出版物,要横成体系,纵有层次;在政治思想上要有中国社会主义社会的特色,在学术理论上要赶上世界先进水平,要体现时代的特征。

选题工作是一项多层次、多方位、多维面的工作。在选题工作的具体实施中,编辑必须具有较强的综合思维能力,不仅要考虑选题的宏观因素,同时也要考虑选题的微观因素;不仅要对选题进行纵向分析,同时还要进行横向比较;不仅要考虑选题的社会效益,而且也要考虑选题的经济效益,即出版社的经济收入;不仅要考虑选题的新颖性、独创性,同时也要考虑它的科学性和实用性,并且还要考虑实施的可能性等,因而要求编辑必须具备较强的综合思维能力。

(本篇为1991年全国教育出版社学术研讨会论文。载于广西教育出版社《教育出版理论与实践》一书,于1992年出版。)

昔日学术伤心史 百年奋斗现辉煌
——"敦煌学研究丛书"评介

　　1900 年,在中国考古学史上难得的文物,被一个不懂考古为何物的王道士发现了。由于清政府的无能和发现保管者的无知,这批震惊世界学术界、号称近代中国学术史上四大发现之一的敦煌文献,或流失海外,或藏于私家,而中国学者却与其失之交臂。30 年后著名学者陈寅恪先生在《敦煌劫余录序》中说:"敦煌学者,今日世界学术之新潮流也。"但在当时,"吾国学者其撰术能列于世界敦煌学著作之林者,仅三数人而已"。于是中国学者不能不发出"敦煌学者,吾国学术之伤心史"的慨叹。

　　一百年来,敦煌学伴随着大量珍贵的敦煌文献的被掠和流失而产生,同时也伴随着中国学界的耻辱伤心而发愤崛起。经过数代学者的辛劳和努力,尤其是 20 世纪 80 年代以来,一批中青年学者继承先辈之学业,奋发进取,在文学、语言文字、历史、地理、考古、艺术、宗教、天文历法,以及敦煌学史和敦煌学理论方面,都取得了辉煌的成就。累累硕果引起了国际敦煌学界的瞩目,也为中华学术增光添彩,使中国学界不再为此"伤心"。

　　甘肃教育出版社在为地方教育服务的同时,立志以地方文化为特色,打造自己的品牌,继"陇文化丛书"之后,又推出了"敦煌学研究丛书",一次性推出集海峡两岸学者的 12 部专著和论集,这在敦煌学出版物中也是不多见的。

一、学界注目的编委会和出众的作者队伍

"敦煌学研究丛书"动意于 1998 年,先后有 12 部作品入盟。作者是 20 世纪 80 年代以来, 在敦煌学研究领域取得优异成绩的中青年学者,也有从 40 年代始就在敦煌埋头于敦煌历史与石窟艺术研究的老一代专家,有北京大学、武汉大学、兰州大学、南京师范大学、台湾中正大学和嘉义大学等高等院校的教授或博士生导师, 也有敦煌研究院、中国文物研究所、新疆博物馆的研究员。为了把好学术关,使丛书更臻成熟完善,我们又在丛书作者的基础上,邀请部分在敦煌学研究领域有成就、有名望的学者组成丛书编辑委员会,他们以极大的热情关注丛书的编写工作,并提出了许多宝贵的意见和建议。

季羡林先生 1983 年以来任敦煌吐鲁番学会会长,一直关心着敦煌学的研究工作。作为"敦煌学研究丛书"的策划者,我们首先想得到老先生的支持,更何况丛书作者全部都是敦煌吐鲁番学会的成员,大家都觉得有必要给季先生打个招呼, 但我们又不忍心打扰这位年事已高的前辈,可我们还是打扰了他。出乎意料的是季先生不仅高兴地允诺任丛书的主编,而且还答应为丛书作序。正如序中所说:"我已年过九旬,仍愿意为敦煌学研究奉献微薄之力。"我想季先生在敦煌学界的号召力和学术凝聚力,对"敦煌学研究丛书"绝不会是微薄的。

香港大学教授、著名学者饶宗颐先生,收到任"敦煌学研究丛书"副主编的邀请函后,亲自回话,也愉快地接受了我们的邀请。由季羡林先生任主编,并为丛书作序,由饶宗颐先生任副主编,这不仅增加了丛书的品位,而且更加引起社会和学界对丛书的关注,也使编委会成员和丛书作者对丛书的内容及质量更加重视, 使丛书的编写工作一开始就驶入高档次的轨道运行。

二、广泛的学术领域和精深的专题研究

1900 年莫高窟第 17 窟被打开之后，洞中保藏的将近千年的五六万件六朝、隋唐以至宋初的写本、刻本及各类文物重见天日，这一人类近代文化史上的重大发现，使中、日、欧美的许多学者争相研究，于是便形成了一门新兴的学科——敦煌学。

敦煌学最初研究的对象，主要集中在新发现的文书及相关问题上，后来研究范围逐渐扩大，推而广之，凡与敦煌文献以及敦煌石窟建筑、壁画、雕塑以至敦煌历史文化等有关的问题，都成为敦煌学研究的对象，主要内容涉及中国古代的政治、经济、军事、历史、地理、哲学、宗教、民族、语言、文学、艺术、科学技术、版本学以及东西方文化交流等。我国学者的敦煌学研究由叶昌炽、罗振玉整理典籍、发表文章，首开其端；刘复、向达、王重民、王国维、陈寅恪、姜亮夫等或赴英或赴法了解和收藏的文献，或撰写开拓性文章，奠定基础，使编纂敦煌遗书目录的工作取得重大进展；张大千、常书鸿等著名画家临摹作品，将石窟艺术和敦煌历史研究向前推进了一步；20 世纪 80 年代以来，我国中青年学者脱颖而出，在敦煌学各个领域都有新的成果，一大批高水平的文章和著作相继问世，引起国际敦煌学界的瞩目，为敦煌学增光添彩。

正如季羡林先生所说："甘肃教育出版社出于对学术成绩的尊重，对乡土宝藏的珍爱，对祖国文化建设的责任，汇集十几位海峡两岸敦煌学研究者的专著和论集，一起出版，集中体现了近二十年来中国敦煌学各个方面的研究成果。""敦煌学研究丛书"最初的设想是集中反映 20 世纪 80 年代以来，海峡两岸学者在敦煌学研究领域所取得的成就，主要内容涉及文学、语言文字、历史、地理、天文、历法、经济、宗教、文化教育、石窟艺术和敦煌学史等敦煌学研究的各个领域，

一个专题一本书,集专题研究之大成,系统论述研究成果,形成专题通论。经一年时间的论证、组稿,使我们认识到,我们的选题设计不完全符合当前敦煌学研究的实际,敦煌学领域的专题研究有很多正值高峰期,新材料不断发现、新问题不断解决、新观点和新理论不断补充,就目前的研究成果来做系统的论述和结论,对很多学者来说,则觉得为时过早。于是我们改变了专题通论的初衷,能通则通,不通则集,以通论和文集等多种形式,反映近二十年来敦煌学研究的成果。而且个人学术论集更能集中反映学者对某一专题或某一问题的研究深度,更能体现其学术价值。

列入"敦煌学研究丛书"的著作共 12 种。其中系统论述的专著两部,即《敦煌学通论》和《印度到中国新疆的佛教艺术》。前者对敦煌学的各个方面进行了全面论述;而后者则系统研究了从印度产生的佛教艺术,到传到中国新疆吐鲁番地区的传播过程和艺术表现形式,重点研究了中国新疆于阗、龟兹、鄯善、疏勒、焉耆、高昌、哈密等地的石窟、壁画、塑像、佛教遗址等。其余 10 部中,综合性论集两部,专题性论集 8 部。综合性论集有《敦煌学新论》和《敦煌学史事新证》。前者将宏观论述和微观考证相结合,研究了莫高窟的历史、藏经洞的发现和敦煌文献流失的过程,论述了百年敦煌学史。通过书评和学习体会,发表新的学术见解,并不断补充新材料,提出新观点,发表新理论。后者则分敦煌吐鲁番文书和译经考释、敦煌案卷研究、莫高窟北区 47窟新出唐代资料研究、唐五代敦煌乡里规制考证等专题,利用敦煌吐鲁番出土的新资料,对魏晋南北朝及隋唐政治、经济、文化等进行了微观的考证,获得了新的认识和新的理解,填补了这段历史的空白。8部专题性论集中,《敦煌历史与莫高窟艺术研究》充分利用敦煌遗书和 492 个洞窟的艺术品,以历史为依据,以社会为基础,对敦煌石窟排年分期,对艺术品分析归类、追源溯流,研究了敦煌历史与莫高窟的创建过程、北魏和北凉的石窟艺术以及唐代壁画的艺术特点,论述了敦煌艺术产生的历史依据、社会基础和敦煌艺术在中国美术史上的学术价值,以及研究敦煌艺术的方法等。《敦煌蒙书研究》是作者在全面普查、叙录、整理、校勘的基础上,对28种蒙书进行了系统的整理研究,分别进行体式剖析、类别区分、特色析论、渊源考证和价值论述,并阐明此类写卷对唐五代以后蒙书的影响及在蒙书史上的地位。《敦煌吐鲁番天文历法研究》,是以出自敦煌石窟和吐鲁番古墓群的古历日文献为依据,对古代天文星占卜学、敦煌历日的具体问题和个案进行了研究,对吐鲁番和黑城残历日的年代进行考定与释证等,解决了敦煌、吐鲁番历日中一些悬而未决的问题。《敦煌语言文字学研究》是以敦煌文献为对象,阐述敦煌语言文字学之性质、范围和研究方法;借敦煌写本异文之分析,全面阐述俗字、俗音、俗语词的基本概念与见解;利用具体文献,考证俗字、俗语词和字词,或研究口语语法和训诂式;以不规范读音为研究内容,揭示俗字生成原理;或以书评等形式,表达敦煌语言文字学研究与敦煌文献整理等方面的基本观点。《敦煌俗文学研究》则分别研究了敦煌文献中的曲子词、俚曲小说、说唱故事和通俗诗文的时代、地域、民族、宗教、民间特色以及她与中原文学的关系,并追源溯流,以求理出这一文学现象的独特发展走向。《敦煌壁画乐舞研究》则对敦煌壁画中的乐伎和舞伎进行了系统的研究,并对乐器进行了分类仿制,介绍了敦煌古曲谱内容及敦煌飞天造型的艺术价值和甘肃出土的音乐文物的主要特色。《敦煌与中西交通研究》是以敦煌壁画和敦煌文献为依据,通过对丝绸之路的开通及丝路商贾往来,唐与印度及属国友谊及中印文化科技交流,唐与马主突厥的关系和唐蕃古道、"四主"之说等的研究,以呈现古代中国与西方交通的概貌。《中外敦煌学家评传》则对中国、日本、欧美的23位已故的著名敦煌学家进行评述,介绍他们的生平和著作,探求他们的研究方法，论述他们在敦煌学领域的地位与贡献，以展现国内外敦煌学历史之概貌。

"敦煌学研究丛书"的专题论集包括语言文字、俗文学、天文历法、石窟艺术、乐舞、中西交通、蒙书等，其内容基本涉及敦煌学研究的主要领域。丛书原计划还应有历史地理、政治经济和敦煌遗书的研究专集，但由于研究相关专题的学者当时已是重负在身，只好割爱。如有可能，我们将在第二批丛书中推出。

三、求深求新的研究精神和鲜明的学术特点

周一良先生在《何谓"敦煌学"》中讲道："如果我国学者尤其是中青年同志，能打好坚实的基础，积累丰富的知识，并和外国同行互通信息，取长补短，以由小见大的方法，把微观的考订与宏观的阐释结合起来，从事敦煌文献的整理与利用工作，定能把我国的'敦煌学'大大推向前进！""敦煌学研究丛书"的作者们确实这样做了，他们以各自深厚的专业功底，对相关文书进行查排、选择和考订，并将文书与史籍结合起来，进行综合性地分析研究、钩沉发微、层层深入：或以归义军请受田簿的考订论及后唐的请田制度；或通过对敦煌本北魏太平真君十二年(451)历日上的两次月食预报的考订，对照历史典籍，得出它是现知中国最早的月食预报材料的结论；或通过对《太公家教》《百行章》等蒙书的普查、整理、校录，以见唐五代民间教育的梗概，以及它在蒙书史上的地位。微观考订与宏观阐释相结合，以小见大，这是敦煌学研究的主要方式之一，它也充分体现于"敦煌学研究丛书"，无论过去、现在和将来，都在伴随敦煌学研究而行，并闪光发亮。

文献与史籍相结合，是"敦煌学研究丛书"的共同特点之二。敦煌吐鲁番文书除具有珍贵的文物价值外，还在于它全部出自时人之手，

是当时社会政治、经济、文化生活的原始记录，是最能客观地反映当时社会实际的第一手资料。从魏晋至隋唐五代，官府和私家的档案已荡然无存。敦煌吐鲁番文书却是这一时期仅存下来的官私档案，对它的分析、研究，必然会使我们对魏晋南北朝和隋唐五代历史有许多新的认识和理解。"敦煌学研究丛书"的作者们站在各自专业的角度，选择相关的文书，探幽烛微，层层深入，并将文书与史籍结合起来，进行综合分析研究，纠错补史，取得了可喜成果。如对十六国历史提出了新问题，同时也解决了一些历史悬案；从政治、经济、文化等方面比较清晰地描绘了一部远比史籍记载丰富可靠的高昌历史，填补了唐末五代河西历史的空白；有的还填补了历史交通要道和月食预报的空白等；敦煌石窟的排年分期和对艺术品的归类，是文献与史籍相结合的典型。

采用新材料，解决新问题，阐述新观点和新理论，是"敦煌学研究丛书"特点之三。陈寅恪先生在《敦煌劫余录序》中说："一时代之学术，必有其新材料与新问题。取用此材料，以研求问题，则为此时代学术之新潮流。""敦煌学者，今日世界学术之新潮流也。""敦煌学研究丛书"的学者们同国内外学者广泛取得联系，全方位地打开新材料、新信息的接收器，不断发现新材料，或利用新材料研究新问题；或以新材料补充和纠正旧课题，旧题新作。荣新江先生的《敦煌学新论》，或以新材料研究新专题；或以新书评论形式，应用新材料，发表新见解；或以纪念敦煌学史上的前辈，学习他们的著作来发表纪念文章和心得体会，以阐述自己的新见解。陈国灿先生的《敦煌学史事新证》也是以新材料来证史、补史、纠史，解决了魏晋南北朝和隋唐五代的不少新问题。《印度到中国新疆的佛教艺术》，除中亚佛教艺术采用他人的资料外，新疆佛教艺术资料基本都是作者和她的同事们多年来实地考察后得到的第一手资料。《敦煌历史与莫高窟艺术研究》是作者从 20 世纪 40 年代到 90 年代末的 50 多年间,在莫高窟临摹,治史,研究文献,分析、研究第一手资料得出的新观点和新理论。文献史籍相结合,以小见大,求深求新,以新材料研究新问题,探求新理论,以新理论带动新发展。敦煌学在 21 世纪将别开洞天,仍保持她青春的活力。

四、精心的策划编辑和上乘的印装质量

精心策划,精心撰写,精心编辑加工,精美的装帧和印刷,是"敦煌学研究丛书"的选题设计方针和最终要达到的目的。"丛书"约稿后,首先由作者拿出编写大纲和章节细目,然后分送编委会各成员征求修改意见。出于对敦煌学的热爱和对学术的尊重,编委会的专家们高度重视"丛书"的编写工作,他们利用学术会议和私下交往的机会,交换对"丛书"的编写意见和建议,并对收入"丛书"的每部著作都进行认真的审查和评论,对部分著作的内容还提出了具体的修改意见。

"丛书"编写大纲经编委会审定批准后,作者便开始了精心的编撰,每本书的作者心中都有一个共同的谱,那就是由季羡林先生任主编、一大批知名学者作编委的"敦煌学研究丛书",一定是高标准、高质量的,一要符合丛书的要求,二要充分体现自己的学术水平。经过一至两年的努力,有的在原撰写文章的基础上,增加新材料,论述新理论;有的补充新文章,发表新观点,使其专著或论集充分体现 20 世纪末到 21 世纪初的敦煌学研究水平。

甘肃教育出版社指定有专长的编辑对书稿进行编辑加工,有些书稿还约请社外专家审稿把关,提出修改意见,退作者修改。责任编辑通过书信、电话、面谈等多种形式同作者沟通,修改错误、规范形式、解决矛盾,力争做到表述准确,形式规范和统一,责编、作者分别看两次清样,并约请有专长和有经验的在职或离退休编辑进行校对,

尽量减少差错,每本书看清样加校对,不少于五人次,个别多达六七人次,直至全部差错改完后方签付印。

丛书采用大 32 开本,宽天头加书眉,书眉又以飞天图案装饰,充分体现敦煌韵味。各书正文前均加彩版,或为最有代表性的考古遗址,或为最典型的文书照片,或为最重要的学术交流照片等。图书正文基本是图文并茂,以典型的照片和线描串文,图文对照,生动活泼,赏心悦目,且能使读者加深对文章的理解。

“丛书”封面设计几乎同“丛书”的编写同时进行,可以说花费了设计者两年多的心血。首先是封面设计者同“丛书”策划者的沟通,了解“丛书”的内容,深悟其要体现的内涵,从护封、内封到环衬、扉页,从图案颜色到书名文字,如何搭配,怎样摆放,都反复推敲,广泛听取部分作者和责编的意见,经精心设计,方拿出正式方案。最后内封以深灰色特种纸印银,银色飞天铺底,“丛书”名与单个书名及相关文字也为银色,素雅、美观,既体现了敦煌意蕴,又具浓厚的书卷气;护封采用特种乳白纸,书脊及书根以壁画图案作暗淡底纹,以彩塑彩照头像重点装饰,正面以深灰色波纹作底衬,黑色书名和相关文字,淡雅醒目,朴素大方,书名直截了当,提示文字可现内容之一斑;黑色特种纸印有金色叶状底纹的前后环既与乳白色护封及浅黄色扉页形成强烈对比,又与深灰色的内封形成由浅到深,再由深到浅的过渡,循序渐进,将读者引入敦煌学的殿堂,以见琳琅满目的学术成果。

2002 年 9 月,“敦煌学研究丛书”隆重推出,10 月,正值第十三届全国书市。“敦煌学研究丛书”以其强大的作者阵容、广泛的研究内容、鲜明的学术特色和精美的装帧印刷,吸引了到会的广大读者、参观者和购货商。也引起了全国出版同行的关注,有的前来订货,有的前来拍照,有的找编辑人员了解“丛书”的编写情况,一致认为这是一套具有时代特征的学术丛书。我们愿这套丛书以其优美的外观和丰富而新颖的研究成果在敦煌学研究领域闪光发亮。

"敦煌学研究丛书"：《敦煌学新论》，荣新江编著；《敦理学史事新证》，陈国灿编著；《敦煌蒙书研究》，郑阿财、朱凤玉编著；《敦煌俗文学研究》，张鸿勋编著；《印度到中国新疆的佛教艺术》，贾应逸、祁小山编著；《敦煌与中西交通研究》，孙修身编著；《敦煌学通论》，刘进宝编著；《敦煌历史与莫高窟艺术研究》，史苇湘编著；《敦煌语言文字学研究》，黄征编著；《敦煌吐鲁番天文历法研究》，邓文宽编著；《敦煌壁画乐舞研究》，郑汝中编著；《中外敦煌学家评传》，陆庆夫、王冀青编著，甘肃教育出版社 2002 年版。

（刊于《甘肃书讯》2002 年第 6 期，2005 年甘肃人民出版社《甘肃版图书评论集》）

"国际敦煌学丛书"

——《斯坦因与日本敦煌学》评介

著名学者陈寅恪先生在 20 世纪 30 年代曾说过:"一时代之学术,必有其新材料与新问题。取用此材料,以研求问题,则为此时代学术之新潮流。"自 1900 年敦煌莫高窟藏经洞发现以来,在近一个多世纪内,中国、英国、俄国、法国、德国、瑞典、芬兰、美国、日本、匈牙利等国学者先后进入敦煌中亚考古探险,发掘文物,继而数代人在资料分散、内容庞杂、语言多异等种种困难条件下,筚路蓝缕,苦心孤诣,探幽烛微,整理公布敦煌中亚文献,不断发掘敦煌中亚文物,并对其进行深入的研究,在文学、语言、历史、地理、考古、艺术、宗教、天文、历法以及敦煌学史和敦煌理论等方面, 先后发表了一大批高水平的著作,为国际学术界所瞩目。到了 20 世纪 80 年代,敦煌学一跃而成为世界学林中的一门显学——国际敦煌学。

王翼青先生是兰州大学敦煌学研究所教授、博士生导师,是我国研究国际敦煌学史很有实力的一位年轻学者。他曾几度被派遣和应邀西赴英伦、东渡扶桑,在英国国家图书馆、大英博物馆、牛津大学包德利图书馆和日本东洋文库等学术机构从事研究工作。期间他放弃休假,放弃研究机构为他提供的欧洲各国旅游,倾其所有时间,对刊登在数十种"东方学"杂志上的世界各国中亚考察队的调查报告、报道之类资料,进行了拉网式搜集,对各考察队发现和搜集到的文物之出土地点、发现年代、内容、形式等进行了分类整理。在日本期间,他尤其重视以大谷光瑞考察队为代表的日本中亚考察活动，还通检了明治末年以来日本学者用日文写成的敦煌学论著，并将有关日本敦煌学史的日文文献翻检一遍。特别值得一提的是被当今学术界称作"天书"的斯坦因四次中国考察的日记，也被他在英国搜集到了。王翼青先生以其高超的外语水平和深厚的敦煌学及中亚史地知识功底，解读翻译了斯坦因的日记，还有斯坦因同世界各国学者的往来通信，斯坦因的考古报告、记录、账本和各种档案等，从而为自己打开了研究国际敦煌学史的第一道大门，并以这位英藏敦煌中亚文物的主要搜集者、国际敦煌学的奠基人为轴心，搜集了他同德国、法国、俄国、匈牙利、美国、日本等国学者的通信以及他们在敦煌中亚的考察档案和搜集品，并将零星、散落、孤立的资料摆在一个平面上，归纳整理，科学地、自然而有机地缀合起来，开历史之先河，将百年以来世界各国敦煌学的兴起与发展、敦煌学的主要研究成果、敦煌中亚发掘的文物及流向等，历史地、系统而准确地展现出来，使一部国际敦煌学史跃然纸上。

"国际敦煌学丛书"主要包括斯坦因四次中亚考察日记，斯坦因与日本、德国、俄国、法国、美国等国敦煌学的关系，中亚文物英国搜集品，斯坦因与中国人交友考和中亚考古档案等，约 10 本 500 万字之巨。"丛书"重资料刊布，具体、准确，还历史本来面目，尤其是对中国西北文物近代以来的外流情况做了详细的记录，这些资料可供学者参考，以研究和确定海外藏中国西北文物的法律地位、所有权及归属权等问题。

《斯坦因与日本敦煌学》是作者运用具体而翔实的资料来研究斯坦因在日本敦煌学兴起和发展过程中所起的激发和推动作用，斯坦因和日本敦煌学界的学术探讨和交流，以及日本敦煌学界搜集整理和研究斯坦因所获敦煌中亚文物而把日本敦煌学推向世界的一部学术专著。

斯坦因是英藏敦煌中亚文物的主要搜集者，也是国际敦煌学的开拓者之一。他于 1900 年到 1931 年，先后对中亚进行了四次考察，获取了大量的中国西北文物，尤其是在第二次中亚考察期间，于 1907 年从敦煌莫高窟获得了大量的精美文物，成为国际敦煌学研究的一批重要资料，从而奠定了国际敦煌学的基础。日本敦煌学在国际敦煌学领域独树一帜，甚至在相当长的时期内，代表着国际敦煌学的发展方向，并影响着世界各国的敦煌学研究进程。当斯坦因等西方考古学家在中国西北地区发掘出与日本文化有渊源的中国古代文物后，特别是当斯坦因和伯希和先后将敦煌莫高窟藏经洞文书劫往欧洲之后，日本的学术、宗教、文化界立即做出强烈反响，并迅速从欧洲和中国获取信息和资料，同时又不断派出学者到中亚进行考察。于是日本的敦煌学研究便快速兴起，并攀枝高升。所以说，无论是对斯坦因的研究，还是对日本敦煌学史的研究，都可以称得上国际敦煌学史研究中最重要的课题；无论从斯坦因对敦煌学的研究角度看，还是从日本敦煌学史的研究角度看，斯坦因与日本敦煌学之间的关系肯定是值得深入探究的新领域。

1995 年王冀青先生再赴英伦，在牛津大学包德利图书馆查阅斯坦因档案时，陆续发现了一批与日本和日本敦煌学有关的资料，其中包括斯坦因和一些日本敦煌学家之间的往来通信、斯坦因写的日本旅行日记和日本游记等。一边是斯坦因的敦煌中亚考察档案及所获文物，一边是快速发展的日本敦煌学。是包德利图书馆的有关档案，为王冀青先生架起了研究斯坦因与日本敦煌学的桥梁，将东西方两国的敦煌学研究有机地摆到了一个平面上，历史而全面地展现给读者，可见斯坦因在日本敦煌学兴起、发展过程中所起的刺激、激发和促进作用。斯坦因中亚考察对日本中亚考察队所起的引导作用，使其

更加准确具体地进行。如日本学界对斯坦因所获中亚文物的研究和与斯坦因进行的学术讨论及日本敦煌学所取得的成果等。敦煌学的一条主线将斯坦因与日本学界紧紧地连在了一起,几乎日本敦煌学界所有的著名专家和学者都与这个命题有关。如著名的中亚探险家、敦煌学家大谷光瑞,佛教史学家、敦煌学家矢吹庆辉,日本东方美术史学家、敦煌学家泷精一等等。

本着内容决定形式的原则,作者在写作时没有采用章节体,而只是简单地列了 42 个小标题,尽量按照斯坦因生平的时间顺序排列,以斯坦因的生死为全书的起首和结尾,以翔实的资料、敏锐的观察分析和犀利而顺畅的文笔,将斯坦因与日本敦煌学的关系展现给了读者。回首百年敦煌学史,一列列考古的驼队,一辆辆探险的马车,或载赤发碧眼的欧美探险家,或乘执着而求实的日本学者,相继到敦煌中亚探险考古,获取文物。他们或以书信,或派学者互相沟通、交流、激发、鼓励、指导,共同探求敦煌中亚的历史奥秘,并不断发表专著和论文,共创国际敦煌学史的辉煌。

(原载 2005 年《甘肃书训》第 3 期)

附录

主要参考书目和文献

《新唐书》　中华书局　1987

《唐六典》　李林甫　中华书局　1992

《唐会要》　王溥　上海古籍出版社　2006

《汉书·艺文志》　中华书局　1987

《书林清话·书林余话》　叶德辉著　岳麓书社　1999

《唐代长安与西域文明》　向达　三联书店　1957

《佛教与中国文化》　张曼涛　上海书店影印　1987

《中国出版史》　吉少甫　学林出版社　1991

《中国出版史话》　方厚框　东方出版社　1996

《中国古代出版事业史》　来新夏　上海人民出版社　1990

《校勘学史略》　赵仲邑　岳麓书社　1983

《中国图书史话》　刘国钧　香港上海书局　1973

《中国书史简编》　刘国钧　郑如斯　书目文献出版社　1981

《中国历史书籍目录学》　陈秉才　王瑞贵　书目文献出版社　1984

《中国印刷史资料汇编》(1—6)　上海新四军历史研究会　1986

《嵩山书院》　宫嵩寿　当代世界出版社　2001

《中国古代的书院制度》　陈元辉等　上海教育出版社　1981年

《中国书院制度研究》　陈谷嘉　邓洪波著　浙江教育出版社

1997

《中国图书出版印刷史论》 北京大学出版社 1981

《甘肃省志新闻出版志·出版》 甘肃人民出版社 1989

《甘肃出版史略》 白玉岱 甘肃人民出版社 1995

《敦煌遗书总目索引》 商务印书馆 1962 年

《敦煌学述论》 刘进宝 甘肃教育出版社 1991

《敦煌地理文书汇辑校注》 郑炳林 甘肃教育出版社 1989

《敦煌医粹》 赵健雄 贵州人民出版社 1988

《敦煌文学》 颜廷亮 甘肃人民出版社 1989

《八十年来我国之敦煌学》 陈人之 甘肃人民出版社 1985

《敦煌残卷古文尚书校注》 吴福熙 甘肃人民出版社 1992

《古本敦煌乡土志八种笺证》 李正宇 新文丰出版公司 1998

《岳麓书院史略》 杨慎初 朱汉民 邓洪波 岳麓书社 1986

《岳麓书院名人传》 陈谷嘉 湖南大学出版社 1988

《敦煌遗书概述》 周丕显 《兰州大学学报》 1980

《敦煌遗书目录再探》 周丕显 《兰州大学学报》 1986

《敦煌写本概述》 〔日〕藤枝晃著 徐庆全 李树清译 荣新江校 《敦煌研究》 1996

《敦煌历日研究》 施萍婷 《1983 年全国敦煌学术讨论文集文史·遗书编（上册）》 甘肃人民出版社 1987

《福建鳌峰书院的藏书与刻书》 叶宪允 《上海高校图书情报工作研究》第 4 期 2005

《官私兼办的书院刻书》 肖东发 出版史料 1991

《元代杭州西湖书院藏书刻书述略》 金达胜 方建新 《杭州大学学报》 1995

《古代书院藏书概述》 杨建东 《四川图书馆学报》 1985

《陇上学人文存》已出版书目

· 第一辑 ·

《马　通卷》马亚萍编选　　《支克坚卷》刘春生编选
《王沂暖卷》张广裕编选　　《刘文英卷》孔　敏编选
《吴文翰卷》杨文德编选　　《段文杰卷》杜琪　赵声良编选
《赵俪生卷》王玉祥编选　　《赵逵夫卷》韩高年编选
《洪毅然卷》李　骅编选　　《颜廷亮卷》巨　虹编选

· 第二辑 ·

《史苇湘卷》马　德编选　　《齐陈骏卷》买小英编选
《李秉德卷》李瑾瑜编选　　《杨建新卷》杨文炯编选
《金宝祥卷》杨秀清编选　　《郑　文卷》尹占华编选
《黄伯荣卷》马小萍编选　　《郭晋稀卷》赵逵夫编选
《喻博文卷》颜华东编选　　《穆纪光卷》孔　敏编选

· 第三辑 ·

《刘让言卷》王尚寿编选　　《刘家声卷》何　苑编选
《刘瑞明卷》马步升编选　　《匡　扶卷》张　堡编选
《李鼎文卷》伏俊琏编选　　《林径一卷》颜华东编选
《胡德海卷》张永祥编选　　《彭　铎卷》韩高年编选
《樊锦诗卷》赵声良编选　　《郝苏民卷》马东平编选

━━━ • 第四辑 • ━━━

《刘天怡卷》赵　伟编选　　《韩学本卷》孔　敏编选
《吴小美卷》魏韶华编选　　《初世宾卷》李勇锋编选
《张鸿勋卷》伏俊琏编选　　《陈　涌卷》郭国昌编选
《柯　杨卷》马步升编选　　《赵荫棠卷》周玉秀编选
《多识·洛桑图丹琼排卷》杨士宏编选
《才旦夏茸卷》杨士宏编选

━━━ • 第五辑 • ━━━

《丁汉儒卷》虎有泽编选　　《王步贵卷》孔　敏编选
《杨子明卷》史玉成编选　　《尤炳圻卷》李晓卫编选
《张文熊卷》李敬国编选　　《李　恭卷》莫　超编选
《郑汝中卷》马　德编选　　《陶景侃卷》颜华东　闫晓勇编选
《张学军卷》李朝东编选　　《刘光华卷》郝树声　侯宗辉编选

━━━ • 第六辑 • ━━━

《胡大浚卷》王志鹏编选　　《李国香卷》艾买提编选
《孙克恒卷》孙　强编选　　《范汉森卷》李君才　刘银军编选
《唐　祈卷》郭国昌编选　　《林家英卷》杨许波　庆振轩编选
《霍旭东卷》丁宏武编选　　《张孟伦卷》汪受宽　赵梅春编选
《李定仁卷》李瑾瑜编选　　《赛仓·罗桑华丹卷》丹　曲编选

第七辑

《常书鸿卷》杜　琪编选　　　　《李焰平卷》杨光祖编选
《华　侃卷》看本加编选　　　　《刘延寿卷》郝　军编选
《南国农卷》俞树煜编选　　　　《王尚寿卷》杨小兰编选
《叶　萌卷》李敬国编选　　　　《侯丕勋卷》黄正林　周　松编选
《周述实卷》常红军编选　　　　《毕可生卷》沈冯娟　易　林编选

第八辑

《李正宇卷》张先堂编选　　　　《武文军卷》韩晓东编选
《汪受宽卷》屈直敏编选　　　　《吴福熙卷》周玉秀编选
《寒长春卷》李天保编选　　　　《张崇琛卷》王俊莲编选
《林　立卷》曹陇华编选　　　　《刘　敏卷》焦若水编选
《白玉岱卷》王光辉编选　　　　《李清凌卷》何玉红编选